MÉMOIRES
D'UN
ROYALISTE

PAR

LE COMTE DE FALLOUX
DE L'ACADÉMIE FRANÇAISE

TOME PREMIER

PARIS
LIBRAIRIE ACADÉMIQUE DIDIER
PERRIN ET Cⁱᵉ, LIBRAIRES-ÉDITEURS
35, QUAI DES GRANDS-AUGUSTINS, 35

MÉMOIRES

D'UN

ROYALISTE

TOME PREMIER

ŒUVRES COMPLÈTES DU COMTE DE FALLOUX

LIBRAIRIE ACADÉMIQUE PERRIN ET Cie

Augustin Cochin. 4e édition. 1 vol. in-12 avec beau portrait gravé.................................... 3 fr. 5

L'Évêque d'Orléans. 2e édition. 1 vol. in-12....... 2 fr. 5

Madame Swetchine. Sa vie et ses œuvres. 15e édit. 2 volumes in-12, portrait..................... 8 fr.

Lettres de Mme Swetchine. 5e édit. 3 forts volumes in-12................................... 12 fr.

— *Le même*. 3 volumes in-8..................... 22 fr. 5

Correspondance du R. P. Lacordaire et de Mme Swetchine. 10e édition. 1 vol. in-12........ 4 fr.

— *Le même*. 1 vol. in-8........................ 7 fr. 5

Études et Souvenirs. 2e édition. 1 volume in-12.. 3 fr. 5

— *Le même*. 1 vol. in-8........................ 7 fr. 5

LIBRAIRIE RETAUX-BRAY

Louis XVI. 5e édition. 1 volume in-12............ 3 fr. 5

Vie du Pape saint Pie V. 5e édition. 2 volumes in-12................................... 7 fr.

LIBRAIRIE PLON

Discours et mélanges politiques. 2 volumes in-8°. 15 fr.

LE VICOMTE DE FALLOUX
1837

MÉMOIRES

D'UN

ROYALISTE

PAR

LE COMTE DE FALLOUX
DE L'ACADÉMIE FRANÇAISE

TOME PREMIER

PARIS
LIBRAIRIE ACADÉMIQUE DIDIER
PERRIN ET Cie, LIBRAIRES-ÉDITEURS
35, QUAI DES GRANDS-AUGUSTINS, 35
1888
Tous droits réservés.

AVERTISSEMENT

La mort a frappé M. de Falloux au moment où il préparait la publication de ses Mémoires, achevés vers 1880 et auxquels il a tenu à donner le titre qui caractérise sa vie tout entière.

Ceux qui ont pénétré dans son intimité savent que, résigné de longue date à garder le silence sur ce qui ne touchait que lui-même, il ne s'était décidé à le rompre, dans ces dernières années, qu'afin d'apporter à ses compagnons d'armes attaqués le témoignage d'un survivant des luttes soutenues pour l'Église et pour la liberté.

Ils savent aussi que, par ce même sentiment de générosité exempt de toute vaine complaisance et de tout calcul personnel, il avait résolu de faire cette publication de son vivant, voulant être là, debout, prêt à répondre aux contradictions, s'il s'en élevait.

En livrant aujourd'hui les Mémoires à ses

contemporains, je ne fais donc qu'exécuter fidèlement la volonté réfléchie de leur auteur.

Des deux manuscrits établis sous ses yeux, M. de Falloux conserva l'un au Bourg-d'Iré et confia l'autre au comte Albert de Rességuier, après avoir relu avec lui l'œuvre entière et contrôlé ses propres souvenirs par ceux du plus intime et du plus ancien témoin de sa vie.

C'est ce dernier manuscrit qui fut remis à l'éditeur, M. Perrin, vers la fin de novembre 1885. M. de Falloux en corrigea les premières épreuves avec l'ardeur inquiète d'un homme qui sent ses jours comptés, et j'en ai achevé l'impression avec le concours de l'ami dévoué que mon oncle a choisi pour exécuteur testamentaire.

Je manquerais à un devoir qu'il m'est doux de remplir, si je n'unissais ici dans un sentiment de reconnaissance le nom de M. de Rességuier à celui de M. de Falloux.

Une idée a guidé toute leur vie ; une pensée de leur commune amie, Madame Swetchine, la résume : « Le royalisme, c'est le patriotisme simplifié. »

GEORGES DE BLOIS.

Le Bourg-d'Iré, 2 novembre 1887.

MÉMOIRES
D'UN ROYALISTE

CHAPITRE PREMIER

PROVINCE — FAMILLE — ÉDUCATION

1811-1828

Ne me reconnaissant aucun droit à occuper la postérité et n'ayant rien fait qui me paraisse digne de mémoire, je puis dire très sincèrement que je ne recueille ces souvenirs que pour témoigner de ma fidélité à la cause qui a été celle de toute ma vie et pour rendre hommage aux hommes dont j'ai partagé les convictions, les luttes persévérantes et le dévouement désintéressé. Mon parti et mes amis n'ont qu'à gagner à être mieux connus; notre cher pays, lui aussi, ne peut que gagner à les mieux connaître et à se pénétrer de la sympathie et du respect qui leur sont dus. C'est ce qui me décide à dicter ces pages dans la simplicité de la justice et du vrai.

Je suis né à Angers le 7 mai 1811. Que de changements depuis lors! Ce ne sont pas seulement les idées qui se sont modifiées : les mœurs, l'aspect physique des lieux, tous les instruments, pour ainsi dire, et toutes les habitudes de la vie ont subi les mêmes transformations. Les premiers spectacles de mon enfance diffèrent de ceux d'aujourd'hui, autant que les pensées et les exemples d'aujourd'hui diffèrent de ceux qui s'offrirent les premiers à mon intelligence.

Ceux de mes contemporains qui ont été élevés comme moi à l'extrémité de l'Anjou voisine de la Bretagne peuvent se rappeler qu'ils avaient à cette époque, autour d'eux, un vaste et impénétrable bocage. La Vendée, telle que nous la présentent les Mémoires de madame de La Rochejaquelein, se prolongeait jusqu'au pays de Segré, appelé alors le Craonnais, parce qu'il relevait, avant la Révolution, de la petite ville et baronnie de Craon. Si l'on voulait se rendre à Angers, capitale de la province, — on n'eût pas dit, à cette époque, chef-lieu du département, — il fallait mettre deux jours à franchir onze lieues. On en faisait six dans une charrette à bœufs; on s'arrêtait au Lion-d'Angers, gros bourg que traversait l'ancienne route royale de Laval; on soupait à l'unique auberge de la *Boule d'or;* on couchait dans l'unique chambre destinée aux hôtes privilégiés. Cette chambre avait quatre lits à quenouilles avec d'épais rideaux derrière lesquels on défaisait et refaisait sa toilette; autant qu'on le pouvait, on entreprenait le voyage avec des amis, de façon à s'assurer, dans les lits qu'on n'occupait pas, des voisins agréables ou pas trop incommodes. La nuit ainsi passée, on se remettait en route, le lendemain de bonne heure, dans une voiture de louage venue d'Angers exprès pour vous chercher. Cette voiture à deux roues, mais à deux banquettes, avec un cheval porteur, — ce qui la distinguait du coucou à un seul cheval, si longtemps en usage de Paris à Versailles, — gravissait lentement, sur une route pavée, deux côtes escarpées, les *buttes de Grilleul* bien aplanies aujourd'hui, mais qui nous effrayaient alors comme des montagnes bordées de précipices. On ne débarquait à Angers qu'à l'entrée de la nuit.

Quand la charrette à bœufs, seul mode de transport dans tous les environs de Segré, était employée par des châtelains, ils faisaient placer sur de la paille des fauteuils en velours d'Utrecht, sous des cerceaux couverts de toile, en cas de pluie ou de soleil. Et c'était là du luxe, car, le plus souvent, on montait à cheval avec les enfants en croupe, attachés par le milieu du corps. La charrette et les bœufs étaient offerts aussi à l'évêque en tournée pastorale, et mon enfance a été réjouie par une aventure dont l'un des acteurs existe encore à l'heure où j'écris.

M. de Meaulne recevait au château de Vallière, dans la paroisse de la Potherie, le très vénérable évêque d'Angers, M. Montaut des Iles, et devait le conduire dans notre paroisse, celle du Bourg-d'Iré. Trois fauteuils étaient dressés sur la paille et sous la toile : un pour l'évêque, un pour son grand-vicaire, l'abbé Régnier, aujourd'hui cardinal-archevêque de Cambrai, et le troisième, derrière les deux premiers, pour le châtelain. Le garçon bouvier, son aiguillon à la main, stimulait les bœufs quand ils se ralentissaient, et les suivait derrière la haie, quand le chemin, devenu trop étroit, ne présentait plus qu'une longue et profonde flaque d'eau. A un moment, voyant la charrette engagée dans un de ces défilés, M. de Meaulne se lève et s'écrie : « Arrête tes bœufs, mon gars! » et il est obéi; puis, se tournant vers l'évêque : « Monseigneur, vous ne sortirez point d'ici que vous ne m'ayez changé mon vicaire! — Mais, mon bon Monsieur, vous n'y songez pas, c'est une très mauvaise plaisanterie. — Non, non, Monseigneur, je ne plaisante pas. Je vous l'ai déjà demandé et vous me l'avez refusé; mais je tiens une bonne occasion et je ne la lâcherai pas. Cet abbé-là n'est point fait comme un autre, il prêche toujours sur l'enfer et ne veut jamais promettre la vie éternelle à la fin de ses sermons; il me donne des cauchemars dont je ne suis pas remis au bout de vingt-quatre heures! » La résistance de l'évêque et de l'abbé Régnier fut héroïque, mais enfin il fallut capituler; on capitula : « Touche tes bœufs, mon gars! » dit alors M. de Meaulne, et l'on se remit en route. Au retour de la tournée pastorale, le vicaire de la Potherie fut nommé curé, avec exhortation à plus d'indulgence, et, à la fin d'une longue carrière redevenue paisible, M. de Meaulne laissa le château de Vallière à son gendre, M. de Rochebouët, père du général de Rochebouët, mon excellent voisin d'aujourd'hui.

Entre tous les villages du pays, celui du Bourg-d'Iré était l'un des plus pittoresques et aussi des plus primitifs. Sa vieille église fort délabrée, mais à porte romane et au clocher de pierre, s'élevait sur un petit rocher que l'on gravissait par des marches irrégulières. Le cimetière enveloppait l'église ; les deux ou trois maisons de quelque apparence donnaient asile, le dimanche, aux habitants qui venaient des extrémités de la paroisse et qui, ayant quarante ou cinquante *échaliers* à franchir pour gagner la messe, ne se souciaient pas de redoubler cet exercice pour les vêpres. Les échaliers sont une sorte de clôture faite de barreaux superposés et placée à l'angle des champs pour donner passage aux humains et l'interdire aux animaux. On arrivait au village par un sentier bien battu, appelé *le chemin de la messe*, plus court et plus sec que les chemins creux, et qu'on nommait aussi *voyette*, comme dans le vieux français ; car il est très exact de dire que les paysans du Craonnais parlaient et parlent encore la langue du sire de Joinville. Ce n'est pas un patois, c'est un idiome, où se retrouvent une foule de mots, tombés ailleurs en désuétude. Outre l'échalier et la voyette, chaque champ avait et a encore une bordure de châtaigniers et de chênes de haute futaie, dont le nombre diminue de jour en jour parce que nous sommes moins économes que nos pères.

Tout ce pays n'avait pas seulement l'aspect extérieur de la Vendée, il était aussi, comme elle, l'ardent et pur foyer des traditions monarchiques. Les *Mémoires d'outre-tombe* racontent que, à son premier retour d'Amérique, M. de Chateaubriand et tout l'équipage du navire, apercevant la côte de France, s'écrièrent soudainement : « Vive le Roi ! » Le même mouvement se reproduisait sans cesse chez les paysans au milieu desquels je suis né. S'exercer au maniement du fusil, venir en troupe et en armes à la fête du curé et du châtelain, boire une barrique de cidre à la santé les uns des autres, et terminer le tout par le cri de : « Vive le Roi ! » c'était alors la grande réjouissance. Je n'ai pas de souvenir plus ancien que celui de ma part enfantine dans le cri populaire du pays : « Vive le Roi et M. de Sainte-Gemmes ! » Je vois encore tous les yeux se mouiller, à ces mots d'une chanson vendéenne :

D'Andigné revoit sa patrie...

Le comte d'Andigné de Sainte-Gemmes, général de la Vendée angevine, qui avait eu l'honneur d'affronter personnellement la colère du premier consul, longtemps prisonnier ou proscrit sous le premier Empire, venait alors au château de la Blanchaye, chez le marquis d'Andigné, son frère, jouir de l'affection d'un pays qui courait tout entier au-devant de lui, avec des bouquets et des armes désormais pacifiques.

Tous les gentilshommes du voisinage, MM. de Narcé, de Dieusie, de la Potherie, de Villemorge, etc., étaient pénétrés du même esprit. Nous avions pour voisin, dans la paroisse même du Bourg-d'Iré, et pour ainsi dire porte à porte, le château de la Douve, habité par le comte et la comtesse d'Armaillé, par leurs enfants, de l'âge de mon frère et du mien, et par la baronne de la Paumelière, mère de madame d'Armaillé. Madame de la Paumelière avait longtemps habité le château du Lavouër qui figure dans toutes les histoires de la Vendée. Quand les événements de la guerre l'obligeaient à quitter le Lavouër, elle se confiait en toute sécurité à quelques métayères des environs, empruntait leur costume et portait à la dérobée le pain et les munitions aux chouans; durant trois ou quatre années d'un péril incessant, elle ne rencontra jamais une trahison, pas même involontaire dans la légèreté d'un enfant, et ne courut qu'une fois un danger, dû au hasard. Elle entrait dans un champ de genêts où elle allait cacher deux de ses enfants en bas âge, quand elle se trouva tout à coup en face de deux républicains égarés qui cherchaient à rejoindre leur corps. L'arrêter et la mettre en joue fut l'affaire d'un instant. Madame de la Paumelière, — je la vois encore refaisant son geste doux et résigné, — ramena de ses deux mains les deux enfants derrière elle et présenta sa poitrine au bout du canon. Un des deux soldats ne tire pas, l'autre tire et le coup rate : « Allons, brigande, tu as du courage, f... le camp! »

Pour mieux veiller sur les siens, madame de la Paumelière avait pris l'habitude, qu'elle garda jusqu'à l'âge le plus avancé, de dormir le jour seulement, et, nous autres enfants, n'avions pas de plus grand bonheur que de rester le soir avec elle, aussi longtemps qu'on voulait bien nous le permettre, pour lui faire raconter les épisodes du terrible temps passé. Madame d'Armaillé était, comme sa mère, admirablement belle. Elle avait un son de voix d'un charme incomparable; elle s'accompagnait sur la harpe sans beaucoup d'art, mais avec beaucoup d'expression, et l'on ne pouvait, sans être vivement touché, lui entendre chanter *le Point du jour* de Gulistan, quelques airs de Grétry et les chansons vendéennes. C'est à elle que je rapporte mon ardent amour pour la musique.

En vue du Bourg-d'Iré, et à moins d'une lieue de distance, était le château de Noyant. Il appartenait à un célibataire, ancien officier de l'armée de Condé, le chevalier Prosper de Candé. Là, c'étaient les souvenirs de l'émigration, c'était surtout une charité originale et inépuisable. Avec douze ou quinze mille livres de rente, ce qui était la richesse de ce temps-là, M. de Candé n'occupait que le petit coin d'un grand château, faisait de son salon sa salle à manger, écrivait et lisait sur la table dont on venait de retirer le couvert, n'avait que deux fauteuils de paille et six chaises assorties. Quand on eut inventé ou pour mieux dire renouvelé cette forme commode de fauteuil qu'on appela *fauteuil à la Voltaire*, il résista à toutes les instances de ses proches et de ses amis qui lui demandaient d'accorder cette douceur à ses accès de goutte. Son neveu, le baron de Candé, se risqua à commander un de ces fauteuils à Paris et à le lui faire adresser directement. La caisse, fort mal reçue, ne fut ouverte qu'après la mort du chevalier, et le fauteuil inutile fut trouvé dans l'orangerie entièrement rongé par les rats. En revanche, M. de Candé ne refusait jamais rien à un pauvre. Maintes fois, il fit enlever la soupe ou les fruits qu'on lui servait pour les donner même à qui ne les demandait pas. Un jour d'hiver, on vint lui dire qu'une pauvre femme récemment accouchée n'avait pas de feu et sollicitait un peu de bois; on allait en prendre dans le bûcher : « Mais ce bois-là, dit M. de Candé, s'allumera-t-il tout de suite? Prenez donc celui que voilà dans ma cheminée et ne perdez pas de temps! » Le domestique part, emportant tout ce dont on peut le charger, mais à peine a-t-il fait quelques pas que M. de Candé s'écrie : « Oh! l'imbécile! et les cendres! et les cendres! Est-ce que l'on peut faire un bon feu sans la cendre! » et, saisissant la pelle, il remplit un panier, puis court lui-même après ses bûches avec ce supplément essentiel.

M. de Candé était un écuyer accompli, très connaisseur et très difficile en chevaux, aussi rebelle aux selles anglaises qu'aux fauteuils perfectionnés et qui n'admettait que la selle en peau de daim, largement posée sur une housse de velours rouge à galons jaunes. On se pressait sur le perron pour le voir arriver au petit galop et saluer en faisant exécuter à son cheval des exercices de haute école. Une partie de son émigration s'était écoulée en Pologne, où la musique et la danse avaient charmé sa jeunesse; aussi, quand les pianos furent tardivement introduits dans notre pays, sa vieillesse s'animait encore au moindre mouvement de valse, et, à défaut de valseuses, rares à cette époque, il prenait une chaise entre ses bras et se mettait à tourner, au milieu du salon, avec une grâce et une distinction du plus pur ancien régime.

Dans une autre direction et à peu près à la même distance, nous avions un type absolument différent,

M. Veillon de la Garoullaye. C'était le gentilhomme campagnard, passionnément attaché au sol natal et qui n'avait jamais consenti à s'en séparer. *Parisien* était pour lui l'équivalent d'une injure : il n'avait jamais vu Paris, et ses fils ne l'ont pas vu davantage. Après la chasse et la conversation avec les métayers et sur les métairies, il n'admettait qu'une lecture, celle du journal, n'arrivant alors que deux fois par semaine et dans lequel on cherchait d'abord les nouvelles du roi et le bulletin de la cour, placés en tête de chaque gazette. Peut-être fit-on une exception en faveur du procès Fualdès : on se réunissait de deux ou trois lieues à la ronde, pour le lire en commun chez celui qui recevait le plus ample compte rendu.

M. Veillon prit part à la levée de l'Ouest en 1815; il reprit les armes à l'appel de Madame la duchesse de Berry, en 1832. Il ne tenait au mouvement contemporain que par ce dévouement si naturel chez lui qu'il n'aurait compris ni qu'on s'en abstînt ni qu'on s'en vantât. C'étaient une figure, un parler, un genre d'esprit à la fois si à part et si attachants, que je m'avisai de tracer son portrait dans un petit travail intitulé : *Dix ans d'agriculture.* Je le lui portai, en agitant de loin ma brochure et en lui disant : « M. Veillon, vous êtes là tout vif! » — « Donnez, donnez », me dit-il, et prenant ma brochure avec un geste indescriptible : « Ce sera toujours du papier ! » — Ce portrait était ainsi conçu : Le vrai campagnard est en même temps actif et sédentaire ; sensible à l'honneur, inaccessible à l'ambition, il sert son pays sans quitter son foyer. Son corps est robuste parce que son âme est paisible. Jette-t-il son regard en arrière, il retrouve assurément des soucis ou des peines, mais point de remords. Quand ses jours sont comblés, il laisse autour de sa tombe un honnête souvenir de deux ou trois lieues de circonférence et cette devise à ses successeurs : Vivre en travaillant, mourir en priant [1].

Enfin, et comme si ce petit coin de France eût dû présenter une collection d'échantillons, nous avions à distance égale, dans la commune de Loiré, le vicomte et la vicomtesse de Turpin, débris de l'ancienne cour. Madame de Turpin, née de Bongars, conservait dans sa petite maison de la Ferté, dans un petit salon attenant à une petite cuisine, la tenue et le langage de sa jeunesse. M. de Turpin, au contraire, devenu campagnard depuis le commencement du siècle, avait pris gaiement les allures de sa nouvelle position. Il était entièrement chauve, et, durant tout l'été, pour se défendre de la chaleur, il remplissait son chapeau de grands brins de fougère qui retombaient sur ses épaules. Pieux de sentiment, voltairien de conversation, il était lié avec le comte de Provence et quitta une seule fois la Ferté pour aller voir le roi Louis XVIII. Il demanda une audience et, la réponse n'arrivant pas dans les vingt-quatre heures, il courut de bon matin chez le premier gentilhomme de la chambre pour le prier de représenter au roi qu'il n'aurait point l'honneur de le voir s'il n'était pas reçu dans la journée, ayant promis à madame

---

[1] *Études et Souvenirs*, p. 209.

de Turpin de revenir le samedi soir pour la conduire le dimanche matin à la grand'messe, ce qui leur imposait trois quarts de lieue à pied. Louis XVIII trouva la raison sans réplique, le reçut aussitôt et lui dit en riant : « Hé bien ! mon pauvre Turpin, vous êtes donc devenu enfant de chœur? » Mais il ne s'en tint pas là et lui demanda s'il ne désirait pas quelque chose du Roi : « Sire, vous m'avez accordé tout ce que je désire, puisque je vous revois. — Et votre neveu ? — Il est campagnard comme moi, et ne quitterait Angrie pour rien au monde. — Mais il a un fils ? — Oui, Sire, qui entrera aux écoles militaires, puisqu'il faut cela à présent. — Soit; mais je veux qu'il vienne d'abord près de moi, et vous allez lui apprendre qu'il est nommé page. — Sire, vous avez raison, car vous n'aurez jamais eu un plus fidèle serviteur ! » Dès qu'il eut atteint l'âge requis, le jeune Lancelot de Turpin fut conduit à Paris par son père, entra aux pages, et il y était encore lorsque Louis XVIII fut atteint de sa dernière maladie. Durant une nuit, le vieux roi entendit sangloter près de son lit : « Qui pleure ainsi ? dit-il. Ah ! c'est Turpin ! mon pauvre enfant, tu aimes donc bien ton roi ? Tiens, garde cela en souvenir de lui. » Et il lui remit une bague. Cette bague, conservée au château d'Angrie, n'y rappelait plus que de douloureux souvenirs. Après la mort du roi, entre l'école des pages et le régiment, Lancelot de Turpin vint passer quelques jours chez ses parents. Apercevant un chien de chasse derrière une grille, il lui tendit la main pour le caresser. Le chien était enragé et le mordit cruellement. Cette branche des Turpin s'éteignit dans ce deuil affreux.

L'unité de sentiment régnait tout autour de moi, je la retrouvais également dans mon intérieur.

Ma famille avait servi la monarchie sans éclat, mais avec fidélité. Originaire de l'Anjou, elle s'était étendue en Poitou et en Touraine, et elle a laissé dans ces trois provinces des marques d'une généreuse charité. En 1711, Angers donna notre nom à une place publique qui le porte encore, en reconnaissance de bienfaits considérables durant les désastres de la France à cette époque. Lorsque l'armée vendéenne occupa Angers, ma grand'mère reçut chez elle le général de La Rochejaquelein. Elle paya bientôt cet honneur de sa liberté et mourut d'épidémie typhoïde et aussi de faim dans le château de Montreuil-Bellay où elle avait été transférée à cause de l'encombrement des prisons d'Angers[1]. On lui entendait dire quelques instants avant sa mort : « Je sens qu'un bouillon me rendrait la vie ! »

Mon père, émigré à quatorze ans, entra dans le régiment de Talleyrand-Périgord, prit part au siège de Maëstricht, à l'expédition de Quiberon et ne retrouva en France, au retour des émigrés, sous le consulat, qu'une très modique portion de sa fortune. Il vécut beaucoup alors chez le frère de sa mère, M. de Baracé, aux environs de Durtal. La Révolution avait jeté là aussi d'autres victimes. La comtesse de Créquy recueillait au château de Huillé sa nièce,

---

1. *Les Nobles Prisonnières du château de Montreuil*, par A. B. Saumur. Imprimerie de P. Godet, 1865.

mademoiselle de Soucy, que mon père demanda et obtint en mariage. La marquise de Soucy, ma grand'-mère, était fille de la baronne de Mackau. Madame de Mackau avait été sous-gouvernante des enfants de France sous Louis XV, et madame Élisabeth lui avait été spécialement confiée : ce furent ses soins assidus et la tendresse de sa fille aînée, Angélique de Mackau, plus tard marquise de Bombelles, qui triomphant de l'extrême vivacité et presque de la violence de caractère de madame Élisabeth, finirent par transformer ses défauts en héroïques vertus. Madame de Soucy, sous-gouvernante des enfants de France, à son tour, avait élevé Louis XVII et Madame Royale. Elle fut appelée au Temple quand la jeune princesse fut échangée contre les otages d'Olmütz, et l'accompagna à Vienne pour la remettre à la famille impériale. Madame de Mackau et madame de Soucy refusèrent d'émigrer pour demeurer près de la Reine; elles assistèrent à ses côtés à la journée du 20 juin; quand le 10 août les eut violemment arrachées de leur poste, elles se retirèrent dans les environs de Paris, à Vitry, et ce fut près d'elles que se réfugia l'abbé Edgeworth après le 21 janvier.

Mon grand-père de Soucy, mestre-de-camp de cavalerie, exerçait un commandement à Cherbourg, où le duc de La Rochefoucauld avait voulu préparer une retraite à Louis XVI. « Soucy, je compte sur vous ! » lui avait dit le roi, et ce mot avait suffi pour le détourner de toute pensée d'émigration, dévouement qu'il paya de sa vie.

Madame de Bombelles avait promptement succombé, après la mort de madame Élisabeth, à son inconsolable douleur. Son mari se fit prêtre, demeura jusqu'en 1814 curé en Moravie, rentra en France avec M. le comte d'Artois et fut nommé évêque d'Amiens. Il avait eu quatre enfants dont nous retrouverons plus tard les singulières destinées et il racontait gaiement l'affront qu'il avait subi en 1814, à l'hôtel de Rougé : « Qui dois-je annoncer ? » lui demandait un vieux domestique : — « Annoncez l'évêque d'Amiens et ses enfants. — Monsieur, je n'annoncerai jamais cela à madame la marquise. » La leçon ne fut pas inutile, et depuis, quand il entrait dans un salon avec ses enfants, il s'amusait à dire : « Je vous présente les neveux de mon frère, » quoiqu'il n'eût jamais eu de frère.

Mon enfance a donc été constamment placée entre des personnes ayant vécu à la cour, mais pour lui offrir tous les genres de sacrifices, ou des personnes qui professaient et pratiquaient le même dévouement, sans avoir jamais eu ni besoin ni envie de connaître la cour.

Ainsi, histoire locale, récits incessants tantôt des splendeurs et des bienfaits de Versailles, tantôt des épreuves et du courage de la famille royale, tout entretenait au Bourg-d'Iré le culte monarchique. Je ne puis me reporter à ces premières années sans y retrouver la source des inspirations de toute ma vie : l'honneur avant l'intérêt, le patriotisme personnifié dans de nobles et touchantes figures, le cœur d'accord avec l'intelligence et la fortifiant, le sol parlant lui-même un langage intelligible et chéri, et la province natale fidèlement, distinctement aimée en même temps que la patrie tout entière. Aussi le premier paysage qu'ont vu mes regards, les premiers visages qui ont souri à mon enfance, ont gardé dans mon cœur une place que rien ne leur a disputée et ne leur disputera jamais jusqu'à mon dernier soupir.

Après leur mariage, mes parents étaient venus habiter à Angers une petite maison à côté de notre ancien hôtel, devenu trop vaste pour leur fortune, et que mon père louait à l'évêché. Nous passions l'été au Bourg-d'Iré dans une fort modeste habitation qui s'appelait la Mabouillère. Ma mère, née et élevée jusqu'à dix ans dans le château de Versailles, s'accoutumait avec quelque peine à une situation si différente et se révoltait notamment contre le nom de Mabouillère, désinence fort angevine qui lui paraissait un peu ridicule. Elle obtint aisément de mon père qu'on y substituât le nom de Soucy; mais elle l'obtint moins aisément des habitants du pays, qui, les uns par routine, les autres par un peu de malice, s'obstinaient à Mabouillère, ce qui ne déplaisait pas du tout à mon père. Nés et grandis dans ce conflit, et pour n'y point prendre parti, mon frère et moi nous nous mîmes à dire : le Bourg-d'Iré. Les neutres nous imitèrent; peu à peu la Mabouillère tomba en désuétude; Soucy ne fut jamais adopté et le Bourg-d'Iré demeura.

Lorsque j'eus atteint l'âge de l'étude, mes parents me firent suivre, comme externe, les cours du lycée d'Angers où mon frère, plus âgé que moi de quatre ans, était pensionnaire. Au début, je remportai tous les premiers prix ; les années suivantes, j'eus

PROVINCE. — FAMILLE. — ÉDUCATION.

encore de nombreux succès, mais je rencontrai toujours un obstacle insurmontable dans les mathématiques. J'y apportai toute sorte de bonne volonté, et je fondais en larmes au milieu de mes leçons en reconnaissant que je ne pouvais parvenir à comprendre un mot de la science que l'on voulait m'inculquer. Tout mon goût était pour les lettres et bientôt pour la parole. A peine eus-je entendu quelques discours à Saint-Maurice, cathédrale d'Angers, que je me crus une vocation ecclésiastique et me mis à composer des sermons. Ma mère et quelques-unes de ses amies me taillèrent dans de vieux châles des chapes et des chasubles, et mes camarades se transformèrent volontiers en auditeurs. J'étais cependant très timide et ne m'entendait pas qui voulait. Une de mes impressions, à cette date, et que je retrouve absolument vivante en moi, fut l'épouvante qui me saisit, lorsque, descendant de ma petite chaire improvisée, je vis les armoires et les cabinets s'ouvrir pour laisser sortir tous les Quatrebarbes, oncles, tantes, grand-père et grand'mère de Louis de Quatrebarbes, qui, voulant faire partager son édification à sa famille et désespérant d'obtenir mon consentement, m'avait joué ce tour.

En partant pour l'émigration, mon père, traversant Paris, avait assisté à plusieurs séances de la Constituante et avait une fois entendu Mirabeau qui lui avait laissé une impression profonde. Au retour de Quiberon, il s'était fixé à Londres et il avait entendu M. Pitt, dont il ne parlait jamais qu'avec enthousiasme. L'intérieur de ma famille présentait donc cette singulière anomalie des opinions les plus passionnément monarchiques et d'un culte intime pour les succès et la gloire parlementaires. Il en résulta que l'on prit au sérieux mes prétendues dispositions oratoires, et l'on décida que mes études s'achèveraient à Paris. Nous allâmes loger dans la rue Caumartin, et je suivis comme externe les cours du collège Bourbon, aujourd'hui lycée Condorcet. Je ne sais combien ce régime aurait pu durer, tant notre petite fortune le rendait pénible, si la Providence ne s'en fût mêlée.

En 1822, un vieux cousin de mon père, M. de la Crossonnière, qui depuis longtemps n'entretenait plus de relations avec qui que ce fût, vint à mourir sans testament. Il laissait une opulente succession territoriale qui se partageait par moitié entre mon père et un cousin, M. de Ménage, petit-neveu de l'ami de madame de Sévigné. La part de M. de Ménage passa aux Villebois, aux Quatrebarbes, aux la Potherie, représentés aujourd'hui par la comtesse Albert de La Rochefoucauld. La part de mon père changea soudainement notre situation.

Je suis obligé de dire que M. de la Crossonnière démontra, dans presque tout le cours de son existence, que l'avarice devient une passion qui a sa sensualité comme toutes les autres. Il avait été très beau, très dissipé, et, dans son régiment, il avait fait cinquante mille écus de dettes que son père avait payées, mais avec beaucoup d'humeur. La Révolution lui donna une leçon plus sévère encore, et il contracta si bien l'habitude de l'économie qu'il en vint à la pousser jusqu'aux derniers excès. Il avait d'héritage un hôtel à Angers et un hôtel à Paris, au Marais ; il les gardait uniquement pour s'épargner un loyer. Mais quand il voyageait en poste, ce que la goutte rendait nécessaire, il fallait payer sa couchée dans chaque auberge, et c'étaient autant de chagrins sans cesse renouvelés. Il ne trouva qu'un moyen d'y échapper, ce fut d'acheter une maison à la Flèche, une autre au Mans et une troisième à Chartres, d'installer une servante dans chacune d'elles et d'y loger gratis quand cela lui plaisait. Les héritiers eurent à vendre toutes ces maisons, et à congédier toutes ces servantes. Un vieux notaire, M. Roussel, qui avait, autant que cela se pouvait, la confiance de M. de la Crossonnière, expliquait ainsi cette bizarrerie : « Elle lui a coûté plus de cent mille francs, mais c'était de l'argent qui sortait de ma caisse sans passer par la sienne ; il ne l'avait pas vu, il ne l'avait pas touché, il n'avait pas eu le temps de s'y attacher. »

M. de la Crossonnière avait en Anjou un beau et ancien château, le Plessis-Chivré ; mais sa résidence favorite était un manoir de la plus triste apparence, dont la cour était entourée de quatre hautes murailles, dont toutes les fenêtres au rez-de-chaussée étaient garnies de grilles de fer et qui ressemblait moins à une maison qu'à un coffre-fort. La Lussière était d'ailleurs une belle terre qui lui présentait deux avantages : être bien soigné par le fermier et la fermière, gens fort intelligents, et se rendre à leurs frais à Angers, quand il y avait affaire, à la seule condition de faire coïncider son voyage avec le jour du marché. Ces braves gens l'aimaient sincèrement et gémissaient de sa parcimonie beaucoup plus pour sa considération que pour leur propre compte. Ils crurent avoir trouvé le remède en demandant au curé de Vern un sermon sur l'avarice. Le curé consentit volontiers et s'en acquitta à merveille ; mais le principal intéressé ne broncha pas et fut, comme il arrive à beaucoup d'autres sermons, le seul peut-être qui refusât de s'y reconnaître. Le fermier s'en aperçut mais ne se découragea point et voulut voir s'il ne réussirait pas à sa façon mieux que le curé. Il entre, un matin, avec une figure bouleversée, chez son maître qui n'était point habitué à lui voir cette physionomie : « Que t'est-il arrivé ? — Ah ! Monsieur, je n'oserai jamais vous le dire. — Allons ! voyons, ne te fais pas prier ! — Eh bien ! Monsieur, j'ai rêvé cette nuit que j'étais en enfer ! Oh ! Monsieur, que c'est abominable, l'enfer ! Partout des flammes et des supplices ! Je ne savais que devenir quand j'aperçois dans un coin un bon fauteuil : je me précipite, mais le diable m'arrête et me crie : Malheureux ! ne va pas là.... C'est le fauteuil de M. de la Crossonnière. Ah ! Monsieur ! je vous en supplie, ajoutait le fermier avec l'accent le plus sincère et le plus respectueux, faites mentir le diable et prenez garde à l'enfer ! »

On avait obtenu d'un de mes professeurs à Angers, qu'il vînt nous rejoindre à Paris, comme précepteur. C'était un homme distingué qui étendait son goût passionné pour les classiques jusqu'au Théâtre-Français. Talma et mademoiselle Mars y régnaient alors. Mon précepteur m'y conduisit quelquefois, puis souvent, trop souvent peut-être. J'échangeai alors le goût de la prédication contre celui de la tragédie. Je mis en vers et en cinq actes mon érudition de collège, et j'appris par cœur Corneille, Racine et Molière, de préférence à Homère, à Virgile et à Horace.

Talma s'empara complètement de ma jeune imagination. Quand je revenais du Théâtre-Français, au lieu de me coucher, je me drapais à la romaine dans les couvertures de mon lit et je me récitais à moi-même, je réciterais encore aujourd'hui presque tous les rôles du grand tragédien. Beauté des traits, beauté de l'organe, noblesse naturelle de la taille et de l'attitude, Talma possédait tout au degré le plus rare : tout en lui parlait, touchait, saisissait. Je n'ai, depuis, retrouvé que chez M. Berryer cette réunion et ce prestige de tous les dons naturels. Jamais accent ne fut plus déchirant que celui d'Oreste disant à Hermione :

>............ Quoi ! ne m'avez-vous pas
>Vous-même, ici, tantôt, ordonné son trépas ?

Toutes les notes de la voix humaine, de l'accent le plus aigu à l'accent le plus profond, vibraient dans ce cri, et la salle entière recevait une commotion qui durait plusieurs minutes. Les pièces les plus médiocres prenaient avec lui un air de génie. Pour un seul mot on courait à *Falkland*, drame de M. Laya. Écoutant le récit d'un crime dans lequel il finissait par se reconnaître, Falkland interrompait le narrateur par un : « Hein ! » simple exclamation qui fournissait à Talma l'un de ses effets les plus puissants, tant il savait y faire entrer de remords, d'appréhensions et de larmes. Sa dernière création fut le rôle de *Charles VI*, dans la tragédie de M. de la Ville-Mirèmont, que personne ne connaît plus aujourd'hui ; et qui n'a pas entendu Talma crier au Dauphin : « Dans mes bras! dans mes bras ! » ne peut se faire une idée de ce qu'il y avait de poignant dans cette lutte entre la folie et la raison.

J'en vins à me demander si Talma était réellement un homme comme un autre, et je conçus un désir de le voir tellement irrésistible qu'un matin je m'échappai pendant la classe pour me rendre clandestinement dans la rue de la Tour-des-Dames, où Talma avait un hôtel voisin de celui d'Horace Vernet. On m'introduisit sans difficulté près de lui, et, une fois en sa présence, je ne trouvai rien de mieux à dire que de me mettre à pleurer. Talma me rassura et m'interrogea avec une extrême douceur; quand il eut tiré de moi l'aveu que j'étais là uniquement pour le regarder, il me dit : « Mon enfant, j'ai reçu beaucoup d'hommages, mais je vous assure que le vôtre me touche tout à fait! » Puis, il m'offrit de me donner des billets chaque fois que je voudrais aller l'entendre. Je répondis que je pouvais payer ma place et que mes parents ne me refusaient rien à cet égard. Il ne me congédia qu'après m'avoir retenu quelque temps, interrogé sur mes études et fort encouragé à bien travailler. Quelques jours après, il reprit le *Macbeth* de Ducis et ma mère me conduisit à la première représentation. La tragédie finie, on passa à la comédie; mais j'avais tant de peine à entendre quelque chose après Talma que je demandai en grâce de ne pas rester davantage. Ma mère refusa d'abord ; j'insistai, elle céda. Nous attendions une voiture dans le vestibule désert en ce moment. Un homme attendait aussi, soigneusement enveloppé dans un grand manteau : il me reconnaît, s'approche, et m'embrasse en me disant : « Eh bien! mon petit ami, avez-vous été content ce soir? » C'était Talma. Qu'on juge de la surprise de ma mère et de mon embarras! Il fallut tout avouer, être grondé, puis pardonné. Bien peu après, Talma n'était plus.

Paris, sauf le Théâtre-Français, ne me causait aucun éblouissement. Je regrettais profondément Angers et l'Anjou, je gardais envers les Parisiens appréhension et méfiance, et je ne me liai qu'avec quelques compagnons de classe :

Léon de Miramon, cœur d'un grand courage, d'un grand dévouement et à qui ces deux qualités coûtèrent la vie, car il se sacrifia pour sauver un de ses jeunes cousins qui se noyait dans une partie de bains en Auvergne ;

Eleuthère de Girardin, aujourd'hui l'abbé de Girardin, ardent promoteur des œuvres charitables de Paris ;

Elzéar de Vogüé, esprit très méridional et très original. Il eut de bonne heure le désir d'épouser une jeune personne jolie et bien née, mais sans dot, et je lui disais : « Tu es l'héritier d'une pairie et d'une grande fortune ; ton père ne consentira point à ce mariage. — Oh! j'ai un plan ; il est infaillible. Je vais demander à mon père l'autorisation de voyager en Orient ; il ne me la refusera certainement pas, et je lui écrirai de Constantinople : Mon père, je suis éperdûment amoureux d'une des filles du Grand Turc et je veux l'épouser. Il me fera revenir aussitôt ; il me représentera avec indignation qu'un fils des Croisés et des compagnons de Simon de Montfort ne peut s'allier avec une musulmane. Je finirai par lui dire : — J'y renonce et je consens à épouser mademoiselle de X... Vois-tu d'ici comme mon père sera content? » Toutefois, il ne poussa pas jusqu'au bout cette résolution romanesque, et épousa une de ses cousines, mademoiselle de Vogüé ;

Charles de Morny, élevé par les soins paternels du comte de Flahaut, complétait notre petit cercle ; c'était un élève peu studieux et un camarade très aimable.

Mes succès personnels se ralentirent un peu, faute, je le crois, de sévérité dans mon régime scolaire ; mes premiers prix de province devinrent de simples accessits à Paris. Je ne fus admis qu'une seule fois au concours général, et je n'obtins rien. On me laissa faire en une seule année ma rhétorique et ma philosophie pour gagner plus tôt un diplôme de bachelier signé : Vatimesnil. Je contractai dès lors une habitude incompatible avec les travaux sérieux et durables. Je négligeais tout ce qui exige un effort ; je n'étudiais rien à fond et ne me livrais qu'à cette facilité qui fait illusion à soi et aux autres, en m'arrêtant complaisamment à ce qui me charmait. M. de Maistre a dit, en parlant du progrès moral : « Ce qui ne coûte rien ne vaut rien. » Cela est également vrai du progrès littéraire. Je ne le savais pas alors, je l'ai compris depuis ; mais il n'était plus temps.

CHAPITRE II

DERNIÈRES ANNÉES DE LA RESTAURATION. — PREMIÈRES
ANNÉES DE LA RÉVOLUTION DE JUILLET.

1828-1834

Au collège, ou même en en sortant, on n'a guère que des opinions de reflet, et je ne prétends pas avoir fait exception. Comme tous ceux au milieu desquels je vivais, je pensais que, dans un conflit entre le roi et les Chambres, le dernier mot devait appartenir au roi ; mais plus ma conviction était profonde à cet égard, plus un certain instinct de bon sens m'avertissait qu'on devait se garder de pousser trop loin ou d'exercer trop légèrement le droit de la couronne. Les débats des deux Chambres étaient suivis par quelques-uns de mes camarades et par moi avec une attention passionnée ; nous étions assidus à la lecture des journaux et je demeure très sincèrement convaincu, même aujourd'hui, que si l'on eût donné à la jeunesse monarchique le temps de manier les affaires à son heure et à sa place, elle se fût montrée fort patriote, même très libérale dans son royalisme.

Nous étions tous sensibles au reproche très injustement adressé à la Restauration d'être trop reconnaissante envers les étrangers qui avaient ramené les Bourbons en France. Je me rappelle qu'on nous donna en rhétorique, pour thème d'amplification, le rapport au roi de M. Hyde de Neuville, alors ministre de la marine, sur l'héroïque dévouement du lieutenant Bisson qui avait fait sauter son navire plutôt que de le rendre à l'ennemi. Le rapport ému, éloquent, se terminait par ces mots : « Un noble cœur a cessé de battre et la France compte un héros de plus ! » J'entrepris de démontrer à mon professeur que le ministre aurait été mieux inspiré, s'il eût dit : « Un noble cœur a cessé de battre et la France compte un héros de moins ; » soutenant que nos marins, nos soldats et nous-mêmes en ferions autant que Bisson en pareille occurrence. Je ne puis savoir ce que l'occasion m'en aurait fait rabattre, mais j'affirme qu'à cette date je ne cédais point à la jactance et que j'exprimais un sentiment très sincère, également partagé par la majeure partie des rhétoriciens qui m'applaudirent chaudement.

Je me souviens aussi que, dans la désastreuse rupture qui éclata entre M. de Chateaubriand et M. de Villèle, nous prenions généralement parti pour M. de Chateaubriand. Assurément, nous n'étions pas en état d'approfondir le débat, mais nous pensions ou plutôt nous sentions que M. de Chateaubriand était un des joyaux de la couronne et qu'on enlevait du lustre à la royauté en l'en détachant. Déjà nous avions assez de mouvement dans le cœur et assez de clairvoyance dans le jugement pour comprendre que la politique de M. de Villèle, parfaitement honnête, très habile au point de vue des affaires, ne faisait pas aux aspirations élevées, ou si l'on veut, à l'imagination du pays, une part assez large. J'ai entendu dire depuis que le système de M. de Villèle représentait trop le ménage d'un vieux mari et d'une jeune femme ; nous n'avions pas trouvé le mot, mais nous en avions l'instinct.

Nous ne nous rendions pas compte de la prudence politique qui interdisait de provoquer à Paris, par des entreprises multipliées, un subit accroissement de la population ouvrière, mais nous étions frappés de la langueur des travaux publics et de l'aspect attristé qu'offrait Paris. La place Louis XV restait un vaste cloaque, les Champs-Élysées une promenade déserte ; la place du Carrousel, d'où l'on apercevait à peine une ou deux fenêtres du Louvre, était obstruée de petites rues, de baraques, de misérables maisons, absolument comme au temps où Marie-Antoinette se perdit, durant plus d'un quart d'heure, entre le guichet des Tuileries et le quai où l'attendait la berline qui devait la conduire à Varennes. D'un vaudeville de M. Scribe, dont j'ai oublié le titre et le sujet, je me rappelle seulement une scène entre un protecteur et un protégé. Le protecteur disait : « Mon ami, que savez-vous faire ? — Hélas ! rien. — Rien ! oh ! alors, j'ai votre affaire. Je vous nomme ouvrier à l'Arc de Triomphe de la barrière de l'Étoile. » Et le public impatient de voir achever un monument élevé au souvenir de la grande armée éclatait en bravos.

Une autre pièce de M. Scribe, qui avait plus d'importance et m'a laissé plus de souvenirs, sert encore ici de jalon à ma mémoire. Cette pièce était intitulée : *Avant, Pendant et Après,* c'est-à-dire avant, pendant et après la Révolution. Le premier acte montrait les illusions de l'ancien régime, le second les crimes de 93, le troisième réconciliait par un mariage la France ancienne et la France nouvelle. Un couplet, gravé dans ma mémoire par l'enthousiasme qui l'accueillait, se terminait ainsi :

> Chez nous, où les lois sont chéries,
> On voit la Justice et la Paix
> Tout à côté des Tuileries,
> Et le dieu de nos Libertés,
> Qui veut qu'aujourd'hui tout s'accorde,
> Met la Chambre des députés
> Près la place de la Concorde.

En réalité, la concorde était bien le mot de la situation et l'intérêt de ceux-là mêmes qui n'y attachaient pas tout son prix. Pour le parterre d'alors, dont je reproduis les naïves impressions, M. de Martignac avait une popularité de bon aloi. Ses deux principaux collègues, M. de la Ferronnays et M. Hyde de Neuville, étaient des hommes dont les royalistes n'auraient pas dû suspecter le dévouement et que les libéraux auraient dû ménager, en les comparant à leurs prédécesseurs et surtout à leurs successeurs présumés, comme les plus utiles gardiens des libertés légitimes. Je craindrais de me vanter, si je voulais raconter aujourd'hui d'une façon précise avec quel entrain de dix-sept ans j'applaudissais : *Avant, Pendant et Après;* mais, en tout cas, je me sais gré de l'avoir applaudi.

Je me retrouve encore, à cette date, dans la droite modérée, à propos des débats littéraires qui avaient alors la chaleur des plus vifs débats politiques. Il faut noter cependant que, dans la querelle des classiques et des romantiques, les rôles étaient intervertis. C'étaient les hommes ayant le plus marqué dans la Révolution qui restaient fidèles aux vieux Grecs et aux vieux Romains; c'étaient de jeunes royalistes, MM. Victor Hugo, de Lamartine, de Vigny, qui attachaient des cordes nouvelles à la lyre française et voulaient transformer le théâtre en y introduisant les noms, les actes et les costumes de la chevalerie. A l'Académie, c'était une majorité, en grande partie composée d'adversaires de la Restauration, qui invoquait l'autorité du roi pour empêcher la représentation d'*Hernani*, et c'était la jeunesse monarchique qui donnait raison à Charles X répondant : « Pour la comédie, Messieurs, je n'ai que ma place au parterre! » Quant aux défenseurs attitrés du pouvoir, ils se rangeaient, là comme ailleurs, parmi les rétrogrades. Je me rappelle avec quelle surprise un peu irritée j'entendis un maladroit ami du roi, à qui l'on représentait qu'on ne devait pas s'aliéner gratuitement un jeune homme tel que M. Victor Hugo, répondre fièrement : « Que M. Hugo s'en aille, si cela lui convient, nous garderons M. de Chazet! » M. Alissan de Chazet était un vieillard spirituel, dont les petites pièces et les chansons royalistes étaient fort goûtées. Je le connaissais personnellement et j'étais sensible à sa bonté pour moi. Néanmoins, ce nom, soudainement opposé à celui de

Victor Hugo, me causa un soubresaut et une sorte de pressentiment douloureux.

Je portais trop sincèrement le deuil de Talma pour entrer de plain-pied dans le camp du romantisme. J'avais trop présents Auguste, Néron, Joad et même Manlius ou Sylla pour me complaire immédiatement et sans réserve à la langue et aux allures d'*Hernani*. Je me livrai à un travail qui me parut alors victorieux pour démontrer à mes amis que le drame de M. V. Hugo était sans aucune invention, que ses principales données étaient empruntées au vieux répertoire, et que le poète n'était égal à lui-même que dans quelques vers, plutôt lyriques que dramatiques, tels que ceux-ci, ineffaçablement gravés dans ma mémoire :

> Tu dis vrai. Le bonheur, amie, est chose grave.
> Il veut des cœurs de bronze et lentement s'y grave ;
> Le plaisir l'effarouche en lui jetant des fleurs,
> Son sourire est moins près du rire que des pleurs.

Il y avait donc des modérés dans le domaine de la littérature comme dans celui de la politique, et les ardents rendaient les thèses conciliantes difficiles à soutenir.

La maison où je me sentais le plus encouragé était l'hôtel Castellane, où je trouvais un ami, Henry de Castellane, un peu plus jeune que moi, mais très avancé par la distinction naturelle de son esprit et par l'atmosphère intellectuelle dans laquelle il vivait. Le vieux marquis de Castellane avait débuté, avant la Révolution, dans un régiment de cavalerie, dont mon grand-père était colonel. Il avait gardé au marquis de Soucy un très affectueux souvenir et m'en faisait bénéficier. Son salon démontrait bien que, sous la Restauration, il n'existait point d'incompatibilité invincible entre la France ancienne et la France moderne.

Le brillant quartier occupé aujourd'hui par la rue Tronchet et le boulevard Malesherbes était fort désert avant 1830. Le commerce de bois y régnait presque sans partage, et l'on était surpris de rencontrer au milieu de ces forêts, mises en cordes, quelques beaux hôtels, notamment celui du marquis d'Aligre, dans la rue d'Anjou, l'hôtel Rohan-Soubise, dans la rue de l'Arcade, où le maréchal de Soubise avait reçu Louis XV, et, à l'angle de la rue des Mathurins, un hôtel avec jardin en terrasse : c'était celui qu'occupait alors le marquis de Castellane. Il avait épousé en premières noces mademoiselle de Chabot, fille du duc de Rohan, puis, en secondes noces, une autre Chabot, veuve elle-même du duc de La Rochefoucauld-d'Anville et tante du cardinal de Rohan, mort archevêque de Besançon. M. de Castellane avait eu de son premier mariage un fils unique, depuis maréchal de France, et ce fils avait quatre enfants dont l'aîné était élevé par son grand-père et sa grand'mère. C'est avec lui que je me liai d'amitié ; il aimait passionnément la lecture et je lui dois ma première et profonde impression des *Soirées de Saint-Pétersbourg*. Son grand-père et sa grand'mère goûtaient beaucoup et avaient poussé très loin la culture de l'esprit. Madame de Castellane avait appris le latin à côté de son frère, le duc de Rohan, dont le précepteur était ami de J.-J. Rousseau, sur qui nous ne cessions de l'interroger. M. de Castellane gardait, dans son âge avancé, une mémoire incomparable. Personne n'a dit avec plus de naturel et plus de feu les vers de Molière, de Corneille et surtout de Voltaire. Il nous racontait volontiers qu'ayant passé quelques jours au château d'Acosta avec le prince de Talleyrand et madame de Staël, une lutte de diction entre elle et lui avait rempli toute une soirée. Rentré après minuit dans son appartement, M. de Castellane entend du bruit, entr'ouvre sa porte et aperçoit dans le corridor madame de Staël qui heurtait à la porte fermée de M. de Talleyrand : « Est-ce que vous trouvez vraiment que Castellane dit les vers mieux que moi ? — Oui, oui, répondait le prince de Talleyrand avec son habituel sang-froid et sans ouvrir sa porte ; faites les vers, et que Castellane les dise ! » Voilà de quelle ardeur on aimait les lettres à cette époque.

M. de Castellane avait été membre de l'Assemblée constituante, et, quoique fidèle au côté droit, il avait été en rapport avec plusieurs membres du côté gauche dont il parlait avec beaucoup d'impartialité. Il siégea d'abord près d'un député breton qui ne parlait facilement que sa langue natale et disait *Eutru* pour *Monsieur*. « Je ne pus m'accoutumer, disait M. de Castellane, à un voisin qui m'appelait Eutru, et je changeai de place ! » — La Restauration l'avait nommé à la Chambre des pairs ; lorsqu'une séance excitait l'attention, on se groupait avec empressement autour de lui pour en entendre le récit. Les débris survivants du xviii° siècle lui témoignaient beaucoup d'attachement. A ce titre et à titre d'Auvergnats, car M. de Castellane passait chaque année plusieurs mois en Auvergne, MM. de Montlosier et de Pradt étaient assidus près de lui. M. de Montlosier plus fougueux qu'éloquent, l'abbé de Pradt plus fin et plus modéré.

L'ancien archevêque de Malines faisait, avec bonne grâce, amende honorable de son passé ; il était plus difficile de l'interrompre sur ce chapitre que de l'y mettre. Je l'ai vu, à table, boire d'une main et faire signe de l'autre qu'on ne lui prît pas la parole, ce que du reste on n'avait pas envie de faire, car il en usait brillamment. Je lui dois acte d'un mouvement généreux. Peu après 1830, l'abbé Châtel, fondateur éphémère d'une prétendue Église catholique française, vint lui proposer une haute dignité dans sa nouvelle religion. L'abbé de Pradt repoussa l'offre avec indignation et vint le soir, tout ému, raconter cette scène à l'hôtel Castellane. « Je n'ai jamais plus amèrement senti les fautes de ma vie, s'écriait-il devant nous tous, et je ne les ai jamais payées d'une plus sanglante humiliation ! »

Je dus à d'autres souvenirs de famille une relation où je n'avais point à rencontrer d'intimité, mais où je trouvais cependant un sérieux intérêt. Mon père, durant l'émigration, avait servi dans le régiment de Périgord. Il retrouvait à Paris son ancien colonel, le duc de Talleyrand ; il en était très cordialement accueilli et me menait quelquefois le matin chez le vieux duc, à l'heure de sa toilette. M. de Talleyrand était le type accompli du grand seigneur d'autrefois ; son nom de baptême était Archambaud, et dans sa jeunesse on le nommait archi-beau ; sa vieillesse aurait pu garder ce surnom ; ses traits demeuraient d'une parfaite régularité et l'on ne pouvait mettre plus de grâce dans une exquise distinction. Il aimait à recevoir de bonne heure, vêtu d'une ample robe de chambre en basin blanc et se faisait poudrer tout en causant, ce qui prolongeait beaucoup l'opération. Son attachement pour le roi Charles X datait de leur ancienne communauté d'élégance, et il ne perdait aucune occasion de professer sa profonde fidélité sans refuser cependant de blâmer, dans les termes les plus respectueux, certains propos ou certains conseils de la cour. On rencontrait souvent chez lui son frère, le comte Bozon de Périgord, gouverneur du château de Saint-Germain, extrêmement sourd et très asthmatique. Le roi Louis XVIII lui demanda un jour : « Bozon, comment va votre femme ? » Le comte de Périgord, ne doutant pas que le roi ne lui parlât de sa toux, répondit : « Ah ! Sire, elle m'a bien tourmenté cette nuit ! » Son frère le plaisantait souvent sur cette méprise.

Le hasard me fit assister à une matinée dans laquelle il s'agissait de tout autre chose. Le comte de Périgord entra impétueusement chez son frère, avec tous les signes d'une violente irritation. Il avait assisté la veille à la séance de la Chambre des députés, où l'extrême droite, s'abstenant de voter dans la loi municipale, avait fait tomber le ministère Martignac. Rien ne peut exprimer la vivacité avec laquelle il dépeignait cette séance à son frère : « Nous étions là cinq ou six, et il citait cinq ou six des plus grands noms de France, nous criions à l'extrême droite : « Mais votez donc! mais votez donc! » Et M. de Périgord répétait ce cri comme un sourd, mais aussi comme un homme de grand cœur et de grand sens. Hélas! pourquoi ce cri ne fut-il entendu ni par le roi ni par tous ses amis! Cette scène m'avait frappé par sa vivacité; son souvenir m'émeut aujourd'hui en me prouvant une fois de plus avec quelle imprudence certains royalistes ont couru au-devant de toutes les catastrophes qu'ils avaient le devoir et assurément l'intention de conjurer.

L'abbé Grégoire fut nommé en 1819 dans le département de l'Isère, grâce au concours de l'extrême droite ; grâce au même concours, le ministère de MM. de Martignac, de la Ferronnays, Hyde de Neuville fut renversé. La conséquence logique de ces deux actes conduisait au ministère Polignac, et le ministère du prince de Polignac conduisait à la chute de la Restauration ! Est-il bien sûr que nous soyons aujourd'hui beaucoup plus avancés et beaucoup plus sages qu'en 1819 ou en 1829 ?

Ma grand'mère de Soucy était demeurée près de la reine Marie-Antoinette dans les odieuses journées du 20 juin et du 10 août, entre la princesse de Tarente et la marquise de la Roche-Aymon. Cette circonstance me valut mes entrées à l'hôtel Crussol. La duchesse d'Uzès, née Châtillon, était sœur de la princesse de Tarente dont je devais, tant d'années plus tard, raconter les derniers jours dans la Vie de madame Swetchine. Je pus observer là combien il y a de degrés dans la fierté humaine et à quel point, quand elle dégénère en vanité, elle est inépuisable dans ses nuances. La duchesse d'Uzès laissait très volontiers percer la conviction que son mari, premier duc et pair de France, avait fait, en l'épousant, un mariage très flatteur. Ce faible était connu des habitués de l'hôtel Crussol, et je vois d'ici le regard qui s'échangea entre les assistants lorsque la bonne duchesse fit part du mariage de son petit-fils, Hervé de Rougé, avec mademoiselle de Pastoret, petite-fille du chancelier. « Madame de Pastoret est venue ce matin, dit-elle, me demander mon agrément et j'ai bien reconnu en elle tout ce qu'on m'en avait annoncé. Elle m'a parlé des Châtillon avec fort bon goût et j'en ai été très touchée. »

La tragédie de *Louis IX* par M. Ancelot lui avait causé une émotion toute contraire, parce que Châtillon n'y était pas représenté comme assez fidèle au roi. « M. Ancelot, du moins, le fait bien revenir à la fin », dit quelqu'un qui voulait défendre le poète. — « Monsieur, reprit avec une extrême vivacité la duchesse d'Uzès alors âgée d'au moins quatre-vingts ans, Châtillon n'étant pas parti, il n'avait pas besoin de revenir »; et elle trouva, pour venger son glorieux aïeul, une énergie vraiment éloquente.

M. Brifaut avait conquis toute l'affection et toute la confiance de la duchesse d'Uzès. Sa conversation, son talent, son existence, tout en lui ressuscitait le xviiie siècle. Aussi était-ce, dans l'histoire de France, son époque de prédilection. C'est alors qu'il eût désiré vivre, déclarait-il à qui voulait l'entendre, parce que c'était à ses yeux le vrai triomphe de l'esprit français d'un bout de l'Europe à l'autre. Comme beaucoup de ses émules rétrospectifs, M. Brifaut avait promptement échangé les succès de théâtre pour les succès de salon. C'était un des oracles du faubourg Saint-Germain ; il en jouissait sans enflure, sans malveillance, ne prenant rien au sérieux que les opinions politiques, gardant en toutes choses de la modération, du tact et de la loyauté. C'était un observateur très fin et un ami très sûr ; il excellait dans les élégies et dans les petits poèmes royalistes ; il en tirait de faciles triomphes, toujours désintéressés, aussi bien sous la Restauration que sous le gouvernement qui lui succéda. Il ne quittait presque jamais Paris, sauf pour quelques excursions d'été dans les châteaux où la campagne ressemblait le plus à Paris. Il fut, à sa grande tristesse, témoin de la révolution de Juillet, et lorsqu'après les trois journées la plupart se paraient, par prudence ou par enthousiasme, des couleurs victorieuses, M. Brifaut se refusa à toute démonstration de ce genre. Rentrant un soir chez lui, dans la rue du Bac, sans ruban tricolore à sa boutonnière, il fut rudement apostrophé par un ouvrier qui lui dit : « Citoyen, pourquoi ne portes-tu pas les insignes de la liberté ? — Hé ! mon ami, c'est pour prouver que je suis libre ! »

Si on relisait aujourd'hui ses trois volumes de poésies, on ne trouverait pas dans ses morceaux politiques un seul mot froidement amer ou volontairement injuste; sa conversation gardait toujours la même mesure. Je le vis un jour aux prises avec un jeune orléaniste, le comte de ***, qui joignait des gestes très vifs à une causerie très animée ; en quelques minutes, l'interlocuteur de M. Brifaut avait fait sauter un chapeau et tomber un guéridon. « Puisque vous exigez mon avis, Monsieur, dit alors gaiement M. Brifaut, mon avis est qu'on vous charge de renverser le gouvernement; » et il mit ainsi fin à la pétulance de son adversaire qui, parfaitement distingué lui-même, se mit à rire et lui tendit la main.

Je ne veux pas m'éloigner du salon de la duchesse d'Uzès sans lui consacrer un dernier hommage de gratitude. La bonne duchesse était pleine d'affection pour ma mère et d'indulgence pour moi. M. Brifaut qui devait, vingt-cinq ans plus tard, me recevoir à l'Académie française, se chargea de traduire dans un quatrain les sentiments de la maîtresse de la maison. Les buvards étaient d'invention toute récente. Jusque-là, chaque bureau portait une sébile plus ou moins élégante, remplie de poudre d'or ou de sable bleu, dont on couvrait chaque page avant de passer à la suivante. La duchesse d'Uzès nous ayant invités à dîner, ma mère trouva sous sa serviette un buvard dont je me sers encore, sur la première page duquel M. Brifaut avait écrit, au nom de la duchesse d'Uzès :

> Aimer est ma coutume et séduire est la vôtre,
> J'ai toujours de ces dons préféré le premier;
> Mais, en vous connaissant, je voudrais essayer
> Ou de vous prêter l'un ou de vous ravir l'autre.

Le marquis de Montchenu assistait à ce dîner et les convives lui demandèrent à l'envi le récit de son séjour à Sainte-Hélène, où il avait, en qualité de commissaire royal, surveillé l'Empereur. On se croyait, à cette époque, en pleine liberté d'admiration ou de justice envers Napoléon, sans aucune crainte et sans aucune prévoyance de l'avenir. On parlait de l'Empire comme d'une légende poétique et reculée. C'était du Béranger antibonapartiste, mais c'était encore du Béranger.

Tout en menant de bonne heure, de trop bonne heure, une vie trop mondaine, je ne perdais pas de vue une carrière pour laquelle je me sentais beaucoup de goût, la diplomatie. Je faisais mon droit sous la direction d'un des professeurs de l'école, M. Bugnet; j'étudiais l'anglais, l'allemand et l'italien avec d'autant plus de ferveur que mes chances avaient grandi à l'avènement du prince de Polignac au ministère des Affaires étrangères. Ma grand'mère avait été liée avec sa mère avant la Révolution, ce qui me valut un accueil fort encourageant.

Le prince de Polignac arrivait au pouvoir avec des idées très anglaises ; il ne se croyait pas du tout un absolutiste et ne voulait pas l'être. Son rêve était de fonder une aristocratie parlementaire et de relever l'influence de la pairie, en regard de la Chambre des députés. Son début à la tribune fut d'une affligeante médiocrité. Il fut absolument déconcerté par une opposition dont il n'avait prévu ni l'étendue ni l'intensité. Il se replia dès lors dans un mysticisme dont j'aurai l'occasion de parler plus

tard. Il se déclarait en même temps l'ennemi de
tout favoritisme, particulièrement dans la carrière
diplomatique, car il était fort soucieux de la grandeur française et se flattait de relever son prestige au
dehors. Une école de jeunes aspirants diplomates fut
fondée près de son ministère, et l'on me promit de
m'admettre dans la première promotion. On devait
subir une filière d'examens sur tous les traités internationaux et sur tout ce qui pouvait s'appeler la
science diplomatique. M. Mandaroux-Vertamy, légiste
éminent, honnête homme par excellence, Auvergnat
comme le prince de Polignac, était l'organisateur et
peut-être l'inventeur de cette nouvelle institution.
Elle n'eut pas le temps de fonctionner. Ce ne fut pas
la seule déception de cette époque.

La cour, habituellement très froide et très monotone,
prit une vive animation à l'arrivée du roi et de la reine
de Naples, père et mère de madame la duchesse de
Berry, conduisant en Espagne leur fille, la princesse
Christine, appelée à partager le trône de Ferdinand VII.
On tirait de ce mariage une nouvelle confirmation de
la politique de Louis XIV, et l'on se plaisait à voir, un
instant réunies, deux sœurs à qui tout semblait augurer les plus hautes destinées. La duchesse de Berry
était le personnage populaire de la maison royale, et
Paris s'associa de bonne grâce à des fêtes de famille
qui furent pour moi le premier et le dernier coup
d'œil jeté sur des splendeurs de cour. Je me trouvai
un instant près de Charles X, lorsqu'au bal du duc
d'Orléans le vieux roi se promena sur la terrasse des
nouvelles galeries, et je compris, à son geste montrant

un ciel admirablement étoilé, qu'il parlait des heureuses conditions sous lesquelles notre flotte voguait alors vers l'Algérie.

Ce fut à cette occasion qu'on donna la première représentation de la *Muette de Portici*. M. Scribe et M. Auber n'avaient assurément cherché dans cette pièce que des prétextes à costumes, à sites et à chants napolitains. Les airs favoris de cet opéra saluaient le roi et la reine de Naples partout où ils se présentaient, en attendant qu'ils servissent de provocation et d'accompagnement à la révolution de Belgique. Ces souvenirs contradictoires sont désormais si unis pour moi que j'ai gardé une invincible antipathie pour les airs de la *Muette*, et qu'il me serait impossible de revoir aujourd'hui cette pièce sans apercevoir et sans entendre tout autre chose que ce qui se passerait sur la scène.

Quand le ministère du prince de Polignac apparut soudainement dans le *Moniteur*, les uns furent saisis d'une grande inquiétude, les autres d'une grande espérance : tous s'attendaient à une entreprise immédiate. La déception du public, au bout de quelques semaines, fut exprimée devant moi en termes fort justes par une vieille princesse de la Trémoïlle. « Il me semble, dit-elle, que je suis invitée à un grand spectacle, que la toile est levée et que les acteurs ne paraissent pas. » Les effrayés et les impatients se calmèrent peu à peu ; le pays retourna aux affaires, le monde aux plaisirs, et, pour mon compte, quand j'eus mêlé à mes études préparatoires les fêtes du printemps de 1830, quand le roi et la reine de Naples eurent quitté Paris pour Madrid, j'allai rejoindre aux bains d'Aix, en Savoie, mon père qui cherchait là un préservatif contre la goutte. Je voyais les Alpes pour la première fois; je parcourus donc avec délices les montagnes environnantes, je visitai entre autres la grotte du Chatelard qui, comme beaucoup d'autres choses, excite bien moins la curiosité par elle-même que par la difficulté de son accès. J'allais contempler souvent la cascade de Grésy où, vingt ans auparavant, la reine Hortense avait vu disparaître la comtesse de Broc, sa dame d'honneur et son amie. Elle fit graver sur le rocher cette inscription, qu'on peut y lire encore : « Vous qui visitez ces lieux, n'avancez qu'avec précaution vers cet abîme. Songez à ceux qui vous aiment ! »

Nous eûmes la bonne fortune de compter parmi nos compagnons de séjour à Aix M. de Lamartine, moitié baigneur, moitié touriste. Nous traversâmes avec lui le lac du Bourget pour aller visiter l'abbaye de Haute-Combe, sépulture des princes de Savoie. Pouvait-on se trouver sur ce lac avec M. de Lamartine, sur ce lac qui lui avait inspiré la plus belle de ses méditations, sans lui demander des vers? Nous ne nous fîmes point faute de le solliciter, mais ce fut en vain ; il nous éconduisit gracieusement et obstinément, occupé surtout, durant la traversée, d'un beau levrier dont il a plusieurs fois parlé au public et qui, par ses mouvements et par ses regards intelligents, semblait répondre à tous les frais de conversation que son maître faisait pour lui.

Le roi de Sardaigne résidait alors momentanément à

Chambéry et était venu, ce même jour, rendre de pieux hommages à l'abbaye de Haute-Combe. Le roi Charles-Félix était âgé, voûté, poudré, et portait partout, ainsi que la reine, les habitudes les plus simples. Rien, ni dans son aspect, ni dans son caractère, ne pouvait faire pressentir le règne aventureux de son successeur Charles-Albert. Nous sollicitâmes l'honneur d'être présentés au roi et à la reine; on nous l'accorda sans difficulté. Ils étaient alors à la promenade et on nous conduisit près d'eux, en prenant à peine le temps de nous annoncer. Nous les trouvâmes assis dans deux grands fauteuils, au milieu d'une prairie; le lieu était très bien choisi pour jouir d'un magnifique panorama, mais, la reine souffrant des dents, on avait déployé derrière son fauteuil un très modeste paravent en papier fané et déchiré. Cette apparition d'une royauté patriarcale se confond, dans mes souvenirs, avec la douloureuse nouvelle de la révolution de Juillet.

Nous apprîmes par les journaux les graves événements qui répondirent à la promulgation des ordonnances, car, dans cette saison, aucun de nos amis n'habitait Paris, et les officiers de la garde qui, en petit nombre, à cause des congés électoraux, se trouvèrent engagés dans l'action, n'eurent ni le temps ni la pensée d'écrire. Pour ma part, j'ose dire que ma jeune indignation fut toute patriotique. J'avais assez de bon sens pour comprendre que le roi Charles X n'avait choisi ni les hommes les plus propres à un tel combat, ni les meilleurs moyens de défense; mais rien ne m'eût fait admetttre que l'abdication du roi ne fût pas une suffisante expiation, ni qu'on pût inaugurer un progrès social par la proscription d'un enfant dont l'éducation laissait la place libre aux idées justes, aux espérances légitimes. A cinquante ans de distance, j'apprécie mieux les avis différents du mien, mais je persiste néanmoins dans mon premier jugement. Je partage plus équitablement entre les provocateurs et les provoqués la responsabilité des fautes, mais je persiste à penser que nous avons tous manqué, en 1830, à un grand intérêt comme à un grand devoir : la droite, en s'effarouchant trop de la liberté ; la gauche, en contenant mal ses impatiences ou ses emportements et en refusant d'assurer, au prix d'un peu de patience envers un vieux roi, le triomphe durable et désormais certain du gouvernement représentatif.

Ce grand problème s'agita confusément peut-être mais ardemment dans mon cœur, et j'affirme, avec la plus parfaite sincérité, que la perte de mes espérances personnelles n'entra pas pour un atome dans la vivacité de mes impressions et de mes regrets. La destinée de mon pays m'alarmait trop pour que la mienne propre me parût digne d'attention. J'entrevis d'ailleurs, dans le premier moment, la possibilité d'une prompte réaction. Je suppliai mon père de me laisser courir en Anjou pour me joindre aux populations de l'Ouest qui allaient certainement appeler et venger Henri V. Mon père me répondit qu'il ne s'opposerait pas à l'accomplissement d'un tel devoir si Charles X invoquait la France fidèle, mais que je devais d'ici là m'en rapporter à son expérience, qu'une insurrection sérieuse ne paraissait pas probable, et qu'il me détournerait de tout son pouvoir d'une échauffourée en pure perte. Plus je me montrais pressé de rentrer en France, plus mon père jugeait utile de gagner du temps. Il prolongea son traitement, il revint par la Suisse, et ce court délai suffit pour me démontrer à moi-même que l'insurrection de Juillet avait intronisé un gouvernement et développé un ordre d'idées avec lesquels il faudrait compter tout autrement que je ne l'avais supposé d'abord. Mon intelligence se sentit vaincue avant que mon dévouement pût entendre raison, et dès que j'eus revu Paris, mon père me tenant toujours un peu séparé de l'Ouest, je me mis activement en rapport avec les hommes qui nourrissaient encore l'espoir d'une revanche royaliste.

Le marquis de Coislin, vieil ami de ma famille, Breton d'origine, Angevin par son mariage avec mademoiselle de Colasseau, pair de France, général peu connu de l'armée, mais gentilhomme chevaleresque, très aimé et très écouté dans tous les départements de l'Ouest, me promit que rien ne serait tenté sans que je fusse averti en même temps que ses fils, mes amis d'enfance.

En attendant, je me livrai à la guerre de salon, guerre qui souvent, en France, précède les combats plus sérieux ou console de ne pouvoir les entreprendre. Ce dernier cas était le mien, et mon tribut ne fit défaut à aucun homme, à aucune œuvre d'opposition. Je crois cependant pouvoir me rendre la justice que je ne perdis jamais le respect pour la vieille maison de France. La langue injurieuse du temps me choqua toujours et je n'en usai jamais. Le maximum de ma protestation contre Louis-Philippe sur le trône était de continuer à l'appeler M. le duc d'Orléans, et le nouveau duc d'Orléans, son fils, M. le duc de Chartres. On avait demandé au clergé le chant du *Domine, salvum fac Ludovicum Philippum*, ce que le mauvais goût du temps traduisit d'abord par *Philippe-pomme*, puis par *Philippe-poire*. Louis-Philippe donnait à ses enfants des surnoms familiers, et l'on attribua impertinemment le nom de *Grand-Poulot* à M. le duc de Chartres. Toutes ces expressions étaient fort usitées dans les salons et dans les châteaux où la *Mode* et le *Revenant* entretenaient, quelquefois spirituellement mais toujours très violemment, ce genre de polémique. On m'aurait bien surpris alors si on était venu me parler de fusion; toutefois, mon seul instinct royaliste me garantissait de ces personnalités.

Je n'aurais mis pour rien au monde le pied dans un salon orléaniste, mais j'eus quelques perspectives de ce côté sur un terrain absolument neutre, l'ambassade d'Autriche. Le comte et la comtesse Apponyi, cordialement amis de la France, étaient devenus pour la société parisienne l'objet d'un exceptionnel attachement. La comtesse Apponyi, née Nogarola, n'avait pas seulement la grâce exquise des manières ; elle avait, au même degré, la bienveillance du cœur. Elle avait, pour ainsi dire, trois patries : Vienne, sa patrie adoptive ; Vérone, son berceau ; Rome, son premier séjour d'ambassadrice, et, avec une infatigable obligeance, elle s'était faite l'élégante commissionnaire de tous ces pays-là. Un trousseau, une corbeille, n'étaient point jugés de bon goût, dans trois ou quatre capitales, si, venus de Paris, ils n'avaient passé par les mains ou sous les yeux de la comtesse Apponyi ; c'était comme une seconde mission. Je l'ai revue dans un âge avancé, s'arrêtant quelques jours à Paris pour gagner Londres, où son fils était ambassadeur. Son salon d'auberge, constamment rempli par l'élite de la société et par l'élite des fournisseurs parisiens, présentait un spectacle unique. Elle se montrait également émue du souvenir des uns et des autres, recevait et adressait des expressions affectueuses qui n'avaient rien de banal, et lorsque, dans une extrême vieillesse, elle s'éteignit à Pesth, les mêmes hommages de respect, la même universalité de sympathie accompagnèrent son cercueil comme ils avaient fait un fidèle cortège à toute sa vie. On lui savait d'autant plus de gré de tout ce qu'elle prodiguait à autrui que sa santé était fort délicate ; sa taille très haute faisait ressortir sa maigreur extrême, et il fallait toute la distinction de ses traits, tout l'éclat velouté de ses yeux pour qu'elle gardât son charme dans des conditions qui eussent été si défavorables à toute autre. Les fêtes de l'ambassade d'Autriche, qui survivaient à l'hiver et se prolongeaient jusqu'à la dernière limite du printemps, avaient un éclat et un caractère à part. Ce fut alors la seule maison où toutes les opinions se rencontrèrent sans se heurter, tant chacun sentait qu'un acte de mauvais goût eût été un acte d'ingratitude et un inexcusable contraste. Le duc d'Orléans, le duc de Nemours, fort courtois et fort brillants, s'y montraient assidus, et les scènes regrettables qui eurent quelquefois lieu à l'ambassade d'Angleterre ne s'y produisirent jamais. La comtesse Apponyi était aussi une admirable musicienne. Quiconque l'a entendue chanter l'*Adélaïde* de Beethoven, accompagnée par Rossini, ne l'a jamais oublié. Son fils, Rodolphe Apponyi, élevé à Paris, avait toutes les qualités d'une telle famille et d'une telle école ; notre commune affection, née avant 1830, ne fut ni troublée par aucun événement politique, ni diminuée par aucune absence. Il était venu passer quelques semaines en Anjou, dans notre jeunesse. Il y est revenu à quarante-sept ans de distance, et nous nous flattions de célébrer une cinquantaine d'amitié, quand sa mort, fermement chrétienne, comme toute sa vie, nous a séparés une dernière fois, ou plutôt m'a donné le signal et l'espérance de la réunion définitive.

Les grands revers devraient, du moins, éclairer et rapprocher ceux qu'ils frappent. L'exil porte en lui-même de si profondes tristesses qu'il devrait s'accorder pour consolation l'apaisement des haines et le terme des discordes. Cependant il en est rarement ainsi, et la petite cour du roi Charles X ne fit point exception à la loi commune. Le roi répugnait à toute tentative armée, ne plaçant que dans un lointain avenir et sur la tête de son petit-fils les espérances de retour. M. le Dauphin ne se départait jamais de sa pieuse résignation ; mais Madame la duchesse de Berry cherchait, par tous les moyens en son pouvoir, à faire prévaloir d'autres conseils. Les amis mêmes de cette princesse n'étaient pas d'accord entre eux sur l'heure opportune et sur le choix des idées politiques auxquelles on devait s'attacher. Les uns, fidèles à l'esprit des ordonnances et aux penchants des *ultras*, comme on disait alors, se croyaient quittes envers la droite et les libertés modernes qui n'avaient pas su préserver l'inviolabilité du trône. Les autres voulaient donner un plus jeune programme à la jeune royauté d'Henri V et ne craignaient point d'inscrire sur son drapeau le libéralisme monarchique. Les premiers avaient pour chefs le duc des Cars et le maréchal de Bourmont. Les autres portaient leurs confidences à M. de Chateaubriand, à M. Berryer, à M. Hyde de Neuville, qui les accueillaient pour leur faire entendre raison beaucoup plus que pour entrer dans leurs plans.

Les plus aventureux l'emportèrent auprès de madame la duchesse de Berry, et l'expédition de Vendée fut résolue. On en connaît le résultat. Je m'en trouvai à l'écart contre mon attente et contre mon gré. Le marquis de Coislin fut de ceux qui, ayant accepté un commandement dans l'Ouest, désapprouvèrent l'heure choisie et prédirent une fatale issue. Il fut de ceux qui répondirent à madame la duchesse de Berry : « Nous vous offrons notre vie, mais nous ne disposerons pas légèrement de la vie des hommes qui ont mis leur confiance en nous. Nous ne transmettrons pas des ordres dont nous ne pouvons accepter loyalement la responsabilité. » L'entreprise eut donc à peine un commencement d'exécution, sur quelques points seulement où le dévouement n'avait pas reçu de contre-ordre, ou bien l'ayant reçu, l'attribuait à la félonie et voulut passer outre.

M. de Chateaubriand joua dans cette crise passagère un rôle activement pacificateur. Il en parle avec détails dans ses *Mémoires* et met en lumière l'intrépide intervention de M. Berryer dont j'appris dès lors à connaître le grand esprit et le grand cœur. Je fus de près le témoin des violences étroites, ingrates, quelquefois jalouses qui n'ont cessé de le poursuivre même dans tout l'éclat de ses services, et je lui vouai un attachement qui a été le flambeau de toute ma vie politique.

La généreuse magnanimité de M. Berryer égalait toutes ses autres qualités. Rien ne fut plus injuste que l'expression usitée dans certains groupes royalistes : « M. Berryer n'est que l'avocat de son parti ! » M. Berryer était royaliste, non par profession ou par calcul, mais dans la plénitude de ses convictions. Il y mit, dès le premier jour, tout son cœur et toute sa raison. Il fut, durant quarante ans, sans relâche et sans réserve, l'inspiration et la vie du parti légitimiste. Il eût été le succès et la grandeur de la royauté si, dans ses impénétrables décrets, Dieu n'eût condamné la royauté elle-même à un funeste aveuglement. Personne ne connaissait mieux que M. Berryer les méfiances et les calomnies dont il était l'objet. Jamais il n'en fut, un seul instant, ni découragé ni refroidi, et ce trait saillant de son caractère me fut révélé dès 1832 par un témoin irrécusable. Lorsque madame la duchesse de Berry fut arrêtée à Nantes, dans la maison de mademoiselle du Guiny, ses correspondances furent saisies. Elles étaient pleines de dénonciations outrageantes contre M. Berryer, et M. Thiers crut utile de les communiquer par voie officieuse à celui qu'elles devaient blesser cruellement. M. Berryer prit les lettres de la main qui les lui présentait, les parcourut froidement et dit au messager, attendant probablement une autre réponse : « Je n'ai pas besoin d'en lire davantage. Les hommes qui ont écrit cela sont trop francs pour m'avoir caché leur dissidence ou leur blâme. J'aurai à leur prouver qu'ils se trompent, et soyez sûr que je n'y manquerai pas ! » Voilà M. Berryer.

L'expédition de madame la duchesse de Berry, en 1832, eut le sort des desseins mal concertés et porta le dernier coup aux hommes qui en attendaient leur triomphe. C'était la Vendée, avait-on dit, qui devait relever et soutenir le drapeau de la monarchie ; ce fut la Vendée surtout qui succomba dans les prétentions qu'on avait affichées en son nom plus qu'elle ne les avait conçues elle-même ; car, à bien peu d'exceptions près, le jugement des chefs vendéens avait été conforme au jugement des politiques et des parlementaires parisiens. Le pays même fut matériellement modifié, en même temps que vaincu. Le gouvernement de Juillet ne voulut pas rester sous le coup d'une incessante menace, et d'habiles précautions furent prises. La Restauration qui fut, beaucoup moins qu'on ne l'en accusait, un gouvernement de parti, avait plutôt, en Vendée, mérité le reproche d'ingratitude. Rien d'exceptionnel, rien d'équitable même, n'avait été accordé à cette héroïque contrée. Elle n'avait reçu aucune faveur dans la distribution des deniers de l'État ; les princes l'avaient à peine et rapidement visitée ; son agriculture languissait et ses voies de communication étaient plus négligées, plus défectueuses que dans toute autre partie de la France. Le nouveau gouvernement comprit qu'il porterait un coup décisif à l'esprit d'insurrection s'il ouvrait, pour ainsi dire, les départements de l'ouest, et n'y laissait plus un seul point inaccessible à l'action des forces militaires. Des routes royales, des routes départementales, des chemins vicinaux furent promptement votés et exécutés d'après des plans stratégiques. Les marchés et toutes les facilités commerciales furent prodigués par la méfiance, comme ils ne l'avaient pas été par la faveur. L'esprit moderne, qu'on avait voulu jadis imposer à la Vendée par le fer et par le feu, avait été repoussé par elle avec une énergie sans égale. On le lui présenta, à partir de 1832, sous la forme d'un accroissement de bien-être et de richesse. L'accueil ne fut plus douteux ; la Vendée militaire devint et resta un magnifique souvenir.

Durant la captivité de madame la duchesse de Berry à Blaye, la société royaliste résolut de prendre le deuil et s'interdit les fêtes. Le faubourg Saint-Germain, qui était alors une puissance, proscrivit les bals et ne conserva que les raouts. Les soirées auxquelles on donnait ce nom n'étaient pas très favorables à la conversation ; cependant l'esprit français, incapable d'oisiveté, imagina d'en faire les honneurs aux écrivains en vogue. La vicomtesse de Noailles, qui habitait l'hôtel Beauvau, devenu depuis le ministère de l'intérieur ; la duchesse de Rauzan, fille de la duchesse de Duras ; la comtesse de Chastellux, sa belle-sœur ; la marquise de la Bourdonnaye, femme du général député du Morbihan ; la duchesse de Maillé, qui avait donné une vraie renommée au château de l'Ormoy et qui jouait le répertoire de Molière à faire pâlir le Théâtre-Français, se disputèrent les emprunts au salon de madame Émile de Girardin : Eugène Sue, M. de Balzac, M. Sainte-Beuve, devinrent les lions de l'hiver de 1833.

Eugène Sue affectait des manières fort aristocratiques ; il avait les toilettes les plus recherchées, l'attitude la plus étudiée, et l'on n'aurait pas deviné, aux diamants de ses amples manchettes, le futur auteur des *Mystères de Paris*.

M. de Balzac était très lourd, très empêtré, et, sauf un regard intelligent, rien n'annonçait ni ne rappelait, dans sa conversation, son talent la plume à la main. Un soir, la vicomtesse de Noailles crut le faire valoir en lui demandant d'improviser un récit ; tout le monde accourut pour faire cercle et silence autour de lui ; il se récusa, on ne crut point à sa modestie et l'on insista. Enfin il ouvrit la bouche et commença par décrire une île déserte, dans laquelle il fit du même coup apparaître une foule d'habitants. On échangea des sourires, il s'en aperçut, se mit à rire de bonne grâce, tourna court, et l'épreuve ne fut plus recommencée.

M. Sainte-Beuve montra peu de goût pour les raouts, préférant les visites de l'après-midi, où il pouvait mieux choisir ses interlocuteurs et rester le maître de la conversation. Cet hiver attristé se termina par les douloureuses dépêches de Blaye, et l'hiver suivant, les salons, retournant à leurs plaisirs habituels, oublièrent promptement leurs hôtes passagers. Eugène Sue se livra, sans transition, au public et aux passions démagogiques ; M. de Balzac garda sur sa palette plusieurs des couleurs empruntées au faubourg Saint-Germain de 1833 ; M. Sainte-Beuve, consentant volontiers à n'être ni classé, ni déclassé, demeura le critique sans pareil des livres et des manuscrits, ses compagnons de prédilection. Ce qui survécut de tous ces échanges fut le salon de madame de Girardin, très recherché et très digne de l'être. C'était un terrain neutre, mais nullement indifférent, où la poésie et la prose, la politique et le roman se rencontraient et se tendaient la main.

M. de Girardin, dont le caractère n'avait rien d'aimanté, n'était cependant point un obstacle, comme on aurait pu le croire depuis. Il s'effaçait beaucoup devant sa femme et avait, en outre, dans le monde aristocratique, plusieurs alliés naturels. Son père, le général de Girardin, fils ou neveu du marquis de Girardin d'Ermenonville, était grand veneur et assez en crédit sous la Restauration. Il louchait d'une façon choquante, et c'est lui qui, demandant au prince de Talleyrand : « Comment vont les affaires ? » reçut cette réponse : « Tout de travers, comme vous voyez ! » Le général de Girardin, sans bien réfléchir à quoi il s'engageait, fit élever ce fils, sous son nom, dans un des collèges de Paris. Quand le jeune homme eut atteint l'âge d'entrer dans le monde, la marquise de Girardin, née Vintimille, repoussa cette adoption qui ne pouvait être légale, et, pour sortir d'embarras, le général offrit au jeune homme une fortune considérable. Celui-ci répondit avec une opiniâtre fierté : « Ou votre nom, ou rien ! »

Des pourparlers furent entamés ; plusieurs amis, entre autres le marquis de la Bourdonnaye, s'employèrent dans cette délicate négociation et conçurent pour le jeune Émile une estime très affectueuse. La pauvreté volontairement acceptée devint bientôt l'occasion d'une hardiesse de spéculations qui ne répondit pas toujours à la noblesse du point de départ : « On me refuse un nom, dit-il, soit ; je saurai m'en conquérir un qui finira par m'ouvrir toutes les portes ! »

Il était dans cette ferveur d'illusions, lorsqu'il rencontra mademoiselle Delphine Gay et chercha à l'emporter, près d'elle, sur un grand nombre de rivaux. Madame Gay appartenait, par ses opinions, à la société royaliste et était même de vieille date liée avec le général de Girardin. Lorsque sa fille Delphine laissa briller les premières lueurs de son talent, la cour y prit un si vif intérêt que le Roi, M. le Dauphin et madame la Dauphine témoignèrent le désir d'entendre la jeune Sapho, comme on l'appelait alors. Elle eut un tel succès, le roi, contrairement à ses habitudes, mit tant de chaleur dans ses félicitations, qu'on crut, durant quelques jours, à une Maintenon rajeunie. Cette discrète rumeur ne fut pas de longue durée, mais mademoiselle Gay demeura l'objet de beaucoup d'hommages, et quand M. de Girardin put annoncer son mariage, il provoqua dans les sphères les plus diverses autant de jalousie que de surprise. La poésie de madame de Girardin, séparée de la séduction du poète, a beaucoup perdu ; plusieurs de ses petites comédies, cependant, demeurent des chefs-d'œuvre, et le premier rang lui serait maintenu, si l'éclat, le feu, le naturel, la verve de la conversation pouvaient se conserver et se transmettre.

La société royaliste était encore émue de la captivité de Blaye, lorsque fut brusquement et officiellement annoncé le mariage de madame la duchesse de Berry avec le comte Lucchesi. L'incrédulité domina d'abord, de chevaleresques cartels s'échangèrent ; mais lorsque le doute devint impossible, l'irritation chez les uns, l'affliction chez les autres, furent indescriptibles. Cette sorte d'épreuve avait manqué au parti royaliste ; elle le trouva debout et ferme ; après avoir survécu aux défaites, aux spoliations, aux échafauds, il subit, sans s'ébranler, une déception moins cruelle, sans doute, mais plus amère, et cette énergie dans la constance reçut d'une coïncidence fortuite une éclatante constatation.

M. de Chateaubriand, qui avait trop vivement goûté, sous la Restauration, la jouissance des représailles, tint à honneur de prouver, après la révolution de Juillet, qu'il élevait enfin son âme au-dessus des sentiments personnels. Il fut fidèle par probité et par fierté, comme d'autres l'étaient par affection et par tempérament. Une mère vaincue et captive réveilla la foi de sa jeunesse, et il jeta devant le roi Louis-Philippe, et pour le roi Louis-Philippe surtout, ce cri : « Madame, votre fils est mon roi ! » Il en fit le titre d'une émouvante brochure qui, déférée aux tribunaux, allait attirer devant la cour d'assises tout le Paris politique et littéraire, lorsqu'arriva la foudroyante dépêche de Blaye.

Le premier mouvement de M. de Chateaubriand fut de faire défaut ; il ne le dit pas dans ses *Mémoires*, mais j'en eus la certitude par un hasard qui ne put me laisser aucun doute.

Le premier président Séguier, dont j'avais l'honneur d'être parent, était un personnage original et plein de saillies. A toutes les allures du vieux parlement, à toutes les traditions de l'ancien régime, il joignait des opinions et des épigrammes très modernes. Son vieil hôtel, rue Pavée-Saint-André-des-Arts[1], donnait tout de suite l'idée du maître. Le regard était attiré d'abord par un tableau représentant le chancelier Séguier en grand costume et en grand cortège ; et sous cette image solennelle du XVIIe siècle s'agitait ce que notre époque avait de plus animé et de plus militant, le premier président lui-même. Son fils, Armand Séguier, se résigna à la magistrature tant que vécut son père, et se livra ensuite à sa vocation de savant, qui fit de lui un des membres les plus distingués de l'Institut. Sa fille, Irène Séguier, avait épousé le baron de Brandois, ancien officier de la garde, très pieux et très royaliste. Je confiai à madame de Brandois mon ardent désir d'assister au procès de M. de Chateaubriand, et elle obtint de son père la promesse formelle d'un billet privilégié. La veille ou l'avant-veille du jour fixé pour l'audience, elle m'annonça, en partageant la tristesse

---

1. Aujourd'hui, rue Séguier.

commune, que son père venait d'être informé de la résolution prise par M. de Chateaubriand de ne point comparaître devant la cour. On répétait, en même temps, une exclamation de M. de Chateaubriand qui résumait trop clairement sa première impression : « Voulez-vous que je me montre pour m'entendre appeler le *Georges Dandin* de la légitimité ! » Et il laissait échapper un autre mot de Molière, qui trahissait encore mieux son irritation.

Mais M. de Chateaubriand n'était pas seul cité à la barre. Le journal *la Mode* était impliqué dans la même poursuite. M. Alfred du Fougerais, jeune avocat fort distingué, devait défendre le vicomte Walsh, gérant et rédacteur en chef de *la Mode*. On parlait aussi de l'intervention de M. Berryer, et cela suffisait pour me faire vivement regretter les billets auxquels madame de Brandois avait renoncé pour elle et pour moi. Je confiai ma déception à un membre du Barreau, entré depuis dans la magistrature, Alphonse de Baillehâche, qui me conseilla d'emprunter une robe d'avocat et me facilita l'accomplissement de ce petit délit, en me donnant le bras pour entrer à l'audience et en me faisant asseoir près de lui.

M. de Chateaubriand comparut, M. Berryer parla. M. de Chateaubriand s'est donné un véritable tort, dans ses *Mémoires*, par un récit abrégé jusqu'à l'injustice. Il n'y parle que de lui-même et du procureur général Persil ; ce qu'il en dit est fort exact, seulement ce n'est pas tout. Il ne rend pas un suffisant hommage à M. du Fougerais, et, par une inexplicable omission, passe sous silence le discours de M. Berryer qui remporta, ce jour-là, un de ses plus magnifiques triomphes. Les *Mémoires d'outre-tombe* sont parfaitement véridiques en représentant le procureur général Persil comme embarrassé, fatigant et injurieux sans être véhément : « Vous venez faire ici de la popularité, s'écria-t-il, mais vous vous garderiez bien de vous montrer au peuple, car il vous mettrait en morceaux ! » M. Berryer, qu'on avait réservé pour la réplique, se leva lentement comme un homme qui veut refouler et dominer sa première émotion, fixa sur M. Persil un regard encore plus douloureux qu'indigné, et, de cet accent qu'on ne peut ni oublier ni traduire, répondit : « L'ai-je bien entendu? Quoi ! je suis dans le palais de saint Louis qu'on appelait le grand justicier de son royaume. Nous avons, prétendez-vous, marché de siècle en siècle vers la justice et la liberté, et aujourd'hui, quand des hommes de conviction et d'honneur sont devant vous, vous, magistrat, vous vous levez et vous leur dites : « Descendez dans la rue, il y a là des meurtriers pour vous répondre ! » A ces paroles, rien ne put contenir l'enthousiasme du public ; il ne se refroidit point pendant le reste du discours qui plana constamment à la même hauteur et qui fut couronné par un verdict d'acquittement.

Dès que la non-culpabilité fut connue, la foule se précipita vers M. de Chateaubriand et vers M. Berryer. L'un des premiers en tête de ce flot, j'eus le bonheur de voir M. de Chateaubriand se cramponner à mon bras pour n'être pas renversé, opposant à l'ovation une simplicité et une envie de se dérober qui n'étaient nullement feintes : « Je n'aime pas le train, je n'aime pas le train, me dit-il sans me connaître, dès qu'il put respirer un peu. Je vous en prie, Monsieur, emmenez-moi bien vite jusqu'à ma voiture. » Je l'aidai, en effet, à percer la foule ; mais, arrivé sur le perron, il fut salué d'acclamations encore plus nombreuses et surtout plus bruyantes : « Vive M. de Chateaubriand ! Vive la liberté de la presse ! » criait-on avec frénésie. Quand je fus parvenu à le hisser dans sa voiture, on parla de dételer ses chevaux pour le reconduire à bras, mais M. de Chateaubriand, la tête à la portière, s'écriait d'une voix suppliante : « N'en faites rien ! vous ne savez pas où je demeure ! C'est très loin ! c'est très loin ! c'est impossible ! » Enfin son cocher, obéissant à ses ordres, prit au grand trot la route de la maison de retraite de Marie-Thérèse, suivi durant quelques minutes par une démonstration dont celui qui en était l'objet n'était assurément pas le complice. La voiture s'éloigna et ma courte part du triomphe étant épuisée, je me mis en devoir de rentrer chez moi, le cœur et l'esprit tout pleins de ce que je venais de voir et d'entendre. J'en étais si plein, en effet, que j'oubliai de restituer la robe d'avocat dont j'étais revêtu. Je suivis le quai et je ne sais quand je me serais aperçu de ma distraction, si je n'avais été reconnu et averti par Alexis de Pomereu qui sortait aussi de l'audience.

Mais je n'avais pas seulement gardé ma robe usurpée, j'avais sous le bras un grand portefeuille appartenant à M. de Chateaubriand et qui contenait ses papiers d'audience. Ne pouvant plus courir après lui, je me rendis le soir même à l'hospice Marie-Thérèse, le précieux portefeuille à la main. Mon nom, prononcé par un domestique, n'apprenait rien à M. de Chateaubriand ; mais, dès qu'il me reconnut, il me tendit les deux mains avec une extrême vivacité, en s'écriant : « Madame de Chateaubriand ! voilà le jeune avocat dont je vous parlais tout à l'heure et qui m'a rendu de si grands services dans la bagarre ! » Madame de Chateaubriand se mit à me fêter aussi, et, à partir de ce jour, je fus reçu par l'un et par l'autre avec une bienveillance qui ne s'est jamais démentie.

M. de Chateaubriand ne faisait guère de frais dans son salon, mais il était simple et cordial. Sa politesse affectueuse donnait du prix à peu de mots. Il aimait, il encourageait la jeunesse, et paraissait heureux de ses ardentes sympathies ; il n'affectait ni poses ni discours d'apparat. Il ne devançait aucune question ; quand on lui en adressait une, il répondait poliment et rentrait dans le silence. Les sujets de conversation lui paraissaient indifférents. Je l'ai entendu causer une bonne demi-heure sur les divers pâtissiers de Paris et sur les diverses sortes de petits gâteaux, pour complaire à un interlocuteur fort érudit en cette matière.

C'était madame de Chateaubriand qui apportait toujours ou suscitait l'élément piquant dans la conversation. Elle me dit un jour : « M. de Chateaubriand est si bête que, si je n'étais pas là, il ne dirait jamais de mal de personne ! ». Elle était maladive, plutôt couchée qu'assise dans un fauteuil très profond qu'elle partageait avec un magnifique chat angora que lui avait donné Léon XII, durant l'ambassade de Rome, et qui tantôt montrait sa tête par-dessus l'épaule de sa maîtresse, tantôt venait se coucher sur ses genoux. Elle n'était certainement pas ennemie de la bonté, comme elle aimait quelquefois à s'en donner l'apparence. Cependant on peut croire qu'elle n'a pas agi dans le sens de la bienveillance sur l'esprit de son mari, d'autant plus irritable que ses irritations étaient plus concentrées. La piété sincère de madame de Chateaubriand n'avait pas de scrupule à cet égard, parce que ce n'était point pour elle-même, mais pour M. de Chateaubriand qu'elle s'animait dans la bonne ou dans la mauvaise fortune, au pouvoir ou dans la disgrâce. Son esprit, toujours très vif, était quelquefois très brillant; la plupart de ses mots portaient coup, et nul doute que si elle eût mis à modérer M. de Chateaubriand l'ardeur qu'elle mettait à le venger, elle n'eût rendu d'éminents services à la France, à lui et aux *Mémoires d'outre-tombe*.

Les représailles contre l'expédition de madame la duchesse de Berry furent beaucoup plus vives et beaucoup plus durables en province qu'à Paris. J'en fus frappé dès que je revis l'Anjou; plusieurs de nos voisins, obligés de s'expatrier, avaient été sévèrement condamnés par contumace. Les moindres villages reçurent une garnison. Le Bourg-d'Iré eut la sienne, installée au château de la Bigeottière, vieille demeure des Montmorency, où la comtesse de Laval avait reçu Fénelon, son cousin. A Noyant, le château de M. de Candé parut assez vaste pour être changé en caserne; mais, pour réduire la volonté du propriétaire, il fallut lui faire subir un siège. Quand M. de Candé fut prévenu qu'un détachement de troupes de ligne allait arriver chez lui, il appela deux couvreurs, leur ordonna de monter sur le toit et de mettre, sans désemparer, le château à découvert. On obligea les couvreurs à suspendre leur travail en les mettant en joue. M. de Candé recourut alors à un autre expédient ; il remplaça par des maçons les couvreurs intimidés, et toutes les portes, qui l'eussent mis en communication avec ses garnisaires, furent murées, ainsi que la plupart des fenêtres. Cependant son bon naturel l'emporta bientôt, il lia peu à peu conversation avec les officiers et les soldats quand il les rencontrait hors du château, fit passer des fruits et du gibier derrière les obstacles improvisés qui représentaient sa protestation, et lorsque l'heure de la pacification eut sonné, les adieux furent ceux de véritables amis.

Le général Clouet, ancien aide de camp du général de Bourmont à Waterloo et sous ses ordres encore dans le soulèvement de 1832, se tenait caché dans une ferme de Bretagne. C'était un homme de haute taille, fort vigoureux ; pour rendre son déguisement plus sûr, il prenait une part active aux travaux de la ferme. Ses compagnons de travail se mirent en intimité avec lui, et l'un d'eux lui confia un jour, au milieu des champs, combien il était malheureux de ne pouvoir, faute d'une dot, épouser la fille qu'il aimait. « Votre confidence me touche profondément, lui répondit le général Clouet, et je vais vous le prouver. Je suis condamné à mort pour avoir fait feu sur les bleus. Une somme est promise à qui me livrera. Je vous donne mon secret; vous pouvez maintenant faire fortune et vous marier quand vous voudrez. — Le jeune garçon s'appuyant sur sa bêche et le regardant fixement lui répondit : — Dame, Monsieur, on est plus longtemps couché que debout, et je ne donnerais pas ma part de paradis pour la plus grosse fortune de ce monde ! » Tous les deux reprirent leur travail, et celui qui raconta l'histoire n'est point le général Clouet.

J'ai eu moi-même sous les yeux un admirable type, dernier vestige des temps évanouis. Le père Guinehut, portant encore le chapeau rond, les longs cheveux, la culotte courte, les hautes guêtres des premiers compagnons de Bonchamps, vint faire une visite à madame de la Paumelière, sa vieille connaissance ou plutôt sa vieille amie. Voici, sans altération, sans commentaire, ce que répondit le vétéran des vieilles insurrections de l'Ouest à nos questions empressées : « Tout était sûr et fidèle à la Chaperonnière, je répondais de mes domestiques comme de mes enfants, et M. de Cathelineau n'aurait pas péri, s'il n'eût pas voulu, dans sa bonté, me sauver la vie. M. le marquis de Civrac, M. de Cathelineau et M. Moricet avaient à la Chaperonnière une cachette qui sauva bien des prêtres, dans l'ancien temps, sans être jamais découverte. Ces messieurs étaient à table avec nous, lorsqu'un de mes fils, qui faisait le guet pendant le repas, accourut, en disant : — Voilà les bleus ! — Ces trois messieurs gagnent aussitôt leur retraite, et un détachement militaire qui faisait pa-

trouille dans tout le pays ne tarde point à entrer.
— Voyons, père Guinehut, me dit l'officier, vous êtes un brave homme. Vous ne voudriez pas que la guerre se perpétuât, sans rime ni raison ; avouez franchement que vous donnez asile à plusieurs des anciens chefs ! — Si vous croyez qu'ils sont chez moi, vous n'avez qu'à les chercher ; — car je ne voulais ni trahir, ni mentir. Sur cette réponse, ils allaient se retirer, quand un soldat aperçut la *Quotidienne* que M. de Civrac avait oubliée dans un coin : — Ah ! Ah ! père Guinehut, ceci en dit plus long que vous !
— Hé, Monsieur ! un journal, c'est-il pas libéral ? Est-ce que je ne peux pas avoir un journal, comme tout le monde ? — Ah ! c'est votre journal, hé bien ! lisez-le-nous donc ! — et, comme je ne sais pas lire, je fus bien embarrassé. Alors ils se mirent à fouiller toute la maison, en m'obligeant à marcher devant eux pour ouvrir les portes. Quand nous entrâmes dans le grenier, je remarquai tout de suite un brin de paille que la trappe de la cachette avait fait dresser en se refermant. Je m'avançai de ce côté, sans avoir l'air de rien, et je mis le pied sur le brin de paille. Maintenant, me dis-je en moi-même, tout est en sûreté. Mais l'officier, se fâchant de ne rien trouver, me dit avec colère : — Ah çà ! vieux chouan, il faut que ça finisse, et tu ne te moqueras pas de nous plus longtemps. Montre-nous ta cachette, sinon nous allons te fusiller, mettre le feu à ton grenier et, dans quelques heures, il ne restera plus rien ni de toi ni de ta ferme ! — A cette menace-là, je fus encore assez en peine. Je me disais : La ferme n'est pas à

moi. Ai-je le droit de la laisser brûler, pouvant l'empêcher ? Mais je me répondis : Mon maître est royaliste ; s'il était là, il ferait comme moi. D'ailleurs, quand ils m'auront tué, ça les contentera et peut-être qu'alors ils ne mettront pas le feu à la maison. Je leur dis donc : — Messieurs, vous êtes les maîtres, fusillez-moi quand vous voudrez. — Alors ils me firent tomber à genoux, me mirent un canon de fusil dans la bouche et me cassèrent la dent qui me manque là. Mais tout cela se passait à quelques pas de la cachette ; ces messieurs entendaient tout et, malheureusement, ils voulurent donner leur vie pour me sauver. Ils soulevèrent la trappe en criant : — Ne tirez pas ! ne tirez pas ! — et ils se présentèrent tous les trois d'eux-mêmes aux soldats bien surpris. — Feu sur les chouans ! — commanda l'officier, mais les soldats ne se pressant pas d'obéir, l'officier arracha de leurs mains un fusil et tira sur le plus près de lui qui tomba raide mort. C'était M. de Cathelineau. Un cri d'horreur échappa aux soldats. M. de Civrac et M. Moricet furent emmenés prisonniers. »

Par respect pour l'armée française, je laisserai le nom de l'officier dans l'oubli. J'ajouterai seulement qu'il fut repoussé de son régiment et survécut peu à son honteux exploit.

Cet état douloureux du pays avait un fidèle écho dans mon cœur. Rien ne m'était plus doux que de rechercher et de soulager, ne pouvant faire mieux, les misères inévitablement engendrées par cette crise, car beaucoup de paysans avaient été compromis par eux-mêmes ou par leurs enfants. Le langage des habitants du Craonnais a toujours été très digne parce qu'il est demeuré très chrétien. Je demandais un jour, à un métayer, — on appelle ainsi celui qui donne la moitié de tous les fruits à son maître au lieu de payer un fermage, — des nouvelles de sa famille durant mes absences : « Ah ! Monsieur, répondit-il en levant simplement les yeux au ciel, le bon Dieu a fait comme mon maître, il m'a mis à moitié. J'avais six enfants, il m'en a pris trois ! »

Mon instinct provincial prit à tous ces contacts un caractère définitif. Je me promis de ne jamais passer une année entière sans revoir l'Anjou, et aucun voyage, aucun plaisir ne m'a jamais fait manquer à cette promesse. A chaque départ, j'étais pris d'une profonde tristesse. Dans ce moment-là, j'aimais tout : les arbres, les chemins creux, les pierres aidant à passer le ruisseau, le vieux chien de ferme lui-même.

Tout ce qui me rappelait au loin le tableau de ma vie modeste d'Angers et du Bourg-d'Iré me remuait jusqu'au fond du cœur. Paris, à cette époque, n'était certainement pas sans attraits pour moi ; mais il n'avait jamais pénétré, il ne pénétra jamais plus avant que l'épiderme. Combien de fois, parcourant ses beaux quartiers et ses rues neuves, lisant sur les écriteaux des maisons à louer : *Maison meublée*, me suis-je dit : « Meublée, oui, mais pas meublée de souvenirs ! »

J'ai sous les yeux l'album de ma jeunesse ; en le feuilletant, j'y retrouve bien des pages qui ne m'émeuvent plus. Mais je reconnais, avec une vraie joie, deux témoins de mon profond amour du pays natal. Ce sont d'abord deux charmants vers de M. de Latouche :

> Le bonheur était là, sur ce même rocher
> D'où nous sommes partis tous deux pour le chercher !

Et ces lignes d'un roman de Frédéric Soulié : « La patrie, c'est la vie ; ces mille habitudes prises, cette cité où l'on sait marcher sans y prendre garde, cette maison si connue que les pieds s'y arrêtent quand l'esprit est loin, ce bruit accoutumé qui éveille et endort, cet aspect de tous les jours où s'encadrent toutes les sensations, où habitent tous les souvenirs et tous les rêves ; le bruit du marteau qui est devenu une langue habile à dire le nom de celui qui le frappe, le cri d'un marchand qui passe chaque jour à la même heure, et puis la confiance de son nom, ce doux empire de la vertu acquis par de longues années de séjour et qui, dans la plus vaste cité, rayonne autour de soi, la salutation affable des nombreux voisins, cette langue maternelle faite à la bouche et à l'oreille, comme l'air à la poitrine, un pauvre qu'on connaît, une maison qu'on veut voir achever, un enfant qu'on a vu naître, un vieux serviteur qu'on aime, tout cela, ce n'est rien, ni le bonheur ni le devoir, mais ces mille choses, dont aucune ne semble inhérente à la vie, entrent, à notre insu, dans son essence, s'y mêlent, la composent et, quand on les perd, la laissent égarée et déserte. On ne regrette rien, mais tout manque ! »

CHAPITRE III

VOYAGE EN AUTRICHE ET EN ITALIE.
1834-1835

Ne pouvant désormais étudier l'Europe en diplomate, je voulus du moins la parcourir en touriste. Je me promis en même temps de rendre hommage à la famille royale exilée, et de juger par moi-même, autant que cela me serait accordé, ce que l'avenir pouvait attendre des qualités naturelles et de l'éducation de M. le duc de Bordeaux. Je traversai rapidement la Belgique et la Hollande, remontai le Rhin jusqu'à Mayence et gagnai Prague par Francfort.

La capitale de la Bohême a tout ce qu'il faut pour frapper le regard et captiver l'attention : magnifiques panoramas, vieux monuments, souvenirs historiques, bibliothèques, statue de saint Népomucène sur la Moldau, palais Wallenstein. Tout cela était inscrit sur mon programme, mais tout disparut d'abord devant un seul monument, le Hradschin ! C'était là que la maison de France recevait l'hospitalité. Comme mon cœur battit, en en franchissant le seuil et en montant l'escalier solitaire, gardé par deux factionnaires autrichiens !

Le Hradschin est un immense édifice, entretenu avec la simplicité habituelle à la cour autrichienne et que se réserve la famille impériale pour les visites en Bohême. Le roi Charles X, M. le Dauphin, madame la Dauphine, M. le duc de Bordeaux, Mademoiselle et leurs serviteurs peu nombreux, semblaient comme perdus dans les défilés innombrables de ce vaste palais rarement habité et à peine meublé. Dans la soirée cependant, le salon du roi, où l'on se réunissait, prenait un aspect tout français. Le vieux monarque gardait une sereine affabilité ; on sentait que les événements qui l'avaient atteint ne l'avaient point modifié, et qu'il pensait qu'on n'aurait pu faire ni mieux ni autrement. Il voyait les Français avec plaisir, mais sans émotion, et l'on pouvait se demander si l'on avait sous les yeux un admirable modèle de résignation religieuse ou un caractère un peu trop enclin à l'indifférence. M. le Dauphin était taciturne et triste ; on apercevait, derrière le respect envers son père, des signes de lutte et d'angoisses douloureuses.

Madame la Dauphine était, sans comparaison, celle qui avait le plus à se plaindre de notre pays et celle qui, sans comparaison aussi, l'aimait davantage. Ses questions, ses réponses, ramenaient toujours à la patrie ; elle prononçait ce nom de France avec un accent indéfinissable. Ses yeux, toujours rouges, se baissaient parfois tout à coup sur sa tapisserie ; sa voix, naturellement forte et presque rude, expirait dans une phrase inachevée ; c'étaient les larmes qui la gagnaient et qu'elle ne voulait pas laisser tomber. Quant à une plainte, quant à un mot amer, sur qui que ce fût, jamais! Sa tête ne se relevait tout à fait, son visage ne s'éclairait d'un rayon que quand elle parlait des enfants. Elle nommait ainsi son neveu et sa nièce qui, de leur côté, lui témoignaient une tendresse filiale. Tous les soirs, le roi faisait sa partie de whist avec le cardinal de Latil, le duc de Blacas et le prince Louis de Rohan, fixé en Bohême depuis la révolution de Juillet. Au besoin M. le Dauphin suppléait les absents, mais, quand il était libre, il préférait une partie d'échecs.

Charles X était mauvais joueur et avait de fréquents emportements auxquels ses partners étaient habitués ; aussi ne s'en troublaient-ils pas. J'ai entendu plus d'une fois le duc de Blacas répondre froidement : « Quand le coup sera fini, Votre Majesté verra si elle a raison. »

Madame la Dauphine s'occupait de toutes les personnes réunies dans le salon, faisait rendre compte de leurs études aux jeunes princes et s'efforçait visiblement de les faire valoir devant les étrangers. Quand les enfants s'étaient retirés, c'était d'eux qu'elle aimait à s'entretenir. Le roi finissait son whist vers dix heures et donnait gracieusement congé à tout le monde en peu de mots ; on se levait, M. le Dauphin n'achevait pas sa partie d'échecs et madame la Dauphine repliait sa tapisserie. Cela s'appelait, au Hradschin, l'étiquette ; cela pouvait s'appeler aussi le respect inné, le respect sans effort et sans réserve.

Le dimanche venu, j'eus l'honneur d'être invité à la messe du roi. La cathédrale est beaucoup plus ancienne que le palais. Après avoir traversé les longues ailes du château, on arrivait dans une spacieuse tribune, en face du maître-autel; on prenait place derrière la famille royale, et je puis affirmer que dans ce petit groupe, la prière pour le roi était la prière pour la France; on n'aurait même pas conçu la pensée que ces deux intérêts pussent être séparés.

Le lendemain, je fus témoin d'une agitation inaccoutumée dans cette petite colonie de l'exil. Charles X venait d'annoncer l'intention d'adjoindre deux pères jésuites au baron de Damas pour achever l'éducation de M. le duc de Bordeaux, et cette nouvelle soulevait une véritable tempête. M. de Damas, provocateur de la mesure, la justifiait avec une opiniâtreté calme. M. Barande, élève fort distingué de l'Ecole polytechnique, spécialement chargé d'enseigner les sciences à M. le duc de Bordeaux, inclinait dans un sens contraire, ainsi que M. de La Villatte, ancien officier de la garde royale qui, par dévouement et pour veiller sans relâche sur la vie de son jeune prince, avait accepté le titre de premier valet de chambre. Cette situation, relativement inférieure, n'enlevait rien à sa dignité toute militaire. La duchesse de Gontaut lui ayant dit devant moi, je ne sais plus à quel propos : « Soyez sûr, monsieur de La Villatte, que je vous estime beaucoup »; il répondit : « Parbleu, madame la duchesse, je le crois bien ! » L'ancienne gouvernante des Enfants de

France, restée gouvernante de Mademoiselle, exprimait très hautement son effroi de la nouvelle résolution du roi et ne craignait point d'appeler en témoignage tous les Français qui survenaient. Le duc et la duchesse de Guiche, attachés à M. le Dauphin et dont le fils, Agénor de Gramont, était élevé avec M. le duc de Bordeaux, tenaient aussi un langage hostile. Madame la Dauphine se taisait, au moins en public, mais autour d'elle les avis étaient partagés. La vicomtesse d'Agoult et le comte de Bouillé étaient d'accord avec le baron de Damas. La comtesse de Bouillé et l'abbé de Moligny, aumônier du roi, passaient pour avoir un sentiment contraire et, en tout cas, se refusaient à toute approbation ostensible. Le roi lui-même n'en parlait pas et n'en laissait pas parler dans son salon ; cependant, je l'entendis un jour dire au prince Louis de Rohan qu'il avait pris à part : « Tranquillisez-vous ! tranquillisez-vous ! quand Dieu rappellera mon petit-fils en France, les Français ne lui fendront pas un cheveu en quatre pour voir s'il y a du jésuite dedans ! »

Malgré son inaltérable confiance dans les décrets de la Providence sur sa race, la résistance ou le silence de la petite cour du Hradschin finit par troubler le roi. M. le duc de Bordeaux allait atteindre sa quatorzième année, âge de la majorité royale, et le parti royaliste s'apprêtait à solenniser cet événement. Les uns n'y cherchaient que l'occasion d'une démonstration ; d'autres tenaient à constater de nouveau l'abdication de Charles X et de son fils ; d'autres enfin prétendaient établir que le prince étant officiellement sorti de la période d'éducation, l'arrivée des jésuites devenait sans objet. M. de Chateaubriand, activement mêlé à ces péripéties, les raconte dans ses *Mémoires*. Pour moi, je n'entendais que ce qui se disait tout haut et le secret des conseils intimes m'était dérobé.

Toutefois, les manifestations en faveur de l'émancipation de M. le duc de Bordeaux devenant de plus en plus vives, le roi prit soudainement le parti de s'y dérober en emmenant son petit-fils à Buschtiehrad, triste et pauvre résidence à cinq ou six lieues de Prague. En même temps, madame la Dauphine partit pour les bains de Carlsbad. Toute réception devait être suspendue à Buschtiehrad et je n'eus l'honneur d'y être admis que pour prendre congé. Je retrouve le récit de cette journée dans une de mes lettres à M. Brifaut, lettres qu'il a eu la bonté de conserver et qui m'ont été remises par ses héritiers. Après avoir décrit la physionomie de M. le duc de Bordeaux, la beauté limpide de son regard, le son de sa voix, le charme de son naturel et de sa vivacité, j'ajoutais : « On ne saurait trop louer le soin avec lequel il a été élevé ; il ne manque à cette éducation, pour la faire valoir, que l'éclat d'un gouverneur illustre : c'est un diamant qui n'est pas monté ! Il déjeune à midi et on m'avait donné audience avant cette heure-là. — Vous arrivez de Prague, me dit-il, vous devez avoir faim et vous allez déjeuner avec moi, sans quoi je serais privé de la moitié de votre visite dont je ne veux rien perdre ! Il me prit alors par le bras, m'emmena dans sa petite salle à manger et me fit asseoir près de lui : — Puisque vous allez voir ma tante à Carlsbad en vous rendant à Vienne, continua-t-il, vous lui direz que vous m'avez laissé en bon état, mais la regrettant bien. J'ai dessiné la maison qu'elle habite ; je vous la montrerai pour que vous la reconnaissiez tout de suite en arrivant. On vint à parler de l'Auvergne : C'est un pays où Monseigneur a beaucoup d'amis, lui dis-je. — En voilà un qui peut donner bonne idée des autres, me répondit-il, en désignant M. de La Villatte. Après le déjeuner, on lui apporta une touffe de muguets, et je fis je ne sais plus quelle phrase sur le blanc et le vert qui étaient alors les couleurs royalistes. — Eh bien, je vous décore de mon ordre, reprit-il, et il passa quelques brins de son bouquet dans ma boutonnière. J'assistai un peu plus tard à la leçon d'équitation, et vers quatre heures de l'après-midi, je revins à Prague, le cœur plein d'émotion et d'espérance. »

A Carlsbad, je pris les commissions de madame la Dauphine pour Vienne, non sans avoir été longuement interrogé sur ma journée de Buschtiehrad.

A Vienne, ma première visite fut pour M. de Montbel, ambassadeur intime de la royauté en exil. Serviteur intelligent et fidèle, il avait précisément le mérite qui plaît aux princes, une aptitude superficielle, mais assez générale pour s'appliquer un peu à tout et pour résoudre les petites difficultés de façon à laisser supposer qu'il en pourrait résoudre de plus grandes. Son savoir varié le mettait en mesure de soutenir la conversation quand de plus grands que lui voulaient se reposer ou se tirer d'embarras. Incapable de servilité dans ce qu'elle a de faux ou de bas, la docilité lui était facile ; il la pratiquait comme un devoir et ne recherchait, ni dans sa conduite ni dans ses jugements, une indépendance que les princes n'aiment pas toujours et que les vrais courtisans ne se permettent jamais. Durant les onze mois du ministère Polignac, on lui avait successivement confié trois portefeuilles différents : celui de l'Instruction publique, celui de l'Intérieur, celui des Finances, et il n'avait été ni supérieur ni déplacé dans aucune de ces trois fonctions. A mon arrivée, il venait de publier la *Vie du duc de Reichstadt*, œuvre singulière pour une plume si sincèrement royaliste, mais à laquelle il s'était livré sans hésitation, parce qu'il avait cru y trouver deux bénéfices pour sa cause : mettre en lumière sa générosité, constater à quel point on devait croire l'avenir de la monarchie affranchi de toute crainte d'une résurrection bonapartiste.

M. de Montbel me fit l'honneur de m'accueillir très obligeamment, me prodiguant avec une affectueuse sollicitude les avis utiles pour un séjour à Vienne et y mêlant avec gaieté les anecdotes locales. Son dévouement était aussi désintéressé que loyal, et ne recevant aucun traitement, il logeait au troisième étage, dans un modeste appartement donnant sur la petite place du Hohenmarck. Un jour qu'il avait plusieurs visiteurs dans son salon, il m'attira dans l'embrasure de la fenêtre pour m'adresser quelques mots confidentiels, et, tout en l'écoutant, je regardais les passants sur la place. M. de Montbel s'en aperçut et s'interrompit : « Remarquez bien, me dit-il, au milieu des allants et venants, ces deux hommes dont l'un reste immobile, tandis que l'autre parle ; soyez sûr que ce sont deux Allemands, dont l'un attend le verbe. » Ce mot me frappa comme un fin résumé sur l'Allemagne et sur les Allemands. Leur langue est bien le reflet de leur caractère et leurs habitudes sont le reflet de leur langue. Fénelon, constatant et peut-être raillant un peu la régularité méthodique de la langue française, l'analysait ainsi : « On voit toujours venir d'abord un nominatif substantif qui mène son adjectif comme par la main. Son verbe ne manque pas de marcher derrière, suivi d'un adverbe. » En allemand, on suit la marche inverse ; le verbe ne se place jamais qu'à la fin de la période et la nécessité de l'attendre suffit à elle seule pour interdire la précipitation ou les interruptions réciproques, car on ne peut deviner, comme en français, la pensée de son interlocuteur à ses premières paroles. La spirituelle observation de M. de Montbel m'avertit ainsi, dès mon début en Allemagne, du soin avec lequel je devais me garder de la vivacité et de la volubilité naturelles à mes compatriotes.

J'étais aussi appuyé près de la société viennoise par mes oncles de Bombelles et par la famille Apponyi qui se trouvait en ce moment en congé à Vienne. Mon ambition était d'être présenté au prince de Metternich et ma surprise fut grande de le voir, de près, si différent de ce que j'avais imaginé de loin. A force d'en entendre parler, à Paris, comme du représentant suprême des idées rétrogrades, je lui avais composé un visage et un costume à l'avenant. Je me le figurais en culotte courte, poudré avec une queue, comme on nous représente le Grand Frédéric. Le prince de Metternich était, au contraire, un des hommes les plus beaux et les plus élégants de son temps. Il gardait, même alors, pour la mode toute la déférence qu'on peut concilier avec la distinction grave dont il ne se départait jamais ; sa conversation avait le même caractère ; elle était tout ensemble parfaitement moderne et parfaitement digne. La belle saison le ramenait, chaque année, à Hitzing, petit village entre Schœnbrunn et Vienne, où il menait une vie fort simple dans une maison de campagne qui ne l'était pas moins. Là, sa famille et ses intimes vivaient seuls avec lui, ce qui me valut, étant invité à dîner, la bonne fortune d'être placé à table à côté du prince lui-même. Son appétit était prodigieux et d'énormes tranches de pain de seigle disparurent pendant le repas. M. de Metternich proportionna très aimablement son entretien à mon âge et me parla de ses propres souvenirs de jeunesse avec un enjouement plein de bonne grâce. Les *Prisons* de Silvio Pellico venaient de paraître et faisaient grand bruit en Europe. Je n'aurais pas osé aborder ce chapitre, mais le prince m'en parla le premier. Il se plaça de lui-même sur la défensive, sans aucune amertume : « Tout n'est pas faux, me dit-il, mais tout est exagéré, et je donnerai à qui voudra la permission de visiter les plombs de Venise et le Spielberg. » Je ne répondis que par l'éloge de Silvio dont j'avais dévoré le volume : « M. Pellico peut être un galant homme, me répliqua-t-il, mais ce qu'il nous demandait, c'était l'abandon de l'Italie. Pouvais-je proposer cela à l'Empereur pour faire plaisir à quelques hommes qui certainement n'enrichiraient pas l'Italie comme nous l'enrichissons tous les jours? » On n'était pas à son aise pour discuter un tel sujet avec un tel interlocuteur. Il faut avouer en outre qu'à part l'émotion sincère qu'avaient fait naître en moi les souffrances de Silvio Pellico et de Maroncelli, la cause de la jeune Italie ne m'apparaissait point sous un jour favorable, et je ne démêlais dans ces complots avortés que la lutte révolutionnaire des carbonari contre le vieil ordre européen et contre l'Église.

La princesse de Metternich, née comtesse Zichy, était la troisième femme du grand chancelier de l'empire d'Autriche. Il avait épousé en premières noces une Autrichienne, puis une Anglaise qu'il avait rencontrée en Italie et enfin cette jeune fille d'une grande maison hongroise qui peut-être justifiait mieux cette union par l'éclat de sa beauté que par le secours diplomatique qu'elle pouvait apporter à un homme d'État. Sa sœur, la princesse Odescalchi, habitait aussi Hitzing. Elle était loin d'être aussi belle que la princesse de Metternich, mais la société viennoise lui accordait volontiers la supériorité de l'esprit. Deux filles du prince de Ligne, la comtesse Palffy et la baronne de Spiegel, comptaient également parmi les habitués d'Hitzing. C'était pour moi de grandes évocations du passé et je les contemplais plus encore que je ne les regardais. Toutefois, je perdis là une de mes illusions favorites, c'est-à-dire la conviction que les maisons souveraines et les aristocraties de l'Europe étaient chaleureusement légitimistes. Rien n'était moins vrai. Mon premier désenchantement à cet égard s'opéra dans le trajet de Prague à Vienne, que je parcourus en compagnie d'un jeune comte Kalckreuth, fils ou petit-fils du feld-maréchal de ce nom qui avait joué un rôle à la tête des armées prussiennes en face de Napoléon. Mais la Prusse m'était suspecte, tandis que l'Autriche ne pouvait l'être. Non seulement, on s'exprimait très librement dans les salons de Vienne sur le roi Charles X, sur les ordonnances et sur la révolution de Juillet, mais je pus découvrir, sans le moindre mérite de sagacité, que les souverains et les cours de l'Europe avaient rapporté de Paris, en 1814 et 1815, des susceptibilités et des jalousies que ni l'intérêt ni le malheur commun des couronnes n'avaient désarmées. Louis XVIII, aux Tuileries, passant devant tous les rois étrangers pour se rendre à sa propre table, demeurait un grief ineffaçable. Ce souvenir, qui en résumait beaucoup d'autres, me frappa, dès mes premiers pas, dans les salons autrichiens. J'y reconnus, en même temps, pour le duc de Reichstadt des regrets qui n'étaient pas uniquement consacrés à la mélancolique destinée de ce jeune prince. Un Napoléon pacifique transportant en France le système autrichien était un idéal assez hautement caressé.

Je ne retrouvai le pur royalisme à la française que dans un salon où je fus introduit par M. de Montbel, celui de la comtesse Batthyanyi. La maîtresse de la maison n'avait qu'un souffle d'existence entretenu à force de soins dévoués. Non seulement elle ne sortait jamais, mais on n'arrivait près d'elle qu'à travers trois salons dans lesquels on stationnait jusqu'à ce qu'on ne fût plus suspect d'introduire l'air extérieur. La comtesse Batthyanyi avait épousé, en secondes noces, un Piémontais, le comte de Villette, dont elle ne portait pas le nom, parce que ce mariage, officiellement avoué, lui eût enlevé un douaire considérable; cette dissimulation d'ailleurs ne prétendait tromper personne et la famille Batthyanyi s'en accommodait en pleine connaissance de cause.

La comtesse Batthyanyi avait près d'elle une nièce, la comtesse Nina Gygrai, jeune personne remarquablement intéressante et distinguée. Sa mission spéciale était d'arrêter les visiteurs dans l'un des deux premiers salons, et de ne laisser arriver auprès de sa tante que quand on s'était bien imprégné de l'atmosphère inflexiblement prescrite par les médecins. Le comte de Villette aussi faisait quelquefois sentinelle, mais c'était en plaisantant très gaiement. Je l'entendis un jour dire à sa femme: « Prenez garde, ma bonne amie, voilà notre voisin qui ouvre sa fenêtre ! » et il montrait, en effet, à travers les doubles vitres du salon, une fenêtre qui s'ouvrait de l'autre côté de la rue. Une amie intime de *la Batthyanyi*, comme on dit à Vienne, était une landgrave de Furstenberg. Elle avait quatre-vingts ans, portait encore une sorte de panier et des souliers à talons: c'était l'ancien régime survivant et intact.

L'attention des jeunes gens envers les vieillards est le plus sûr moyen de leur plaire; de ma part cette attention était sans effort; j'y trouvais un plaisir et une étude; j'écoutais ces représentants d'un autre âge, comme j'aurais feuilleté un livre. De bonne heure, je me suis formé un axiome que je recommande à mes jeunes lecteurs si je dois en avoir : — Qui s'ennuie, s'accuse — et une longue expérience m'a démontré que cet axiome est juste. Il n'est personne dont on ne puisse tirer parti, sans autre habileté que celle de la bienveillance ou de la curiosité, et je puis affirmer, au bout d'une longue carrière, qu'avec cette facile recette, je ne me suis jamais ennuyé. Près de la comtesse Batthyanyi et de la landgrave de Furstenberg, mon procédé coulait de source, car j'avais là un trésor de curieux souvenirs. Je leur dus bientôt plus que des jouissances passagères : je leur dus une des plus profondes et des plus salutaires impressions de ma jeunesse.

La comtesse Batthyanyi avait été liée avec le comte de Maistre et j'étais dans l'ardeur de mon enthousiasme pour *les Soirées de Saint-Pétersbourg*. J'obtins d'abord quelques échos de l'entretien de l'admirable causeur, puis communication de plusieurs lettres religieusement conservées, enfin la lecture de l'oraison funèbre d'Eugène Costa, alors inconnue en France. Ce portrait d'un jeune homme accompli me séduisit comme modèle et je suppliai la comtesse Batthyanyi de me laisser copier le précieux manuscrit pour m'en faire un perpétuel mentor. Mon insistance émue, ma promesse de tout copier sans désemparer, sans perdre une minute, tout fut vain : « Jamais je ne me suis séparée de ce manuscrit, me répondit-elle obstinément. Jamais je ne m'exposerai à l'inconsolable chagrin de le perdre par un accident quelconque. » Cependant mon désir passionné toucha l'amie du comte de Maistre, elle finit par me dire : « Hé bien ! copiez ici sous mes yeux ! » J'acceptai avec transport et, durant toute une semaine, je vins, à porte fermée, passer une heure aux pieds de sa chaise longue, jusqu'à ce que ma copie fût achevée. A partir de ce jour, Eugène Costa devint mon ami, mon guide, mon second frère aîné, et je ne pourrais retrouver dans ma jeunesse un bon mouvement, une bonne pensée ou une salutaire préservation sans lui en reporter l'honneur. Je lui dus encore davantage. C'est à mon amour pour le comte de Maistre, à mon culte pour Eugène Costa que je dus la place qui me fut bientôt accordée dans la maternelle affection de madame Swetchine. Je ne puis donc m'éloigner de la comtesse Batthyanyi, sans achever complètement l'esquisse de son intérieur.

On avait remarqué déjà, durant mon séjour à Vienne, que la quarantaine de rigueur, dans les premiers salons, se prolongeait au delà des exigences de la consigne quand M. de Montbel se trouvait en tête-à-tête avec la comtesse Nina Gygrai, et l'on ne tarda pas à pressentir une inclination réciproque. M. de Montbel avait plusieurs enfants, dont l'aîné servait déjà dans un régiment autrichien, mais la jeune Hongroise, élevée par des vieillards qui lui rendaient la vie très douce, fut aisément sensible aux qualités nobles de M. de Montbel et ne refusa point son consentement.

Au moment même de la bénédiction nuptiale, on fut fort étonné de voir M. de Montbel, à genoux, au pied de l'autel, se lever, se tourner vers sa fiancée et s'écrier solennellement : « Nina, jurez-moi un amour éternel ! » Il ne reçut pas de réponse, se remit à genoux et quand on fit part de cet étrange incident à la comtesse Batthyanyi, elle s'en montra fort troublée. — « Bah ! bah ! dit le comte de Villette, ne vous en inquiétez pas ! Ces vieux Français ont des idées de galanterie qui ne passent pas par la tête des autres ! » On admit ou l'on feignit d'admettre cette explication, et le nouveau ménage fit ses préparatifs de départ pour Prague où madame de Montbel devait être présentée. Quel ne fut pas son effroi lorsque, au milieu de la route, elle vit son mari ouvrir un portefeuille, en tirer les lettres que la famille impériale et le prince de Metternich lui avaient confiées pour la famille royale, en briser les cachets et les lire avec une agitation fiévreuse, entrecoupée de mots incohérents. Madame de Montbel ne pouvait donc plus se dissimuler la triste vérité. C'était un homme atteint d'aliénation mentale qu'elle ramenait à une cour où elle était encore inconnue.

Madame la Dauphine, instruite la première de cette affreuse situation, témoigna aussitôt une touchante bonté à la malheureuse jeune femme, se chargea de remettre elle-même au roi les lettres décachetées et servit de véritable mère à celle qui n'avait plus alors d'autre protection. Le médecin du roi fit promptement espérer qu'il s'agissait seulement d'une crise passagère. En effet, des soins assidus, des consolations délicates ramenèrent le calme chez M. de Montbel qui reprit, au bout de quelques mois et pour toujours, son état naturel. Madame de Montbel eut plus de peine à se remettre d'une telle secousse et elle s'éteignit bientôt, doucement, angéliquement, comme elle avait vécu. M. de Montbel se remaria une troisième fois avec la fille de M. Gain de Montaignac, attachée à l'éducation de Mademoiselle.

Je gagnai l'Italie par Gratz et Trieste. On m'avait trop vanté Venise : les uns me la représentant comme une apparition soudaine au sein des eaux ; les autres, comme un immense naufrage miraculeusement suspendu. J'y arrivai par mer, et la ville m'apparut sans relief et comme adossée à un tertre dont elle semblait faire partie. Descendu de mon paquebot, je trouvai tous les hôtels encombrés, et mon guide, cherchant le plus court pour se débarrasser du poids de mon bagage, me fit traverser à pied la reine des flots. Je fus ainsi promené, pendant trois quarts d'heure, sans apercevoir ni canal ni barque. Ce contre-temps m'apprit ce que les récits à effet dissimulent trop, qu'on peut parcourir Venise dans tous les sens, à travers des rues qui ne diffèrent des nôtres que par leur étroite et triste sinuosité.

Une fois installé, j'appelai impatiemment une gondole et dès lors vint l'enchantement. Je passai en revue ces palais si poétiques par leur architecture, par le luxe de tous les arts, par leurs grands noms, si majestueux encore aujourd'hui dans leur deuil. J'allai m'asseoir ensuite sur la place Saint-Marc pour y lire les journaux italiens et français, et le premier coup d'œil jeté sur une feuille italienne m'apprit que M. de Chateaubriand était à Venise. Me procurer son adresse et courir vers lui fut l'affaire d'un instant.

M. de Chateaubriand m'accueillit avec sa bienveillance accoutumée. Madame la duchesse de Berry, transférée de Blaye à Naples, l'avait appelé à Venise pour qu'il l'accompagnât jusqu'à Prague ; elle se faisait attendre depuis plusieurs jours. Le lendemain matin, je le trouvai impatient et morose : on lui écrivait de Paris des lettres pénibles ; de Prague, des conseils peu encourageants. La princesse ne donnait pas signe de vie. Il ne me cacha point son anxiété et désira me revoir vers la fin de la journée. Le soir venu, il me demanda si je consentirais à lui sacrifier mon séjour à Venise ; sur ma réponse empressée, il me pria de me rendre par la route la plus courte près de madame la duchesse de Berry, qu'on avait lieu de supposer à Florence ou à Ferrare, et d'avertir la princesse de l'impossibilité où il se trouvait de l'attendre indéfiniment. J'arrivai sans désemparer à Ferrare, et, dès ma première information, j'appris que la princesse s'y trouvait depuis la veille. Elle avait eu soin d'envoyer un courrier à M. de Chateaubriand qui ne pouvait tarder. Décidément, les ambassades n'entraient pas dans ma destinée ; j'eus pour consolation de visiter la prison du Tasse avec la captive de Blaye et avec l'auteur de l'*Itinéraire de Paris à Jérusalem*. Le récit et les suites de ce voyage appartiennent aux *Mémoires d'outre-tombe*.

Ma mère et mon frère m'avaient devancé à Florence ; je ne tardai pas à les rejoindre. Après quinze jours consacrés à la Toscane, nous arrivâmes à Rome au commencement d'octobre, c'est-à-dire, au moment où les dernières splendeurs de la nature et d'innombrables pèlerinages présentaient Rome sous son aspect le plus favorable. Un soleil n'ayant rien perdu de son éclat éclairait chaque matin une multitude de montagnards, venus en famille présenter leurs devoirs à la Ville Éternelle ; ils remplissaient les rues de leurs costumes pittoresques, s'arrêtaient devant les Madones, chantaient en chœur des hymnes accompagnées d'instruments rustiques, se rendaient en foule à la villa Borghèse et y dansaient leurs saltarelles, au milieu d'un cercle d'étrangers et de Romains dont ne s'éloignaient ni le clergé ni les religieux, conservant à ces joies, en même temps populaires et pieuses, un caractère grave qui, à cette époque, brillait partout à Rome sans exception.

Grégoire XVI, dernier pape qui reçut et transmit intact l'héritage temporel des Souverains Pontifes, était sur le trône depuis peu d'années. Camaldule, il gardait sous la tiare le costume, la simplicité et l'austérité du cloître. Ses traits étaient communs, mais sa physionomie était bienveillante et fine ; l'étiquette régnait dans son antichambre, elle disparaissait en sa présence, et en s'agenouillant devant ce vieillard, on se sentait plus aux pieds du père que du souverain.

Le bien-être des étrangers dans ses Etats le préoccupait; il s'en enquérait soigneusement et même s'informait de leurs plaisirs, particulièrement de la musique, dont il me sembla parler en connaisseur. On citait un mot de lui qui peint bien la Rome d'alors et son charme. Aux audiences de congé, il demandait habituellement : « Combien de temps avez-vous passé à Rome ? » Si on répondait : « Un mois ou six semaines » il disait : « Adieu ! » Si l'on répondait : « Six mois », il disait : « Au revoir ! » marquant bien ainsi le vrai caractère de Rome dont le profond attrait ne se goûte ni du premier coup, ni en un seul jour.

A notre dernière audience, nous lui présentâmes à bénir une si énorme corbeille de chapelets, qu'il s'écria en riant : « Hé ! bon Dieu ! comment avez-vous fait pour l'apporter? » Nous répondîmes que nos domestiques l'avaient montée jusqu'à l'entrée de son appartement : « Est-ce qu'ils sont aussi de votre bon pays de Vendée ? demanda-t-il; alors il faut les faire entrer; je veux les bénir avec vous. » Il les envoya chercher, questionna le mari et la femme avec une grande affabilité, sans paraître se douter qu'il donnait l'exemple d'une égalité dont le christianisme fut le premier révélateur et demeure l'unique modèle.

Rome étant le plus illustre théâtre de tous les siècles, on ne peut le visiter qu'à l'aide des historiens de tous les âges. Tacite, Tite-Live, Salluste, Muratori, Botta, Sismondi, Ampère, et tous les annalistes de la papauté deviennent là le manuel courant du voyageur. Rien n'est à négliger, aucun pas n'est indifférent; tout est à fouiller dedans, dessous et dessus. Des hauteurs du dôme de Saint-Pierre jusqu'aux profondeurs des Catacombes, tout est jouissance et enseignement.

La société romaine avait encore, à cette date, comme la cour pontificale, l'intégrité de son caractère traditionnel : de magnifiques proportions architecturales pour ses palais ; à l'intérieur un grand luxe de tableaux, de statues, de médailles, presque point de meubles et une négligence, souvent outrée, en ce qui concerne ce qu'on nomme aujourd'hui le confortable ; le défaut de surveillance allant jusqu'à ce point que l'escalier le plus magnifique était souvent moins propre que la rue, parce qu'on y prenait plus de liberté.

La principale maison romaine et la plus ouverte aux étrangers était alors le palais Massimo. La princesse Massimo était une princesse Christine de Saxe, et le prince Massimo, à qui un étranger demandait un jour s'il était bien certain que sa famille descendît de Fabius Maximus, avait spirituellement répondu : « Je n'en sais rien, mais il y a deux mille ans qu'on le dit ! » On arrivait près du maître et de la maîtresse de la maison à travers une suite de salons, à peine éclairés chacun par une seule lampe, et l'on sentait, dans la demi-teinte de ce long parcours, l'antique et sereine possession qui n'a ni besoin ni hâte de se montrer.

Le sous-secrétaire d'État était le cardinal Bernetti, très Autrichien dans sa politique, très Français dans sa conversation, très Italien dans sa spirituelle bonhomie. A la nouvelle du brusque débarquement des

Français à Ancône en 1832, il poussa ce premier cri d'indignation : « Depuis le temps des Sarrasins, on n'a rien vu de pareil ! » et il ne tarissait point en imprécations de ce genre. L'ambassadeur de France eut ordre de s'en plaindre officiellement ; cet ambassadeur était le comte de Saint-Aulaire, qui apporta dans l'accomplissement de sa mission tous les sentiments d'un chrétien et tous les ménagements de son exquise politesse. Cependant il dut aller jusqu'au reproche et même jusqu'à la menace. Le cardinal l'interrompit alors par cette boutade inattendue : « Je vous comprends, monsieur l'ambassadeur. Vous venez m'avertir que, si vous n'êtes pas content du Saint-Siège, vous lui ferez un mauvais parti. Eh bien ! je vais vous rendre avertissement pour avertissement : détruire le Saint-Siège est plus difficile qu'on ne le croit à Paris ; nous autres cardinaux nous y travaillons depuis plusieurs siècles et nous n'avons jamais pu y réussir ! »

Le cardinal Bernetti avait pour compétiteur à la secrétairerie d'État et eut bientôt pour successeur le cardinal Lambruschini, nonce en France au moment des ordonnances de Juillet. C'étaient deux hommes semblables de tendances, absolument différents d'allure. L'un poussait la vivacité jusqu'à la pétulance et on aurait inventé pour lui le mot, si parfaitement italien de *desinvoltura*. L'autre poussait jusqu'à la rigidité la froideur du langage et la dignité des manières. Bernetti ne reçut la prêtrise que dans les dernières années de sa vie. Lambruschini n'avait connu d'autre état que l'état ecclésiastique, et avait fait l'édification de Gênes, sa patrie, en qualité d'archevêque, avant d'être appelé à la carrière politique. Ni l'un ni l'autre n'appartenaient à l'aristocratie italienne, et tous deux, chacun à sa manière, faisaient grand honneur à l'habileté de bon aloi, apanage de l'esprit italien.

La variété dans l'unité était frappante entre les membres du Sacré Collège, et l'on pouvait dire de la plupart des cardinaux : « C'est toujours la même paire de bas, mais c'est souvent une autre paire de manches ! » Le cardinal Micara était la figure la plus originale de ce grand sénat. Sa robe de capucin, sa longue barbe, sa fière et noble tête fixaient le regard des étrangers aux cérémonies pontificales. On le savait d'ailleurs en plein accord avec son ami, le P. Ventura, pour conseiller hardiment la politique anti-autrichienne qui devait se faire jour, douze ans plus tard, à la mort de Grégoire XVI. Le futur cardinal Mastaï, le futur pape Pie IX, n'était encore qu'évêque d'Imola, mais il était déjà connu pour la hauteur novatrice de ses vues. Grégoire XVI l'avait remarqué et disait de lui avec son indulgent sourire : « *In casa Mastaï, anche il gatto e liberale!* » Dans la maison Mastaï, le chat lui-même est libéral. »

Le sacré Palais, siège de l'Inquisition et de l'Index, était modéré et presque réformateur dans ses aspirations. Le P. Butaoni et son premier collaborateur, le P. Modena, tous deux dominicains — ces postes sont un privilège de leur ordre — accueillaient fort obligeamment les étrangers. Le P. Modena, très brillant causeur, improvisateur de sonnets en français comme en italien, vous appelait : *mon cher* dès la première visite, non par vulgaire banalité, mais par cordialité sincère, cordialité qu'il me témoigna et qu'à trente ans de distance il témoigna de même à M. Cochin.

Une des merveilles de Rome et qu'on eût proclamée merveille en tout pays, était monseigneur Mezzofanti, successeur du cardinal Maï à la Bibliothèque vaticane. Dieu l'avait doué d'une mémoire telle que, littéralement, il ne pouvait rien oublier. Les langues des cinq parties du monde, les dialectes, les dérivés, lui étaient également connus. La langue française impliquait pour lui le provençal, le basque et le bas breton. Lord Byron, l'ayant connu bibliothécaire à Bologne, lui disait, émerveillé de ce savoir universel : « Monseigneur, vous avez manqué votre vocation. Vous auriez dû être *cicerone* de la tour de Babel ! » Lorsque j'eus l'honneur de le voir pour la première fois, il voulut bien me donner des conseils pour la prononciation italienne et me dit : « Répétez souvent telle strophe de la *Jérusalem délivrée* — strophe que j'ai complètement oubliée aujourd'hui — il n'y a pas de leçon meilleure que celle-là ! »

Ayant mérité, par la prolongation de mon séjour à Rome, un gracieux *au revoir* de Grégoire XVI, j'en profitai pour visiter fréquemment monseigneur Mezzofanti, et quand j'allai prendre congé de lui, le hasard ramena la conversation sur le Tasse. La même strophe lui vint à l'esprit, mais s'arrêtant court après le premier vers : « Pardon, me dit-il, je vous l'ai citée la première fois que je vous ai vu. » Pour bien apprécier ce singulier prodige de mémoire, il faut remarquer que chaque jour il faisait, durant une heure ou deux, les honneurs de la Bibliothèque vaticane à d'innombrables étrangers.

Mezzofanti n'était ni écrivain, ni orateur, mais ses entretiens et ses discours étaient pleins de charme. Il aimait aussi à improviser des vers et le faisait avec un à-propos dont on citait de piquants exemples. Le collège de la Propagande l'appela un jour, pour le mettre aux prises avec un jeune Chinois, et le néophyte, déjà formé au latin par les missionnaires qui l'envoyaient à Rome, prétendit qu'en Chine le nom de Mezzofanti se traduirait ainsi :

> Hic est qui *tacitus* virtutes perficit omnes.

Achevant aussitôt le distique, Mezzofanti riposta :

> At loquitur semper, perficit ergo nihil [1].

A mon départ pour la France, il me donna un petit volume de l'*Imitation de Jésus-Christ*, imprimé à Rome, et, en me le remettant, y traça, d'une écriture fine et lisible, ces deux vers à la première page :

> Le chemin du salut est long et difficile ;
> Suivez le bon Jésus, il le rendra facile.

Une coutume romaine, qui contribua certainement à faire naître des préjugés injustes contre les mœurs du clergé romain, était de faire porter le costume ecclésiastique par beaucoup de fonctionnaires laï-

---

1. C'est lui qui pratique en silence toutes les vertus. — Mais, comme il parle toujours, il n'en pratique donc aucune.

ques. Le ministre de la guerre, par exemple, qu'on appelait le ministre des armes, avait le rang et l'habit de prélat. Le titulaire de mon temps se montrait fort attentif pour une jeune Française qui ne parlait point italien, et quelqu'un s'étonnant de cette assiduité de la part d'un homme qui ne savait pas un mot de français : « Assurément, disait-on, il parle toujours italien, mais avec la traduction *en regard !* »

La colonie étrangère, toujours très brillante à Rome, comprenait une véritable élite européenne : Lord Ramsay, le comte Karolyi, la comtesse Rosalie Rzewuska y occupaient le premier rang. La comtesse Rzewuska était fille de la princesse Lubomirska, qui avait passé dans l'intimité de la reine Marie-Antoinette les années heureuses de Versailles et de Trianon. Bonne Polonaise pour le passé, la comtesse Rzewuska n'avait cependant jamais consenti à se brouiller avec la Russie. Elle déplorait l'insurrection de 1830, soutenant que l'empereur Alexandre, ami des catholiques et des Polonais, avait légué la même politique à l'empereur Nicolas, et que cette bonne entente aurait porté d'heureux fruits dans l'avenir, si elle n'eût été violemment repoussée à l'instigation de quelques révolutionnaires cosmopolites. La comtesse Rzewuska avait une taille et un esprit d'homme, et sa fille Calixte lui ressemblait beaucoup avec une dose d'originalité en plus. Celle-ci composait de courts romans ou des comédies allégoriques. Elle avait imaginé des drames dont tous les personnages étaient des éléments chimiques et elle en avait tiré des combinaisons fort piquantes. Elle épousa le prince Michel Angelo Gaëtani, qui, avec son frère Filippo, comptait parmi les princes romains propagateurs des idées anglaises et françaises.

La comtesse Rzewuska, qui vivait surtout de souvenirs, racontait admirablement les histoires du passé et de curieuses légendes polonaises, entre autres celle-ci :

« J'ai eu dans ma famille un exemple bien frappant d'une douloureuse incrédulité religieuse, heureusement suivie d'une éclatante conversion. Mon aïeul, le prince Lubomirski, surnommé le *Salomon de la Pologne*, voulut nier son Dieu et son âme pour se livrer sans frein à toutes les jouissances dont il était entouré ; il commença même, sur cette thèse, un grand ouvrage auquel il consacrait de nombreuses veilles. Fatigué et agité par ce travail, il poussa un jour sa promenade au delà des limites ordinaires et rencontra une vieille femme chargeant un âne de feuilles sèches et de branches mortes : N'avez-vous pas d'autre métier ? lui demanda-t-il. — Hélas ! non. Mon mari soutenait seul toute sa famille. J'ai eu le malheur de le perdre et il ne me reste pas même de quoi payer une messe pour le repos de son âme. — Tenez, dit-il, en lui jetant plusieurs pièces d'or, faites-en dire tant que vous voudrez » ; et il revint sur ses pas, peu attentif aux bénédictions de la vieille femme. Le soir même, livré à toute l'ardeur de son travail favori, il aperçoit un paysan debout, immobile, en face de son bureau : « Que fais-tu là ? Qui t'a permis d'entrer ? » s'écrie le prince, agitant violemment sa sonnette pour reprocher à ses gens cette inexcusable négligence. Ceux-ci protestent qu'ils n'ont rien vu, et l'aventure demeure inexpliquée.

« Le lendemain, à la même heure, même apparition du silencieux et insaisissable visiteur. Cette fois, mon aïeul n'appela personne. Il jeta sa plume loin de lui, marchant droit vers le paysan : « Qui que tu sois, malheureux, que viens-tu chercher? — Je suis le mari de la veuve que vous avez secourue, il y a deux jours; j'ai demandé à Dieu la grâce de payer votre bienfait par ces seuls mots : L'âme est immortelle ! » — Le fantôme disparut en même temps et le prince Lubomirski, appelant en hâte sa famille, déchira devant elle son manuscrit. Ces pages lacérées existent encore. L'orateur qui prononça l'oraison funèbre de Lubomirski dans la cathédrale de Varsovie tenait le fait du prince lui-même ; il les répéta en chaire et il est consigné dans notre livre généalogique. »

Cette histoire me paraît digne d'être conservée, car ceux-là même qui nient toute intervention visible de la divinité parmi nous seront forcés de constater que le génie du *Salomon de la Pologne*, poursuivant de toutes ses forces les preuves du matérialisme, fut conduit par une involontaire conviction à cette redoutable vérité : l'âme est immortelle!

La société française à Rome comptait alors au premier rang le baron de Damas, sa femme et deux enfants qu'ils allaient conduire au collège des jésuites de Fribourg. Le baron de Damas voyait peu de monde ; il semblait porter au fond de son âme une blessure saignante. En réalité, personne ne lui avait rendu justice, ni ceux qui l'avaient élevé à un poste au-dessus de ses forces, ni ceux qui l'en ont fait sortir avec outrage. En tous cas, il se montrait chrétien exemplaire; il ne se permettait pas l'ombre d'un murmure, et sa première visite fut pour la princesse de Léon, fille de la duchesse de Gontaut, la plus déclarée et la plus véhémente de ses adversaires à Prague. Le marquis de Brézé, orateur chaleureux à la Chambre des pairs, était venu chercher en Italie un climat plus favorable à sa mauvaise santé; il s'efforçait d'oublier la politique pour s'élever jusqu'à la sérénité romaine, mais il n'y pouvait parvenir. Il retourna bientôt à la bataille et y succomba. Les Mun et les la Ferronnays, qui allaient bientôt s'allier, partageaient leur hiver entre Rome et Naples. Le marquis de Mun, grand-père du comte Albert de Mun, avait épousé Mademoiselle d'Ursel, issue d'une illustre famille flamande. Il était arrière-petit-fils du philosophe Helvétius, et tenait de ce côté une fortune considérable; il ne fut pas, parmi nos contemporains, le seul qui réunit sur sa tête les mêmes contrastes. Le P. de Magalon était aussi le petit-fils d'un encyclopédiste, le marquis d'Argens. Il avait passé sa première jeunesse à la cour de Berlin et mourut supérieur des frères de Saint-Jean-de-Dieu, en vénération à tout son ordre et à tout le Paris chrétien.

Pour moi, le principal attrait de la colonie étrangère fut la courte apparition du comte Xavier de Maistre; je devrais plutôt dire la colonie française, car qui a possédé mieux que les deux comtes de Maistre la langue et le génie français? Le comte Xavier de

Maistre était accompagné de sa belle-sœur et de ses deux nièces, toutes deux dignes de leur père, et dont l'une était souvent appelée par le comte Joseph de Maistre : *Ma pensée*. Toutes deux devaient se marier en France : l'une, avec M. Terray, petit-neveu du célèbre ministre de Louis XV ; l'autre, avec le marquis Eugène de Montmorency, frère du duc de Laval, dont il devait bientôt porter le titre. M. de Montmorency, déjà sexagénaire ou à peu près, était d'une ardente piété ; il ne lui suffisait pas d'entendre plusieurs messes chaque matin, il tenait à les répondre. On prétendait à Rome qu'il donnait quelques *paoli* aux enfants de chœur pour obtenir leur place dans les églises où se fêtait avec le plus de solennité le saint du jour ; mais ce qui demeure incontestable, c'est que sa charité égalait sa piété. Il nous raconta un jour sa première et originale entrevue avec madame de Staël : « Séjournant à Genève, — nous dit-il, — je crus devoir un hommage à l'amie de mon cousin Mathieu, et je priai un Génevois de me servir d'introducteur à Coppet. Madame de Staël voulut bien me dire en nous accueillant : « Je dois bien des remerciements à *Corinne* qui vous aura, sans doute, inspiré l'idée de consoler une proscrite. — Non, Madame, non, car je n'ai jamais lu *Corinne* » ; et, madame de Staël, ne maîtrisant pas sa surprise, j'ajoutai franchement : « Je vais vous étonner encore davantage : je ne la lirai jamais et je souhaiterais que tout le monde m'imitât en cela. Combien les désordres diminueraient, si la littérature romanesque n'eût jamais existé ! » Madame de Staël répliqua : « N'y a-t-il pas des dons de Dieu qui obligent? Ceux à qui l'imagination a été départie ne doivent pas plus refuser de s'en servir que vous, né Montmorency, ne pouvez vous dispenser d'être chevaleresque et courtois ! — Toute comparaison cloche, reprit le marquis, ne voulant pas comprendre la leçon ou s'y montrer sensible — je ne puis pas m'empêcher d'être né Montmorency, tandis que ceux qui ont une démangeaison au bout des doigts peuvent s'empêcher de la satisfaire. »

J'avais bien envie de demander à M. de Montmorency quelle figure faisait le Génevois pendant ce dialogue inattendu, mais je n'osai pas me le permettre. Je fus plus hardi au sujet de Louis XVII, qui était une de ses préoccupations habituelles «. Mais enfin, M. le marquis, où est-il? lui disais-je un jour. — Si je savais où il est, je n'y croirais pas, me répondit-il d'un air résolu, tout en lui doit rester mystérieux jusqu'à l'heure de son avènement. » Il raconta ensuite plaisamment, plus plaisamment peut-être qu'il ne le voulait, que les divers intérêts de la maison de Bourbon étaient facilement conciliables avec cette résurrection certaine : « J'ai moi-même conseillé à madame la duchesse de Berry de se tenir prête à épouser Louis XVII. — Mais vous voulez donc enlever la couronne au duc de Bordeaux? m'a répondu la princesse. — Non, Madame, non; Louis XVII n'enlèvera rien aux droits de M. le duc de Bordeaux. Il n'aura jamais d'enfants! — Je ne veux pas d'un mari comme ça! — Et cette réponse de la princesse, ajouta le narrateur en baissant la voix, m'a laissé une impression très pénible. »

Les Italiens savent merveilleusement allier les contrastes, et l'on peut dire, sans irrévérence, qu'à Rome, la semaine sainte et le carnaval sont deux événements populaires, le peuple prenant une part unanime aux solennités de l'Église, l'Église prenant une part très cordiale et très ouverte aux réjouissances du peuple. Le carnaval romain est une folie, mais une folie si communicative, si entraînante, que les plus froids et même les plus dédaigneux s'y laissent prendre.

Des princes régnants, les princesses romaines, le corps diplomatique, l'ambassade de Naples surtout, descendent les premiers dans l'arène; toutes les classes se coudoient, se heurtent, s'enfarinent des pieds à la tête, sans un seul accident, sans une seule querelle, et si un coup maladroit est porté, on dit sans risque de se tromper : « C'est un étranger ! »

Le mardi-gras venu, on redouble d'ardeur pour des jeux près de s'évanouir, et ce jour-là seulement on les prolonge dans la soirée à la lueur des *moccoletti*. Mais au moment où cette illumination fantastique, où ces milliers de feux follets courant, sautant, hurlant, offrent un spectacle indescriptible, sept heures sonnent à la cloche du Capitole. La voiture de gala du sénateur donne, en se retirant, le signal de la retraite générale. Aussitôt le tumulte cesse, les assaillants se séparent, les lueurs s'éteignent, les fenêtres se ferment, les masques se retirent en groupe, sans la pression d'un seul agent de police; le Corso redevient obscur, silencieux comme de coutume et les églises se

remplissent pour la préparation du carême qui va
commencer. Je ne crois pas que ce bizarre assemblage de folie et de décence, de familiarité et de respect, de liberté illimitée et de docilité volontaire, puisse se rencontrer et se pratiquer ailleurs que dans la population romaine.

C'était un des attraits de Rome; le gouvernement en était fier, car il attribuait à son indulgence protectrice la convenance des plaisirs populaires. La cloche du Capitole ne sonnait que dans deux circonstances; pour avertir les chrétiens que le souverain pontife venait de rendre son âme à Dieu, ou pour annoncer le jour des réjouissances nationales. De tels usages ne sont possibles que chez un peuple empreint d'une foi aussi naïve que profonde. Les travaux même qui sont le plus en honneur dans la population romaine l'invitent et la conduisent aux habitudes de dignité.

Naples et Rome, quoique proches l'une de l'autre, sont absolument dissemblables. A Naples, la nature semble constamment en fête, sous un ciel étincelant des splendeurs du jour ou de la nuit. On vit presque exclusivement du plaisir de vivre, dans un facile bien-être, sans impôts, presque sans labeur. A Rome, les spectacles de la nature sont magnifiques aussi, mais d'un caractère plus grave. On y aime le repos, mais pas l'oisiveté. L'unité règne partout, sans faire peser un joug étroit ou tyrannique. Toutes les classes de la société s'occupent avec la même ardeur à dégager, à exhumer, à faire revivre les moindres vestiges de l'antiquité, sous l'unique condition de surmonter çà et là les monuments païens par la croix.

De là, au sein même d'une grande capitale, non seulement une population sans populace, mais une multitude étonnamment instruite, dans laquelle on peut interroger le premier venu sur l'antiquité, sur le moyen âge, sur l'époque moderne et recevoir une réponse précise et juste ; une multitude digne et calme, aux visages nobles, aux physionomies réfléchies, aux élans généreux. Quand la princesse Marc-Antoine Borghèse, née Talbot, mourut à la fleur de l'âge et dans l'ardeur d'une charité que Rome entière avait connue, le char funèbre fut dételé sur le seuil du palais, et conduit à bras jusqu'à Sainte-Marie-Majeure. Le prince Borghèse voulut, le lendemain, connaître les promoteurs de cette touchante démonstration et les remercier ; le premier interrogé répondit : « Dites au prince que c'est le peuple romain ! » Ailleurs, cette réponse eût été emphatique ou fausse ; à Rome, c'était l'expression concise de la simple vérité. Le cardinal Lambruschini m'a montré un jour la pétition d'un brave homme qui demandait une décoration pour avoir fait vingt-cinq *corpus domini*, ce qui signifiait avoir escorté, durant vingt-cinq ans, la procession du saint sacrement. C'était, en effet, pour les solennités religieuses, que se faisait, dans ce royaume pacifique, le plus grand déploiement des forces militaires. Avec cela, on ne comptait pas, on ne figurait même pas dans les conflits européens ; mais on vivait libre et heureux, sous le gouvernement paternel du pontife, dont Chateaubriand a dit : « C'est le seul souverain qui bénisse ses sujets ».

Je quittai Rome avec un profond regret, mais j'eus

pour consolation une coïncidence heureuse. Je partis seul avec le maréchal de Bourmont. Nous traversâmes ensemble toute l'Italie, pour gagner Genève où l'attendait sa famille. Ce tête-à-tête plein de charme et d'intérêt dura une vingtaine de jours.

Le vieux et pittoresque château de Bourmont est à six lieues du Bourg-d'Iré. Des cinq fils du maréchal, l'un Amédée, avait été glorieusement tué dans un combat d'avant-garde entre Staouëli et Alger; un autre, Charles m'accordait une amitié qui ne s'est jamais démentie. Il se faisait représenter par moi près de son père, durant ce voyage, restant lui-même en arrière pour prendre possession de Farnèse, belle terre près de Viterbe que le maréchal venait d'acquérir avec exemption des frais du fisc par expresse volonté de Grégoire XVI. Après la triste issue de l'expédition de madame la duchesse de Berry, M. de Bourmont, accompagné des quatre fils qui lui restaient, tous aussi dévoués, aussi militaires que lui, était allé se mettre à la disposition de Don Miguel, prétendant à la couronne de Portugal. Le général Clouet et quelques Français, s'étaient joints à eux, croyant servir ainsi la cause de la légitimité. Ils obtinrent d'abord quelques succès, mais Don Pedro, ouvertement soutenu par l'Angleterre et par le gouvernement de Juillet, finit par triompher. Le maréchal de Bourmont, vaincu en Portugal, proscrit en France, vint, avec un certain nombre de ses compagnons d'armes, demander aux États Romains une hospitalité qui n'avait jamais ni repoussé, ni humilié personne.

L'homme qui avait accompli en Algérie l'œuvre dans

laquelle avaient échoué Charles-Quint et Louis XIV, offrait la réunion des plus singuliers et des plus attachants contrastes. Il était très ardent et très doux, très loyal et très fin, très épris de sa carrière militaire et très modeste dans ses goûts, indolent, inexact tant qu'il n'était pas en présence d'un devoir, intrépide et infatigable dès que le clairon ou l'honneur avait parlé. Une curieuse page d'histoire contemporaine venait d'elle-même se placer sous mes yeux, et j'en sentais le prix. Mis au régime des récits quotidiens, mon compagnon de voyage se rendit facilement compte de ma respectueuse curiosité et se plut à la satisfaire avec une extrême bonne grâce.

Notre revue rétrospective commença par les grandes guerres de la Vendée auxquelles il avait pris une part très active. Nous arrivâmes ensuite à sa captivité dans la citadelle de Besançon : « Nous avions obtenu, mes camarades et moi, me dit-il, la permission de faire des armes, dans l'intérieur de la prison, pour remplacer la promenade qui nous était rigoureusement interdite. Nous brisions nos fleurets, quelquefois involontairement, quelquefois à dessein, et, chaque fois nous réussissions à garder quelques petits morceaux de fer, à l'aide desquels nous pratiquâmes dans la muraille une issue qui finit par nous conduire, non sans mille péripéties, à exécuter notre évasion. Une fois en liberté, ajouta M. de Bourmont, qui parlait lentement, pittoresquement, et avec un évident scrupule d'exactitude, le plus difficile était fait, et pourtant je sentais bien que je n'étais pas sauvé. Le jour allait poindre, l'alerte allait être donnée et un homme en costume de ville, errant, seul à cette heure, au milieu des campagnes — car M. d'Andigné, M. de Suzannet et moi avions pris soin de nous séparer — ne pouvait manquer d'être immédiatement suspect et arrêté. Je ne savais trop à quel expédient recourir, quand j'entendis derrière moi un homme qui s'avançait sur la grande route à pas pressés. Je ralentis ma marche pour me mettre en mesure de lier conversation avec lui, et, au moment où il allait me dépasser sans m'accorder la moindre attention, je lui dis : « Vous paraissez bon marcheur, Monsieur, je le suis aussi, et si vous le voulez, nous allons voir lequel de nous deux fournira le mieux la course. — Volontiers, Monsieur, mais vous serez malin, si vous m'en remontrez. » Je commençai par soutenir bravement et avantageusement la gageure, mais j'avais depuis longtemps perdu l'usage de la marche ; je me sentis bientôt en nage, à bout de souffle et je me décidai à changer de batteries : « Monsieur, lui dis-je, j'ai un secret à vous confier. — Si vous avez un secret, gardez-le. Dans ce temps-ci, les secrets ne sont ni à raconter, ni à entendre. — C'est possible, Monsieur ; mais moi, je ne puis me dispenser de vous faire ma confidence. » Alors, je me nommai et je lui exposai sans réticence le péril de ma situation. Il parut d'abord fort troublé, puis touché, et après un visible effort, finit par me dire : « Vous n'avez pas mal placé votre confiance ; je suis huissier, je vais procéder à une vente de village et mon clerc me manque. Vous allez le remplacer, puis je vous expédierai en carriole à un de mes amis, chez qui vous n'aurez plus rien à craindre. »

M. de Bourmont s'acquitta de son mieux du rôle de clerc d'huissier et se trouva, au bout de quelques jours, à l'abri de toute poursuite. Je me demandais avec une certaine anxiété s'il serait convenable d'aborder le chapitre de Waterloo; mais M. de Bourmont l'entama de lui-même et comme satisfait de s'en expliquer.

« Je n'ai jamais eu un instant, me dit-il, la pensée de reprendre du service aux Cent-Jours. Je l'avais bien prouvé par mon vote ostensible et négatif aux articles additionnels. Mais le hasard m'ayant fait rencontrer Fouché, alors ministre de la police, il prit l'initiative d'un entretien qui décida de mes résolutions : « L'Empereur est fou, me dit-il, et nous ne le laisserons point jeter encore une fois la France dans l'abîme. L'armée a cédé à un premier enivrement; elle comprend aujourd'hui que le patriotisme doit l'emporter sur un enthousiasme hors de saison. Les maréchaux eux-mêmes me tiennent journellement ce langage, et ils sauront mettre fin à cette terrible aventure avant que l'Europe ne l'ait rendue irréparable. » Fouché appuya son dire de noms propres et de circonstances qui, ne laissant plus de doute dans l'esprit de M. de Bourmont, lui persuadèrent qu'en reprenant son poste de lieutenant général, il pourrait prêter son concours à un dénouement pacifique et prochain. Mais l'armement de l'Europe fut plus rapide qu'on ne l'avait prévu ; l'armée et ses chefs furent moins ébranlés que Fouché ne l'avait supposé et, de jour en jour, M. de Bourmont fut amené à l'alternative fatale qui devait peser sur tout le reste de sa carrière : ou se séparer de ses frères d'armes dans les circonstances les plus regrettables, ou marcher jusqu'au bout contre les alliés du roi, qui se disaient aussi les alliés de la France. Quant à des pourparlers avec Blücher et Wellington, à la veille de la bataille, quant à l'ombre d'une indiscrétion qui eût aggravé la situation du corps d'armée dont il allait se séparer, M. de Bourmont en repoussait la pensée dans des termes et avec des preuves qui détruisaient toute accusation. Le jour où il consentit à s'épancher sur ce cruel épisode, il en demeura longuement et visiblement ému. Vers la fin de la journée, nous eûmes une petite montagne à gravir, je lui proposai de le faire à pied; il y consentit. Dès lors, le cours de ses idées changea; il s'arrêtait de distance en distance, me disant : « Voilà une bonne position stratégique! on pourrait placer ici ses hommes et là son artillerie. » L'instinct militaire venait de vaincre le douloureux souvenir et l'esprit avait repris son équilibre. Du reste, ce plaisir d'improviser des plans et d'imaginer des combats se renouvela plusieurs fois dans le cours du voyage, et me fit bien sentir à quel point, dans M. de Bourmont, la passion du soldat était une passion innée.

Je fus à Genève témoin d'une émouvante réunion de la famille du maréchal, et je regagnai directement l'Anjou, avec l'impatience de savourer, en pleine sympathie, mes espérances de Prague et mes impressions de Rome.

CHAPITRE IV

VOYAGE EN ANGLETERRE ET EN RUSSIE.

1835-1836

Les habitudes de l'aristocratie anglaise sont fort différentes des usages français. En Angleterre, l'hiver appartient aux châteaux, et la belle saison à Londres. En conséquence, je m'embarquai pour l'Angleterre, au commencement du mois d'avril. Là, comme ailleurs, et peut-être plus qu'ailleurs, je croyais insuffisante l'étude des lieux sans l'étude des hommes, et, afin de me faire ouvrir le milieu politique dans lequel je désirais pénétrer, j'emportai plusieurs lettres d'introduction, une entre autres pour M. Bilew, membre irlandais du Parlement et une autre pour le général Alava, ambassadeur d'Espagne.

Le général Alava avait été aide de camp du duc de Wellington, durant la guerre des Espagnols contre l'empereur Napoléon. Dans une charge de cavalerie, une blessure singulière avait fait de lui, selon sa propre expression, un mari inutile, l'avait brouillé avec madame Alava et l'avait contraint à échanger la carrière militaire contre la carrière diplomatique. Il comptait de nombreux amis en France. A Londres, la chapelle espagnole servait de paroisse à un grand nombre de catholiques, et le vieux général se plaisait à en faire les honneurs. Il aimait beaucoup à tenir table ouverte, un peu comme à la campagne, c'est-à-dire sans luxe et sans invitation préalable. Son mot était : « Venez quand vous voudrez; faute de mieux vous trouverez toujours l'omelette secourable ! » Sa conversation enjouée, comme celle d'un jeune homme, instructive comme celle d'un vieux soldat et d'un vieux diplomate, tenait fidèlement tout ce qu'avait promis son accueil. Je lui exprimai le désir de connaître le duc de Wellington, et il se hâta de le satisfaire.

Le duc de Wellington avait un aspect étrange : une énorme tête reposait sur son corps petit et frêle et un nez démesuré se rencontrait presque avec un menton proéminent. Personne ne prêtait plus à la caricature qui en usait largement. Au milieu de tout cela, et malgré tout cela, une dignité naturelle, un très beau regard, un serrement de main, comme quelques Anglais excellent à le donner, annonçaient tout de suite le noble personnage à qui on avait affaire. Le duc me reçut très cordialement à deux titres : je lui étais présenté par un de ses meilleurs amis et j'étais Angevin. Angers possédait avant la Révolution, sous le titre d'Académie d'équitation, une école de cavalerie renommée dans toute l'Europe. Arthur Wellesley, depuis lord Wellington, avait été envoyé à cette école, et en gardait fort bon souvenir. Angers ne l'avait pas oublié non plus, et son nom, inscrit sur la porte d'une petite chambre, a été longtemps conservé dans le très beau bâtiment qui porte toujours le nom d'Académie, quoiqu'il ne soit plus qu'une caserne d'infanterie.

A chaque anniversaire de la bataille de Waterloo, le duc de Wellington célébrait lui-même sa victoire par un grand banquet, où tout le service, cristaux, argenterie, vermeil, objets d'art, trophées, tout, était exclusivement composé des cadeaux de tous les souverains de l'Europe. Ce sentiment, peu modeste, qui portait ou qui autorisait le grand capitaine anglais à se glorifier ainsi sans scrupule, se retrouvait souvent chez lui ou autour de lui. L'Angleterre prenait tant de goût à se personnifier dans le *vainqueur de Napoléon*, que ce vainqueur eût cru manquer au patriotisme et diminuer le triomphe de son propre pays, en diminuant ou en refusant des ovations qui n'avaient plus, à ses yeux, rien de personnel. Sa statue, aux traits fort reconnaissables, dans l'attitude d'Achille combattant et complètement nu, était érigée, en face de ses fenêtres, à quelques pas de son hôtel. Un très beau buste de Napoléon était placé en holocauste, aux pieds de son escalier. Toute réserve faite au nom de la France et peut-être au nom d'un goût délicat, on ne pouvait, une fois en présence du duc de Wellington, exiger plus de simplicité dans la distinction, ni plus d'affabilité dans un flegme qui ne provenait d'aucune morgue, mais simplement du caractère.

Je me sentis beaucoup plus dans mon élément auprès d'O'Connell, et je pénétrai plus avant dans son intimité. Par une singulière coïncidence, lui aussi avait passé quelques années de collège en France, à Saint-Omer, sous la direction d'un ordre religieux. O'Connell n'était pas seulement le représentant de la race irlandaise, il était la personnification de l'Irlande elle-même; impétueux, véhément, le geste saccadé, l'humeur inégale, négligé et même désordonné dans son costume, la perruque mal faite et mal posée sur la tête, incorrect et brusque, sans perdre jamais un cachet de bonhomie et de bonté dont tout son génie était empreint. M. de Montalembert, qui l'avait vu quelques années avant moi, et sur son terrain le plus favorable, en Irlande, avait éprouvé une sorte de désenchantement dont je fus surpris de loin et que je m'expliquai de près. M. de Montalembert qui avait bien, lui aussi, son impétuosité, était instinctivement et invinciblement aristocrate. O'Connell, quoique de vieille race, ce qu'il ne dédaignait pas de rappeler, était avant tout, démocrate; son éducation, ses allures ne rappelaient rien de son origine. On sentait en l'apercevant, plus encore en l'écoutant, qu'il avait grandi en dehors de toute tradition, qu'il avait vécu sous l'oppression et dans la révolte et que Dieu l'avait prédestiné à briser plutôt qu'à construire. Sa taille colossale, son poing toujours prêt à se fermer, sa voix vibrante qui montait si naturellement jusqu'à l'apostrophe, tout en lui annonçait le héros d'une lutte de peuple à peuple.

M. de Montalembert fut parmi nous le plus hardi des orateurs parlementaires. O'Connell ne séparait jamais l'action de la parole et se montrait partout le « grand agitateur. » Ce caractère faisait, pour ainsi dire, saillie en lui, mais n'excluait pas le côté patriarcal. Il était vraiment touchant, dans son intérieur, et payait, par l'affection la plus expansive, la respectueuse vénération dont il était l'objet. Sa maison à Londres était une petite Irlande, fidèle image de la grande ; les entretiens roulant presque toujours sur la patrie ou sur l'Église, avaient un accent ému et incomparablement élevé. Je ne le vis jamais, sans un accroissement de respect, et, quand plus tard, en 1848, je le saluai à Paris, première étape d'un voyage à Rome qu'il ne devait point achever, mon admiration inquiète ne fut pas plus attendrie qu'à l'heure confiante où j'avais pris congé de lui à Londres.

La chambre des lords et le Parlement n'étaient pas encore en possession du magnifique palais de Westminster, et je ne sais si plus de solennité dans les séances résultera de plus de splendeur dans l'édifice. A la date de mon voyage, rien n'était moins imposant ; les plus graves débats n'apportaient aucun changement à l'habitude des séances de nuit, au sortir de longs repas, toujours fort en honneur à Londres. Il en résultait que beaucoup de lords ou de députés se livraient sans scrupule au sommeil, et ceux qui ne dormaient pas se tenaient renversés sur leur siège, comme s'ils avaient regretté et appelé le sommeil pour leur propre compte. L'art oratoire s'en ressentait nécessairement, mais cette attitude de l'auditoire ne contribuait peut-être pas moins que le bon sens national, à préserver l'éloquence anglaise de l'enflure ou de la déclamation classique.

La nation qui a le plus d'abandon dans ses assemblées publiques est celle qui en a le moins dans les salons et même dans les relations privées. J'ai assisté à Londres à des réunions magnifiques ; j'y ai vu la plus haute et la plus brillante aristocratie ; j'ai connu dans l'éclat de leur règne, lady Blessington, la marquise de Londonderry, la marquise de Salisbury, lady Holland; j'ai assisté à de somptueux et interminables dîners où, après la retraite des femmes, le vin circulait sans interruption sur la table, dans de petits chariots d'argent; partout ma curiosité a été satisfaite, quelquefois dépassée; mais la froideur dominait le tout à un beaucoup plus haut degré que dans les réunions analogues de France, d'Allemagne ou d'Italie.

Londres tout entier a, selon moi, le même caractère : il éblouit plus qu'il n'attache. Mais tout change dès qu'on a franchi son énorme enceinte, et l'Angleterre revêt alors un charme qui n'a point d'égal. Rien n'est comparable, je me plais à le répéter après tout le monde, non seulement aux châteaux anglais, mais aux simples maisons de campagne, aux moindres parcs et à ces routes ombragées, sinueuses, qui se détournent ou s'allongent par respect pour un vieil arbre et semblent avoir horreur de l'inflexible régularité des routes françaises. Au point de vue des souvenirs traditionnels, Windsor l'emporte certainement sur Versailles. Toute l'histoire d'Angleterre y est résumée, continuée même dans les additions modernes, sans interruption ni contraste de style. La féodalité s'y perpétue, sans se montrer pourtant ni exclusive ni oppressive ; les promenades même joignent à leur aspect grandiose un cachet d'utilité et font vivre dans une magnifique harmonie les chênes plusieurs fois séculaires, les serres aux plantes exotiques, les véneries et les haras. C'est bien la demeure de la souveraineté, chez le peuple où la souveraineté est en même temps l'institution la plus respectée de tous et la plus respectueuse envers tous.

Nulle part, après Windsor, cette cordiale alliance de la tradition et du progrès n'est plus sensible qu'à Oxford. Je n'ai jamais vu un Français partir pour l'Angleterre, sans lui recommander de visiter Oxford et Windsor. Je me permis de faire cette recommandation à M. Berryer lorsqu'il fit, en 1843, ce qu'on appela le « pèlerinage de Belgrave-Square ». Il s'en souvint, m'en remercia au retour et m'assura que, dans tout son voyage, rien ne l'avait autant frappé, autant captivé qu'Oxford. C'est une cité toute peuplée de monuments catholiques et conservée par des protestants, comme une sorte de Pompéi nationale. Les monastères sont devenus des collèges où retentissent encore les enseignements d'une science chrétienne, et les longs cloîtres sont incessamment parcourus par des jeunes gens à toque de velours, portant avec élégance le costume presque intact des vieux siècles. La ville n'est là que comme un appendice au service des écoles, et, quand on est revenu d'Oxford, on garde l'impression et le souvenir d'une rapide excursion en plein moyen âge.

L'Écosse renouvelle la même impression. Je ne pourrais trouver dans mes souvenirs rien d'analogue à la commotion — le mot est littéralement exact — que me causa l'apparition du panorama d'Edimbourg. J'arrivais, selon la mode anglaise, alors inconnue en France, perché sur l'impériale d'une malle-poste et lorsque j'aperçus, avec un coin de mer à l'horizon, au pied des montagnes, mêlés aux ruines d'Holyrood, les pittoresques édifices d'Edimbourg, ses viaducs, ses rues superposées les unes aux autres, et dont quelques-unes semblent presque aériennes, je poussai des cris involontaires, de véritables cris, à la vive satisfaction de mes compagnons qui, peut-être, apprirent ce jour-là, à mieux admirer encore leur merveilleux pays. On n'a rien à décrire de l'Écosse, après Walter Scott, et son nom vous accompagne d'un bout à l'autre de sa patrie bien-aimée. Je me bornerai à dire que j'éprouvai un bien vif sentiment d'intérêt et de sympathie pour Abboostford, où Walter Scott vécut de longues années et rendit le dernier soupir. Cette habitation, créée par lui, portait, comme ses romans, la vivante empreinte de son génie. On n'y trouvait pas moins le souvenir de sa bonté ; les voisins, les serviteurs prononçaient son nom ou s'entretenaient de sa mort toute récente, avec un accent qui excluait l'idée de la banalité dans l'hommage. La bibliothèque, dans laquelle le châtelain avait mis tout son art, parce qu'il se proposait d'y passer sa vie, me fut montrée par la femme de charge qui avait vieilli au service de la famille. Elle parut répondre avec un visible plaisir à mes questions empressées, mais bientôt l'émotion la gagna ; elle s'interrompit pour contenir ses larmes, et je ne puis oublier avec quel accent elle reprit après quelques instants de silence : « *He was so good at every body!* — Il était si bon pour tout le monde. » — Qui n'envierait cette courte oraison funèbre ?

Au retour de l'Écosse, je me disposai à regagner la France, en sacrifiant l'Irlande, tant j'avais souffert du mal de mer dans la rapide traversée de Boulogne à Douvres. Les pauvres langues humaines n'ont guère qu'un mot pour peindre chacune de nos affections ou de nos souffrances, sans tenir compte de l'infinie diversité des nuances. On dit : « la douleur »; mais que de nuances n'y a-t-il pas dans ce sentiment ; et qu'il est différent chez un homme et chez un autre, alors même qu'ils sont frappés du même coup ! On dit: « la joie », sans distinguer l'abîme qui sépare les impressions différentes que peut renfermer ce mot, depuis la sensation des plus frivoles plaisirs, jusqu'à l'émotion des plus mâles et des plus patriotiques satisfactions ! J'ose affirmer que le mot « mal de mer » accuse la même indigence. Il n'y a pas deux passagers qui l'aient au même degré et, très rarement, je le crois, on en souffre autant que moi. Car, tandis que la plupart des malades se sentent guéris en touchant terre, il ne m'a pas fallu moins d'une semaine, à chacune de mes traversées, pour me remettre des souffrances d'une navigation qui dure à peine deux heures.

J'emportai de l'Angleterre beaucoup de reconnaissance pour l'accueil que j'avais reçu, un sérieux profit intellectuel, une lumière plus vive sur mon propre pays, mais point de liaisons durables, sauf une et avec un Français. Je ne puis omettre ici la naissance singulière de cette amitié qui se rencontrera à diverses reprises dans le reste de ma vie. Je logeais à l'hôtel Grillon, Albemarle-Street, hôtel français, qui m'avait été signalé par les journaux, M. le duc d'Orléans y étant descendu l'année précédente. Les Français y abondaient et le marquis de Gricourt, que j'avais connu à Paris, me présenta le vicomte de Persigny, son compagnon de voyage. M. de Persigny me frappa par une conversation originale et par la franchise de ses opinions politiques extrêmement différentes des miennes.

Dans les hôtels d'Angleterre et à l'hôtel Grillon en particulier, on ne reçoit pas de visites dans sa chambre à coucher ; mais seulement dans un salon commun destiné à cet usage. Je fus donc surpris de voir M. de Persigny entrer un matin dans ma chambre et plus surpris encore de son langage : « Monsieur, me dit-il, je vous connais peu, mais assez cependant pour vous aborder avec confiance, et j'espère vous avoir inspiré le même sentiment. Une lettre inattendue m'obligeant à quitter immédiatement l'Angleterre, je ne puis attendre ici l'argent qui devait me venir de France. Mes effets sont plus que suffisants pour acquitter ma dette dans l'hôtel où je vais les laisser en gage, mais je vous prie de me permettre de vous confier quelques livres et quelques souvenirs auxquels je tiens, veuillez me les garder et me les rapporter quand vous rentrerez dans notre pays ? » Je l'engageai à différer son départ jusqu'à l'arrivée de son argent, mais je m'aperçus vite que je ne le persuaderais pas et que son parti était pris. Je pris alors le mien : « Je vous offre un expédient meilleur que le vôtre, lui dis-je ; demandez votre note, prenez-en le montant dans ma bourse ; partez tranquillement avec tout ce qui vous appartient, et remboursez-moi dès que vous le pourrez. » Il me remercia cordialement, noblement, me serra la main et me quitta pour aller faire son paquet.

Je le croyais parti lorsque rouvrant ma porte, il vint me dire : « Votre procédé me pénètre de reconnaissance et je veux vous le témoigner en ne vous cachant pas le véritable motif de mon départ. Le prince Louis Bonaparte, auquel je suis tout dévoué, m'appelle impérieusement en Suisse. Laissez-moi vous supplier de partir avec moi. Vous verrez par vous-même que là est l'avenir de notre pays et je connais assez le prince pour savoir d'avance avec quelle justesse de coup d'œil il vous rendra justice. » Je ne dissimulai point à mon interlocuteur la surprise que me causait cette confidence et j'ajoutai : « Je dois vous rendre franchise pour franchise. En vous offrant le petit service dont vous me remerciez trop, je n'ai pas obéi à un sentiment personnel, mais à un point d'honneur tout français. Si nous nous étions rencontrés dans une auberge de Paris, je vous aurais laissé exécuter votre départ à votre guise, sans m'en mêler ; mais, en Angleterre, dans une maison où on nous a vus ensemble, une solidarité nationale existe entre nous et cela réduit à bien peu de chose votre dette envers moi. » Il insista et se mit à développer avec beaucoup de feu, la grandeur du second et prochain Empire.

Je l'écoutai quelque temps avec une curiosité stupéfaite, puis coupant court à l'entretien : « Vous savez, lui dis-je, que je suis d'une province où la fidélité royaliste est inébranlable; votre insistance, toute flatteuse qu'elle soit, demeurerait donc absolument inutile. » Un dernier effort tenté l'ayant convaincu que ma résistance était bien réellement invincible, il me dit avec une sorte de solennité ces propres paroles : « Je respecte votre sincérité, mais je connais aussi votre patriotisme. Vos yeux s'ouvriront. Le prince Napoléon régnera et vous ferez partie de son premier ministère ! »

Malgré l'accent pénétré du prophète, j'accueillis la prophétie par un éclat de rire, et je répliquai sur le ton de la plaisanterie : « Promettez-moi, Monsieur, que vous me donnerez mon portefeuille. — Hé bien ! Monsieur, je vous le promets. » Ce qu'il y a de douloureux, c'est que les destinées de la France furent assez agitées, assez compromises, pour que deux jeunes gens de vingt-cinq ans qui échangeaient, en se jouant, une telle gageure, finirent par être pris au mot tous les deux. En entrant au ministère, en décembre 1848, j'y trouvai, déposé par M. de Persigny, le portefeuille qu'il m'avait annoncé en 1835 ; je l'ai conservé dans ma retraite et je n'y jette jamais les yeux sans me répéter tristement : « Malheureux, bien malheureux est le pays où une telle aventure ne reste pas dans le domaine du roman ! »

A mon retour d'Angleterre, je passai, comme d'habitude, l'automne en Anjou. Je revins ensuite à Paris, où je m'attachai de plus en plus au salon et à la personne de madame Swetchine. La vicomtesse de Virieu qui m'avait présenté à elle, était, comme sa mère la comtesse de Lostanges, une personne fort spirituelle, fort digne d'apprécier madame Swetchine et d'en être goûtée. Elle avait mis quelque obstination à m'ouvrir ce salon, dont la réputation même m'effrayait. Je ne pouvais séparer les personnages célèbres qui le fréquentaient de l'idée d'une contrainte pédantesque, et je n'avais pas la hardiesse de l'affronter. Cependant le jour où, cédant aux affectueuses instances de madame de Virieu, je franchis le seuil redouté, un heureux hasard fit que madame Swetchine se trouvait seule. Rien ne troubla donc ou n'égara cette première impression qui décide quelquefois si légèrement, et pourtant si souverainement, du jugement que l'on porte. Je trouvai la simplicité, je puis même dire la timidité, là où je m'étais figuré le despotisme de l'intelligence. Très promptement, je me sentis, comme tous les fidèles de madame Swetchine, contristé, lorsque la porte s'ouvrait pour de nouveaux venus et je crois même que je fus assez ingrat pour quereller madame de Virieu de n'avoir pas vaincu plus tôt mon aveugle résistance. Les amis de madame Swetchine me firent aussi l'honneur de devenir les miens.

L'abbé Lacordaire, qui n'avait besoin ni du succès, ni de la gloire, pour donner le sentiment d'une incomparable supériorité éclatant dans toute sa personne et dans ses moindres paroles ; M. de Montalembert, que la Pologne brouillait de temps en temps, quoique bien à tort, avec madame Swetchine, dont le rapprochait promptement une vive sympathie ;

M. de Melun, le futur historien et déjà le collaborateur de la sœur Rosalie, furent les premiers à m'ouvrir les rangs de cette petite milice chrétienne qui eut d'illustres généraux, avant d'avoir beaucoup de soldats. Il me suffit d'indiquer ces noms, en contenant ce qu'ils m'inspirent, parce qu'ils se retrouveront bientôt mêlés à mon existence même, et que je ne veux rien anticiper, pour ne rien abréger sur ce que je leur dois. Je me bornerai donc, pour le moment, à mentionner les relations que je formai avec quelques compatriotes de madame Swetchine, en vue du voyage que je me proposais de faire en Russie. C'était entrevoir ce pays par un beau côté que de rencontrer, presque tous les jours, la comtesse Strogonoff, dont M. Thiers faisait tant de cas, l'ambassadeur de Russie et son frère, les deux comtes Pahlen, le prince Jean Gagarin, aujourd'hui le R. P. Gagarin, et le comte Grégoire Schouwaloff, mort depuis sous le froc religieux.

A de plus rares intervalles, apparaissait M. Labensky attaché à l'ambassade ou au consulat de Russie. Ce n'était là du reste ni son vrai titre ni son vrai mérite; ils étaient dans un très noble caractère et dans un talent littéraire dont il se cachait comme d'autres s'en seraient vantés. C'est sous le nom de Jean Polonius que M. Labensky publia, dans un mystère trop bien gardé, quelques élégies françaises qu'on pourrait attribuer à Millevoye. Peut-être avait-il dès lors les motifs secrets de la mélancolie que révélait sa conversation et qui abrégea fatalement ses jours. J'en retrouve l'impression dans ces vers que je me répète quelquefois :

Quand l'automne est presque finie,
Et que tout semble, dans les vents,
Annoncer les derniers moments
De la nature à l'agonie,

Souvent un beau soleil d'été
Se lève sur les paysages,
Et vient visiter les bocages
Qu'il dédaigna dans leur beauté !

Mais les bois ont perdu leurs teintes,
Mais les oiseaux sont envolés ;
Tous les parfums sont exhalés,
Toutes les voix se sont éteintes !

Ce lac, au bord délicieux,
A l'onde autrefois si limpide,
Aujourd'hui jaunâtre et fangeux,
Ne roule plus qu'une eau fétide.

Ce tronc, qui fut jadis ormeau,
N'a gardé qu'une feuille morte,
Qui, seule, attend sur son rameau,
Que le vent se lève et l'emporte.

Ainsi quand j'aurai vu pâlir
De mes ans la fleur printanière,
Lorsque, dans la nature entière,
Tout me dira qu'il faut mourir,

Peut-être alors, à ma vieillesse,
Le sort offrira-t-il enfin
L'être charmant que ma jeunesse
Aura rêvé longtemps en vain.

De ce bien trop tardif à naître,
Un autre, hélas ! héritera ;
Un autre à mes yeux ravira
Celle qui m'eût aimé, peut-être !

Et moi, silencieux témoin,
L'œil morne et chargé de tristesse,
Je les verrai passer de loin,
Brillants d'amour et de jeunesse.

Je verrai de ce couple heureux
Le souffle dans l'air se confondre,
Les yeux interroger les yeux,
Les regards aux regards répondre.

Hélas! je ne gémirai pas
De la perte de tant de charmes.
Je ne verserai pas de larmes,
Car qui me plaindrait ici-bas!

Mais je détournerai la tête
De ce spectacle de bonheur,
Et si, de ma douleur muette,
L'excès n'a pas brisé mon cœur,

Dieu seul et moi pourrons connaître
Ce que pèse un dernier soupir,
Qu'exhale encore le désir,
Quand l'espérance a cessé d'être.

Une entreprise aussi longue et aussi lointaine que l'exploration de la Russie exige un compagnon et je m'associai au vicomte François de la Bouillerie, aujourd'hui coadjuteur du cardinal-archevêque de Bordeaux. Nous achetâmes une solide calèche et nous nous assurâmes un courrier qui déjà connaissait bien le nord, et pouvait même, au besoin, nous servir de guide en Orient. Nous partîmes dès les premiers jours du printemps, et, grâce à la direction que nous suivions, nous eûmes la bonne fortune de le voir naître partout sur notre chemin, en Allemagne d'abord, puis en Russie où il s'épanouissait à peine quand nous y arrivâmes.

Berlin était déjà le centre du mouvement intellectuel et artistique de l'autonomie allemande. Nous lui consacrâmes notre première station. Son musée, qui possède les plus admirables Rembrandt, était disposé et entretenu avec un soin qui commençait à éveiller la jalousie de Dresde. Les bibliothèques visaient aussi à la primauté, et Spontini régénérait l'Opéra nouvellement installé dans une salle monumentale. Cette activité universelle se personnifiait dans le baron Alexandre de Humboldt, préparant déjà la publication de son *Cosmos*. Jamais science ne fut aussi mondaine et jamais le monde ne s'était vu courtiser ainsi par un savant. Intime conseiller du roi, et très fier du nouvel éclat de la Prusse, M. de Humboldt prenait part à toutes les délibérations politiques, accompagnait tous les soirs son souverain à l'Opéra ou au Théâtre allemand et partait lestement pour telle ou telle capitale de l'Europe, dès qu'il s'agissait de commencer ou d'achever une négociation délicate. Il apportait le même entrain, la même bonne grâce dans son empressement auprès des femmes, et c'est à la duchesse de Rauzan que je dus mon introduction auprès de celui qu'on appelait couramment à Berlin : *Alexandre le Grand*. L'inépuisable prodigalité de son esprit et de ses heures ne se refusait à rien, et les étrangers puisaient dans ce trésor avec la dernière indiscrétion. Nous en fîmes l'expérience. Il nous conduisit lui-même une première fois au musée de Berlin; une autre fois, il nous fit assister à une répétition de la

Vestale, où Spontini dirigeant l'orchestre, entra dans une amusante fureur parce que les statues du temple manquaient leur entrée et le laissaient crier vainement : « *Vier Statuen! vier Statuen!* » Ce luxe d'hospitalité nous était accordé, non dans une saison morte, mais au moment où les princes français, fils de Louis-Philippe, visitaient, pour la première fois, la Prusse et l'Autriche et obtenaient un succès personnel, bientôt suivi du mariage de M. le duc d'Orléans avec la princesse Hélène de Mecklembourg.

De Berlin, nous gagnâmes Kœnisberg et nous entrâmes en Russie par la Courlande. Riga est un port commercial fort animé. Les souvenirs du roi Louis XVIII, conservés avec ceux des anciens princes de Courlande, nous arrêtèrent quelques instants à Mittau, et après une courte station dans le petit château de Kleinropp, en l'honneur de la baronne de Meyendorff si appréciée dans le monde artistique de Paris, nous arrivâmes à Saint-Pétersbourg. Nous y fûmes accueillis tout d'abord par les plus beaux rayons d'un soleil qui ne devait plus nous quitter pendant toute la durée de notre séjour ; car, à partir du mois de mai, la Russie se dédommage de ses interminables nuits d'hiver par des jours qui subissent à peine deux ou trois heures d'obscurité.

Les personnages officiels, qui entouraient alors l'empereur Nicolas, étaient les contemporains et les analogues de ceux que j'avais connus à Vienne. Le comte de Nesselrode jouait, depuis longtemps en Russie, le même rôle que le prince de Metternich en Autriche ; mais il était d'un aspect tout différent. C'était un petit homme, au regard spirituel, voilé par d'épaisses lunettes. Le grand air que j'avais admiré dans le chancelier autrichien ne se retrouvait ici que dans la comtesse de Nesselrode dont le visage et la taille étaient aussi nobles qu'imposants. Les gens qui ne la voyaient qu'officiellement ou rapidement lui avaient fait une réputation de raideur et de sévérité. C'était une erreur et une injustice. Je ne m'appuie pas, à cet égard, sur le bon accueil qu'elle nous fit, puisque nous le devions à la recommandation de madame Swetchine, mais sur mille traits de bonté généreuse qui nous furent attestés par des témoins d'autant plus croyables qu'ils étaient presque involontaires ; car cette femme de premier ministre n'aimait pas la flatterie et ne caressait pas les flatteurs. La comtesse de Nesselrode avait à la cour, et aux yeux même de la famille impériale, une autorité morale indépendante de sa haute situation. Elle se tenait debout là où tout le monde pliait, et sans aucune affectation libérale à laquelle elle ne songeait assurément pas. On comprenait, en la voyant, que la dignité personnelle peut se maintenir partout et qu'elle tient moins aux conditions extérieures qu'à l'élévation des sentiments et à la noblesse du caractère.

Madame de Nesselrode était, à Pétersbourg, l'exemple le plus en évidence de cette dignité personnelle ; mais ce n'est pas le seul que j'y ai rencontré ; ce genre de courage y est même plus fréquent que ne le font supposer les maximes et les pratiques du gouvernement. L'empereur était despote dans la plus haute acception de ce mot ; toutefois, avec une sincère prétention à la justice, à la bienveillance même, quand le pouvoir n'y était pas trop intéressé. Il écoutait la vérité autant de fois qu'on avait la hardiesse de la lui dire et le comte de Benkendorff, aide de camp favori, à qui était confié le redoutable ministère de la police, passait pour prêter à la clémence un persévérant et souvent un heureux appui.

L'aristocratie russe, à cette date, était loin d'appeler l'émancipation des paysans, mais elle la prévoyait, et tacitement s'y préparait. J'ai dû à l'amitié du prince Alexandre Bariatinsky, plus tard vainqueur de Schamyl et feld-maréchal, communication d'un mémoire intime que lui avait légué son père et qui contenait, sur les abus du servage, sur l'impossibilité de leur prolongation, sur l'initiative souhaitable de la noblesse russe, les plus prophétiques, les plus nobles et les plus lumineuses instructions. Les sujets du tzar ne se font pas faute de reprocher à Pierre-le-Grand l'établissement du pouvoir absolu chez eux, et de le rendre responsable de toutes les conséquences de cette innovation. J'avais cru, sur le témoignage de Voltaire, à l'enthousiasme de la Russie pour ce civilisateur sauvage; je ne fus entièrement détrompé qu'à Moscou, mais déjà Pétersbourg m'avait averti. Quel douloureux retour sur l'aristocratie française m'était suggéré, quand je voyais qu'elle aurait pu agir à temps et sur elle-même au dix-huitième siècle, comme l'autocratie et l'aristocratie russes se disposaient à le faire au dix-neuvième!

La société de Saint-Pétersbourg, sous l'empereur Nicolas, était circonspecte dans les conversations politiques, mais elle prenait sa revanche dans les entretiens littéraires. Livres anglais, livres français, romans nouveaux, revues diverses s'étalaient sur toutes les tables, et nous n'avions, M. de la Bouillerie et moi, qu'à prémunir les salons où nous étions reçus, contre de trop faciles célébrités. La réclame, telle qu'on la pratique aujourd'hui, était alors d'invention récente et, à l'étranger surtout, on la prenait au pied de la lettre. Maintes fois, nous fûmes réduits à passer pour illettrés ou à convaincre nos interlocuteurs qu'ils étaient dupes d'éloges mercantiles, sans aucune portée.

Le *Journal officiel russe* était rédigé en français. Grâce à la différence des calendriers, on lisait à Pétersbourg les nouvelles de France à la date sous laquelles elles avaient paru à Paris et l'on aurait pu croire que des nouvelles déjà anciennes de douze jours étaient des nouvelles du matin même. Quand on jouait la comédie de société, et on la jouait souvent, c'était toujours la comédie ou le vaudeville français. Le comte Wilehorski, ingénieux compositeur de salon, écrivait presque toujours ses mélodies sur des paroles françaises que, la plupart du temps, il composait aussi. A travers tant d'années qui me séparent de lui, je n'ai pu oublier ce petit poème, exquis dans sa brève originalité, et dont la musique augmentait singulièrement le charme :

> Quand ma voix lui parlait tout bas
> Et lui jurait tendresse extrême,
> Elle n'a pas dit : « Je vous aime. »
> Elle a dit : « Vous ne m'aimez pas ! »

Lorsque, dans un transport soudain,
Ma main osa saisir la sienne,
Elle n'a pas serré la mienne,
Elle a dit : « Vous partez demain! »

« Mais quand nous serons séparés,
Partagerez-vous ma tristesse? »
Elle n'a pas fait de promesse,
Mais elle a dit : « Vous m'oublierez! »

Le poète le plus populaire alors, après Pouchkine, était Koslof, jeune encore, aveugle et constamment étendu sur une chaise longue où le clouait une paralysie qui, du moins, avait respecté le cerveau. Il se prit d'une grande affection pour mon compagnon de voyage qui, à son tour, lui adressa ces très jolis vers :

Ami, vous qui ne voyez pas,
Dites-nous quelle clarté sainte
Illumine la sombre enceinte
De vos ténèbres d'ici-bas;

Et tandis que notre œil regarde
Ou des étoiles ou des fleurs,
Dites-nous quels rayons meilleurs,
Quelles autres fleurs Dieu vous garde.

Ami, vous qui ne marchez pas,
Dites-nous quel vol vous seconde
Et vous emporte vers un monde
Que n'atteignent jamais nos pas.

Pourtant nous marchons d'un pas ferme
Et nos pieds ne sont jamais las,
Nous courons vite... hélas! hélas!
Nous n'atteignons jamais le terme.

> Ami, vous qui ne marchez pas,
> Enseignez-moi donc votre voie
> Et puis vous ferez que je voie,
> Ami, vous qui ne voyez pas.

A partir de ce jour, tous les albums élégants se présentèrent à la plume de M. de la Bouillerie qui se laissait parfois gagner par le goût un peu précieux des salons de Pétersbourg à cette époque. Je me rappelle, entre autres, ce quatrain :

> Je dis à la rosée une foule de choses,
>   Tous les matins, nous nous voyons.
> Pour intimes amis, j'ai les papillons roses,
>   Eux et moi, nous nous tutoyons.

Dans la belle saison, la société se transporte à quelques verstes de Saint-Pétersbourg dans des îles formées par la Néva, parsemées d'élégantes et même de somptueuses maisons de campagne. L'Opéra s'y transporte aussi, et l'on éprouve une singulière impression, en en sortant vers minuit, de se retrouver au grand jour. Les maisons dont, à cette époque, on recherchait l'hospitalité aux îles, étaient celle du prince de Butera, ambassadeur de Naples, qui avait épousé une Russe, et du comte de Ficquelmont, ambassadeur d'Autriche, écrivain politique laborieux et distingué. La comtesse de Ficquelmont, Russe aussi, était d'une si parfaite beauté, qu'ambassadrice à Naples, elle avait vu ajouter son nom au proverbe italien : *Vedere Napoli, la Ficquelmont morire*. Voir Naples, la Ficquelmont et mourir ! Sa fille, Élise-Alex, filleule de l'empereur Alexandre, aujourd'hui princesse Clary, promettait, à tous égards, de marcher sur les traces de sa mère. Le sceptre des salons n'était pas moins bien tenu par la comtesse Sophie Bobrinski, l'un des esprits les plus clairvoyants et les plus fermes d'une société où la distinction était fort répandue.

Nos opinions nous interdisaient l'ambassade de France sous le roi Louis-Philippe ; nous y perdions beaucoup, car elle était confiée alors à M. de Barante. Ce choix eût été plus heureux à toute autre cour qu'à celle de Russie. L'empereur Nicolas avait des habitudes exclusivement militaires et en dehors d'elles, tout succès personnel était interdit. Avec lui, les audiences les plus importantes se passaient à cheval et on perdait les meilleures occasions, quand on ne pouvait l'accompagner aux revues. Un général, un cavalier distingué avaient alors, à la cour de Russie, beaucoup plus de chances de crédit qu'un académicien accompli, tel que M. de Barante.

Au point de vue de la curiosité, nous fûmes promptement dédommagés par la bonne grâce russe due au patronage de madame de Nesselrode. Nous eûmes, en effet, pour principaux *ciceroni* d'abord son fils, Dmitri de Nesselrode, cœur ouvert, plus enclin aux voyages qu'aux affaires et qui abandonna promptement la carrière diplomatique ; puis, deux brillants chevaliers-gardes : le prince Alexandre Troubetzkoy et le baron Georges de Heeckeren. Alexandre Troubetzkoy voulut nous conduire lui-même au château impérial de Tsarkoë-Selo où son père, aide de camp de l'Empereur, nous donna un déjeuner avec abondance de vin de Champagne, selon l'invariable usage de toute bonne table russe. La Russie consomme certainement, à elle seule, beaucoup plus de vin de Champagne que la Champagne n'en produit, et se fait illusion en s'aidant de tous les vins blancs de France et particulièrement des vins de l'Anjou. Tsarkoë-Selo est une fort belle résidence où chaque souverain s'est plu à laisser une empreinte particulière. L'impératrice Catherine a recouvert d'ambre toutes les parois et jusqu'au plafond de son cabinet favori. Le parc très étendu contient toutes sortes d'animaux rares.

Durant le déjeuner, le prince Troubetzkoy m'interrogea sur mes voyages précédents, et quand je nommai Prague, il me demanda si j'y avais rencontré le prince Louis de Rohan. Sur ma réponse affirmative, il s'informa de lui très affectueusement : « Nous avons été, me dit-il, l'un vis-à-vis de l'autre, dans une singulière situation ; » — et, sans se faire prier, il raconta l'histoire suivante que je reproduis ici pour l'instruction des partisans du divorce. — « Le prince Louis avait épousé une duchesse de ***. — Comment, interrompis-je vivement, le prince Louis de Rohan n'a jamais été marié ! — Vous croyez cela, vous autres jeunes Français. Mais moi je suis bien payé pour savoir le contraire ; car j'ai épousé sa femme, et, en 1815, nous nous sommes trouvés tous les trois ensemble à l'hôtel de Bellevue, à Bruxelles. La duchesse de *** était protestante et pouvant ainsi réclamer le divorce, elle le réclama pour m'épouser. Le prince de Rohan, condamné par sa loi religieuse au célibat perpétuel, dut en prendre son parti. Je devins, à mon tour, victime des goûts changeants de la belle duchesse, mais, du moins, j'ai pu me consoler en me remariant avec la princesse Troubetzkoy que vous connaissez et qui m'a donné sept enfants dont Alexandre est l'aîné. La duchesse de *** ne s'en est pas tenue là : elle a épousé, depuis moi, un Prussien protestant. Vous voyez que nous sommes deux en Europe, vraiment obligés de demander, quand nous en trouvons l'occasion, des nouvelles du prince Louis de Rohan ! »

Georges de Heeckeren était un Français passé au service russe, à la suite d'une série d'incidents qui ne manquent pas d'originalité. Son père, le baron d'Anthès, avait été député de l'Alsace sous la Restauration. Georges, son fils aîné, se destinait à la carrière militaire lorsqu'éclata la révolution de Juillet. Devenu alors, comme tant d'autres, un carliste désœuvré, il était en très bons rapports avec le grand-duc de Bade, son voisin. Un jour il trouva chez ce dernier le duc de Lucques, prince instruit, curieux et fort nomade. Le jeune légitimiste lui fut naturellement présenté et reçut un cordial accueil. Après quelques semaines de séjour et d'excursions en commun, le duc de Lucques lui dit : « Il est vraiment regrettable que vous végétiez dans votre pays d'Alsace, et avec vos heureuses dispositions, vous devez, à tout prix, reprendre votre carrière interrompue. La Prusse est, à cet égard, une très bonne école. Je suis en bons termes avec le roi et je lui écrirai de grand cœur à votre sujet. » Le Français hésita, puis la vocation militaire l'emportant, il partit pour Berlin avec une chaleureuse recommandation de son auguste protecteur. Adressé au ministre de la guerre, il apprit bientôt qu'il allait être admis dans un régiment en qualité de sous-officier. Sous-officier n'était pas son affaire. Il serait sorti de Saint-Cyr officier, et il refusa de déchoir. Le roi le manda : « Vous croyez peut-être, lui dit-il, qu'un roi de Prusse peut faire tout ce qu'il veut. Détrompez-vous ! Ici, les règlements militaires sont rigoureux et nul ne peut vous en affranchir; mais ce que je ne puis pas faire, je puis le demander pour vous, à mon gendre l'empereur de Russie. Nul doute qu'il ne désire, comme moi, rendre un bon office à un royaliste français. Je vais lui envoyer la lettre du duc de Lucques et j'y ajouterai ma propre recommandation. » Georges demanda à réfléchir et, finalement, il accepta avec gratitude l'offre du roi. A Pétersbourg, excellent début et prompt appel du jeune aspirant militaire dans le cabinet du ministre de la guerre : « Vous subirez votre examen tel jour, et, aussitôt après, vous serez apte à recevoir un brevet d'officier. » — « Un examen, murmura Georges, ce n'est pas ce qu'on m'avait promis à Berlin. Je suis brouillé depuis deux ans avec ma théorie ! Puis-je venir de si loin pour un échec personnel, et, ce qui me serait plus sensible, pour une avanie au nom français? Je vous remercie sincèrement, mais je refuse. » Le ministre écouta peu sa réponse, lui dit en souriant qu'il poussait trop loin la modestie, et le lendemain, on lui apportait à son réveil une convocation pour un examen à bref délai. Le premier mouvement fut encore un refus; mais se rappelant le sourire bienveillant avec lequel on l'avait congédié, il finit par se résoudre aux chances de cette nouvelle aventure, et se rendit, au jour fixé, devant les examinateurs. On lui adressa pour la forme quelques questions élémentaires; on se déclara satisfait et, peu après, il reçut un brevet de chevalier-garde dans le régiment de l'Impératrice. Cela lui donnait rang de capitaine et accès à la cour.

Il n'en fallait pas davantage pour fixer sur lui tous les regards; il les soutint plus vaillamment que ceux d'un examinateur et fut désormais de toutes les fêtes. Un jour de gala, il fut mis en relations avec le baron de Heeckeren, ambassadeur de Hollande. « Votre nom m'est bien connu, lui dit l'ambassadeur : une branche de votre famille est issue d'une Hasfeldt. — C'est précisément la mienne. — Nous sommes donc parents! » Là-dessus explication généalogique et satisfaction réciproque. Au bout de quelque temps, l'ambassadeur dit au chevalier-garde : « Plus je vous observe, plus je m'attache à vous; je n'ai pas d'enfants, prenez mon nom et je vous adopte. — Monsieur l'ambassadeur, reprit Georges d'Anthès, je suis pénétré de reconnaissance, mais mon père trouverait certainement mauvais que j'échangeasse son nom contre un autre. — Je vais lui écrire; je lui ferai connaître la fortune que je prétends vous assurer, et je lèverai, je l'espère, toutes les objections. » L'ambassadeur écrivit. Georges était l'aîné de cinq enfants. Tout le monde bénit une telle aubaine et Georges d'Anthès était devenu Georges de Heeckeren lorsqu'il nous fit, avec la bonne grâce la plus française, les honneurs de Pétersbourg. Jamais la Fortune ne conduisit plus complaisamment par la main un favori qui lui eût fait moins la cour ; mais elle ne tarda pas à avoir un de ces caprices dont elle est coutumière et le roman, peu de temps après, eut un douloureux dénouement sur lequel je reviendrai.

On nous parla beaucoup de la fête de l'Impératrice qui se célébrait, au mois de juillet, à Péterhof, avec une extrême magnificence et à Moscou, peut-être avec moins de féerie, mais avec un caractère plus national. Nous avions passé deux mois à Pétersbourg et aux îles ; c'était déjà la Russie, mais ce n'était pas toute la Russie. Afin d'acquérir des notions plus complètes sur un peuple destiné probablement à un grand rôle dans le monde moderne, nous préférâmes passer cette fête à Moscou, et nous fîmes à Pétersbourg des adieux pleins de reconnaissance.

Les chemins de fer étaient chose ignorée en ce temps, et deux cents lieues à parcourir, dans un pays monotone, nous eussent paru bien longues, sans l'observation des figures, des costumes et des usages. Les postillons en fourrures, le choix des chevaux de poste à chaque relai, où les paysans éleveurs sollicitaient à l'envi notre préférence, les préposés du gouvernement se bornant à protéger les voyageurs contre les prétentions exorbitantes ou les réclamations de mauvaise foi, et contre les prévenances des soi-disant aubergistes chez lesquels on ne trouve guère que du thé; tout cela nous faisait un spectacle dans lequel notre courrier jouait fort bien son rôle. Quoique romain d'origine, Antonio connaissait le pays pour l'avoir parcouru plusieurs fois, et toutes les ruses, dont la plupart des étrangers sont victimes, lui étaient familières. Il était inépuisable en dialogues pleins de saillies, avec tous ceux auxquels il avait affaire. Quand nous jugions par sa pantomime et par sa physionomie qu'il était content de son propre personnage, nous lui demandions une traduction de ses imprécations consistant ordinairement à comparer ceux dont il était mécontent à l'un des peuples dont il prétendait bien connaître le caractère : Celui-là était « plus fainéant qu'un Espagnol! » cet autre « plus entêté qu'un Allemand! » ceux-ci étaient « pires que des Turcs! » Nous passions ainsi en revue les peuples d'Orient et d'Occident, chacun avec un trait caractéristique. Du reste, Antonio prenait grand soin de nous, il ne se faisait jamais de querelle que dans notre intérêt, et ne se séparait de personne sans de cordiales poignées de main. Nous devons à son intelligence, à son économie et à sa fidélité un hommage que j'aurais grand plaisir à faire passer sous ses yeux, si je savais où le prendre; je ne l'ai revu qu'une fois, dans mon second voyage à Rome, en 1840. Il était très papalin, augurait mal de l'Italie et se disposait à reprendre la vie nomade, son véritable élément.

Moscou dépassa ce que nous en attendions. Beauté des sites, intérêt des monuments qui ont survécu à l'incendie, mœurs complètement russes, tout nous instruisit, tout nous charma. Le Kremlin est encore l'arsenal et la vraie représentation de la vieille nationalité. Les églises sont des édifices de style moitié oriental et moitié chrétien. Les couvents ont un aspect plus austère et les litanies du soir, au couvent Simonoff, laissent une impression de foi religieuse dont on ne saurait se défendre. La ville a été reconstruite, après 1812, sur un très beau plan et dans de très larges proportions. Les sciences et les arts y ont des académies fort distinguées où l'aristocratie, moins dissipée ou moins occupée de manœuvres militaires qu'à Saint-Pétersbourg, occupe le premier rang. Le vrai foyer de la chaleur nationale est à Moscou, et jamais capitale, dépouillée par la volonté d'un maître, n'a plus fièrement ressaisi et plus vaillamment défendu la primauté intellectuelle. Nous célébrâmes la fête de l'Impératrice chez le gouverneur, le prince Serge Galitzin qui recevait toute la population dans son immense parc. Dîner et souper à l'européenne dans l'intérieur du palais; au dehors, jeux innombrables, joutes sur l'eau, danses moscovites qui se prolongèrent toute la nuit.

Nous eûmes là le spectacle de la Russie dans ses plus libres allures. Ces danses pourraient s'appeler plus justement drame ou pantomime, car le chant et les gestes s'y mêlent à une action qui a un sens précis, quelquefois comique, plus souvent attachant et pathétique. Certains personnages se détachent des chœurs de chanteurs ou des groupes de danseurs, et viennent seuls, au milieu d'un espace vide, égayer ou émouvoir les spectateurs qui prennent eux-mêmes, par leurs applaudissements, une très vive part à la scène.

Cette population est fort belle ; les hommes sont de haute taille, leurs longues barbes descendent sur leur poitrine et donnent à tous un air martial. Les femmes sont également belles et vêtues d'élégants costumes ; mais elles seraient infiniment mieux encore, si elles renonçaient à badigeonner leurs dents avec un certain vernis noir qui donne à leur ivoire l'apparence du jais.

Moscou recèle aussi de nombreuses familles de Tziganes, Bohémiens et Bohémiennes, vivant à part, sans alliance avec les Moscovites, et reconnaissables au premier coup d'œil par le costume, par la langue et par la musique. On nous fit entendre, au jardin Cheremetief, une troupe d'élite. Le premier mouvement est de fuir une sorte de charivari ; mais quelques notes plus douces vous retiennent, et l'oreille s'accoutume, puis s'attache à ces sons qui commencent par des cris pour finir par de profonds et véritables accents de passion.

De Moscou, nous partîmes pour Nijni-Novogorod. C'est, chaque année, à l'époque de la foire, le point de jonction entre la Russie européenne et la Russie tartare, et même l'Asie tout entière ; car la Chine et plusieurs peuples de l'extrême Orient y sont représentés. Nijni-Novogorod s'élève au sommet d'une colline pittoresque ; le Volga coule à ses pieds, dans une vaste plaine où s'étend une seconde ville presque entièrement construite en fer en prévision des incendies. Cette seconde ville, ou plutôt cet immense bazar, ne contient que des boutiques, des hangars et les logements strictement nécessaires aux marchands étrangers. Cet incomparable marché ne dure qu'un mois, mais durant ce mois quelle activité ! quel déploiement de marchandises de toutes les régions, de costumes aux couleurs et aux formes les plus variées, d'objets empruntés aux populations les plus sauvages comme aux produits perfectionnés de la civilisation la plus raffinée ! La langue française y est fort en usage et les Français y sont fort en honneur.

Un jour que nous y avions fait, par l'intermédiaire du polyglotte Antonio, quelques emplettes d'étoffes asiatiques, le patron, qui n'avait point paru d'abord, voulut nous remercier. Il vint nous prier d'entrer dans son arrière-magasin, nous y fit asseoir devant une table chargée de fruits excellents et finit par exhiber une bouteille de vin de Champagne, nous disant à chaque verre : « Buvez en confiance, mon comte ! Buvez en confiance ! Je me tiens toujours en relation avec la Champagne ! » et la bouteille ne lui donnait point de démenti. Le soir, c'étaient de nouveaux régals dans la ville haute dont le gouverneur, le général Boutourlin et madame Boutourlin faisaient grandement les honneurs. La diversité des costumes et des langues était la même que dans la ville basse, mais avec plus de somptuosité et plus de recherche. Cela nous mit en goût de nous avancer un peu plus vers l'Orient. Nous frétâmes, à très bon marché, un petit navire, avec six hommes d'équipage, et, moitié à voiles, moitié à rames, nous descendîmes le Volga jusqu'à Kasan.

Cette navigation fut charmante ; quand les rives ne donnaient point d'occupation à nos yeux, l'équipage ne cessait de nous fournir de continuels motifs de curiosité. Nos six matelots étaient des hommes superbes qui eussent passé en France pour des colosses. La cordialité de leurs manières entre eux, leur prompte docilité envers le pilote ne se démentaient jamais. Ils chantaient tantôt en chœur, tantôt en dialogue comme nous l'avions vu faire à Moscou. Ils prenaient leur repas avec une grande apparence de gaieté, et, aussitôt après ce repas, ils se jetaient dans le Volga, nageant autour du navire, et faisant dans l'eau toutes sortes de gambades, comme de véritables amphibies. Après une première représentation de ces exercices, nous leur demandâmes si, baignés de sueur, après avoir ramé, ou au sortir d'un copieux repas, ils ne commettaient pas une dangereuse imprudence. Notre question les stupéfia et leur réponse fut un éclat de rire. C'étaient des corps de fer, avec une agilité sans pareille, soutenue d'une égalité d'humeur qui ne s'altéra pas un instant, durant nos six jours de vie commune. Très vite ils s'étaient mis au courant de nos habitudes, s'y montraient attentifs, veillaient soigneusement sur nos heures de sommeil, et quand nous leur dîmes adieu, ce fut avec regret et comme à de véritables amis.

Kasan est une belle ville d'aspect oriental, au centre d'un magnifique panorama. La Russie multiplie les efforts et les frais pour s'assimiler cette population, mais le tartare résiste et défend pied à pied chacun de ses usages, comme s'il défendait sa nationalité tout entière. L'université de Kasan est célèbre, et l'Empereur prend soin d'entretenir sa renommée en y envoyant des professeurs distingués. Les bibliothèques sont riches et nombreuses; l'observatoire est pourvu des instruments d'astronomie les plus puissants. Cependant, dès que l'on quitte l'état-major de la science civilisée et civilisatrice, on se retrouve en pleine Tartarie. Soir et matin, les mosquées se remplissent de fidèles, lisant en commun le Coran d'une voix nasillarde et monotone. Le harèm compte aussi parmi les institutions les plus obstinément sauvegardées.

Un aide de camp du gouverneur nous conduisit chez l'un des plus riches Tartares de Kasan, qui nous offrit un goûter de confitures sèches. Il nous montra ensuite complaisamment son jardin et plusieurs pièces de sa maison. Mais aucune femme n'apparaissait. L'aide de camp lui exprima en langue tartare notre désir de voir dans leur costume national quelques-unes de ses femmes. Il y parut peu disposé. Cependant sur l'insistance de l'aide de camp et probablement par crainte de donner de l'humeur à un si haut personnage, il finit par donner son assentiment, sortit et rentra bientôt, suivi de deux femmes richement parées et soigneusement voilées. Nous priâmes l'aide de camp de leur adresser nos remerciements et nos excuses d'une curiosité qui ne voulait être ni indiscrète ni offensante. Un petit rire, assez gai, quoique étouffé, fut toute la réponse. Puis, sur un signe du musulman, les deux femmes tournèrent sur leurs talons et rentrèrent chez elles à pas pressés. Quand, au sortir de la maison, nous remerciâmes l'aide de camp de son obligeante courtoisie, il secoua la tête en souriant : « Soyez sûrs », nous dit-il, « que le Tartare ne nous a montré que deux jeunes garçons déguisés en femmes. » Voilà où en étaient, en 1836, la domination russe et la docilité musulmane !

Tout nous donna donc à penser que le refoulement des races musulmanes en Asie est encore plus facile que leur conversion. Le Coran déclare à l'Évangile une guerre qui n'admet ni paix sincère ni trêve véritable. L'extermination est devenue, grâce à Dieu, une barbarie impossible ; la conciliation restera longtemps encore une espérance bien voisine de la chimère. Puisse du moins l'Europe être entièrement rendue au christianisme dans un prochain avenir !

Remonter le Volga eût été beaucoup plus long que de le descendre, nous regagnâmes donc Nijni par une grande route mal pavée en bois et après un dernier coup d'œil aux splendeurs de la foire, un dernier remerciement à Moscou, nous prîmes la route de Pologne en suivant l'itinéraire de la grande armée.

La Russie nous a laissé une vive impression et une haute idée de son originalité. C'est un grand peuple, dans la véritable acception du mot ; belle et robuste constitution physique, noble sentiment de sa destinée, foi religieuse manifestée jusque dans les moindres détails de la vie privée, culte populaire des saintes images et des lieux vénérés, assiduité à la prière en commun, inaltérable respect pour un clergé, qui laisse cependant beaucoup à désirer, infatigable ardeur dans les travaux de l'ouvrier et dans les exercices du soldat, compréhension rapide, remarquable aptitude pour l'industrie et pour le commerce, assistance spontanée entre compatriotes, hospitalité affectueuse envers l'étranger; il ne manque à la Russie qu'un gouvernement qui sache mettre en valeur toutes ces qualités naturelles en les élevant encore et les régularisant.

Ce jugement, porté il y a cinquante ans, est-il encore juste aujourd'hui? Pour répondre à cette question, il me faudrait, sur la profondeur et sur l'étendue souterraine de la propagande révolutionnaire, des notions qui me manquent absolument. Je n'en pense pas moins que si la Russie passe, comme d'autres peuples européens, du régime despotique au régime démagogique, les sincères amis d'un ordre régulier et d'une liberté sensée auront à pleurer encore une fois sur une noble victime.

Un double sentiment patriotique nous faisait revenir en France par la route de la Pologne. Nous voulions suivre, pas à pas, de Moscou à Varsovie, les étapes de notre grande armée et visiter chez lui ce peuple, héroïque frère d'armes qui, en tant d'occasions et avec tant de dévouement, avait risqué sa propre existence pour défendre la nôtre. Quel serrement de cœur nous avons éprouvé en traversant la Bérésina, imperceptible ruisseau que l'élan d'un cheval aurait franchi ce jour-là, et qui, débordé en 1812, avait été la cause et le théâtre d'un irréparable désastre! Avec quelle émotion nous priâmes dans une chapelle catholique entretenue, aux portes de Minsk, par un petit groupe de prisonniers français demeurés en Russie tout en conservant fidèlement la religion et la langue de la patrie ! Avec quelle religieuse tristesse nous traversions sous un ciel splendidement étoilé, entre deux verdoyantes lignes d'arbres, ce pays où tant de nos compatriotes n'avaient rencontré qu'un ciel sombre, un hiver impitoyable, un désert glacé et mortel !

Le trajet dura six jours et six nuits, sans arrêt, les auberges de l'intérieur de la Russie ayant un inconvénient qui explique l'usage des grands seigneurs russes de ne voyager qu'avec un lit dans leur voiture. Presque toutes les maisons sont construites en bois et de grands poêles, entourés de gradins sur lesquels les paysans et les bûcherons couchent pendant huit mois d'hiver, y entretiennent une chaleur étouffante, d'où il résulte que les punaises sont élevées à l'état de calamité publique.

La Pologne, à cette époque, avait encore une frontière et nos passeports devaient être visés à Bretz-Lytofsky ; nous y arrivâmes quelques heures après la clôture des bureaux. Force nous fut donc de souper et de passer la nuit à l'hôtel de la Poste ; mais j'aimai mieux me laisser remiser avec la calèche et y dormir, tant bien que mal, jusqu'au jour, que d'affronter le lit qui m'était offert. L'hôtel pourtant n'avait pas mauvaise apparence. L'hôtesse, qui nous prépara un bon repas, portait un bonnet de dentelle noire, orné d'une plaque en métal doré semée d'une telle profusion de turquoises, que cette sorte de diadème était au dire d'Antonio évalué à mille roubles. Ce luxe était fréquent dans toute la contrée et cette parure se transmettait de génération en génération, ce qui nous donna à penser que les femmes de ce pays-là ne jettent pas légèrement leurs bonnets par-dessus les moulins.

J'avais été chargé par quelques vieilles amies angevines d'une singulière mission, c'était de m'informer du plus ou moins de réalité de la mort du feld-maréchal Diebitch, le vainqueur des Polonais à Ostrolenka. Ces bonnes dames s'étaient imaginé, sur la foi de je ne sais quelle prophétie, que Diebitch n'était autre que Louis XVII, miraculeusement préservé et mystérieusement conduit en Russie, au sortir du Temple. Leur obstination dans cette croyance prouvait, une fois de plus, combien une crédulité naïve cède avec peine à la raison. L'état-major russe était encore plein des compagnons d'armes de Diebitch, et je fus en mesure de répondre, à celles qui en doutaient encore, que personne n'était plus certainement Russe et plus certainement mort que l'impitoyable maréchal. Ses habitudes étaient soldatesques, son visage kalmouk, et rien, ni dans sa personne ni dans son origine, ne se prêtait à l'étrange supposition qu'on avait faite à son sujet.

Le maréchal Paskiewitch, qui l'avait remplacé, avait mis fin à la guerre de Pologne par la prise de Varsovie et gouvernait encore ce pays au moment de notre arrivée. C'était un homme distingué, doué de toutes les qualités d'un pacificateur. Mme de Nesselrode nous avait donné pour lui des lettres de recommandation qui nous valurent l'accueil le plus bienveillant. Nous ne dissimulions pas nos sympathies polonaises, mais nul ne songeait à s'en étonner ou à s'en plaindre de la part de Français. Nous visitâmes donc Varsovie, sous le patronage officiel, mais sans aucune entrave et sans surveillance, apparente du moins. La ville était animée, la population calme et même résignée. On rencontrait des Juifs à chaque pas, intermédiaires de tout commerce et tendant la main pour le moindre service, même pour indiquer d'un geste le coin d'une rue. Ils étaient bien encore, comme aux plus beaux jours de la Pologne, la ressource et le fléau des Polonais.

Le maréchal Paskiewitch habitait le palais Lazinski, somptueuse et moderne résidence des rois de Pologne. Il nous donna un grand dîner après lequel il nous engagea à le suivre dans le parc. Un curieux spectacle nous y attendait. Toute la population de Varsovie était rassemblée dans un vaste amphithéâtre qui s'élevait sur le bord d'un petit lac. Le maréchal se plaça au premier rang, entouré de brillants uniformes et de ses invités, parmi lesquels nous nous trouvions avec plusieurs Anglais. A nos pieds, des eaux très limpides; au milieu du lac, une île où devait se passer l'action; des arbres, des rochers, de petits édifices servaient de décorations adaptées à la pantomime qui commença aussitôt que le maréchal fut assis. Une noce villageoise sortait d'une chapelle, montait dans des barques pavoisées et illuminées, défilait sous nos yeux entre l'île et l'amphithéâtre, rentrait dans l'île par le côté opposé à celui de l'embarquement, puis se préparait à danser. La musique qui avait escorté la noce dans les barques commença un air très dansant et, dès les premières mesures, des bravos prolongés et de plus en plus frénétiques éclatèrent derrière nous. J'en demandai la cause à l'officier russe que j'avais pour voisin : « C'est, me répondit-il, un air national, et une danse populaire dont nous venons de rendre l'usage aux Polonais. Vous entendez le témoignage de leur satisfaction. » Je ne pus répondre à l'officier que par un signe de remercîment, tant j'étais ému.

Je ne perdis ni un son de cette musique ni un mouvement de cette danse, qui venaient soudainement résumer toute une situation : la Russie, au premier rang, par droit de conquête, confiante et même courtoise dans sa force ; devant et derrière, un peuple soumis, mais non gagné, à qui l'on donne la liberté de la musique et de la danse et qui saisit, du moins, cette occasion pour exhaler les regrets et les espérances qu'on ne peut étouffer au fond des cœurs. Quelque hospitalier que fut le vainqueur, il put, ce soir-là, nous trouver bien ingrats et s'apercevoir de notre sympathie pour les vaincus.

Afin que notre dernière impression fût exclusivement polonaise, nous nous rendîmes à la campagne chez le comte de Wielopolski, que j'avais connu à Paris. Ses chevaux, qu'il élevait en très grand nombre et qui remplissaient ses immenses écuries, nous conduisirent par relais jusqu'au vieux château qu'il habitait en ce moment et que sa mère ne quittait plus. Elle portait le deuil national et ne se montrait plus à Varsovie. Nous passâmes là quelques jours dans un échange d'idées toutes françaises, puis nous fûmes conduits avec le même luxe de chevaux très rapides et de voitures très simples jusqu'aux portes de Cracovie.

Varsovie est la capitale moderne, Cracovie la capitale de l'ancienne Pologne, et tout y révèle cette ancienneté : position militaire bien choisie, vieux monuments, tombeaux vénérés. En contemplant, dans la sombre cathédrale, les mausolées des plus illustres fondateurs de la République polonaise et celui de Kociusko, l'un de ses derniers martyrs, on ne peut s'empêcher de déplorer les erreurs de dévouement et de patriotisme qui ont tant de fois compromis les destinées d'un peuple si heureusement doué. Nous formâmes des vœux ardents pour que les leçons du passé préparassent un meilleur avenir, mais nos vœux ne furent point exaucés. A quelques années de là, un déplorable soulèvement en Galicie amena une dernière occupation de Cracovie par l'Autriche. Encore quelques années, et la Pologne, oubliée de nouveau par un Napoléon dictant ses conditions de paix à la Russie, devait tenter sans prévoyance une revanche sans issue et plus fatale encore dans ses résultats que toutes les entreprises précédentes. Puisse, du moins, ce noble pays garder intacts, dans sa défaite, l'honneur de son nom et la fidélité de sa foi! Avec ces deux pierres d'attente, tout peut se réédifier.

Entrés en Autriche par Lemberg, nous nous arrêtâmes pour visiter les mines de Wilishka. C'est là que, d'un commun accord, la Russie, la Prusse et l'Autriche viennent puiser, dans les entrailles de la terre, le sel nécessaire aux trois empires. Là une population de quelques milliers d'hommes vit à quatorze cents pieds de profondeur, revoyant le soleil une fois tous les huit jours, quelques-uns une fois seulement tous les mois. Cette immense exploitation est abordable par de longs chemins détournés ou par une descente directe dans un tonneau. Nous préférâmes le chemin le plus curieux et le plus court.

Les visiteurs s'enveloppent d'abord d'une grande houppelande de toile blanche pour préserver leurs vêtements de l'humidité saline; ils entrent dans leur tonneau, une petite lampe à la main, descendent au moyen d'une corde dans cet abîme qui paraît sans fond, se croisent de temps en temps avec d'autres tonneaux et d'autres petites lampes, et lorsqu'ils mettent pied à terre au terme de la descente, ils sont récompensés de leur peine par un spectacle indescriptible. Chaque ouvrier est également muni d'une petite lampe fixée sur sa tête quand il marche, et plantée dans le bloc de sel quand il travaille : c'est une illumination à perte de vue.

Dans cette ville souterraine, aux larges galeries, les travailleurs trouvent en abondance tous les objets qui leur sont nécessaires. Au centre, est une vaste chapelle taillée dans le sel; les parois, les autels, les statues, les tabernacles, sont en sel. Il n'a pas la blancheur de celui qui est préparé pour la consommation, mais plutôt la couleur du safran. Une liqueur humide suinte le long de ces murailles sans en altérer la solidité. Le sel brut ne se détache qu'avec peine et par petits blocs sous l'attaque incessante des outils.

Chose singulière, un lac d'eau douce se rencontre à cette profondeur, au milieu de rivages et sur un lit de sel; lac assez profond pour porter des barques et assez étendu pour permettre une assez longue promenade. Si l'on ajoute vingt francs à la minime rétribution payée à l'entrée, des feux de Bengale s'allument tout à coup de distance en distance, font resplendir d'une clarté féerique la nappe d'eau douce qui vous porte et la voûte de stalactites salées suspendues au-dessus de votre tête. En somme, peu d'excursions peuvent donner une plus haute idée de la hardiesse et de l'industrie humaines qu'une exploration dans les mines de Wilishka.

Nous saluâmes à Olmütz le souvenir de Silvio Pellico et nous gagnâmes Kirchberg, où résidait alors le roi Charles X. La politique exigeant de l'empereur d'Autriche de plus fréquentes et de plus longues visites à la Bohême, Charles X avait dû quitter le Hradschin; Buschtiehrad était inhabitable en hiver, et le vieux roi avait voulu fixer sa résidence dans le midi de l'Autriche, à Goritz. La famille royale s'y rendait à petites journées lorsque M. le duc de Bordeaux fut saisi d'une maladie éruptive, qui ne permettait pas de continuer le voyage. Le mal avait soudainement saisi le jeune prince dans une petite auberge, où, malgré la meilleure volonté, les soins nécessaires étaient impossibles. Le duc de Blacas, qui ne quittait jamais le roi, apprenant qu'un château se trouvait à vendre dans le voisinage, l'acheta en son nom, sans le visiter ni le marchander, surprit le roi par cette agréable nouvelle et fit transporter le jeune malade dans sa demeure. Les médecins, le vieux roi, la famille royale, se retrouvèrent alors en possession de tout ce que le dévouement le plus généreux et le plus intelligent put réunir à la hâte.

On recevait à Kirchberg, comme partout, les Français qui ne reculaient point devant cette excursion, mais il n'y avait point de place pour l'hospitalité, sauf celle de la table. Nous couchâmes au pied du château dans un très petit village entre deux lits de plumes, car les matelas et les couvertures étaient chose inconnue. Quelque peu agréable que ce fut, nous ne songions pas à nous en plaindre. Nous reçûmes là pour la dernière fois, le cordial accueil du roi Charles X, qui allait continuer sa route vers Goritz où l'attendait une mort chrétienne.

Munich était devenu, par le génie actif et résolu du roi Louis, une nouvelle Athènes, ainsi que les Bavarois se plaisaient à la nommer. Nous ne lui fîmes qu'un rapide salut et nous rentrâmes enfin en France par Strasbourg.

Rien n'était alors plus français que l'Alsace; on la croyait à jamais protégée par le tombeau du maréchal de Saxe. L'opéra français y était excellemment exécuté à l'aide de chœurs où brillaient la pureté, la sûreté qui appartiennent sans rivales à la méthode et à l'éducation allemandes. J'en avais joui avec délices et nous sortions du théâtre, quand je fus accosté par le comte de Bruc, breton d'origine, que je connaissais un peu : « Vous apprendrez, je crois, avec plaisir, me dit-il, en me tirant à part, que M. de Persigny est ici, mais très en secret; et vous savez pourquoi. — Je serais heureux de le voir, mais je ne puis que vous prier de lui exprimer mon regret; j'ai, comme vous le voyez, un compagnon de voyage et nos chevaux sont commandés pour demain à cinq heures du matin. Nos familles nous attendent impatiemment après une longue absence, et nous ne pouvons retarder notre départ! — Eh bien! venez tout de suite. — Comment! tout de suite! minuit va sonner! — C'est précisément l'heure des rendez-vous de Persigny; je connais son affection pour vous. Votre refus lui causerait un vrai chagrin. » Je dois noter que le comte de Bruc était connu, dans sa jeunesse, par son antipathie pour Napoléon. Il disait à un camarade de régiment, s'il le trouvait mal monté : « Tu n'as là qu'un cheval bonapartiste! » Et s'il se trouvait mal servi à table : « Voilà, disait-il, un plat qui est fièrement bonapartiste! » J'ai tenu plus tard ces détails de son ancien colonel, le marquis de la Bourdonnaye, mais je les ignorais alors.

A cette époque de ma vie, un air d'aventure ne me déplaisait pas, et j'avais au fond une réelle amitié pour M. de Persigny. Je l'avais revu plusieurs fois à Paris, depuis notre rencontre en Angleterre; sans entrer dans des confidences indiscrètes, il n'avait jamais manqué de me répéter ses espérances et de m'entretenir de ses projets. Je lui disais en riant : « Nous étions faits pour devenir amis, car vous êtes aussi un Vendéen à votre façon! » A plusieurs égards, cet éloge était mérité. J'aurai d'autres occasions de le justifier. Il venait chez moi quand il voulait, sans me faire connaître son logement que je ne lui demandais jamais. Je cédai donc aux instances du comte de Bruc, en lui disant : « Allons, je vais au moins rendre à Persigny une de ses visites! » Rejoignant alors M. de la Bouillerie, je lui dis qu'un de mes compatriotes de l'Ouest désirait me communiquer une affaire personnelle et je l'engageai à ne pas m'attendre pour aller se coucher, puis je suivis mon guide mystérieux. Après avoir quitté les quartiers fréquentés, et parcouru trois ou quatre rues tortueuses, une porte basse s'ouvrit, nous montâmes à une sorte de grenier, et je me trouvai en face de six ou sept jeunes gens qui faisaient flamber un bol de punch. C'était l'état-major du prince Louis.

M. de Persigny resta d'abord muet de surprise, puis, se jetant à mon cou, il s'écria : « Pouvons-nous donc enfin compter sur vous? — Comme ami toujours, comme napoléonien, moins que jamais! » M. de Bruc et moi lui expliquâmes alors notre rencontre, et mon apparition, ramenée à ces proportions modestes, n'en fut pas moins cordialement fêtée. L'esprit de prosélytisme n'abandonnant jamais M. de Persigny, il reprit bientôt : « Soyez sûr que la Providence vous envoie à nous. Le prince Louis est ici, à deux pas de la frontière. La garnison nous appartient; dans trois ou quatre jours nous serons acclamés de la France entière. — Non, vous serez tous pendus, et vous devriez admirer mon courage de demeurer encore ici après tout ce que vous me contez là. Dans un instant, peut-être, la police va faire invasion ; je serai pris en flagrant délit et je partagerai votre triste sort, tout en l'ayant bien peu mérité. »

Des plaisanteries de ce genre, nous revînmes aux paroles sérieuses : M. de Persigny et ses compagnons pour me démontrer la grandeur de leur entreprise, moi pour essayer de leur en faire sentir le péril et l'inanité. Nous ne pouvions parvenir à nous mettre d'accord, mes convictions étant inébranlables comme leurs illusions. Après une heure de lutte inutile, je me levai, j'embrassai M. de Persigny affectueusement, tristement, je regagnai mon logis et, à cinq heures du matin, je montai en voiture avec M. de la Bouillerie, sans souffler mot de mon secret. Peu de jours après, le prince Louis était prisonnier à Strasbourg et M. de Persigny parvenait à repasser la frontière en disant comme Barbès le dit plus tard, le lendemain du 24 février 1848 : « C'est à recommencer ! »

CHAPITRE V

ÉTUDES LITTÉRAIRES. — ŒUVRES DE CHARITÉ.

1837-1839.

Je rentrai en Anjou avec Rodolphe Apponyi, qui m'entendait trop parler de mon cher pays pour ne pas joindre à sa fidèle amitié pour moi le désir de faire aussi connaissance avec lui. Après un séjour de quelques semaines au Bourg-d'Iré, je voulus agrandir le cercle de ses excursions et l'étendre jusqu'à Nantes. Deux de mes amis, le marquis de Charnacé et le vicomte de la Haye, s'offrirent à nous accompagner. Nous visitâmes le château de Nantes resté tel que l'a décrit le cardinal de Retz, la maison de mesdemoiselles du Guiny, où la cachette de madame la duchesse de Berry nous fut montrée par Marie Bossay, la dévouée servante qui avait repoussé avec indignation une somme considérable qui lui était offerte si elle consentait à trahir la princesse dont la garde lui était confiée. Après avoir admiré dans la cathédrale le tombeau du duc de Bretagne, qui n'avait pas alors pour rival le tombeau du général de la Moricière, nous nous embarquâmes sur l'Erdre.

Cette rivière, tout humble qu'elle est, n'est pas indigne de la Loire, sa voisine, tant ses rives présentent d'intérêt ; ici, ce sont des parcs élégants, là, des ruines rappelant les premières guerres de la Vendée.

Notre intention était de visiter rapidement l'abbaye de la Meilleraye ; mais nous y fûmes retenus une journée entière par le charme inattendu du père abbé, supérieur des Trappistes, M. Saulnier de Beauregard, bien connu dans l'Ouest sous le nom de Père Antoine. Ancien officier de cavalerie, ancien émigré, tout en lui rappelait l'homme du monde qu'il oubliait exemplairement lui-même dans les austérités de sa règle. Ses opinions politiques étaient très franches et très vives, mais il ne leur faisait qu'une concession : la lecture d'un journal. Nous eûmes la preuve de l'attention qu'il y apportait ; car, dès que je lui eus présenté Rodolphe Apponyi, il s'écria : « Je vous fais bien mon compliment, monsieur le comte, du collier de la Toison d'or que vient de recevoir Monsieur votre père ; après l'ordre de Marie-Thérèse, je ne connais pas en Autriche une distinction plus flatteuse. » Là-dessus, tout en nous promenant au milieu des champs, où les trappistes perfectionnaient silencieusement leurs procédés agricoles, le père Antoine dissertait avec une grande compétence sur les sujets les plus divers, interrogeait avec beaucoup de finesse sur la politique, puis, de temps en temps, s'arrêtait et s'excusait de son retour vers les intérêts du monde en nous montrant sa longue robe blanche. Cette robe, cependant, augmentait encore son mérite à nos yeux, car il n'y a rien de plus touchant qu'un vieillard ou un solitaire qui demeure étranger à tout sans devenir indifférent à rien. Il conserva jusqu'à un âge fort avancé une vivacité de répartie qui profita plus d'une fois à son abbaye.

Lorsqu'il devint supérieur de la Meilleraye, une futaie donnait d'agréables mais stériles ombrages. Le sacrifice en fut résolu, mais le défrichement exigeait une autorisation du gouvernement et l'autorisation ne venait pas. Le comte de la Bourdonnaye, breton d'origine, ayant été nommé ministre de l'intérieur, on crut l'occasion favorable et on députa le père Antoine à Paris. L'audience ministérielle fut facilement obtenue; mais quand le vénérable solliciteur s'y présenta, l'accueil ne répondit pas à son attente : « Votre requête, lui dit le ministre, a déjà été remise à M. de Villèle qui ne lui est pas favorable, quoique vous l'ayez, dans votre demande, qualifié de GRAND MINISTRE. Le père Antoine n'ignorait point la violente inimitié de M. de la Bourdonnaye pour M. de Villèle. Il sentit la portée du coup, et, s'inclinant humblement, il répliqua : « Ah! Monseigneur, pardonnez-moi, nous autres pauvres moines, nous n'avons pas le compas dans l'œil! » Il revint à la Meilleraye avec gain de cause.

A Châteaubriant, nous visitâmes le château de Françoise de Foix, vieux donjon où nous cherchions de romanesques souvenirs et que nous trouvâmes transformé en caserne de gendarmerie. Puis nous rentrâmes au Bourg-d'Iré pour d'affectueux adieux dans lesquels nos aimables compagnons de voyage eurent leur juste part. C'est à propos de l'un d'eux que Rodolphe Apponyi me disait : « On parle souvent aux étrangers de la gaieté française, et j'avoue que jusqu'ici on m'avait paru aussi gai à Rome ou à Vienne qu'à Paris, mais à partir d'aujourd'hui je déclare que je connais la gaieté française. »

Je revins, comme à l'ordinaire, passer l'hiver à Paris avec mes parents et j'entrai cette fois, il en était temps, dans la vie sérieuse. J'en rends d'abord grâce à Dieu ; j'en rends grâce, après lui, à deux affections qui ont non seulement charmé, mais édifié et guidé ma vie : celle de madame Swetchine et celle d'Albert de Rességuier.

Albert de Rességuier était de six ans plus jeune que moi et j'aurais dû lui servir de maître. Les rôles furent promptement intervertis, et en peu de temps je reçus de lui plus que je ne pouvais donner. Toute sa famille se mit aussi de la partie pour me pousser et m'encourager au travail. Son père, le comte Jules de Rességuier, était un poète charmant et plus élevé encore par la noblesse du caractère que par celle du talent. Il était issu de deux races militaires et lettrées. Sa mère était née Puységur ; son grand-oncle, le bailli de Rességuier, passa deux ans, moitié à la Bastille, moitié à Pierre-Encise, et fut ensuite exilé hors du royaume pour expier un pamphlet sur la cour de Versailles intitulé *Le voyage d'Amatonthe*, et ces quatre vers contre madame de Pompadour :

> Fille d'une sangsue et sangsue elle-même,
> L'insolente Poisson, d'une arrogance extrême,
> Étale en ce château, sans crainte et sans effroi,
> La substance du peuple et la honte du roi [1].

1. Journal de Barbier, décembre 1750.

A Malte, où il résida longtemps, le bailli de Rességuier laissa de brillants souvenirs dont j'ai retrouvé la trace encore vivante en Anjou même. Quand Albert de Rességuier vint me voir au Bourg-d'Iré, notre voisin, M. d'Andigné, vieux chevalier de Malte, à jambe de bois, lui conta force anecdotes sur le bailli qu'il avait beaucoup connu, et entre autres celle-ci : « Un chevalier nouvellement débarqué croyait attester ses succès à Paris en se plaignant beaucoup de l'ennui qu'il éprouvait à Malte ; il fatigua tellement de cette doléance tous ses compagnons que le bailli de Rességuier lui dit un jour : « Quoi ! vous vous ennuyez... Vous vous ennuyez vous-même?... Ah ! c'est bien juste ! »

La comtesse de Rességuier, née Mac-Mahon, avait une piété profonde et une inépuisable charité. C'est à elle qu'arriva une anecdote qui devrait toujours se présenter à la pensée au moment d'une dépense inutile. Dame de charité dans la paroisse de Saint-Roch, madame de Rességuier monte avec sa compagne à un cinquième étage. Les deux quêteuses sont reçues par un petit vieillard qui vient lui-même ouvrir sa porte, les reçoit dans un appartement à peine meublé et leur remet son offrande, soigneusement enveloppée. Grande fut leur surprise, en défaisant le paquet, de trouver cinq louis bien comptés. « Ce bon monsieur s'est trompé, pensèrent à la fois les deux quêteuses ; il nous a donné, sans s'en douter, la moitié de son revenu ! » Elles remontèrent donc l'escalier, sonnèrent de nouveau à la porte et firent part de leur scrupule. Le vieillard parcourut d'un regard son appartement, le fixa sur lui-même et répondit avec le plus simple sourire : « Je vous remercie de votre délicatesse, Mesdames, mais ce n'est qu'en vivant comme je vis, que je puis me donner la jouissance de faire la charité ! »

M. et madame de Rességuier avaient un salon très littéraire, et ils n'y étaient pas de simples maîtres de maison. On recherchait dans madame de Rességuier un jugement très sûr, qui rendait discrètement ses arrêts sous une forme toujours ingénieuse. M. de Rességuier ne disait ses vers que quand on les lui demandait et il les disait très bien. Il excellait dans des miniatures sur émail, telles que celle-ci :

MADAME AGNÈS DE PICARDIE.

La dame en tout la mieux douée,
La plus humble et la plus louée,
La plus fière de ses aïeux
Et la moins vaine de ses yeux,
Sur son coursier la plus allante,
Dans son fauteuil la plus dolente,
La plus fidèle à son devoir
Et la plus dangereuse à voir,
La mieux mise et la moins parée,
La plus justement adorée,
La plus séduisante toujours,
La plus timide en ses amours,
En dévouement la plus hardie,
C'est l'ange que le ciel forma
Et que sur la terre on nomma
Madame Agnès de Picardie.

Et celle-ci encore :

On aime tout bien davantage
Lorsqu'on peut dire : c'est à moi.
On aime bien mieux son village
Que la capitale du Roi.

On aime mieux, quoiqu'on le gronde,
Son vieux chien, ployant les jarrets,
Que la biche élégante et blonde
Qui vole au milieu des forêts.

On aime mieux l'image sainte
De sa mère en un vieux pastel,
Que la plus belle toile peinte
Par le Guide ou par Raphaël.

M. de Lamartine et **M.** Victor Hugo n'apparaissaient que de temps en temps dans ce salon où on leur offrait affection et admiration; mais ils exigeaient déjà l'idolâtrie. J'ai vu là dans l'intimité quelques hommes distingués qui étaient de véritables amis :

Alexandre Guiraud, que *Les Machabées* ont porté à l'Académie et que *Le Petit Savoyard* protégera peut-être mieux devant la postérité :

Pauvre petit, pars pour la France!
Que te sert mon amour? je ne possède rien,
Ailleurs, on vit heureux; ici, dans la souffrance;
Pars, mon enfant; c'est pour ton bien!
Tant que mon lait put te suffire,
Tant qu'un travail utile à mes bras fut permis,
Jamais on n'eût osé me dire :
Renonce aux baisers de ton fils!
Mais je suis veuve; on perd sa force avec la joie,
Triste et malade où recourir ici?
Où mendier pour toi? chez des pauvres aussi!
Laisse ta pauvre mère, enfant de la Savoie.
Va, mon enfant, où Dieu t'envoie!

Alexandre Soumet, dont on aura peut-être oublié la *Jeanne d'Arc*, quand on se souviendra encore de la *Pauvre fille* :

> J'ai fui le pénible sommeil
> Qu'aucun songe heureux n'accompagne,
> J'ai devancé sur la montagne
> Les premiers rayons de soleil.

M. de Beauchesne, l'émouvant historien de Louis XVII, et surtout Émile Deschamps que la renommée eut mieux traité, s'il s'en fût montré plus soucieux. Tout journal naissant, toute œuvre faisant appel à son concours, puisaient dans son portefeuille ou lui imposaient l'improvisation qui ne lui était que trop facile. Celui qui a dit si poétiquement :

> La poésie, hélas ! n'est rien par elle-même,
> Tant que d'un cœur touché par la grâce suprême,
> Elle n'éveille pas le sympathique amour !
> C'est Galathée ouvrant ses yeux de marbre au jour;
> Pour qu'elle vive, il faut qu'on l'aime.

Celui qui a traduit Roméo et Juliette avec une si habile fidélité aurait occupé une bien autre place parmi ses contemporains, s'il n'avait démontré, à ses dépens, que toute prodigalité est dangereuse et que la prodigalité du cœur ou la prodigalité de l'esprit mène à la ruine, comme la prodigalité de la fortune.

Ma première, et, je dois l'avouer, mon unique école littéraire, fut la maison de M. de Rességuier. Louis Veuillot a dit de moi dans une intention peu bienveillante : « M. de Falloux qui apprit à écrire en faisant ses livres... » L'observation est parfaitement juste.

Mon école de charité fut la maison de madame Swetchine.

Madame Swetchine ne prêchait jamais — je crois l'avoir démontré dans sa biographie — mais elle éveillait, elle fortifiait, elle inspirait les meilleurs sentiments, tant elle les rendait, par son exemple, séduisants et accessibles. Près d'elle, je trouvais, en outre, des hommes que leur indulgente amitié fit aussi mes introducteurs dans la vie sérieusement chrétienne. Le père Lacordaire et M. de Montalembert ont été deux grands semeurs dans leur siècle, il devrait être inutile de le répéter, et pour bien des jeunes gens cette affirmation est malheureusement nécessaire. Chénier a dit :

> On n'aime que la gloire absente,
> La mémoire est reconnaissante,
> Les yeux sont ingrats et jaloux.

Cette triste vérité n'a point de date, elle est de tous les temps. Les grands champions catholiques retrouveront bientôt la justice qui leur est due. Aujourd'hui l'ingratitude se débat encore et ne veut pas lâcher prise.

Le P. Lacordaire et M. de Montalembert remportèrent, l'un dans la chaire, l'autre à la tribune, un double triomphe : tous deux ont détruit le respect humain, autant que le respect humain peut être détruit; tous deux ont substitué, pour beaucoup de nos contemporains, à un sentiment religieux vague et tiède un catholicisme franc et militant. Le P. Lacordaire a fait entrer de la rue dans l'église, a conduit du pied de sa chaire au pied de l'autel les hommes, et l'on pourrait dire les classes, qui s'en tenaient systématiquement éloignés. M. de Montalembert a introduit dans l'éloquence politique, dans la presse, dans l'archéologie, des questions, des apologies du passé, des hardiesses envers le présent qui étaient sans exemple avant lui, qui font vivre encore de ses traditions ceux qui l'imitent de loin, en le méconnaissant ou en l'insultant. Jamais erreurs et préjugés n'ont été serrés de plus près, jamais siècle n'a été plus intrépidement contredit, plus énergiquement rappelé au retour sur lui-même, aux repentirs historiques, aux réparations publiques que ne le fut, durant trente ans, le dix-neuvième siècle par deux de ses fils qui lui avaient voué une sympathie sincère, mais qui faisaient passer avant tout les devoirs et même les sévérités de l'apostolat ecclésiastique et laïque.

Le P. Lacordaire et M. de Montalembert étaient de trop fervents chrétiens pour n'être pas au même degré des chrétiens charitables, mais leur existence était dévorée par d'incessants travaux, et sans ménager ni leur personne, ni leur dévouement, ils s'appliquèrent à chercher des auxiliaires pour les œuvres qui devaient traduire, en actes quotidiens, leur foi ardente et leur parole enflammée. Frédéric Ozanam, Armand de Melun, Léon Cornudet, Adolphe Baudon, Franz de Champagny, Werner de Mérode, Adrien Cramail, M. Leprévost, M. Ledreuil, plus tard Augustin Cochin, devinrent les infatigables lieutenants des deux grands capitaines. Eux-mêmes faisaient des recrues parmi les jeunes gens du monde qui n'avaient pas eu toutes leurs lumières, ou leur entière abnégation, mais qui voulaient cependant suivre leurs traces, leur payer tribut et leur prêter concours. J'eus le bonheur d'être de ce nombre.

Le parti légitimiste, on ne peut lui contester ce mérite, apporta le plus nombreux contingent aux œuvres qui se fondèrent alors. Exclu des emplois politiques et s'en excluant lui-même, il voulut faire mentir le reproche d'émigration à l'intérieur qu'on ne lui épargnait pas. Il comprit qu'une féconde et large carrière pouvait encore s'ouvrir pour lui dans l'accomplissement des devoirs sociaux. Le gouvernement de Juillet, qui avait à se défendre à la fois contre les demeurants du passé et contre des novateurs téméraires, s'appuyait presque exclusivement sur ce qu'on nommait les classes moyennes; il était soutenu dans ce milieu par des partisans d'une valeur incontestable, mais ces hommes, souvent juges et parties dans les questions industrielles, ne se défendirent pas toujours de l'égoïsme privé ou de l'égoïsme politique qui, trop souvent aussi, les aveugla ou les paralysa. Il appartenait au parti légitimiste de discerner ce côté faible et de combler ces lacunes. Il était surtout le parti de la propriété foncière, et, à ce titre, il ne pouvait se montrer trop prévoyant.

Les rois et les papes même, en tant que souverains temporels, ont trop ajourné des réformes nécessaires; ils ont payé cet ajournement par des révolutions. La propriété, sous peine d'avoir le même sort, doit, dans notre siècle, se hâter de racheter son principe par des bienfaits. Ceux d'entre nous qui ne le comprenaient pas parfaitement le pressentaient, et déjà les avertissements de ce genre ne manquaient à personne. Enfin, les légitimistes recevaient généralement une éducation religieuse et la charité se trouvait tout naturellement dans les enseignements de leur jeunesse et dans les exemples de leurs familles.

Tantôt initiateur, tantôt initié, je m'associai, dans les œuvres parisiennes, à la plupart de mes amis politiques. Paul et Albert de Rességuier, Camille d'Orglandes, Alexandre de Lambel, Sigismond de Mirepoix, Éleuthère de Girardin et beaucoup d'autres, tous membres déjà des conférences de Saint-Vincent de Paul, s'enrôlèrent dans l'œuvre des *Amis de l'enfance*. On se réunissait, une fois par semaine, chez son fondateur, Adrien Cramail, place Saint-Germain l'Auxerrois; c'est là que M. de Melun conçut l'œuvre plus étendue des apprentis et nous recruta pour nous disperser dans tous les quartiers de Paris. Nous devînmes les auxiliaires de l'abbé Bervenger, qui avait fondé sous le nom d'œuvre de Saint-Nicolas un vaste pensionnat professionnel pour les enfants de la classe ouvrière. Nous venions, une ou deux fois par semaine, inspecter et interroger ses écoliers, inspection qui péchait quelquefois autant du côté des inspecteurs que du côté des inspectés, mais qui avait cependant deux résultats positifs : imposer aux enfants plus d'attention au travail, leur inspirer plus de bienveillance envers les classes riches; familiariser les riches avec le contact, les besoins, le courage et souvent la vertu des classes indigentes. Dans ce commerce réciproque, ce sont peut-être les riches qui apprennent et qui gagnent le plus.

Quand on a toujours eu un abri, un foyer et du pain, on ne peut pas juger les pauvres. Il faut voir de près la misère pour s'en bien rendre compte, pour bien comprendre toutes les excuses de l'irritation ou tout l'héroïsme de la douceur résignée. L'esprit une fois tourné vers de telles questions, les yeux une fois fixés sur de telles souffrances, l'examen une fois entamé sur de tels vides dans les lois, on ne veut plus, on ne peut plus s'arrêter à moitié chemin. L'œuvre de M. Cramail, l'œuvre de l'abbé Bervenger étaient limitées, l'œuvre des apprentis était beaucoup plus étendue, mais elle avait encore des lacunes. Le patron, l'ouvrier, l'apprenti n'étaient pas assez éclairés, assez ramenés à la vie religieuse. De cette pensée naquit l'œuvre de Saint-François-Xavier; c'était, le nom de son patron l'indique assez, le zèle des missions appliqué à Paris et à la France.

Tous les dimanches soirs, la population ouvrière était appelée à des conférences mi-partie pieuses, mi-partie industrielles, avec des orateurs, prêtres et laïques, qui venaient, à tour de rôle, parler à l'ouvrier de ses travaux d'ici-bas et de leur récompense au ciel. Le P. Moigno, alors jésuite, excellait dans cette prédication d'un caractère tout spécial ; M. Ledreuil, ancien ouvrier, d'une rare intelligence, faisait entendre dans ces modestes réunions, d'abord en costume séculier, bientôt en soutane, tout ce que l'expérience pouvait suggérer au dévouement. Un jeune homme, Claudius Hébrard, doué d'une heureuse imagination, y récitait des vers qui atteignaient parfois une véritable hauteur. Le débit et la physionomie du jeune poète éveillaient la sympathie, comme son talent. Les ouvriers l'applaudissaient, l'aimaient, et rien ne démontrait mieux que ce poétique orateur et son auditoire tout ce qu'on peut obtenir des classes illettrées, quand une conviction sincère évoque la générosité innée, le poème latent que presque tout homme porte en soi. Ce petit état-major se transférait, se grossissant en route, partout où s'implantait l'œuvre de Saint-François-Xavier; des caveaux de Saint-Sulpice à Saint-Laurent, de Saint-Laurent à Saint-Jacques du Haut-Pas, de Saint-Jacques à Saint-Pierre du Gros-Caillou, et bientôt dans presque toutes les églises de Paris.

On m'avait adjugé l'hagiographie, mise à la portée d'un auditoire qui n'en était pas encore à la sainteté, mais à qui on croyait bon de montrer le plus pour obtenir le moins. C'est là que je fis mes débuts oratoires. Je n'avais jamais hanté aucune parlotte; je n'avais jamais proféré un mot en public et je commençai mon apprentissage en racontant, le dimanche soir, du banc d'œuvre des paroisses de Paris à cinq ou six cents ouvriers très attentifs, très facilement émus, l'histoire de saint Jean de Dieu, du bienheureux la Salle, de sainte Zite et des principaux serviteurs de l'humanité, au nom du Christ et pour l'amour de lui.

M. de Melun, inspiré par la sœur Rosalie, mettait de jour en jour une plus grande expérience au service d'œuvres nouvelles; il s'aperçut bientôt que faire observer le repos du dimanche ce n'était pas assez, qu'il fallait assurer l'emploi de ce jour tout entier et le rendre utile à la santé des enfants et des jeunes gens, comme à leur moralisation. Des maisons s'ouvrirent donc pour offrir aux apprentis des jeux, des exercices salutaires, en même temps que pour favoriser l'accomplissement de leurs devoirs religieux. L'œuvre de Notre-Dame des Champs fut créée, en attendant la création des cercles ouvriers que devait inaugurer bientôt Augustin Cochin. De Paris, ces œuvres rayonnaient sur les départements, s'y développaient et quelquefois s'y perfectionnaient. Les plaies sociales n'étaient pas guéries — quand le seront-elles! — mais toutes du moins étaient pansées ou mises en voie de guérison.

Je me plais à esquisser ce tableau non seulement pour l'honneur de quelques hommes, mais pour l'honneur de l'initiative et de la charité françaises. A l'heure où j'écris, les catholiques poursuivent le même but, mais quelques-uns avec une méthode différente. De 1830 à 1848, on ne manquait ni de dévouement ni d'énergie, seulement on croyait moins qu'aujourd'hui à l'efficacité des démonstrations bruyantes et de l'ostentation bien intentionnée; on ne cachait pas le drapeau de la charité, mais on craignait de le compromettre sans craindre de se compromettre soi-même.

C'est alors que le P. Lacordaire et le P. de Ravignan instituaient les pâques de Notre-Dame, solennelle revue des chrétiens pratiquants, sous les regards de tous; alors on signait publiquement les pétitions pour la liberté de l'enseignement ; plusieurs se faisaient maîtres d'école dans une mansarde du quartier latin ou dans un village de province ; d'autres, en plus grand nombre, vouaient leur existence au service de la charité, et quelques-uns renonçaient aux joies de la famille pour se donner plus aisément, plus exclusivement à la grande famille des pauvres. Tous cherchaient à secourir, à instruire, à christianiser la société telle que le cours des siècles l'avait formée, sans déclarer la guerre à aucun parti, sans mêler aucun apostolat politique à l'apostolat charitable.

J'ai assez vécu pour pouvoir comparer le résultat des deux méthodes, l'une considérant le bruit comme un danger, l'autre le considérant comme une force, et je serais suspect de partialité, si je disais ce que je pense de l'une et de l'autre. J'affirme seulement, et je trouverais partout les preuves de mon affirmation, que parmi les bons fruits que l'on récolte encore aujourd'hui, beaucoup proviennent des semences et des procédés d'autrefois.

Cette sève catholique ne fermentait pas seulement en France, et j'eus bientôt l'occasion de voir en Allemagne un prosélytisme analogue à celui de Paris. Albert de Rességuier voulut, dans un zèle dont les Français ne sont pas coutumiers, et dont M. de Montalembert avait aussi donné l'exemple, aller étudier l'allemand en Allemagne. Munich lui fut indiqué comme le foyer d'une grande rénovation religieuse et artistique, et le professeur Dœllinger l'admit en pension, sous son toit, en même temps que le jeune

Acton, venu d'Angleterre pour la même étude. Dœllinger était alors un des chefs vénérés des catholiques allemands; il prit M. de Rességuier en vive affection, et m'admit à la même hospitalité lorsque, dans l'hiver de 1838, je fus passer quelques semaines avec l'étudiant volontaire. Gœrres, très âgé, professait encore; son fils Guido Gœrres préparait le livre poétique et touchant intitulé : *Dieu dans l'histoire*, et Brantano avait publié : *Les Visions de la sœur Emmerich*. L'abbé de Cazalès avait déjà traduit Brantano; M. de Rességuier allait entreprendre une œuvre encore plus ardue : traduire l'*Athanase* de Gœrres, défense éloquente et vigoureuse de l'archevêque de Cologne, Mgr de Droste-Vischering, jeté en prison par le roi de Prusse.

Quels nobles et ardents entretiens, quelle passion pour l'Église et pour sa cause! Rien n'a plus ressemblé aux discours d'un *portique chrétien* que les apologies enflammées du vieux Gœrres, les savantes déductions de Dœllinger, la verve originale de Brantano, la candeur naïve de Guido Gœrres, endoctrinant de jeunes professeurs ecclésiastiques, tels que l'abbé Windischmann, et tant d'auditeurs bénévoles, de disciples de toutes nations qui emportaient de là chez eux une ineffaçable empreinte, et d'immuables convictions.

Tous ces hommes étaient les amis de M. de Montalembert, et mes nouvelles relations avec Munich rendirent plus étroite ma liaison naissante avec lui. Je pénétrai plus avant dans son intérieur qui était très attachant. Tout y prenait son cachet, non par le despotisme de sa volonté, mais par une attraction naturelle. Il occupait alors un très modeste appartement à l'angle des rues Saint-Dominique et Saint-Thomas-d'Aquin. Comme ceux qui mettent les idées au-dessus des jouissances ou plutôt comme ceux qui se font une jouissance souveraine du culte des hautes idées et des grandes causes, M. de Montalembert n'avait aucun goût pour le luxe ; sa personne avait une vraie distinction, sa toilette n'admettait pas de négligences. Il prodiguait à sa bibliothèque et à la reliure de ses livres favoris une sollicitude passionnée. Hors de là, les soins matériels lui étaient indifférents, et il n'y pensait pas ; s'il y eût pensé, il aurait sacrifié avec délices les moindres dépenses n'ayant point pour objet immédiat la propagande catholique et la charité. C'était un intrépide marcheur, et je ne lui ai connu de voiture à Paris ou à la campagne que quand la longue maladie qui devait nous le ravir lui en fit une douloureuse nécessité.

Outre le bulletin de Munich, je lui apportais l'écho des succès du P. Lacordaire à Metz. J'avais analysé la conférence que je venais d'entendre afin d'y faire assister de mon mieux madame Swetchine. M. de Montalembert me demanda la même lecture et me donna rendez-vous le soir, chez lui, à porte close, afin que madame de Montalembert, profondément unie à toutes les affections de son mari, prît aussi sa part de ce souvenir. Nous étions en plein, moi dans ma lecture, mes auditeurs dans l'enthousiasme, quand nous fûmes interrompus par les tout petits cris d'un enfant : c'était Élisabeth de Montalembert, âgée de six mois, dont le berceau était dissimulé dans un coin du salon. Je ne sais qui, le premier, du père ou de la mère, s'empressa d'aller la calmer ; tous deux lui firent comprendre qu'on devait garder le silence quand on écoutait le P. Lacordaire. Elle se tut, et la lecture reprit son cours, sans autre incident que cette scène de famille qui ne me fit nullement regretter d'avoir été interrompu.

J'avais traversé Metz deux fois, en allant à Munich et en revenant. Le P. Lacordaire me confia sa préoccupation au sujet de deux de ses amis du diocèse de Strasbourg, l'abbé Bautain et l'abbé de Bonnechose. Le clergé d'Alsace les considérait comme chefs d'une école qui poussait trop loin l'immolation de la raison, et M. de Trévern, leur évêque, en était fort ému. « La situation de deux ecclésiastiques aussi éminents en dissidence doctrinale avec leur évêque ne peut se prolonger, me dit le P. Lacordaire, et en pareil cas, ajouta-t-il, il n'y a qu'une issue : l'appel à Rome et la soumission au jugement quel qu'il soit. Je l'écris à l'abbé Bautain, mais je ne triomphe point de sa résistance. Veuillez le voir de ma part, ainsi que M. de Bonnechose et suppliez-les en mon nom de porter leurs manuscrits à Rome et d'en rapporter la paix pour eux-mêmes et pour le diocèse. C'est ce que j'ai fait pour mon propre compte, et je n'ai jamais passé un jour sans en remercier Dieu. »

J'obéis. Je voyais M. Bautain pour la première fois et je fus frappé de sa droiture plus que de son éloquence. Il hésitait à suivre les conseils du P. Lacordaire. M. de Bonnechose n'hésitait même pas ; il s'y refusait tout à fait. Je me rappelle que dans un moment où je répétais de mon mieux les paroles du P. Lacordaire, M. de Bonnechose, appelé au dehors par une affaire, dit à M. Bautain, avant de nous quitter : « Prenez garde à la sirène! » Cependant, peu après mon départ, le voyage de Rome fut résolu et suivi bientôt d'une soumission complète. M. Bautain se fixa à Paris où son talent grandit; M. de Bonnechose demeura plus longtemps à Rome, s'y mêla de quelques négociations diplomatiques et revint en France pour être évêque de Carcassonne, archevêque de Rouen et cardinal. Il a, plus d'une fois, dans ces différents postes, oublié ce qu'il devait au P. Lacordaire, et le P. Lacordaire ne l'a jamais rappelé ni à lui ni à personne.

L'émulation littéraire me gagna peu à peu. M. de Montalembert aurait voulu que je traitasse un sujet exclusivement religieux, car, très unis tous deux sur ce terrain-là, nous l'étions moins sur le terrain politique. Il était monarchiste, mais avec d'autres sentiments que les miens. Il avait un an de plus que moi et son précoce coup d'œil avait été vivement frappé des périls d'une identification trop étroite entre l'Église et l'État. Il a lui-même retracé ses impressions, à cette époque, dans les *Lettres à un ami de collège*, spécialement dans le récit de son séjour à la Roche-Guyon, chez l'abbé duc de Rohan. Peu après, la révolution de Juillet confirma M. de Montalembert dans ses convictions en confondant dans le même anathème la branche aînée de la maison de Bourbon et le clergé, M. de Polignac et M. de Quélen.

Aussi, dès ses premiers actes, dès ses premiers écrits politiques, le jeune pair de France n'eut rien de plus à cœur que de tenir séparés l'intérêt religieux et l'intérêt légitimiste. En cela, il ne songeait assurément pas à courtiser le pouvoir nouveau, dont il ne reçut jamais la moindre faveur. M. de Montalembert était aussi incapable de s'incliner par ambition que par complaisance ; il savait, en outre, à merveille que pour plaire à ce pouvoir nouveau, il eût fallu parler, il eût fallu agir en catholique discret et tempéré, ce qui n'entrait ni dans ses intentions ni dans ses allures naturelles. Rien n'était donc plus pur que son point de départ, et j'ajoute que je n'en ai jamais contesté la justesse. Le débat, entre nous, n'était qu'une question de mesure ; je lui disais souvent : « La conscience religieuse et la conscience politique ne peuvent pas demeurer à perpétuité sans contact, sans relation l'une avec l'autre ; elles sont faites pour vivre ensemble et pour s'éclairer mutuellement dans la société comme dans l'individu. Vous avez renoncé à suivre l'abbé de Lamennais dans la doctrine de la séparation absolue de l'Église et de l'État ; ne reprenons pas le même air une octave plus bas ! Soyons plus prudents que ne l'a été la Restauration. Attestez à la tribune, attestons partout que nous avons compris les leçons de l'expérience, mais laissez les légitimistes faire librement leurs réserves pour l'avenir. »

Quand j'en venais à personnifier mes idées, je concluais que la ligne de M. Berryer et la ligne de M. de Montalembert, l'une plus exclusivement politique, l'autre plus exclusivement religieuse, pouvaient être distinctes et ne devaient jamais être ennemies, car elles embrassaient l'ensemble des grands intérêts du pays. Plus je m'efforçais de me rendre compte de l'état de notre société, plus je me confirmais dans la persuasion que les hommes jeunes, indépendants envers le passé, envers le présent, devaient tendre au rapprochement de ces deux lignes, au lieu de pousser à leur réciproque hostilité, et à mesure que j'avançais dans la vie pratique, je m'appliquais davantage à servir de trait d'union entre M. Berryer et M. de Montalembert.

Quant à mes travaux personnels, je n'hésitai pas longtemps dans le choix de mon sujet et je me vouai, de tout cœur, aux études qui pouvaient, à un degré quelconque, profiter à la cause monarchique.

Dans mes souvenirs d'enfance, dans le culte du foyer domestique, Louis XVI m'apparaissait comme le type le plus injustement méconnu de ce gouvernement plus paternel qu'absolu qui avait porté si haut la grandeur et la prospérité de notre pays. C'est ce qui me décida à faire une étude particulière de ce règne.

Un vieil ami de miss Newton, devenue plus tard Mme Victor de Tracy, lui disait : « Vous ne savez pas lire ; vous lisez comme si vous mangiez des cerises. Une fois la lecture faite, vous ne pensez plus à ce que vous avez lu, et il ne vous en reste rien. Il ne faut pas lire toutes sortes de choses au hasard ; il faut mettre de l'ordre dans ses lectures, y réfléchir et s'en rendre compte. » Je pris ce conseil pour moi, et je résolus de changer ma méthode ou plutôt j'adoptai une méthode pour la première fois. Je me mis à lire, la plume à la main, tous les mémoires sur l'histoire de France, depuis Villehardouin et Joinville jusqu'à La Fayette et Mirabeau. Toute ma conscience, toute la persévérance d'investigation dont j'étais capable, s'appliquèrent au dépouillement de nos annales.

J'interrogeai, j'écoutai, siècle par siècle, les témoins les plus intimes, les juges les plus autorisés, et quand enfin je fus amené en présence de Louis XVI, je reconnus en lui, dans ses intentions, dans ses exemples, la compréhension désintéressée, l'appréciation généreuse des besoins de son temps. Malheureusement le concours de son entourage et des grands corps de la nation lui fit défaut. Le roi ne manqua pas volontairement à sa mission, mais quand il fallut commander l'abnégation à ceux qui ne la trouvaient pas en eux-mêmes, quand il fallut imposer ce qu'il ne réussissait pas à obtenir, l'énergie lui manqua. Il fut vaincu, il fut victime, mais il demeure un modèle et un martyr, dans les régions abstraites du dévouement et du devoir. L'hommage que j'entrepris de rendre à Louis XVI était l'expression de ma plus sincère et de ma plus profonde conviction. Quelque chose de cette sincérité perce dans le livre et fit son modeste succès. Outre les bibliothèques, je pouvais consulter aussi quelques survivants du xviiie siècle, et je n'y manquai pas.

Il faut être avancé déjà dans la vie pour bien comprendre toute la reconnaissance que doit un jeune homme à ceux qui, dans la pleine activité de leur carrière, consacrent un peu de leur temps et un peu de leur attention aux essais d'un début. Je dus ce service et je dois cette reconnaissance au baron Mounier. Fils de l'ancien constituant, membre alors de la chambre des pairs, il prenait une part active et laborieuse aux discussions du Luxembourg, et pourtant, deux ou trois fois par semaine, durant tout un hiver, il fit trêve à ses propres occupations, pour lire, rectifier, compléter, page par page, le manuscrit d'un inconnu qui n'avait droit sur lui que par le sentiment qu'il m'exprima en répondant à mon premier remerciement : « Rien ne m'est plus sympathique qu'un jeune homme qui veut travailler. »

Mon second bienfaiteur en ce genre fut M. Roux-Laborie. Autant le baron Mounier était calme et correct, autant M. Laborie était ardent et original. Jeune avocat en 1793, il avait été honoré de l'affection de M. de Malesherbes et choisi par lui comme secrétaire, durant sa terrible lutte contre les régicides. C'est à M. Laborie que je dois plusieurs détails sur le procès du roi, et, entre autres, la belle réponse que M. de Malesherbes fit à Treilhard, dans une des salles d'attente de la Convention. Le defenseur de Louis XVI continuant à se servir, en parlant au roi, des noms de : *Sire* et de *Majesté*, Treilhard s'écria : « Qui vous rend si osé de prononcer ici des titres proscrits? — Mépris pour vous et mépris pour la vie ! » répliqua M. de Malesherbes.

M. Laborie ne s'habillait, ne parlait, n'écrivait et ne gesticulait comme personne. Tout lui venait par soubresauts, mais on ne peut pas dire par caprices, car il y avait toujours dans ses apparentes originalités une bienveillance inépuisable.

Madame Swetchine disait de lui dans sa vieillesse : « C'est une ruine où il revient des esprits! » Ruine et esprit, les deux mots étaient également justes. Quelqu'un qui l'aimait tendrement disait encore : « Cet excellent homme si connu et si méconnu! » Admis dans la familiarité de beaucoup de hauts personnages de son temps, il n'eut que le tort de les laisser abuser de cette familiarité même. M. Laborie ne s'en irrita jamais et n'en fit perdre à personne ni sa bonne grâce, ni ses bons offices.

Il écrivait beaucoup de billets d'un style fort abrégé et d'une écriture presque indéchiffrable; il en résultait parfois de plaisants *quiproquos*. Ayant à commander à un restaurant un déjeuner pour trois ou quatre amis, il écrivit ainsi le menu : « Poulet — si tendre, rôti — si dur, fricassé. » Et le restaurateur, plus expert en cuisine qu'en orthographe, fit servir aux convives six poulets rôtis et six poulets en fricassée.

Voulant adresser une condoléance à une femme qui venait de perdre son mari, il se borna à cette simple exclamation : « Ah! Madame! » Un an après, la veuve se remaria et il la complimenta par ces seuls mots : « Ah! ah! Madame! »

L'Académie française, par tradition, nommait toujours le Chancelier, l'Archevêque de Paris et le Gouverneur des enfants de France. Elle élut donc le vicomte Mathieu de Montmorency, devançant ainsi le choix déjà connu de Charles X pour l'éducation du duc de Bordeaux; heureuse aussi de rendre hommage aux rares qualités de l'ami de Mme de Staël et de M. de Chateaubriand. Aussitôt après l'élection, M. de Montmorency appela M. Laborie : « Mon cher Laborie, je compte sur vous pour mon discours, et n'oubliez pas que Mme la duchesse de Berry doit assister à ma réception ! » Peu après, M. Laborie apporte un projet de discours, justifiant bien la coutume de l'Académie, qui depuis deux siècles n'avait cessé de mêler dans ses choix les hommes de lettres, les hommes de cour, les dignitaires du sacerdoce et de la magistrature, en faisant ressortir combien l'esprit gagne à ne pas se livrer au culte exclusif de lui-même et à se perfectionner au contact des hautes dignités et des hautes fonctions sociales. M. Laborie avait ainsi traduit l'intention de M. de Montmorency à l'égard de Mme la duchesse de Berry : « Combien l'honneur que me fait l'Académie est plus doux, en présence de cette auguste princesse, modèle accompli de la vertu. » Ce serait à merveille pour Mme la Dauphine, interrompit M. de Montmorency. Mettons plutôt : Modèle accompli : de toutes les vertus ! » On retoucha le passage, et de cette collaboration sortit la phrase suivante :

« Je crois entendre l'auguste mère qui secondera si bien les royales leçons, puisqu'elle n'aura besoin, pour inspirer à son fils le goût des lettres et des arts, que de lui montrer les seules consolations de sa noble vie ; pour lui enseigner le courage et les plus hautes vertus, que de lui raconter son histoire et ses malheurs! »

L'ensemble du discours porte, du reste, d'un bout à l'autre, le cachet du noble récipiendaire et se résume bien dans ces paroles qui étaient alors la profession de foi de tous les hommes éclairés sous la Restauration :

« Je voudrais sceller ici même, dans ce jour rendu solennel pour moi par votre bienveillance, le traité qui devrait unir à jamais trois grandes puissances sous la médiation du trône : la religion, les lettres, les libertés publiques ! »

Si j'avais entrepris d'écrire la vie de Louis XVI, à la fin de ma carrière, au lieu de l'écrire pour mon début, j'aurais, je l'espère, marqué avec plus de fermeté des traits trop superficiellement indiqués. J'aurais fait ressortir davantage que ce fut la longue désuétude des États généraux qui créa le danger de 1789 ; j'aurais insisté davantage sur l'aveuglement prolongé, et par conséquent sur la responsabilité des classes privilégiées. Les maladies politiques sont comme les maladies privées, elles sont souvent la faute du malade.

On assigne pour date à la Révolution les États généraux de 1789 ; il serait plus équitable d'en faire remonter l'origine à l'assemblée des notables de 1787. L'assemblée des notables n'était encore qu'une entrevue à l'amiable entre le roi et la nation. Ce jour-là, on pouvait encore conjurer la Révolution par les réformes, si les corps privilégiés eussent spontanément répondu par leur propre générosité à l'appel généreux de Louis XVI. On eût transformé en conciliation pacifique cette lutte ardente que chaque jour perdu rendait inévitable entre les intérêts nouveaux qui réclamaient légitimement une place et les intérêts anciens qui refusaient trop opiniâtrément de la leur accorder.

Je n'avais pas alors des vues assez nettes, assez pénétrantes sur ce grand litige, mais, du moins, je n'ai rien déguisé par défaut de sincérité ou par défaut de sympathie pour la liberté sagement réglée. Je n'ai pas consacré une ligne à l'apologie du pouvoir absolu et j'ai déploré, aux premiers jours du règne de Louis XVI, la disgrâce de Turgot et de Malesherbes. Turgot, discuté et non repoussé, eût empêché M. Necker, comme M. Necker, mieux soutenu, eût empêché l'abbé Sieyès et tous les utopistes révolutionnaires. Je ne puis donc me vanter d'avoir approfondi mon sujet; mais je crois pouvoir du moins, à quarante ans de distance, me rendre le témoignage que je suis demeuré fidèle à l'épigraphe de mon livre empruntée à Jacques du Clercq :

« Je me suis enquis au mieulx que j'ai sceu et pu, et je certifie à touts que ne l'ay fait, n'y pour or n'y pour argent, n'y pour salaire, n'y pour compte à prince qui soit, n'y homme, n'y femme qui vescut, ne voulant ainsi favoriser n'y blâmer nul à mon pouvoir, fors seulement déclarer les choses advenues. »

Ayant à peindre la phase où la cour se croyait encore toute-puissante, je me sais bon gré d'avoir placé ce chapitre sous l'invocation de la Trémoïlle, qu'on ne peut récuser comme un suspect ou comme un jaloux :

« Tu demandes la court, mon filz, et tu la deusses défier; tu me diz quelquefoiz que c'est l'escolle de toute honnesteté; il est vrai qu'elle est pleine de gens ressemblants bons et honnestes, et que c'est ung lieu remply de gens expérimentez à bien et mal. La court apprend à se vestir honnestement, parler distinctement, rire sobrement, dormir légièrement, escouter tous vents venter sans murmures, mais le tout est fait par vaine gloire, ambicion ou ypocrisie. Les honnestement vestus sont en dedans pleins de mocquerie et irrision, et destraictent de chacun ; les peu parlants sont envieux, songeurs de malice, inventeurs de trahison, ceulx qui dorment légièrement veillent jour et nuit à supplanter leurs compagnons et faire quelque monopole. La court est une humilité ambitieuse, une chasteté lubrique, une modération furieuse, une amour ennuyeuse, une justice corrompue, une habondance affamée, une haultesse misérable, ung estat sans seureté, un contemptement de vertus, une exaltation de vices, une mourante vie et une mort vivante : les plus hault eslevez sont en plus grand danger que les bas assis, car Fortune ne se rit fors le trébuchement des grands [1]. »

Enfin, je plaçais sous les auspices du chancelier de Chiverny l'ouverture des États généraux, voulant prouver dès l'abord que je ne méconnaissais pas cette vérité fondamentale de notre temps, que « les idées marchent plus vite que les escadrons et portent plus loin que l'artillerie », vérité qui, sous une forme ou sous une autre, se retrouve également vraie à travers tous les âges.

« Le roy Henry IV, dit le chancelier de Chiverny,

---

1. *La Trémoïlle à son fils.*

s'estant retourné vers la table sur laquelle on tenait les sceaux, prenant lesdits sceaux et les clefs ensemble, s'adressant à moy, me dit ces mesmes paroles : — « Monsieur le chancelier, voilà deux pistolets desquels je désire que vous vous serviez et que je sçay que vous pourrez fort bien manier ; vous m'avez avec eux fait bien du mal plusieurs fois. »

« Puis, se tournant vers ceux qui étoient là, leur dit : — « Ces deux pistolets que je baille à M. le chancelier, ne font pas tant de bruit que ceux de quoy nous tirons tous les jours ; mais ils frappent bien plus fort et de bien loing, et le scay par expérience des coups que j'en ai reçus[1]. »

J'étais si rempli, si attendri des malheurs de Louis XVI, en les retraçant, que je renonçai à mon hiver de Paris et ne quittai la campagne qu'en emportant mon travail achevé.

Ma première visite fut, comme toujours, pour madame Swetchine, et la première personne que je rencontrai chez elle fut madame de Nesselrode. Ces deux amies, séparées par les événements plus encore que par les distances, passaient rarement plus d'une année sans se voir. Lorsque l'empereur Nicolas réclamait du roi Louis-Philippe le rappel de M. de Barante, madame de Nesselrode et madame Swetchine se donnaient rendez-vous à Francfort, à Bade, ou dans quelque ville de province française qui rendait l'incognito facile, et quand les relations entre la Russie et la France se détendaient, madame de

---

1. *Mémoires d'estat de messire Philippe Hurault, comte de Chiverny*, 1567-1599.

Nesselrode venait passer à Paris plusieurs semaines et consacrait presque toutes ses soirées à madame Swetchine, paraissant heureuse de voir du même coup une notable portion de la société française. Pour mon compte, je lui demandai avec reconnaissance beaucoup des nouvelles de Pétersbourg, et le nom de Georges de Heeckeren ne pouvait être oublié. Je l'avais laissé dans tout l'éclat et dans toutes les jouissances du succès. Un coup de foudre pouvait seul y mettre un terme ; la foudre vint, comme on peut en juger par le récit suivant que je tiens de source irrécusable.

Un matin, M. de Heeckeren vit entrer dans sa chambre Pouchkine, le poète le plus justement populaire de la Russie : — « Comment se fait-il, monsieur le baron, lui dit-il, avec un calme apparent, que j'aie trouvé chez moi ces lettres de votre écriture ? » et il tenait à la main des lettres contenant, en effet, les expressions d'une inclination très vive. — « Vous n'avez pas lieu d'en être offensé, répondit M. de Heeckeren, madame Pouchkine ne consent à les recevoir que pour les transmettre à sa sœur que je désire épouser. — Alors, épousez-la. — Ma famille ne m'accorde pas son consentement. — Obtenez-le ! » Ce dialogue créait une situation bien délicate, et si le mariage ne s'accomplissait pas, madame Pouchkine pouvait être gravement compromise. Georges de Heeckeren n'hésita pas longtemps, et peu après Pétersbourg le félicitait de son mariage.

Six mois écoulés, Pouchkine rentra dans l'appartement de M. de Heeckeren, le visage calme et sombre : « Vous croyez m'avoir fait illusion, je viens vous détromper. Si vous m'aviez tué, il y a six mois, vous auriez peut-être épousé ma femme. Aujourd'hui, vous êtes lié, vous allez être père. Battons-nous! » Georges de Heeckeren était assez brave pour s'épuiser en efforts afin d'éviter cet odieux combat; tout fut inutile et Pouchkine se montra implacable. Rendez-vous pris, les témoins sortirent de Pétersbourg avec les deux combattants, écartèrent la neige sur la lisière d'un petit bois et réglèrent, d'accord avec M. de Heeckeren, que Pouchkine tirerait le premier. Pouchkine ajusta son beau-frère, abaissa son arme, la releva de nouveau avec un sourire outrageant, fit feu et la balle siffla à l'oreille de son adversaire sans le toucher. M. de Heeckeren était venu avec la résolution de tirer en l'air après avoir essuyé le feu de Pouchkine, mais cette froide haine perçant jusqu'à la dernière heure lui fit perdre à lui-même son sang-froid, et Pouchkine tomba raide mort!

La victime était l'idole de la Russie, et si l'émeute était possible à Pétersbourg, elle eût éclaté à la nouvelle d'un tel événement. Des attroupements se formèrent jusque sous les fenêtres de l'Empereur, et de toutes parts retentissait ce cri : « Vengeance! vengeance de l'étranger! » M. de Heeckeren fut immédiatement arrêté, jeté dans la citadelle, jugé et condamné selon toute la rigueur des lois russes. Peu après, l'Empereur fit savoir au prisonnier qu'il prenait en considération les efforts sincères qu'il avait opposés à une impitoyable vengeance et que, dès que la fermentation populaire serait apaisée, un teleck viendrait le prendre à la porte de la citadelle et l'emporterait jour et nuit jusqu'à la frontière. Georges de Heeckeren fut du moins dédommagé par le bonheur domestique. Il reprit en Alsace, sous les yeux de son vieux père, sa vie de chasseur et de campagnard. L'ambassadeur de Hollande vint plus d'une fois visiter sa jeune famille et, en 1848, le suffrage universel, prenant la place du duc de Lucques, lui rouvrit une nouvelle destinée.

CHAPITRE VI

SECOND VOYAGE EN ITALIE. — SÉJOUR DE M. LE COMTE
DE CHAMBORD A ROME. — SAINT PIE V.

1839-1840

M. Delloye, ancien officier de la garde royale, avait donné sa démission en 1830 et s'était fait libraire ; il était l'intelligent et le très honorable éditeur des ouvrages royalistes de ce temps-là ; j'allais lui remettre mon *Louis XVI*, lorsque les journaux m'apprirent que M. le comte de Chambord assisterait à Vérone aux manœuvres du camp autrichien. Voir le jeune prince faire son début au grand air, passer des troupes en revue, étendre ou compléter ses études militaires, fut pour moi une perspective irrésistible. Je replaçai mon manuscrit dans mon tiroir pour quelques mois, et, à la fin de l'été de 1839, je m'acheminai de nouveau vers l'Italie. J'y entrai cette fois par le Simplon, le lac Majeur, les îles Borromées, c'est-à-dire à travers un enchantement inépuisable, à travers les plus merveilleux spectacles de la nature et les plus ingénieux raffinements de l'art italien. A Milan, un autre genre de bonne fortune m'attendait : j'y rencontrai le général Vincent.

Volontaire sous la première république, le général Vincent avait gagné tous ses grades à la pointe de son épée, et il venait en voyageur pacifique visiter les Autrichiens dans ces mêmes plaines où il avait remporté contre eux ses premiers succès. En l'appelant près de lui, M. le comte de Chambord semblait avoir fait un acte de bon goût et d'heureux augure. Ce choix signifiait certainement que le jeune prince, acceptant, adoptant toutes les gloires de la France, entendait n'en sacrifier aucune et que, sans blesser l'Autriche qui lui donnait l'hospitalité, il rappelait volontiers par un glorieux vétéran du passé des souvenirs dont lui-même était fier. Le général Vincent m'offrit une place dans sa voiture de Milan à Vérone. Ce fut une journée de tête à tête qui me rappelait mon voyage avec M. de Bourmont, bien qu'à un tout autre point de vue et à l'autre extrémité de l'horizon.

Le général Vincent était la loyauté et la franchise même. Il avait un commandement dans la garde royale en 1830, et il eût probablement sauvé la monarchie à Rambouillet, si ses conseils eussent été suivis. Tout en aimant à répéter qu'il ne s'occupait pas de politique, il jugeait de haut les événements qui s'étaient déroulés sous ses yeux, et ses jugements revêtaient une forme saisissante, à force d'être précise. Plus je l'écoutais, plus je me félicitais de l'heureuse inspiration de M. le comte de Chambord. Cette inspiration avait-elle été moins réfléchie que je ne le supposais, ou fut-elle contrariée par une influence étrangère? Je l'ignore, car je ne voyais encore, à cette époque, que ce qu'on voulait bien montrer à tout le monde. Ce dont je fus témoin, c'est que durant huit jours, à Vérone, le prince accorda au général tous les témoignages de cette bienveillance cordiale qui frappe et séduit ceux qui l'approchent; mais, en dehors de la spécialité militaire, aucun accès intime ne lui fut donné, aucun rendez-vous ne fut pris pour l'avenir, et l'occasion de doubler le duc de Lévis, digne représentant du passé, par une illustration du présent, ne fut point saisie.

Je ne pouvais mettre le pied en Italie sans retourner à Rome, où me ramenaient d'ineffaçables souvenirs et la présence de mon frère attaché désormais à la cour pontificale. Un autre lien de famille me traçait aussi mon itinéraire, et je dois reprendre ici l'histoire des enfants de M. l'évêque d'Amiens.

Rentrés en France, à la suite de leur père, les trois comtes de Bombelles prirent des résolutions et suivirent des carrières différentes. L'aîné, Louis de Bombelles, marié à une Suédoise, d'un esprit original et d'une rare aptitude d'artiste, fut, pendant douze ou quinze ans, ambassadeur d'Autriche à Florence. Tous deux y ont laissé de très affectueux souvenirs, malgré une épigramme que j'ai trouvée encore vivante à Florence et qui se termine ainsi en jouant sur le nom :

> Le mari n'est pas bon, la femme n'est pas belle.

Le plus jeune, Henri de Bombelles, avait épousé une Ecossaise, miss Fraser; il fut rappelé de l'ambassade d'Autriche à Lisbonne pour devenir le gouverneur du jeune archiduc, aujourd'hui l'empereur François-Joseph. Le comte Henri de Bombelles fort instruit et très austère ne s'accordait, en fait de délassements, que la musique, et surtout la musique religieuse. Il était cousin-germain du marquis de Louvois, fils lui-même d'une Bombelles, et profitait d'un congé au château d'Ancy-le-Franc, magnifique héritage du grand Louvois, lorsqu'éclata la révolution de Juillet.

Le marquis de Louvois avait l'honneur d'y recevoir madame la Dauphine, qui s'y était arrêtée en revenant de Vichy et M. de Bombelles y fit exécuter une messe en musique qu'il avait composée à cette intention. Ce furent les dernières joies et les dernières prières solennelles de la fille de Louis XVI en France. C'est en Bourgogne que la malheureuse princesse avait appris et regretté la soudaine publication des ordonnances; c'est d'Ancy-le-Franc qu'elle entendit rouler les premiers grondements de l'orage! MM. de Louvois et de Bombelles montèrent sur le siège de la voiture qui l'amenait en toute hâte vers Saint-Cloud, veillèrent sur la princesse durant plusieurs relais et ne la quittèrent que quand toute inquiétude sur le voyage fut dissipée. M. de Louvois alla reprendre son poste à la chambre des pairs. M. de Bombelles regagna son pays d'adoption, sans cesser d'aimer sa vraie patrie et de gémir sur les agitations de ses destinées.

Le comte Charles de Bombelles, comme son père, n'avait plus quitté la France, après l'avoir revue en 1814. Il y était entré comme aide de camp du prince de Schwartzenberg; il resta pour devenir sous-lieutenant d'infanterie. Il épousa une Française, mademoiselle de Cavaignac. 1830 le trouva veuf, lieutenant-colonel et gentilhomme de la chambre. Cette seconde carrière brisée, il n'en chercha plus d'autre et se voua tout entier à l'éducation de ses deux enfants, un fils et une fille. Quand, un peu plus tard, il alla serrer la main de ses frères en Autriche, le premier mot du prince de Metternich en le revoyant fut : « Hé bien ! Bombelles, ne regrettez-vous pas de nous avoir quittés ? » La réponse n'encouragea point à pousser plus loin les ouvertures. Le prince de Metternich comprit que le dévouement pouvait exercer sur M. de Bombelles un plus grand empire que l'ambition, et il revint à la charge sous une autre forme : « Le poste de grand maître de la cour de Parme, lui dit-il, est vacant par la mort du comte de Neipperg. Ce poste exige un homme capable de dominer le caractère faible de l'archiduchesse Marie-Louise, de maîtriser sa petite cour et de gouverner avec intégrité son petit État. La famille impériale a jeté les yeux sur vous ; elle désire votre consentement ; ne le refusez pas. » M. de Bombelles éprouva la plus vive surprise, opposa une longue résistance et ne céda qu'à des conditions noblement désintéressées.

Lorsque je m'acheminai vers Parme, M. de Bombelles, qui n'avait cru et voulu accepter que l'héritage politique du comte de Neipperg, avait obtenu, sans le chercher, le même crédit que lui sur le cœur de la souveraine, et la veuve de l'empereur Napoléon avait contracté un troisième mariage. Cela ne laissait pas que de me troubler, et à mesure que j'approchais de Parme, une véritable anxiété s'emparait de moi. Comment éviter les écueils? Comment parler de la France, et comment n'en pas parler? J'aurais certainement traversé Parme sans m'y arrêter si un véritable attachement ne m'eût lié au comte de Bombelles et à ses enfants. Je connaissais d'ailleurs la bonté, la simplicité de mon oncle, et je finis par me rassurer en pensant que l'audience serait courte, que la leçon me serait bien faite, et que je n'aurais qu'à la répéter.

A mon arrivée, profond désappointement : l'Archiduchesse était à la campagne, et M. de Bombelles, averti par moi de mon arrivée, envoyait une voiture de cour pour m'amener à la résidence impériale. J'obéis avec la plus sincère frayeur, mais je dois reconnaître que ce sentiment pénible fut promptement dissipé, non seulement par mon oncle, mais par l'Archiduchesse elle-même. Elle me mit du premier coup à l'aise, en me parlant aussitôt de Paris très naturellement et avec un évident plaisir. Elle laissait percer sans efforts une vive et franche réminiscence des fêtes de sa jeunesse.

L'empereur Napoléon, portant partout le goût du grand, se complaisait avec les personnages de notre théâtre classique, avec les demi-dieux de Racine et les héros de Corneille, si supérieurs, comme l'Empereur lui-même, au niveau général de la nature humaine. Talma et mademoiselle Mars faisaient partie intégrante des fêtes officielles; Talma surtout parce que l'Empereur, comprenant mieux la gloire que

la raillerie ou la philosophie, préférait de beaucoup
Corneille à Molière. L'impératrice Marie-Louise n'entrait pas dans ces nuances, et c'était mademoiselle
Mars qui avait la place d'honneur dans son souvenir : « Mademoiselle Mars est venue récemment à
Milan », me dit-elle, et je me suis empressée d'aller
l'entendre. Quelle grâce elle a conservée! quel accent! quel charme! » Du reste, rien n'était exagéré
dans cet enthousiasme, et l'incomparable Célimène
est restée elle-même jusqu'à la fin de sa carrière.
Emile Deschamps disait de madame Récamier : « Elle
n'est pas vieille, seulement elle est jeune depuis très
longtemps! » Pendant bien des années, on dut en
dire autant de mademoiselle Mars. Quant à l'Empereur et à l'empire, l'Archiduchesse n'y fit devant
moi aucune allusion; elle parlait de Paris comme
une voyageuse qui avait été bien placée pour le voir
en beau.

Je ne sais si l'Impératrice avait été belle; en tous
cas, à l'époque où j'eus l'honneur de la voir, son
extérieur n'avait rien d'attrayant. Elle était voûtée,
sa lèvre inférieure épaisse, selon le type héréditaire de
la famille impériale d'Autriche, était très pendante,
ce qui la faisait paraître plus vieille que son âge.
Elle était très simple et toujours accessible, comme
on l'est traditionnellement à la cour de Vienne; elle
ne causait pas brillamment, mais avec une bonhomie assez fine et toujours indulgente. Tout respirait autour d'elle la régularité, le respect envers
son petit peuple et le constant désir de remplir
tous les devoirs de sa petite royauté. Elle me fit

l'honneur de m'admettre à ses promenades. C'était un spectacle touchant. Une fois en pleine campagne, elle descendait de voiture, visitait les villages, parcourait longuement à pied les grandes routes, donnant le bras à M. de Bombelles et accompagnée d'un seul domestique qui portait un grand sac plein de petits rouleaux d'argent. L'abordait alors qui voulait; plusieurs vieilles femmes se mirent à genoux devant elle, en lui baisant la main et lui présentant une supplique. Elle les relevait aussitôt et jetait les yeux sur la supplique. Si on invoquait sa générosité, elle tirait du grand sac l'un de ses petits rouleaux ; si la demande était plus compliquée, elle promettait de s'en occuper, et on m'a assuré qu'elle tenait parole. A Parme, le palais vaste et beau avait deux longues ailes ; une aile était occupée par la chapelle et par des religieuses avec lesquelles elle passait une bonne partie de la matinée; l'autre aile était la salle de spectacle, la princesse y entretenait une bonne troupe d'opéra et y passait la plupart de ses soirées d'hiver. Quant à l'empereur Napoléon, pas un buste, pas un portrait de lui ; pas davantage du duc de Reichstadt, ni à Parme ni à la campagne. Tout respirait là ou le plus profond oubli, ou la plus courageuse résignation.

Je ne puis passer à un autre sujet sans pousser mon récit jusqu'aux derniers jours de M. de Bombelles que l'on apprécierait bien mal, si on ne le connaissait que comme un grand maître de cour. C'était l'honnête homme par excellence, l'honnête homme dans toute sa pureté, sa loyauté et sa dignité. Il avait envoyé son fils faire régulièrement et laborieusement sa carrière dans un régiment de hussards hongrois. Il avait gardé près de lui sa fille, auxiliaire intelligente et infatigable de toutes les œuvres charitables du duché de Parme.

Quand la veuve de Napoléon eut fermé les yeux, M. de Bombelles alla à Vienne rendre compte de sa mission, refusa toute récompense, même honorifique, et revint en France avec sa fille. Paris n'avait plus d'attraits pour lui; son cœur était resté à Versailles avec tous les souvenirs de sa jeunesse et tout l'éclat de la monarchie; c'est là qu'il voulut fixer son dernier séjour. Il prit, rue de la Bibliothèque, un modeste appartement conforme à sa modique fortune. Il y vécut à peine quelques années dans le deuil de tout ce qu'il avait aimé, s'éteignit dans la douceur calme et ferme du chrétien entre les bras de son fils accouru en hâte et de sa fille qui ne l'avait jamais quitté. Cette fille, ne pouvant plus vivre pour son père, ne voulut plus vivre que pour Dieu, et elle achève dans un couvent de Vienne une existence qui a traversé toutes les vicissitudes de la terre, avec une seule pensée, le ciel! La vue des derniers moments de M. de Bombelles, le souvenir de sa paternelle bénédiction, demeurent l'un des plus nobles enseignements, l'une des plus chères consolations de ma vie.

Je croyais retrouver Rome dans le calme respectueux et doux qu'y faisait régner Grégoire XVI; j'y trouvai, au contraire, une grande agitation, causée par l'arrivée fort imprévue de M. le comte de Chambord. Le gouvernement autrichien était fort mécontent de n'avoir pas été consulté ; le gouvernement français ne l'était pas moins de cette apparition soudaine du jeune prince sur un aussi grand théâtre, et le gouvernement pontifical eût été fort heureux qu'on lui épargnât les apparences d'une complicité dont il était très innocent. Pour la société romaine, c'était dans toutes les classes une curiosité qui cherchait à justifier ses antipathies ou ses sympathies préconçues. C'était, du reste, par égard pour le souverain pontife que M. le comte de Chambord ne l'avait point averti ; il voulait lui laisser le droit de répondre au roi Louis-Philippe qu'aucune responsabilité ne pouvait lui être imputée, et qu'il se trouvait, lui-même, en face d'un fait brusquement accompli, sans aucune participation préalable de sa part. Quant à demander au pape de proscrire le chef de la maison de Bourbon, la pensée en eût paru excessive à tout le monde, Rome ayant de tout temps servi d'asile inviolable aux grandeurs déchues ; elle avait accueilli les Stuarts en face de la maison de Hanovre, et les Bonaparte en face des Bourbons. Le comte de Latour-Maubourg, ambassadeur de France, porta des représentations diplomatiques au Vatican et insista peu.

Le comte de Flahaut se trouvait aussi à Rome à cette époque. Il avait rencontré, non sans l'avoir recherché probablement, M. le comte de Chambord dans une des galeries de tableaux que le prince visitait avec beaucoup d'intérêt. M. de Flahaut parlant de lui avec éloge à la comtesse de Menou :
« Avouez, lui dit-elle, qu'il est bien regrettable qu'un

tel prince ait tant d'ennemis. — Ah! Madame, reprit le spirituel diplomate, s'il n'avait que ses ennemis ! »

Une fois l'arrivée de M. le comte de Chambord connue, la colonie française se grossit rapidement. Le comte de la Ferronnays arriva de Naples ; le maréchal de Bourmont, de Viterbe ; mademoiselle de Fauveau, de Florence ; puis Paris envoya un contingent d'élite, le duc de Rohan, le marquis de Pastoret, et parmi les plus jeunes, le comte Émilien de Niewerkerke qui fut plus tard directeur des musées impériaux. M. le comte de Chambord s'était logé au palais Conti, place de la Minerve, avec le duc de Lévis, le comte de Locmaria, le comte Fernand de la Ferronnays et l'abbé Trébuquet, legs de Mgr Frayssinous.

Tous les Français félicitèrent le duc de Lévis de l'initiative hardie qu'il avait conseillée au prince. On se réjouissait de ne plus le voir confiné dans les États autrichiens et du choix qu'il avait fait, pour ses débuts dans l'apprentissage de sa vie active, de la capitale la mieux placée pour voir et pour être vu. On conjecturait de là qu'un plan de voyages successifs allait se dérouler, et l'on y applaudissait à l'unanimité. La façon embarrassée dont le duc de Lévis accueillit ces félicitations donna promptement à penser que sa prévoyance était moins grande qu'on ne l'avait supposé d'abord. Il mit presque de l'affectation à répondre qu'au sortir de Rome, le prince retournerait en Autriche et y reprendrait son genre de vie ordinaire.

Ce symptôme d'excessive prudence ne fut pas le seul. Les deux hommes le mieux en mesure d'être écoutés du prince et qui fixaient l'attention de toute la colonie française étaient naturellement M. de la Ferronnays et M. de Bourmont. A la Chambre des pairs, ils ne siégeaient pas sur les mêmes bancs et ils avaient appartenu à deux ministères de tendances fort opposées ; mais M. de Bourmont avait l'esprit trop fin et trop juste pour ne pas l'avoir conciliant, et M. de la Ferronnays avait l'âme trop haute pour garder dans le malheur les amertumes et les souvenirs pénibles des temps de la puissance et de la lutte. Tous les vœux de notre petit cercle se réunissaient sur ces deux hommes et leur assignaient le rôle prépondérant au palais Conti. Malheureusement ce désir ne fut pas toujours exaucé ! J'ai dû à la constante bonté de M. de Bourmont envers moi une confidence que je crois devoir consigner ici, parce qu'elle révèle bien le genre de timidité qui régna dans l'entourage de M. le comte de Chambord, dès sa jeunesse, et qui donne la clef des défauts qui sont devenus plus tard des calamités publiques.

En 1834, M. de Bourmont, au retour de Portugal, acheta la terre de Farnèse, près de Viterbe, y rallia sa famille dispersée et fixa dans les États pontificaux sa résidence provisoire ou définitive. Là, il se trouva voisin de Lucien Bonaparte, prince de Canino, frère de Napoléon ; tous deux trouvèrent une égale consolation à s'entretenir de la France et vécurent en excellentes relations. Lorsque Lucien Bonaparte apprit l'arrivée de M. le comte de Chambord, il dit à M. de Bourmont, faisant ses préparatifs de départ pour Rome : « Je serais heureux de présenter au prince le sincère hommage d'un bon Français, mon frère Napoléon ne peut pas avoir de successeur; ses neveux ne sont en mesure ni de relever son trône ni de s'y asseoir ; nous n'avons plus qu'une manière de témoigner à notre pays la reconnaissance que nous lui devons : c'est de donner l'exemple du désintéressement. Un grand principe, appuyé sur huit siècles de gloire, peut seul dominer tous les amours-propres sans en blesser aucun et terminer des discordes qui, si nous n'y prenons garde, nous conduiront bientôt à notre irréparable perte. Vous pouvez porter en mon nom ces sentiments au prince. Je suis prêt à les lui répéter moi-même à Rome, et, s'il le juge utile, à en autoriser la publicité. »

M. de Bourmont s'empressa de s'acquitter de ce message, mais il fut froidement accueilli. M. de Lévis insista sur plusieurs objections : — le prince est trop jeune pour cette entrevue ; on ne peut savoir sur quel terrain un tel interlocuteur voudrait se placer ; il peut embarrasser le prince par des questions ou des conditions scabreuses ; il peut finalement créer plus de difficultés qu'il n'en saurait aplanir.

J'ai lieu de croire que M. de la Ferronnays s'éleva fortement contre ces objections qui finalement prévalurent. M. de Bourmont, je le tiens de lui-même avec tous ces détails, fut chargé d'une réponse gracieuse, mais évasive, et l'ouverture du prince de Canino n'eut pas de suite.

J'ai besoin de constater ici qu'aucun dévouement ne fut plus vrai que celui du duc et de la duchesse de Lévis. Leur existence, leur fortune, leurs pensées, étaient uniquement consacrés au service et à l'avenir de M. le comte de Chambord. La duchesse de Lévis, née d'Aubusson-La-Feuillade, était distinguée et active; elle cherchait à plaire et y réussissait; elle mourut avant son mari, et sa perte fut un malheur. Le duc de Lévis avait été, sous le nom de duc de Ventadour, un brillant colonel et avait, dit-on, dans l'intimité, une causerie très militaire. Il était petit et, à l'époque où le premier poste lui fut confié près de M. le comte de Chambord, il était devenu gros, et d'un aspect peu distingué. Quand on avait le temps de causer longuement avec lui, on arrivait à être touché de la loyauté de ses intentions et de la droiture théorique de son esprit; mais, dès qu'on voulait l'amener à l'action, on le trouvait lent, méticuleux, grossissant les difficultés pour s'en faire un rempart, et se croyant volontiers habile quand il avait remplacé une négative par un ajournement. Sa crainte principale était de livrer le prince à lui-même, non par mesquine et basse ambition, il en était noblement incapable, mais par l'appréhension exagérée des étourderies ou des engagements précipités. Il eût été admirable près d'un téméraire; il était dangereux auprès d'un prince aussi naturellement réglé que M. le comte de Chambord.

Le duc de Lévis raisonnait toujours juste contre l'imprudence; il n'aperçut jamais l'inconvénient de l'excès opposé; jamais il ne parvint à comprendre qu'il y a dans les grandes races des antécédents qui imposent certaines lois et que le petit-fils de Charles X, le petit-neveu de Louis XVIII avait surtout à se montrer le petit-fils de Henri IV.

Peu à peu, le duc de Lévis arriva à tenir M. le comte de Chambord dans une sorte de quarantaine qui ne laissait arriver au prince que des idées ou des conseils bien passés à la fumigation. Les portes étaient grandement ouvertes pour les cordiales et courtes audiences qui ne laissaient échanger d'un côté que des hommages émus, de l'autre côté, que les témoignages d'une bienveillance qui n'avait jamais rien d'affecté; mais si, par quelque droit acquis, ou par quelque zèle indiscret, on voulait aller au delà, si l'on prétendait poser une question ou donner une réponse sérieuse, aborder un problème qui eut quelque portée politique, le visage de M. de Lévis s'assombrissait, les avenues se rétrécissaient, elles allaient même jusqu'à se fermer, si l'importun ne battait pas de lui-même en retraite. Le marquis de la Rochejacquelein, fort présomptueux du reste, en fit durement l'expérience. Peut-être eût-il mieux valu pour la France que le duc de Lévis eût été moins parfaitement équilibré, mais toutes ses qualités se tenaient; on ne pouvait y découvrir une lacune ou y faire une brèche. A force de vouloir être vigilantes, ces qualités devinrent exclusives, et à force d'être exclusives, elles devinrent funestes.

Pendant que l'incident Bonaparte et quelques autres de même nature traversaient silencieusement le cabinet du prince, la colonie française, grossissant de jour en jour, ne songeait qu'à montrer son empressement au palais Conti. Les princes romains, les cardinaux, la prélature apparaissaient quelquefois, mais avec une réserve dont Grégoire XVI donnait le précepte et l'exemple. Aucun palais romain n'osa s'ouvrir pour offrir une fête au chef de la maison de Bourbon. Les Français étaient pour la plupart logés à l'auberge, et le duc de Rohan seul put faire et fit exception. Le prince passa plusieurs soirées chez la comtesse Rzewuska, mais en petit comité, au second étage, sur la place de Venise, en face de l'ambassade d'Autriche qui feignit de l'ignorer, bien que l'ambassadeur et l'ambassadrice, le comte et la comtesse Lutzow, fussent assurément fort royalistes. A l'une des petites soirées de la comtesse Rzewuska, nous jouâmes, en forme de charade, *Passé minuit*. M. le comte de Chambord s'en montra enchanté, ce qui lui donna l'occasion d'exprimer le regret de n'avoir jamais vu une comédie française jouée par des Français. Le mot fut saisi au vol, et nous nous empressâmes de préparer une représentation qui pût donner au prince exilé l'illusion de deux heures passées à Paris.

Une Russe, la comtesse Kaïssaroff, ayant mis à notre disposition son très beau salon, nous n'eûmes plus que l'embarras de choisir le spectacle. Je me joignis vivement à M. de Pastoret en faveur du *Misanthrope*, mais nous fûmes battus. Les uns se déclarèrent incapables d'un si grand effort de mémoire; d'autres s'attachèrent à démontrer que le prince devait savoir Molière par cœur, que nous devions lui faire les honneurs du français contemporain, que madame la duchesse de Berry ayant daigné donner son nom au théâtre de M. Scribe, c'était du Scribe qu'il convenait de représenter devant M. le comte de

Chambord. Ce point admis, le Scribe n'était pas aisé
à trouver à Rome, en 1840; cependant, au bout de
plusieurs jours de recherches, nous mîmes à l'étude *le
Savant* et *Vatel*. Les acteurs étaient : le comte Raymond de Nicolaï, neveu du duc de Lévis, le marquis
de Miramon, le prince de Léon, empêché par un
deuil, à la veille de la représentation et remplacé par
un jeune Hongrois, le comte Karolyi, et moi. Les actrices étaient : mesdemoiselles de Retz, sœur de
Mgr de Retz, notre auditeur de rote, et une Allemande, la comtesse Egglofstein. Le trou du souffleur
était utilement occupé par le comte de Locmaria. Le
parterre fut très nombreux et très brillant; le prince
ne cessa de donner par son indulgence expansive le
signal des applaudissements. Il me témoigna même
tout haut et de la façon la plus gracieuse que je
m'étais tiré à sa satisfaction d'un petit embarras de
scène. Dans *Vatel* le marmiton Laridon se fit attendre
pendant un monologue que je dus allonger de mon
mieux; mais je me trouvais tout à fait à bout d'improvisation quand il parut enfin : « Ah! petit malheureux, lui dis-je, si tu manques ainsi tes entrées,
tu ne seras jamais cuisinier! » Le duc de Lévis
m'adressa aussi ses compliments après la représentation. C'était le succès dans la limite où il l'aimait et
se plaisait à l'encourager.

La bonté de cœur habituelle à la maison de Bourbon éclata dans M. le comte de Chambord avec un caractère touchant à propos d'une profonde douleur
qui vint atteindre la famille de Bourmont. Une des
filles du maréchal avait épousé le marquis de Langle

et, au bout d'un an de mariage, mourut à Rennes, en mettant un fils au monde. Les premières nouvelles avaient été excellentes, mais une inflammation rapide survint, et la jeune mère avait cessé d'exister lorsque M. de Bourmont était encore tout entier à la joie. Mgr de Retz fut chargé d'annoncer au malheureux père cette brusque et fatale nouvelle, mais il recula devant cette mission. On crut que mon intimité avec les fils du maréchal rendait tout plus facile et je finis par céder à l'insistance de Mgr de Retz. César de Bourmont était seul près de son père, en ce moment; je me rendis d'abord chez lui. Son désespoir fut violent, mais il le surmonta bientôt en songeant à son père. Nous entrâmes tous deux chez le maréchal et nous tentâmes de l'amener peu à peu à l'inquiétude, mais M. de Bourmont était fort pénétrant; nos visages étaient décomposés, et tout d'un coup il s'écria : « Ma fille est morte! ma fille est morte! » Il retomba comme foudroyé sur le fauteuil, d'où il s'était levé machinalement.

Quand nous l'eûmes ramené à quelque possession de lui-même, je me demandai quelle diversion pourrait venir utilement à notre secours, et je n'en trouvai point de plus puissante qu'un avertissement au duc de Lévis. Un quart d'heure était à peine écoulé, et le comte de Chambord lui-même se jetait, comme un fils, dans les bras de M. de Bourmont. Une émotion si inattendue obligea le maréchal à faire un effort suprême, il domina l'effrayante prostration à laquelle nous n'avions pu l'arracher qu'imparfaitement, et, à partir de ce moment, sa douleur prit cet aspect vrai, calme et simple, dont il savait revêtir tous ses sentiments.

Après deux mois de séjour, je dus songer enfin à regagner la France et je quittai Rome un peu avant M. le comte de Chambord. Le prince consacra une courte visite au roi et au royaume de Naples, puis retourna en Autriche, laissant à tous ceux qui l'avaient approché l'impression des heureuses qualités qui ne demandaient plus qu'à être largement et politiquement cultivées.

De retour à Paris, je publiai mon *Louis XVI*, cherchant aussitôt à me remettre à l'œuvre sur un nouveau sujet.

Le mouvement religieux se développait et se fortifiait de jour en jour. Dieu dans l'éducation, l'Église à la tête de la civilisation, le pape à la tête de l'Église, tel était le programme commun de tous ceux qui, par le patriotisme autant que par la foi, voulaient rendre la liberté chrétienne, pour la maintenir féconde et durable. Mgr de Quélen venait de mourir au couvent de Saint-Michel qu'il n'avait pas quitté depuis le sac de l'archevêché. Sa vertu, son courage, sa sérénité résignée rayonnaient de là sur Paris. Cependant son action subissait beaucoup d'entraves et était forcément renfermée dans d'étroites limites. Son successeur, Mgr Affre, plus libre, reprit des allures plus actives ; il n'était pas seulement une autorité ; il était personnellement une force et prêtait à toutes les formes de l'apostolat le secours de ses propres idées, la persévérance de son esprit clairvoyant et ferme. Mgr de Quélen était le protecteur du P. Lacordaire ; Mgr Affre fut son ami.

M. de Montalembert, en pleine union avec le nouvel archevêque de Paris, redoubla d'énergie à la Chambre des pairs. Le marquis de Barthélemy, le comte Beugnot formèrent avec lui un triumvirat qui sut garder les mérites de l'unité, en y ajoutant la multiplication des efforts et la variété des impulsions. La liberté de l'enseignement fut hautement, obstinément, éloquemment revendiquée. Le chancelier Pasquier, vieux patricien parlementaire, prit en affection le jeune fils des croisés dont il était fier pour la pairie. Il morigénait paternellement son jeune collègue, mais paternellement aussi se montrait indulgent pour ses incartades. Tel que j'ai connu le chancelier Pasquier dans les dernières années de son incomparable vieillesse, je suis convaincu qu'au temps de sa toute-puissance au Luxembourg, il ne fut jamais très fâché de voir ses leçons souvent méconnues ou dépassées par son fougueux pupille. M. de Montalembert et ses amis cherchèrent à s'appuyer sur des comités de départements. Ces comités devinrent nombreux, obtinrent l'adhésion des évêques, créèrent des journaux et suscitèrent toute une littérature catholique.

Je venais de satisfaire, par mon étude sur Louis XVI, à mes convictions politiques. Je voulus payer aussi mon tribut à mes convictions religieuses. Le P. Lacordaire, revêtu désormais de la robe blanche du dominicain, avait publié son *Mémoire pour le rétablissement des Frères prêcheurs*. Il désirait qu'à l'appui de cette magnifique pétition au pays, on remit en lumière et en honneur les grands et saints personnages de l'ordre de Saint-Dominique. Je me rendis avec bonheur à ce vœu ; je demandai au P. Lacordaire d'inspirer, de guider ma bonne volonté ; il m'engagea à lire trois vieilles biographies : la *Vie* d'un dominicain polonais dont j'oublie le nom en ce moment ; la *Vie de saint Vincent Ferrier* et la *Vie de saint Pie V.*

Les deux premiers sujets me donnaient trop exclusivement à écrire un livre de piété et je ne me sentais pas en mesure de pénétrer aussi avant dans les profondeurs du mysticisme. Je pensais d'ailleurs que le public aimait à trouver dans l'histoire d'un saint des pensées et des actes intéressant la vie publique des nations. A ce point de vue, le règne de Pie V me frappa et me parut digne d'intéresser tout le monde.

Ce grand pape avait occupé la chaire de saint Pierre à l'une des époques décisives de l'histoire moderne ; il avait condensé en catéchisme les décrets du concile de Trente ; il avait réduit à la défensive l'islamisme qui, depuis Mahomet II, n'avait cessé d'attaquer ou de menacer l'Occident. Le concile de Trente avait mis fin aux débats entre l'immuable autorité de l'Église et les soulèvements du seizième siècle. Il avait répondu d'avance à cette question de M. de Bonald : « Les philosophes ne nous diront-ils jamais ce qu'ils veulent mettre à la place de la religion, ni comment ils combleront le vide immense qu'elle laisserait dans les pensées, les sentiments et les habitudes des peuples ? Est-ce avec la raison de l'homme ? Ce n'est pas assez. Est-ce avec la force des gouvernements ? C'est trop ! »

La politique des papes ne fut pas moins résolue envers l'islamisme. Les papes n'avaient point envisagé dans les croisades la seule conquête des Lieux saints; ils poursuivaient le triomphe de la civilisation sur la barbarie et après les revers, trop juste fruit des discordes, la préoccupation du Saint-Siège demeura la même. En 1451, deux ans avant la chute de Constantinople, Nicolas V adressait un suppliant appel à la Grèce et l'avertissait éloquemment de son péril. Quand l'empire grec se fût laissé surprendre et vaincre, Pie II convoqua les flottes et les armées chrétiennes à Ancône et il ne tint pas à lui que l'Europe presque tout entière ne marchât fièrement à la rencontre des sultans. Au seizième siècle, la voix d'un pape se fit encore entendre, et, cette fois, parvint à réunir les forces chrétiennes sous l'étendard de la Croix et sous le commandement d'un grand capitaine. Don Juan d'Autriche ne fut en réalité que le généralissime de Pie V, et la bataille de Lépante couronna dignement le règne de ce saint pape.

La vie de Pie V, naïvement racontée par un biographe de son ordre, le P. Feuillet, rapprochée du spectacle que j'avais sous les yeux, m'attacha vivement. M. de Chateaubriand et M. de Maistre avaient déjà fixé l'attention de leur génération et de la nôtre sur la politique de l'Europe en Orient. J'avais le cœur et l'esprit tout pleins des illusions de mon siècle; je le croyais appelé à de grandes destinées, et j'aurais donné mille fois ma vie pour en assurer le succès. J'assistais aux premiers essais de la vapeur, comme force motrice; je voyais naître les premiers tronçons de chemins de fer, et j'entendais émettre, sur cette double découverte, bien des doutes et même bien des inquiétudes. Instinctivement, je refusai de m'y associer; souvent je répondis à de vieux et même à de jeunes amis : « Hommes de peu de foi, pourquoi tremblez-vous? Ce sont là les bottes de sept lieues du christianisme et vous allez voir comme il saura s'en servir. »

J'entrais dans ces pensées avec une si naïve ardeur que je les plaçais en tête de mon livre comme son explication et, au besoin, comme son excuse : « Ne croyons pas, disais-je, qu'en ce siècle des matérielles découvertes, l'esprit se voue tout entier à la matière; ne croyons pas que du développement inouï de l'industrie ne naîtra que le bien-être dans le repos; que la vapeur, tantôt asservie comme un coursier, tantôt maîtresse du vent et de la tempête, suffira à toutes les ambitions de l'homme et que d'une rapidité si périlleusement obtenue, il consente à ne retirer que le stérile plaisir de la vitesse... » J'ajoutais encore : « Tant de perfectionnements dans tous les arts, et particulièrement dans l'art de la guerre, n'auront-ils que l'extermination pour but et ne sont-ils pas destinés plutôt à réparer le temps perdu pour la civilisation, en terminant plus rapidement cette vieille querelle de la vieille Europe et de la vieille Asie? La liberté et la servitude doivent-elles rester éternellement plantées aux deux extrémités de l'ancien continent, séparées par un désert moral et matériel, ou bien ce magnifique rapprochement des deux grandes races humaines, entrepris tour à tour par l'Église, la royauté et la science, ne doit-il pas devenir enfin le dernier progrès des progrès du dix-neuvième siècle? »

A l'heure où je transcris ces lignes, le christianisme est bafoué et la civilisation, née de lui, semble reculer devant une nouvelle barbarie. Je me relis donc avec tristesse, mais du moins sans remords. Je consigne ici, sans en rougir, ma douloureuse déception. Mais pourquoi désespérerait-on de l'avenir? « Arbre renversé par le vent avait plus de branches que de racines », dit un proverbe chinois. L'arbre de la civilisation chrétienne n'est pas de cette espèce. Le vent l'ébranle, il ne le renversera pas. Les conquêtes du génie humain survivront à nos mécomptes, à nos fautes et à nos désastres. Une génération passe vite, une autre la suit, et celle-là même qui s'élève aujourd'hui réalisera, peut-être, les généreuses espérances qui enthousiasmaient ma jeunesse. Celui qui a vu les semailles ne voit pas toujours la moisson, mais si la semence a été bénie de Dieu, la moisson n'en mûrit pas moins. Les erreurs n'ont qu'un temps, parce que le succès et la force ne peuvent leur donner que ce qu'ils ont eux-mêmes, et qu'ils ne disposent point de la durée. Les persécutions, les colères, les mensonges, s'usent et s'épuisent avant la plus petite vérité; le sophisme se transforme et disparaît; la vérité reste elle-même, résiste et ne périt pas!

CHAPITRE VII

PROCÈS DU PRINCE LOUIS BONAPARTE.
LE PARTI LÉGITIMISTE. — CHAMBRE DES DÉPUTÉS.

1840-1848.

Je revins directement de Rome en Anjou. Je jouis dans ce cher pays, durant quelques mois, du bonheur que j'y retrouvais toujours, puis j'allai demander l'hospitalité à M. de Rességuier au château du Marais, près de Paris. Ce voisinage me permettait d'aller faire à la Bibliothèque royale ou sur les quais la provision de notes et de livres qui m'étaient nécessaires pour écrire l'histoire de saint Pie V.

C'est alors que me surprit, en même temps que la France entière, la seconde expédition du prince Louis Bonaparte. Débarqué à Boulogne avec une faible escorte, le 6 août 1840, vaincu sans combat, immédiatement captif, le prince fut transféré au Luxembourg et déféré à la cour des pairs. Son procès s'ouvrit vers la fin du mois de septembre, au milieu d'une indifférence glaciale. Je ne perdais jamais volontairement une occasion d'entendre

M. Berryer, et l'habileté, l'élévation de sa parole ne pouvaient être mises à une épreuve plus délicate que dans une cause, où le chef avoué du parti monarchique allait défendre loyalement celui qui prétendait revendiquer des droits à l'empire. Je courus à ce rez-de-chaussée, au fond d'une cour obscure et étroite de la rue des Petits-Champs. Je n'ai jamais franchi ce seuil, sans un respect ému, et je demandai à M. Berryer, en m'excusant de mon indiscrétion, si je ne pourrais être compté parmi ses heureux auditeurs : « Rien n'est plus facile, me répondit-il avec sa simplicité ordinaire ; vous êtes le premier qui m'ayez demandé un billet, et je pourrai sans doute vous le remettre demain, car je vais tous les jours au Luxembourg me concerter avec mon client, chez qui j'ai bien des chimères à vaincre avant l'ouverture des débats. — Puisqu'il en est ainsi, repris-je, pourriez-vous joindre une seconde bonté à la première ? J'ai, dans la prison du Luxembourg, vous en serez surpris, un ami auquel personne ne songe et que personne ne connaît. Il se nomme le vicomte Fialin de Persigny. Les immunités du défenseur ne vous permettent-elles pas de lui apprendre que je me trouve à Paris et qu'il m'en coûterait beaucoup de l'entrevoir seulement du haut des tribunes publiques? » Le lendemain, dès qu'il me vit entrer dans son cabinet, M. Berryer s'écria : « Combien je vous remercie de la commission que vous m'avez donnée ! Jamais je n'ai vu joie et reconnaissance plus vives ! — Ma famille me réprouve, m'a dit M. de Persigny, elle ne m'envoie que des reproches, et sans M. de Fal-

loux, je n'aurais pu serrer une main amie ! »
M. Berryer me remit en même temps une autorisation du chancelier pour pénétrer dans le parloir de la prison.

C'était une assez petite salle, au milieu de laquelle s'élevaient deux grilles en bois, et dans l'espace ménagé entre les deux grilles se promenait un sergent de ville. J'entrai d'un côté, M. de Persigny entra de l'autre, fondant en larmes ; il me tendit la main à travers l'espace qui nous séparait, et, en lui rendant cordialement son étreinte, je sentis qu'il me glissait dans la main un papier que je mis aussitôt dans ma poche. Notre conversation fut aussi expansive qu'elle pouvait l'être en présence du témoin qui passait et repassait entre nous, comme un balancier de pendule. A peine sorti du Luxembourg, je lus rapidement le billet de M. de Persigny. Il me donnait l'adresse de la maison où étaient déposés ses uniformes, destinés à l'entrée dans Paris, me priait de les vendre et m'indiquait l'emploi à faire de la petite somme qui en proviendrait. Je m'acquittai de mon mieux de la commission et je suivis assidûment le procès, plus convaincu, d'audience en audience, de l'inanité des espérances napoléoniennes.

Le prince Louis avait une attitude digne et calme, un regard terne, des gestes gauches et un accent étranger qui participait à la fois de l'Allemand et de l'Anglais. Quand le grenadier Geoffroy qu'il avait grièvement blessé à Boulogne d'un coup de pistolet fut introduit comme témoin, un vif mouvement d'intérêt et de curiosité éclata dans les tribunes ;

tous les regards se portèrent à la fois sur le visage mutilé du soldat et sur les traits impassibles du prince. Lorsque le chancelier lui demanda d'un ton sévère s'il n'avait pas d'observation à faire sur la déposition du témoin, le prince répondit : « Je n'ai rien à dire, si ce n'est que je regrette vivement d'avoir, par hasard, blessé un soldat français et que je suis heureux que cela n'ait pas eu de plus fâcheux résultats. » Cette maladroite réponse et surtout le mot « par hasard » produisirent une pénible impression sur la cour des pairs et sur le public.

Le procureur général, M. Franck Carré, accabla de son dédain le prince Louis et ses compagnons ; aussi quand M. Berryer se leva, tout le monde était convaincu de son découragement et l'on n'attendait que les mots résignés qui sortent de la bouche d'un avocat d'office. Je crus volontiers, pour mon compte, que là se bornerait le rôle de l'illustre défenseur, car, en traversant les couloirs du Luxembourg pour gagner ma place, j'avais entendu un avocat en robe, Mᵉ Ledru, dire à un autre avocat, qui gagnait avec lui le banc de la défense : « Je ne sais pas ce qu'a Berryer ; il est d'une humeur massacrante. Sa Majesté l'Empereur lui aura certainement fait une crasse ! » J'avais examiné avec d'autant plus d'attention la physionomie de M. Berryer ; elle n'avait pas ce caractère soucieux, presque sombre que lui imprimait d'ordinaire, avant un grand débat, cette *crise de la parole*, ainsi qu'il la nommait lui-même. Il paraissait nerveux, irrité et passait brusquement, machinalement ses mains sur son visage. En effet, il m'e l'a dit depuis, avant d'entrer à l'audience, le prince lui avait montré le petit discours qu'il se proposait de prononcer, discours qui compliquait étrangement les difficultés de la défense, car il différait essentiellement de celui qui était convenu depuis plusieurs jours. C'est dans ces conditions que le défenseur se leva devant un auditoire mécontent et moqueur pour répondre à un réquisitoire injurieux, au nom d'un client dont l'attitude abattue laissait deviner qu'il s'apercevait, mais trop tard, du mauvais effet de ses provocations.

Dès les premiers mots de M. Berryer, la scène changea : on comprit qu'il avait retrempé son courage, qu'il avait rassemblé toutes ses forces et qu'il allait plaider à fond non pour ses auditeurs seulement, mais pour le pays tout entier. Il ne laissa échapper aucune témérité de langage, pas un mot blessant, pas un oubli de ce respect dû à la loi, dû aussi à l'assemblée qu'il tint constamment frémissante, et invinciblement charmée. Les applaudissements furent sur le point d'éclater dans les tribunes, les murmures sur les bancs de la pairie, mais tout fut contenu, tout fut dominé par l'irrésistible enchaînement des idées et l'irréprochable convenance du langage. Tout était transparent, tout fut compris, rien ne fut interrompu, rien ne fut arrêté et plus d'un front se baissa sous le coup de cette écrasante apostrophe : « Il y a un arbitre inévitable, éternel, entre tout juge et tout accusé ; avant de juger, devant cet arbitre et à la face du pays qui entendra vos arrêts, dites-vous, sans avoir égard à la faiblesse des moyens, le droit, les lois, la constitution devant les yeux, la main sur la conscience, devant Dieu, devant le pays, devant nous qui vous connaissons, dites : — S'il eût réussi, s'il eût triomphé, ce droit, je l'aurais nié, j'aurais refusé toute participation à ce pouvoir, je l'aurais méconnu, je l'aurais repoussé. — Moi, j'accepte cet arbitrage suprême, et quiconque devant Dieu, devant le pays, me dira : — S'il eût réussi, je l'aurais nié ce droit ! — celui-là, je l'accepte pour juge. »

Le prince Napoléon fut cependant condamné à une détention perpétuelle qu'il abrégea bientôt en s'évadant du fort de Ham. M. de Persigny fut détenu à Doullens, puis transféré à Versailles, dans des conditions auxquelles je me trouvai mêlé et que je raconterai plus tard.

En 1841, j'accomplis l'acte le plus décisif de ma vie. Je me mariai et, là comme ailleurs, mes convictions politiques ne furent pas étrangères à ma résolution. A toutes les qualités qui m'attiraient vers elle, Mlle de Caradeuc de la Chalotais en réunissait deux essentielles pour moi : un ardent royalisme et une prédilection pour l'Anjou. Son père, le marquis de Caradeuc, avait été aide de camp du général d'Andigné pendant les Cent-Jours, et j'avais pour voisins quelques-uns de ses plus proches parents. Nos affinités avaient donc leurs racines dans le passé ; je me crus sûr du bonheur et je ne me suis pas trompé.

Royaliste de cœur et d'esprit, je m'exerçais de plus en plus à la vie politique, suivant attentivement le conflit qui exista, dès 1832, entre les partisans de l'appel aux armes et ceux qui, à des titres divers, le désapprouvaient. Les hommes qui rêvaient une restauration monarchique par une insurrection de l'Ouest et du Midi avaient pour chef le duc des Cars et le général Auguste de la Rochejacquelein. Le parti parlementaire se ralliait autour de MM. de Chateaubriand, Berryer, Hyde de Neuville, de Vatimesnil, et il eût également donné sa confiance au comte de la Ferronnays, si celui-ci n'avait presque constamment résidé avec sa famille à Naples et à Rome. Entre les deux partis, se tenaient le vicomte de Saint-Priest, créé duc d'Almazan à l'occasion de son ambassade en Espagne, et le marquis de Pastoret, fils du dernier chancelier de la Restauration. Leur ambition était de servir de trait d'union entre les deux groupes du même parti, de rendre la fraction militaire plus raisonnable et d'empêcher la fraction parlementaire de se laisser entraîner à des engagements trop libéraux. Après la mort de Charles X qui n'accorda jamais le moindre crédit au plan de restauration par les armes, les dissentiments devinrent de plus en plus marqués et la lutte finit par se résumer et se personnifier en deux hommes : le duc des Cars et M. Berryer.

Je ne crois pas avoir à tracer le portrait de M. Berryer. Il se peint tout entier dans la grandeur de sa parole; car jamais parole ne fut plus sincère. Ses ennemis dénigrants, ceux qui ne pouvaient nier sa puissance, se plaisaient à dire : « C'est un admirable avocat! » Rien n'était plus injuste que ce mot dans le sens qu'on y attachait. Dans ce sens, M. Berryer ne fut jamais avocat, pas même au barreau, car il ne plaidait que les causes qui s'imposaient à sa conscience ou à sa compassion. A la tribune, jamais il n'a dit un mot, un seul, qui dépassât, qui atténuât ou qui compromît ses convictions. Son dernier billet, écrit sur son lit de mort à M. le comte de Chambord, ce billet, « l'un des cris les plus sublimes qui soient sortis de l'âme humaine », m'écrivait M. de Montalembert, fut le résumé, avec Dieu pour témoin, de la vie tout entière de M. Berryer.

Le duc des Cars était, la loyauté hors de cause, le type opposé. C'était un petit homme vigoureux et trapu, taciturne et rêveur, d'autant plus attaché à ses chimères qu'il ne les livrait jamais qu'à ceux dont il connaissait d'avance l'assentiment, froid en apparence, et au fond de l'âme, ardent jusqu'à la témérité, impénétrable dans sa discrétion, infatigable dans son activité; ennemi des salons comme de la tribune, il n'allait jamais dans le monde et ses véritables familiers recevaient ses visites à cinq ou six heures du matin.

Quant à moi, j'appartins d'abord à ces deux nuances, bien qu'avec beaucoup plus de confiance dans celle de M. Berryer. Ma qualité d'enfant de l'Ouest me valait un affectueux accueil chez le duc des Cars. J'étais ému, à la vue de ce vieux gentilhomme, possesseur incontesté d'une si haute situation, qui se plaisait à tout risquer chaque jour sur les enjeux les plus compromettants, qui prodiguait et qui finit par épuiser dans l'ombre une immense fortune. En présence d'un chef qui se donnait ainsi tout entier, on avait naturellement envie de devenir soldat.

En attendant, ma place était dans le petit bataillon de M. de Saint-Priest, qui était un duc des Cars sociable, causeur et diplomate, moins parlementaire qu'il ne voulait le faire croire, et qu'il ne le croyait lui-même, mais sincèrement fidèle à tout effort de nature à conjurer ou calmer les animosités entre hommes dévoués à la même cause.

Une autre influence, moins apparente, mais très efficace, existait aussi dans les conseils de M. le comte de Chambord : c'était celle de M. de Villèle. Comme ministre sous la Restauration, il avait toujours redouté l'extrême droite et avait eu souvent à se plaindre d'elle, mais il lui concédait beaucoup par un calcul sans sympathie, qui en sept années de pouvoir l'égara, l'usa et finit par le perdre. La défaite et la solitude ne l'éclairèrent point sur les vices de sa méthode ; il la fit agréer à M. le comte de Chambord qui résolut de la mettre en pratique, avec cette différence, que le prince y apporta plus de sympathie et moins de calcul.

Les comités électoraux de M. Berryer, les affiliations secrètes de M. des Cars obsédaient l'oreille du prince de leurs réclamations contraires : « Tout est perdu si vous ne faites pas de M. Berryer le vrai représentant de votre pensée, le programme vivant de votre règne futur ! — Tout est perdu, si vous n'accordez pas pleine confiance au duc des Cars, et si vous ne découragez pas résolument cet esprit libéral qui a fait sombrer la Restauration ! » M. le comte de Chambord, je le crois, n'avait pas encore fait son choix entre les idées ; il ne voulut pas non plus le faire entre les hommes et, sous l'inspiration de M. de Villèle, il déféra à une élection officieuse la composition d'un comité directeur à Paris, qui assumerait sur lui-même toutes les responsabilités, en en déchargeant le prince.

La notoriété du dévoûment à la cause royaliste dressa la liste électorale. M. Léo de Laborde, Avignonnais très ardent, était chargé par M. le comte de Chambord, d'un bureau d'informations et de correspondances. Ce bureau avait son siège rue Saint-Florentin. Ce fut M. Léo de Laborde qui convoqua les électeurs bénévoles, les reçut et présida, avec quelques amis, impartialement choisis, au dépouillement du scrutin. Le nom de M. Berryer fut salué d'un chiffre qu'on pouvait appeler l'unanimité. Le marquis de la Rochejacquelein, que la *Gazette de France* prônait et soutenait très vivement, venait ensuite, puis le marquis de Talaru, ami de M. de Chateaubriand, puis quelques royalistes plus jeunes, tels que le prince de Chalais, à côté de qui l'on me fit l'honneur de me placer.

Nos pouvoirs n'étaient pas assez définis, notre origine n'était pas assez régulière, notre base assez large pour que nous eussions une grande confiance en nous-mêmes et une grande autorité sur les départements. Nous étions un expédient plutôt qu'une organisation sérieuse. On avait compté sur nous pour éluder les difficultés, non pour les trancher. Nous sentions cela et nous voulûmes faire, avant tout, preuve de bonne volonté. Mais comme nous nous aperçûmes, après de sincères efforts de conciliation, que nous nous heurtions à des incompatibilités radicales, nous nous éclipsâmes sans bruit.

Ce premier essai toutefois suffit pour m'initier aux véritables infirmités du parti légitimiste; je compris qu'il avait à résoudre, d'abord dans son propre sein et dans l'esprit du chef de la maison de Bourbon, des problèmes qui ne pouvaient demeurer en suspens. Je compris qu'on ne pouvait sans savoir soi-même ce que l'on voulait, ce que l'on représentait, s'offrir au pays comme une réparation du passé et une sauvegarde pour l'avenir. La réflexion, l'étude et l'expérience m'attachèrent à la ligne de M. Berryer et je me rends avec joie le témoignage que je suis depuis lors demeuré invariablement fidèle à ce grand modèle de patriotisme et de fidélité.

De la préférence pour la politique parlementaire, au devoir de suivre et de seconder M. Berryer dans le Parlement, il n'y avait qu'un pas. Je tentai de le franchir. L'unanimité des journaux royalistes avait fait bon accueil à mon *Louis XVI*, et même plusieurs journaux libéraux, la *Revue des Deux-Mondes* entre autres, en avaient loué la modération. Ce succès redoubla l'ardeur de ceux de mes amis qui avaient eu déjà l'idée de me porter à la députation et ils m'engagèrent à me présenter aux élections générales du 10 juillet 1842.

Le député de Segré était alors un de mes cousins, M. de Marcombe, propriétaire, comme moi, dans cet arrondissement, rallié au gouvernement de Juillet et fort chaudement appuyé par lui. On était sous le régime du cens et sous le ministère de M. Guizot, successeur de M. Molé après la coalition et déjà en lutte ardente avec M. Thiers revenu de sa courte ambassade à Londres. Je fus battu; mais M. de Marcombe, candidat ministériel, le fut aussi. Au troisième tour de scrutin, j'arrivai seul en ballottage avec M. Jouneaulx, candidat de la gauche, élu par 143 voix contre 100 que j'obtins. Le nouveau député, médecin de petite ville, fort honnête, du reste, ne fut pas moins surpris de son succès que le parti ministériel de l'échec de son candidat.

Nous avions été pris au dépourvu par la dissolution de la Chambre et nous nous occupâmes aussitôt de préparer la revanche. Beaucoup de propriétaires légitimistes qui auraient pu se faire inscrire à Segré étaient restés inscrits à Angers, où ils n'avaient aucune chance de faire prévaloir leurs votes. D'autres n'étaient inscrits nulle part. On dressa le bilan des impôts et des opinions de chacun. Les dossiers et les demandes d'inscription se mirent à pleuvoir à la préfecture, qui fit bonne contenance et déclara qu'elle aussi allait doubler son contingent. Mais ses amis avaient été plus prévoyants que les miens, ils n'avaient point négligé les recrues et le chiffre ministériel s'augmenta en moindre proportion que le nôtre. En 1846, je passai au premier tour de scrutin avec quatre voix de majorité, entre M. de Marcombe, l'ancien député et M. Jouneaulx, le député sortant.

Un incident fortuit, survenu entre mes deux candidatures, m'avait donné une certaine notoriété angevine qui ne fut pas sans influence sur les électeurs du collège de Segré.

M. de Caumont, archéologue érudit, avait récemment institué les Congrès scientifiques. Ces assises de la science théorique avaient pour but de faire appel à l'étude locale et venaient, chaque année, siéger tantôt dans un département, tantôt dans un autre. Le tour de l'Anjou échut en 1843. Le programme des questions à traiter était distribué un an d'avance. Une fois réuni, le Congrès se divisait en sections qui travaillaient séparément dans la matinée, puis se réunissaient, dans l'après-midi, en assemblée générale, pour des lectures ou des délibérations publiques. Parmi les questions posées figurait celle-ci : « Quelle fut la part de l'Église dans la Saint-Barthélemy ? » Je crus que cette question n'était pas introduite à très bonne intention et je m'attribuai d'autant plus volontiers le droit d'y répondre que j'étais alors en pleine étude du seizième siècle et de l'histoire de saint Pie V.

Je fus nommé secrétaire de ma section et, en cette qualité, chargé du procès-verbal de la séance du matin qu'on lisait à l'ouverture de la séance de l'après-midi, devant un public peu nombreux et prêtant peu d'attention à cette aride formalité. Les secrétaires n'avaient pour leur travail que de onze heures à midi et demi, temps sur lequel il fallait prélever l'heure du déjeuner. La facilité a toujours été une de mes qualités et un de mes défauts. J'étais donc le premier prêt, et mon procès-verbal fut écouté le premier jour avec surprise, avec faveur le second, avec applaudissements le troisième, de sorte que j'étais l'un des favoris du Congrès, lorsque fut appelée, en séance générale, la question de la Saint-Barthélemy.

Bien qu'encouragé par mon succès d'avant-garde, j'abordai la tribune avec une grande frayeur devant une salle comble. Ma dissertation était écrite et je la lus timidement. Toutefois ma réponse démontrant que la Saint-Barthélemy fut l'œuvre, non de l'Église, mais de la politique, provoqua de véhéments contradicteurs. Ceux-ci n'étaient pas, comme moi, en train d'étudier le seizième siècle, et ils laissèrent échapper des erreurs considérables. M. de la Saussaye, depuis membre de l'Institut, raconta le rôle du cardinal de Lorraine à Paris, tandis qu'au mois d'août 1572, le cardinal de Lorraine arrivait à Rome pour prendre part au conclave d'où sortit l'élection de Grégoire XIII. Le hasard me prêtait un grand avantage : j'en usai. Ma réplique, improvisée cette fois, me donna l'occasion de prendre mes contradicteurs en flagrant délit d'erreur et de compléter péremptoirement ma thèse. Dès lors le public n'hésita plus à se ranger de mon côté; il m'enhardit et je conclus à peu près par ces mots : « Enfin, pour terminer cette argumentation par une considération toute morale mais décisive : au lieu de Catherine de Médicis et de Charles IX, c'est-à-dire au lieu d'un règne tout rempli de duplicité, de luxure et d'embûches, supposons saint Louis et Blanche de Castille, c'est-à-dire un règne tout plein du véritable esprit de l'Église, de la plus austère vertu et de la plus chrétienne loyauté : — la Saint-Barthélemy eût-elle été possible ? [1] » Cet appel, fait avec une conviction très sincère et d'un ton très ému, me gagna tout à fait l'auditoire. Je fus entouré des plus chaleureuses félicitations : « Vous venez de gagner vos éperons pour la

---

1. *Études et Souvenirs*, page 56. Paris, Perrin, 1885.

Chambre, » s'écria un de mes auditeurs. Le mot fit fortune et je gagnai du même coup, de la part de mes adversaires, le titre, imperturbablement reproduit depuis, d'*apologiste* de la Saint-Barthélemy.

Je fus d'autant plus heureux de mon élection que je la devais uniquement au zèle cordial et alors unanime de mes amis. J'en jouis aussi parce que, à titre de candidat, je n'avais point de reproches à m'adresser. Luttant contre un homme de la gauche patronné par un journal anti-religieux, *Le Précurseur*, je hâtai, j'abrégeai mon *Histoire de Saint Pie V*, afin de la publier avant le scrutin. Quelques-uns de mes amis en étaient désolés et me disaient : « Vous vous cassez le cou ! » Je répondais : « c'est possible ; mais je ne veux pas encourir l'accusation de duplicité. Je ne veux pas, si je suis élu, qu'on me dise après l'élection : « Ah ! si nous avions su cela ! » Je reviens avec quelque satisfaction sur ce souvenir. Il prouvera, à ceux qui seraient tentés de l'oublier, que les catholiques et les légitimistes d'alors savaient s'affirmer avec autant de fermeté qu'on a pu en déployer ailleurs et plus tard.

Je n'avais pas à combattre seulement *Le Précurseur* et ses amis. Je venais de l'emporter aussi sur un concurrent ministériel qui, depuis dix ou douze ans, avait distribué dans l'arrondissement toutes les faveurs du pouvoir. Ne pouvant puiser à la même source, je me proposai de dédommager, aux dépens de ma bourse, Segré, ville alors très petite et très pauvre. Mais je gardai un silence absolu sur mes intentions, et grande fut la surprise de mes amis les plus intimes, autant que de la population, lorsqu'un mois environ après mon élection, j'écrivis au maire de Segré quelle part financière je comptais prendre à l'achèvement d'un travail de grande utilité publique [1].

J'entrai donc à la Chambre, l'esprit et la conscience entièrement libres, et à une époque pleine d'agitation.

M. Guizot et M. Thiers, après avoir renversé en commun M. Molé, s'étaient tout d'abord partagé à l'amiable les fruits de la victoire; mais cette heureuse harmonie fut de courte durée. L'incompatibilité de nature qui existait entre ces deux hommes éclata de nouveau. Elle était devenue, en 1846, une guerre à outrance.

A la même date, M. Berryer justifiait pleinement le mot de M. Royer-Collard à l'audition de son premier discours : c'était une puissance. Il avait autour de lui un groupe d'hommes excellents : MM. de Larcy, Benoist d'Azy, Hennequin, Béchard, le général de la Bourdonnaye, MM. d'Andigné de la Châsse, Blin de Bourdon, de Staplande, de Saintenac. Il avait malheureusement perdu, en 1838, le vieux duc de Fitz-James, son auxiliaire le plus autorisé. Démissionnaire de la Chambre des pairs, en 1831, envoyé par Toulouse à la Chambre des députés en 1834, type accompli du grand seigneur éloquent, unissant par sa double origine, la dialectique anglaise au coloris français, le duc de Fitz-James était l'un des amis les plus ardents de M. Berryer. Je ne puis me refuser le plaisir d'en citer ici un piquant et touchant exemple.

1. Le canal de l'Oudon.

Le roi Charles X étant mort à Goritz, en Autriche, M. de Courson, maréchal de camp en retraite, demanda par une pétition à la Chambre que les cendres royales fussent apportées en France. Ce fut un pénible embarras pour les députés de la droite. Refuser cet hommage, c'était sanctionner l'hostilité persévérante du gouvernement de Juillet. L'accepter, c'était se constituer son obligé. Les avis furent d'abord très partagés. Enfin on se prononça pour le refus, à la condition qu'il serait motivé à la tribune par le duc de Fitz-James, ami de jeunesse du feu roi. Le 27 janvier 1838, M. Lacrosse, rapporteur de la commission des pétitions, demanda l'ordre du jour sur la pétition de M. de Courson, c'est-à-dire son rejet. Le duc de Fitz-James lui succéda immédiatement à la tribune et s'exprima en ces termes :

« Messieurs, je n'oserais me flatter de voir la Chambre qui m'écoute, accorder beaucoup de sympathie au sentiment qui m'amène en ce moment à la tribune, mais elle comprendra, je l'espère du moins, que dans une pareille circonstance, devant la question qui vient d'être soulevée, un vieux serviteur de Charles X, si longtemps honoré des bontés de ce prince, ne pouvait pas demeurer indifférent et muet sur son banc de député.

« Le principal tort, à mes yeux, de la pétition dont on vient de faire le rapport, est d'être tout à fait irréfléchie. Loin de moi, la pensée d'accuser les sentiments et les intentions de son auteur! Il a voulu rendre un triste et dernier hommage à la mémoire d'un roi malheureux : honneur à lui ! Mais il n'a pas calculé, ce me semble, les conséquences possibles de sa démarche imprudente. Dans l'ardeur et l'aveuglement de son zèle, il a trop oublié qu'il y avait quelque chose d'impie à appeler ainsi les opinions et les passions, à leur donner en quelque sorte rendez-vous pour venir se combattre sur un cercueil. (*Sensation.*) Les funérailles royales ne sont pas seulement un acte de devoir et de respect d'un fils, d'un frère et d'un ami. C'est un acte tout à la fois religieux et politique. Les pouvoirs publics y sont présents.

« Comme acte religieux, le pétitionnaire aurait dû penser que la prière, lorsqu'elle est imposée ou qu'elle n'est pas sincère, traîne nécessairement à sa suite l'hypocrisie, le blasphème et les malédictions, triste cortège, Messieurs, aux solennités de la mort!

« Comme acte politique, qu'il me suffise de le dire : Au quatorzième siècle, après les longs malheurs de la guerre étrangère et des guerres civiles qui avaient désolé la France, il appartenait au roi Charles V, lui seul, de déposer aux caveaux de Saint-Denis la dépouille mortelle du roi son père, mort prisonnier sur la terre étrangère.

«Tels sont les graves motifs sur lesquels je me fonde pour appuyer l'ordre du jour qui vous est proposé par la commission. » (*Approbation.*)

Ces quelques mots eurent un grand succès, et tout le monde reconnut qu'on ne pouvait se tirer plus noblement d'une situation difficile. Le duc de Fitz-James donnait à dîner et recevait tous les jeudis. Le jeudi qui suivit cette séance, grand fut le concours des félicitations. De persévérants ennemis de M. Berryer se montrèrent les plus empressés, affectant de répéter qu'un gentilhomme seul pouvait évoquer ainsi les souvenirs de l'ancienne monarchie. M. de Fitz-James les laissa s'enferrer; puis, élevant la voix de façon à être entendu de tous, il dit : « Je ne reçois les compliments que pour les transmettre à M. Berryer. C'est lui qui, sur ma demande, m'a fourni la substance de mon discours. C'est lui qui m'a suggéré le trait du roi Charles V qui vous a tant satisfaits. »

Le duc de Fitz-James voulut se survivre dans sa profonde affection pour M. Berryer; suivant l'usage anglais, il voulut que le nom de famille de son illustre collègue fût donné comme nom de baptême à l'un de ses petits-fils, et après la mort du vieux duc, j'ai vu le petit Henry Berryer de Fitz-James entrer chez M. Berryer, le jour de la Saint-Pierre, patron du grand orateur, et lui remettre un gros bouquet en disant : « C'est de la part de bon papa! »

Toulouse remplaça le duc de Fitz-James par le duc de Valmy, qui partageait les mêmes sentiments et occupa dignement la même place.

Les élections de 1846 envoyèrent au camp conservateur un certain nombre de nouvelles recrues. Le marquis de Castellane, M. de Goulard, le marquis de la Guiche, le comte Werner de Mérode, plus tard le marquis de Contades, élu député à la place du marquis de Castellane, son beau-frère, qui venait de mourir, MM. Paulmier, Sallandrouze, Blanqui, de l'Institut; Moulin, jeune magistrat plein d'avenir. Les débuts de ce dernier furent remarqués, et M. Vatou, faisant allusion au verre d'eau sucrée de la tribune, disait de lui : « Nous avons acquis là un excellent petit moulin. Il va tant qu'on veut avec un verre d'eau! » Ils appartenaient au parti de M. Guizot, mais avec beaucoup d'indépendance personnelle, et ils se proposaient de le faire sentir à la première occasion qui pourrait être saisie sans danger pour le pouvoir. Parmi leurs devanciers dans la politique tempérée, se rencontrait un jeune officier de hussards, ami intime de M. le duc d'Orléans, patronné en Auvergne par madame Adélaïde et affectueusement distingué par le président du conseil. C'était mon ancien camarade, M. de Morny.

Le parti légitimiste comptait aussi plusieurs recrues considérables : M. de Genoude, que M. de Villèle, maître du collège de Toulouse, avait un peu hâtivement substitué au duc de Valmy, retenu dans le Midi par sa santé; M. de Rainneville qui, à défaut d'un grand talent de parole, nous apportait une grande expérience financière; M. de Carayon-Latour, M. de Léhen, le comte de Quatrebarbes, futur compagnon de La Moricière à Ancône, qui était nommé à Cholet en même temps que je l'étais moi-même à Segré.

Les légitimistes nouvellement élus étaient, comme moi, disposés à suivre la direction de M. Berryer. M. de Genoude, seul, faisait exception et mérite à tous égards une mention spéciale.

Son début dans la carrière politique fut la rédaction en chef de l'*Étoile* que lui confia M. de Villèle, alors président du conseil, et qui releva bientôt le vieux nom de *Gazette de France*. Jeune, ardent, laborieux, M. de Genoude donna un grand éclat au journal ministériel. Il y fit honorablement une fortune considérable qu'après 1830 il dépensa, comme il l'avait acquise, dans la défense de la cause royaliste par le journalisme. Il fonda dans les départements de nombreux satellites de la *Gazette de France*, et leur imposa son programme. Par une stratégie hardie, M. de Genoude porta sur un terrain nouveau la lutte monarchique. Il fit remonter la politique de la droite aux cahiers de 89, blâma la Restauration de s'en être écartée et, poussant la logique jusqu'au bout, réclama quotidiennement le retour au suffrage universel, à deux degrés, il est vrai.

Devenu veuf, il avait embrassé l'état ecclésiastique, et, tout en continuant à rédiger la *Gazette*, il prêchait à la chapelle du Temple des sermons préalablement imprimés en épreuves et qu'il lisait, ainsi, en chaire, comme un numéro de la *Gazette*. Peu encouragé dans cette froide prédication, il y renonça bientôt et revint tout entier à la vie dévorante du journaliste. Des hommes, le connaissant de vieille date, affirmaient que sa vocation ecclésiastique était plus politique que religieuse ; qu'en prenant le premier habit du cardinal de Fleury, il avait en vue le second et se préoccupait plus d'assurer sa prééminence que de satisfaire sa piété. Je ne me permets point d'émettre d'avis là-dessus, n'ayant jamais eu assez de relations avec lui pour pénétrer les secrets de son for intérieur. Son costume et ses allures avaient quelque chose de bizarre. Il ne portait ni tonsure ni soutane, se contentant d'une longue redingote noire qui lui donnait, au premier aspect, l'air d'un pasteur protestant.

M. de Genoude avait dans la vanité une rare ingénuité. Un jour que nous dînions ensemble chez M. de la Rochejacquelein, étant assis en face de notre amphitryon, à la place de la maîtresse de maison, il prit et on lui laissa volontiers le dé de la conversation, bien que M. Berryer fût à droite de M. de la Rochejacquelein. M. de Genoude se mit à raconter qu'il avait été en 1815 volontaire royal dans le midi et qu'il avait porté les armes durant les Cent-Jours : « J'aurais pu, si je l'avais voulu, aller loin dans la carrière militaire, car je n'ai jamais su ce que c'est que la peur ! » De vrais militaires qui étaient là répondirent qu'ils ne pourraient en dire autant, et j'ajoutai : « Eh bien ! Monsieur de Genoude, vous êtes plus brave que Turenne, car le cardinal de Retz, racontant très plaisamment la rencontre nocturne de faux revenants, dit : « Voyez comme M. de Turenne était brave : il mourait de peur et cependant il avançait toujours ! » — Assurément, répliqua M. de Genoude avec aplomb, si Turenne a eu peur dans cette circonstance, j'ai le droit de dire que je suis plus brave que Turenne. »

En séparant sa politique de celle des ordonnances de juillet, en invoquant sans cesse les documents originaux de 88 et de 89, en montrant l'ancien régime appelant lui-même les réformes qui auraient conjuré la Révolution, la *Gazette* et son école nous avaient rendu d'incontestables services. M. Berryer ne les méconnaissait pas ; mais il avait moins de confiance dans le suffrage universel, et, en tout cas, il reprochait à M. de Genoude de se renfermer trop exclusivement dans sa thèse et de ne pas aborder plus souvent, plus franchement les questions et les faits, tels que les avaient produits nos révolutions successives.

M. de Genoude supportait impatiemment les critiques et même les réserves. Il devint donc l'adversaire de M. Berryer qui était à peine son contradicteur, il le poursuivit des imputations les plus injurieuses et écrivit un jour dans la *Gazette* ces propres mots dont l'impression ne s'est jamais effacée en moi : «M. Berryer a passé à l'ennemi ! » M. Berryer, dont la générosité naturelle ne se démentait jamais, n'en engagea pas moins ses amis de Toulouse à voter pour M. de Genoude, et quand de M. Genoude fut élu, il le convoqua très cordialement à la première réunion de députés qui se tint chez lui à l'ouverture de la session.

Dès cette première rencontre, M. de Genoude voulut arborer son pavillon. Rendant froidement justice aux intentions du chef de la droite parlementaire, il insista sur les prétendues fautes commises jusqu'à ce jour et réclama naïvement, on eût pu dire arrogamment, si son ton n'eût affecté la douceur, le bâton du commandement. M. Berryer répliqua sans aucune amertume, montra courtoisement ce que les plans de son nouveau collègue avaient d'inapplicable, de prématuré, de problématique, démontra surtout combien il serait regrettable qu'au moment où les légitimistes voyaient grossir leurs rangs, ils vinssent s'amoindrir eux-mêmes par d'inexplicables divisions. M. Benoist d'Azy et quelques autres vétérans de la droite appuyèrent et vengèrent chaleureusement M. Berryer. Pas une voix ne s'éleva pour soutenir M. de Genoude. L'impérieux dictateur perdit alors tout sang-froid et toute mesure : « Je vois, dit-il, que le parti monarchique n'est pas représenté ici. Je dois continuer à porter seul le fardeau des grandes luttes. Eh bien ! j'aurai ce courage et ce qui se passe ici, je vais l'annoncer au monde ! »

Après cette phrase emphatique prononcée d'un ton et avec un geste plus emphatiques encore, M. de Genoude traversa lentement le salon comme s'il eût attendu qu'on le retînt, mais personne ne bougea. Chacun se regardait d'un air consterné et humilié. Comme tout le monde, je gardai le silence. Le plus jeune des survenus, je m'étais assis près de la porte recouverte d'une portière en velours, à bandes de tapisserie. En soulevant cette portière, M. de Genoude me lança un dernier regard qui semblait dire : « Allez-vous donc me laisser sortir ? » En réponse à cette sorte d'interrogation, et peut-être aussi avec un accent qui trahissait involontairement le fond de ma pensée, je ne pus retenir ces mots : « Eh bien ! Monsieur, sortez ! »

Aussitôt, M. de Genoude laissa retomber la portière, regagna le milieu du salon, et s'écria de la voix la plus irritée : « On me dit : — Sortez ! — A-t-on bien réfléchi à tous les malheurs qui vont résulter de cette séparation ? » Me levant aussitôt, je fus prendre la main de M. de Genoude et je lui dis : « Monsieur, vous interprétez mal ma pensée. Je n'ai nullement prononcé un : « Sortez ! » à la Bajazet. J'entendais exprimer simplement un regret sur le parti que vous prenez sans provocation de la part de qui que ce soit. Plus vous croyez aux malheurs que peut entraîner votre séparation, plus vous seriez coupable en les déchaînant et vous en auriez seul la responsabilité. » Ce peu de mots fut sanctionné par une approbation unanime, et personne ne tenta un nouvel effort. M. de Genoude comprit la situation qu'il s'était faite ; il ne répliqua rien et quitta notre réunion pour n'y jamais revenir.

Cette scène, moitié sérieuse, moitié comique, fut très amèrement commentée par la *Gazette* et par ses amis, mais l'isolement de M. de Genoude n'en demeura pas moins définitif. Bien que siégeant au milieu de nous, il ne parlait plus à aucun de nous, sauf à M. de Rainneville qui le blâmait nettement, mais se souvenait de leur ancienne liaison sous M. de Villèle, et à M. de la Rochejacquelein, étourdiment jaloux de M. Berryer et fort prôné par la *Gazette de France*. Personne ne chercha un raccommodement, car on savait qu'il eût été infailliblement suivi de nouveaux esclandres.

J'arrivais à la Chambre non pas assurément en disciple de M. Guizot, que je connaissais à peine de vue, mais plein d'admiration pour la grandeur de son langage, pour la fermeté de son caractère et pour ses qualités d'homme d'État. Je compris bientôt, qu'au moins sur ce dernier point, il y avait des réserves à faire. Quelques modifications de jugement, je ne voudrais pas dire quelques déceptions, s'imposèrent à moi en peu de temps. Peut-être la parole et l'action ont-elles cette ressemblance avec le lièvre et le lapin que, de loin, on les confond aisément et que de près, on les trouve tout à fait dissemblables et presque incompatibles.

M. Guizot qui dominait un orage parlementaire par ces fières paroles : « Vos injures ne s'élèveront jamais à la hauteur de mon dédain! » apportait-il la même énergie dans ses actes? J'en doutai bientôt. Je le vis enclin aux ajournements, plus préoccupé des théories de la tribune que de l'activité pratique, trop dédaigneux des exigences et des besoins vulgaires du pays, admirable dans l'exposition ou la défense de ce qu'il avait conçu, mais peu abondant en conceptions. La monotonie dans la hauteur n'est pas un défaut commun ; M. Guizot n'en était pas exempt. Il y avait aussi dans son caractère une anomalie qu'on n'aurait pas soupçonnée de loin. Intègre et délicat pour son propre compte, insouciant du faste et des titres, il tolérait autour de lui des abus qui lui causèrent plus d'un cruel souci. Il a vécu pauvre, il est mort pauvre, et, après 1848, durant sa noble retraite, sous l'Empire, je me disais en atteignant son petit appartement tout au haut d'un interminable escalier : « Le respect envers de tels hommes doit croître à chaque étage que l'on monte. » Cependant, à l'apogée de sa puissance politique, M. Guizot avait rapproché de lui quelques hommes d'une nature morale inférieure. Il se montrait aussi trop prodigue des petits moyens de captation, et pendant les séances de la Chambre il quittait trop fréquemment le banc de la présidence du conseil pour aller s'asseoir et chuchoter sur les bancs des députés ministériels, sans craindre des conjectures qui devaient naître et qui naissaient, en effet, de ces colloques confidentiels, sous les regards du public et de la tribune des journalistes. Quand il ne se livrait pas lui-même à ces entretiens à voix basse, il y employait, sans souci du qu'en dira-t-on, des intermédiaires très connus, entre autres mon compatriote Eugène Janvier, qui méritait certainement un rôle plus élevé. Le *National*, rendant compte d'une séance, disait un jour : « On aperçoit M. Janvier — il était de très petite taille — parcourant tous les rangs et caressant tous les partis de son aile d'oiseau mouche ! » Aussi, quand M. Émile de Girardin vint accuser à la tribune M. Guizot et M. Génie, le chef de son cabinet, du crime de vénalité, quand deux anciens ministres, le général de Cubières et M. Teste furent cités pour concussion devant la Chambre des pairs, l'opinion publique fit-elle sévèrement expier à M. Guizot sa complaisance pour autrui.

La postérité le justifiera moins encore du reproche de stérilité, et je me crois bien dépouillé de tout reste d'ancien esprit de parti quand je le répète aujourd'hui. Dans la longue possession d'une majorité, qui se serait volontiers associée à plus d'initiative, il repoussa trop systématiquement et *à priori* toute innovation. Je ne parle pas ici des réformes électorales ou parlementaires que la clairvoyance pouvait conseiller, mais dont la prudence aussi pouvait détourner. J'entends parler des réformes purement administratives, adoptées déjà par plusieurs des pays voisins et qui ne confinaient nullement à la politique.

M. Desmousseaux de Givré était un simple homme d'esprit, point orateur, point ennemi du roi, point irréconciliable avec le ministère ; il produisit cependant un grand effet et trouva, comme on dit trop souvent, le mot de la situation quand il dit à la tribune : « Voici, Messieurs, tout le système du cabinet : Rien, rien, rien ! » En prononçant ces trois *rien*, sans la moindre apparence de prétention oratoire, M. Desmousseaux de Givré s'était successivement tourné vers la gauche, vers la droite et vers le centre. Si le trait n'eût pas touché si juste, la majorité l'eût bruyamment repoussé ou laissé tomber à terre. C'est le contraire qui arriva. L'opposition applaudit avec transport, le camp ministériel demeura consterné. Cette séance eut un prodigieux retentissement dans le pays, et durant quelques jours le nom de M. Desmousseaux de Givré éclipsa tous les autres.

Cet incident eût utilement averti le président du Conseil s'il avait plus souvent tourné ses regards vers le public et moins constamment vers lui-même.

Les Mémoires de M. Guizot gardent bien l'empreinte de la même impassibilité morale. On y trouve les tableaux les mieux tracés, les portraits les plus naturellement éloquents, les pensées et les vues les plus spécieuses, tout, excepté un retour sur soi-même, un reproche intime ou un regret. La fortune n'y est jamais accusée, un mot amer ne s'adresse jamais ni à un adversaire ni à un ennemi, quel qu'il ait été ; mais c'est là l'expression d'une sérénité qui vient de la magnanimité du cœur, sans qu'il s'y mêle jamais le sentiment d'une faute de conduite ou d'une erreur de jugement.

Les membres du cabinet étaient des hommes d'une

valeur réelle, mais tous, M. Dumon, M. Duchâtel et même M. de Salvandy, s'effaçaient volontiers devant un chef qui ne redoutait pas la responsabilité. L'amiral de Mackau était ministre de la marine. Sans rompre mes relations de famille, je mettais rarement les pieds au ministère de la place Louis XV, et je doute que mon oncle lui-même ait fait beaucoup de vœux pour mon élection.

Une seule question aurait pu rapprocher sur un terrain solide le gouvernement et la droite légitimiste : c'était la question religieuse. M. Guizot avait là une belle occasion d'élargir la base de son ministère et de conquérir un loyal concours. Il n'y songea pas plus qu'à toute autre nouveauté, et c'est ce mauvais vouloir, bien aveugle de sa part, qui me fit faire l'essai de la tribune plus tôt et plus hardiment que je ne l'aurais supposé d'avance.

La Chambre, intégralement renouvelée, tint, au mois d'août, une courte session consacrée à la vérification des pouvoirs. Mon bureau eut à examiner l'élection de M. Drault, avocat du barreau de Poitiers, élu par la gauche, avec l'appoint des catholiques, qui avaient obtenu de lui un engagement préalable en faveur de la liberté d'enseignement. Le parti ministériel soutint que c'était là un mandat impératif qui viciait l'élection et devait la faire annuler. Les débats, pour et contre, furent soutenus à fond dans mon bureau. La question avait donc été bien élucidée devant moi, et si cette jurisprudence prévalait, la liberté de l'enseignement se trouvait indéfiniment ajournée par voie d'invalidation.

L'occasion me tenta ; la leçon m'avait été bien faite par la discussion à laquelle j'avais assisté. En portant à mon tour le débat à la tribune, je pouvais donner l'éveil à mes amis de la Chambre des députés et la main à mes amis de la Chambre des pairs. Le rapport fut promptement apporté en séance publique, et la majorité allait prononcer l'invalidation par assis et levé, lorsque je demandai la parole. Un silence de curiosité est toujours accordé aux débutants. J'eus d'abord ce bénéfice-là, puis l'attention se prolongea, et on me laissa de bonne grâce développer ma thèse jusqu'au bout.

Je regagnai précipitamment ma place, impatient d'interroger les collègues au milieu desquels j'avais l'habitude de m'asseoir. Tous m'entourèrent et me félicitèrent, à l'exception de M. Benoist d'Azy; ce qui me surprit, car il était Angevin d'origine et me connaissait depuis mon enfance. Il s'approcha de moi, au bout de quelques minutes : « J'arrive le dernier, me dit-il, mais je viens d'écrire à votre mère ! » Cette parole, cet accueil m'avaient tant ému que je n'avais pas même songé à regarder ce qui se passait dans la salle. Quel ne fut pas mon étonnement, en levant les yeux, de voir M. Guizot, en personne, à la tribune, attendant que l'agitation de la majorité fût calmée pour intervenir souverainement. Son discours effleurait à peine le mien, il allait droit au mandat impératif, amplifiait magnifiquement cette thèse et concluait impérieusement à l'annulation de l'élection de Poitiers. L'annulation fut donc votée, mais à un scrutin public qui mit tout d'abord en lumière les nouveaux éléments d'indépendance introduits dans les rangs ministériels. Cela suffit pour rendre le ministère et la majorité plus circonspects dans le reste de la vérification des pouvoirs. En outre, M. Drault fut réélu avec un chiffre supérieur à celui de sa première élection. Dès lors, on renonça à considérer de loyales explications entre les électeurs et l'élu comme un pacte criminel entraînant, *ipso facto*, l'invalidation de l'élu. Plusieurs membres de la majorité allèrent plus loin ; ils réclamèrent la liberté de l'enseignement et pressèrent M. de Salvandy, personnellement bien disposé, de plaider cette cause au sein du conseil.

M. Guizot était, en principe, favorable à la liberté de l'enseignement. Il en avait déposé le premier germe dans la loi de 1833 à laquelle tout le monde rendait hommage. Mais il était intimidé par l'orage que cette question suscitait dans le pays et par les thèmes d'opposition qu'elle fournissait à M. Thiers et à la gauche de la Chambre. Il était intimidé aussi parce que c'était une innovation. J'ai déjà signalé le singulier contraste qui existait entre l'habituelle ampleur de son langage et l'étroit rayon de sa politique. Je puis en citer un exemple péremptoire. L'inoffensive réforme postale était combattue par lui avec autant d'âpreté que la réforme électorale ou la réforme universitaire.

A cette époque, le service des lettres était divisé en zones multiples. Chaque zone avait un tarif spécial qui variait de six à trente-deux sous, et nécessitait à la réception de chaque lettre une comptabilité compliquée avec le facteur. Un préjugé, en outre, existait contre l'affranchissement; on ne s'en servait qu'avec ses fournisseurs, et il était très impoli d'affranchir une lettre pour quiconque n'acceptait pas une présomption de pauvreté. Un membre du centre droit, M. de Saint-Priest, dont le nom s'écrivait comme celui du duc d'Almazan, mais qui n'appartenait pas à la même famille, s'était fait, depuis plusieurs sessions, le persévérant adversaire de cet insupportable régime des postes. Le ministère avait fait échouer plusieurs fois ses tentatives de réforme, mais dans la Chambre de 1846, M. de Saint-Priest avait gagné des adhérents. Il s'était, d'ailleurs, créé des appuis dans la presse, et M. Émile de Girardin, nouvellement élu, déployait dans son journal, comme au palais Bourbon, une grande ardeur sur cette question. C'était un préjugé défavorable de plus dans l'esprit du président du conseil, car M. de Girardin se préparait à devenir son accusateur passionné.

Fort en dehors de tels démêlés, je crus que la réforme postale ne devait pas en souffrir et je m'attachai sérieusement à l'étude de cette question, sentant bien que mon inexpérience n'était pas encore en mesure de prendre part aux grandes discussions politiques. Au besoin, je l'aurais appris à mes dépens, car dans la discussion de l'adresse, sur l'instance de M. de Montalembert, j'avais soutenu le paragraphe relatif à la Pologne, et tout mon succès fut d'entendre dire à M. Odilon Barrot se retournant vers quelques-uns de ses collègues : « Écoutez donc, Messieurs; il y a de bonnes choses dans le discours de ce jeune homme! »

Je me donnai donc à moi-même le conseil que je donne aussi à tout débutant dans la carrière parlementaire : de commencer par étudier consciencieusement quelques questions d'affaires. Je me formai un dossier aussi complet qu'il me fut possible des postes en France et chez nos voisins, puis je m'essayai dans mon bureau, lorsque nous eûmes à nommer une commission pour l'examen de la proposition de M. de Saint-Priest.

Je fus nommé commissaire dans mon bureau, faveur rarement accordée à un légitimiste. M. Émile de Girardin fut également nommé dans le sien ; c'était de bon augure pour la réforme postale et de bien mauvais augure pour l'omnipotence de M. Guizot, qui n'avait pas d'ennemi plus personnel.

La commission se montra d'abord hésitante, mais bientôt la majorité se prononça résolument pour la réforme, et quand on en vint à nommer le rapporteur, plusieurs de mes collègues me désignèrent. Par ses connaissances techniques, M. de Girardin me semblait plus capable que moi de remplir cette tâche ; il désirait vivement en être chargé et je votai pour lui ; je lui donnai ma voix qui le fit passer. Je reçus pour ce fait la semonce de plusieurs collègues. Ils m'apprirent qu'en aucun cas on ne devait voter pour un concurrent et que si on éprouvait un scrupule à se nommer soi-même, on faisait écrire son bulletin par un collègue, qui savait ce que cela voulait dire. Sans me repentir de ma naïveté, je me promis de m'en dédommager à la tribune.

Je me trouvais là, comme pour la question relative

à l'élection de M. Drault, éclairé par la discussion préalable du bureau, bien averti des objections, et cette fois je fus très favorablement accueilli par la Chambre. Quant à M. Guizot, il persista dans sa répugnance, mais voyant la majorité décidée à une concession, il adopta ce moyen terme : au début de la session de 1848 le ministre des Finances, tout en maintenant le système des zones, proposerait un dégrèvement et le maximum de la taxe progressive serait réduit à 50 centimes; l'application de cette taxe abaissée devant d'ailleurs être ajournée au 1er janvier 1850.

A partir de cette époque M. de Girardin vint, presque chaque jour, dénoncer des faits de corruption électorale, vrais ou faux, dont l'opinion publique était vivement émue. M. Guizot en perdit l'habituelle dignité de son attitude; il introduisit dans le débat le nom du général Alexandre de Girardin, et poussa l'esprit de représailles jusqu'à prononcer du haut de la tribune un : *Monsieur votre père*, qui causa, je dois le dire, une grande surprise et une pénible émotion parmi les membres de la majorité. Le général de Girardin ne montra pas ce jour-là plus d'empire sur lui-même. Il attendit M. Guizot dans la salle des Pas-Perdus, annonçant à haute voix l'intention de l'insulter et de le frapper, au sortir de la séance. Averti par ses amis, M. Guizot s'esquiva par la petite porte de la rue de Bourgogne; la soirée fut employée à calmer le général et ce scandale-là, du moins, demeura dans l'ombre.

Pendant ce temps, la liberté de l'enseignement faisait aussi son chemin. Le comte Werner de Mérode, le plus spirituel et le plus cordial des hommes, étroitement uni à son beau-frère, M. de Montalembert, faisait une active et heureuse propagande dans les rangs de la majorité ralliée au ministère. M. de Carné, légitimiste d'origine, catholique ardent, ne montrait pas moins de zèle, et M. de La Farelle, député de Nîmes, comme M. Guizot, appartenant comme lui au protestantisme, apportait un puissant concours aux catholiques par pure fidélité à un libéralisme loyal. Enfin, M. de Salvandy, suspect à l'Université, suspectait lui-même, à plusieurs titres, l'enseignement universitaire et avait avec nous plus d'une affinité. Disciple littéraire et politique de M. de Chateaubriand, son collaborateur au *Journal des Débats* dans sa phase la plus royaliste, M. de Salvandy avait appartenu au Conseil d'État, sous la Restauration. Il avait plutôt subi que souhaité la révolution de Juillet et s'était rallié sans empressement au gouvernement du roi Louis-Philippe. Il avait une belle tête, une abondante chevelure noire, une haute taille, un maintien un peu affecté. Il posait trop pour l'aristocrate libéral ou pour le libéral aristocrate. Mais derrière une attitude qui prêtait parfois à la plaisanterie et qui la provoqua souvent, on trouvait de grandes qualités, de la sincérité, de la générosité, de la conscience et beaucoup d'esprit. Il en donna bien des preuves.

Une ambassade était toute son ambition ; il obtint celle de Madrid, mais une question d'étiquette ne lui permit pas de s'y rendre. Il fut alors question de l'envoyer à Turin en dédommagement. Il rêvait, disait-on, une grandesse et l'érection de sa terre de Chantemerle en duché. « Duc de Chantemerle! » s'écriait un député devant qui l'on débitait cette nouvelle, « cela ne peut suffire à Salvandy : il faut le nommer au moins duc de *Cantosmerlos!* « M. Viennet disait en gémissant : « Il n'y a en ce monde qu'heur et malheur! Mes ridicules m'ont perdu et les ridicules de Salvandy l'ont mené à tout! »

C'étaient là, sinon de volontaires calomnies, du moins de graves méprises, et si M. de Salvandy attachait trop de prix aux petites choses, il savait, du moins, les sacrifier aux grandes.

Ainsi, dans le débat sur la *flétrissure* lors du pèlerinage de Belgrave-Square, placé entre ses souvenirs, ses affections, sa reconnaissance monarchique et un vote injuste, il n'hésita point et vota hautement contre la flétrissure. Quelques heures plus tard, à une soirée des Tuileries, le roi l'ayant conduit dans l'embrasure d'une fenêtre, pour lui reprocher ce vote, le saisit par son cordon de la Légion d'honneur avec une violence dont il n'était pas coutumier, mais à laquelle il s'abandonnait quelquefois, en s'écriant : « Est-ce pour me trahir ainsi que je vous ai donné cela? » M. de Salvandy demeura impassible, mais le lendemain il envoya sa démission d'ambassadeur croyant bien que non seulement il brisait sa carrière diplomatique, mais qu'il se fermait à jamais les avenues du pouvoir. Le roi en fut touché, il sut réparer son emportement et lui témoigna une bienveillance marquée, quand M. Guizot le mit à la tête de l'instruction publique.

M. de Salvandy, ministre, ne se démentit point : il garda ses amitiés, et demeura fidèle à des salons qui, à divers degrés et à divers titres, représentaient l'opposition.

En proposant une loi sur la liberté de l'enseignement, il savait déplaire ; mais il croyait rendre service et il insista. Si son projet ne fut pas meilleur, si l'émancipation de l'enseignement ne fut pas plus franche, ce n'était pas à lui qu'il fallait s'en prendre, mais à la résistance qu'il rencontrait au sein du cabinet et dans le personnel universitaire. M. de Salvandy était aimé pour ses excellents procédés, mais il était tenu en suspicion par l'esprit de corps. Il essaya de tourner les difficultés en se livrant à des combinaisons compliquées, contradictoires et qui ne pouvaient résoudre efficacement le problème. C'est le reproche que nous lui adressions et que je développai à la Chambre dans mon bureau, tout en saluant les bonnes intentions et un commencement de progrès, dont il était juste de tenir compte.

La situation en était là, lorsque des nuages gros de tempête fondirent tout d'un coup sur nous.

Le 24 février avait sonné : chambres, ministère et monarchie allaient être emportés en un seul jour et, pour ainsi dire, en un clin d'œil.

CHAPITRE VIII

RÉVOLUTION DE FÉVRIER.

1848

On a dit plus d'une fois : « La Révolution de Février a été un effet sans cause. » Je ne crois pas le mot juste. Il serait plus conforme à la vérité de dire : « La Révolution de Février a été un effet hors de proportion avec sa cause. » Elle n'avait point de tyrannie à briser, point de provocations à repousser, point de vrais coupables à punir. Elle a interrompu le cours légal de progrès que l'on pouvait souhaiter plus rapides, mais dont on ne devait pas désespérer; de progrès qui pouvaient s'accomplir, qui se seraient accomplis, non sans efforts, mais sans secousse. L'effort, c'est le devoir, c'est l'honneur du pays comme de l'individu ; les secousses brusques et violentes, c'est-à-dire les révolutions, sont une loterie redoutable, loterie souvent funeste à ceux qui y mettent leur enjeu, souvent aussi ruineuse pour ceux mêmes qui n'y mettent rien. Cependant la Révolution de Février est un fait : elle a eu des suites dont le pays souffre encore, et il est difficile de ne pas chercher à se l'expliquer. Je l'ai vue dans sa préparation, dans son exécution et dans ses conséquences immédiates, et voici le jugement qu'en porte ma bonne foi.

Il serait aisé de faire remonter le 24 février 1848 au 30 juillet 1830. L'exemple du droit méconnu, du respect oublié, de la violence soudainement érigée en principe, sont autant de portes ouvertes au désordre moral d'abord, et bientôt à l'anarchie. Ces portes-là, une fois ouvertes avec l'intention de les refermer, restent longtemps entrebâillées, et au moment où l'on a cessé d'y veiller, une surprise se présente et passe. Toutefois, c'est là une thèse philosophique, une thèse historique qui dépasse mon sujet, et je veux m'en tenir au récit de ce que j'ai vu.

La Révolution de Février eut d'abord une cause très imprévue : ce fut la faiblesse du roi Louis-Philippe au moment de la lutte. Dans le cours de sa longue carrière, M. le duc d'Orléans avait fait ses preuves de courage personnel. Il avait été vaillant volontaire dans les premiers combats de la Révolution, il avait montré non moins de sang-froid sous les balles des assassins, et, calme au milieu du carnage de l'attentat Fieschi, il avait frappé tous les témoins par son intrépidité. Je me suis demandé à ce sujet comment, dans certaines crises, une défaillance extraordinaire peut remplacer soudainement une habituelle énergie, et je me suis formé une opinion que je crois justifiée par l'expérience. La fermeté, en pareil cas, ne provient pas seulement du courage, elle provient aussi de la prévoyance qui mesure d'avance le danger et qui le fait envisager de sang-froid. Quand cette prévoyance fait défaut, la surprise produit un étourdissement subit accompagné d'une invincible faiblesse. Un homme précipité du haut des tours de Notre-Dame sur les dalles du parvis serait fort excusable de manquer de présence d'esprit en se relevant, s'il se relevait. Certaines chutes morales produisent la même sensation, et personne n'y échappe.

L'empereur Napoléon qui avait, tant de fois, risqué sa vie dans les batailles, fut absolument au-dessous de lui-même à Fontainebleau, entre son demi-suicide et son abdication. Dans les tergiversations de l'Elysée et dans les puériles révoltes de Sainte-Hélène, à coup sûr il ne ressentit jamais une vulgaire crainte de cette mort qu'il avait si souvent bravée, mais il ne pouvait s'accoutumer à l'infidélité de la fortune qu'il avait crue à jamais enchaînée et soumise. Les visées du roi Louis-Philippe étaient assurément différentes, mais il avait aussi son idéal, et quand cet idéal s'évanouit, il en demeura stupéfait. Le Cinna de Corneille s'écrie, en pareil cas : « Je demeure stupide ! »

Louis-Philippe avait vu Napoléon périr par la guerre et il s'était attaché à la paix. Il avait vu Charles X périr pour une infraction à la Charte de 1814, et il s'était persuadé que l'observation scrupuleuse de la Charte de 1830 mettait son trône à l'abri de tout danger. Porté sur le pavois par la garde nationale de Paris, contemporain et ami de La Fayette, il n'avait jamais admis la possibilité d'une rupture avec la milice citoyenne, et quand cette rupture lui fut signifiée sur la place du Carrousel par quelques bataillons criant : « Vive la réforme! » il tourna bride, confondu par ce cri et incapable de le réprimer.

Pâle, abattu, prêt à subir toutes les influences, il rentra hâtivement aux Tuileries, prit, sans résistance, la plume qu'on lui présentait pour signer son abdication, et se laissa emporter pour l'exil, sans donner un seul ordre, sans prendre une seule mesure en faveur d'une régence à laquelle il pensa peu, ou à laquelle il ne croyait plus. Peut-être aussi fut-il assailli de quelques remords, car on l'entendit répéter plusieurs fois à voix basse : « Comme Charles X! comme Charles X! »

Ne pouvant s'accoutumer à son dernier exil, il s'affaissa rapidement, sans illusion sur un retour de fortune, ne plaçant l'avenir de la monarchie que dans la réconciliation de la famille royale. On dit que, parlant du passé, il revenait souvent à la scène du Carrousel et que, se soulevant de son fauteuil, il la mimait, comme s'il voyait encore les gardes nationaux pressés autour de son cheval et criant : « Vive la réforme! »

L'ingratitude de la garde nationale demeura la plaie saignante de son cœur, et demeure pour moi l'explication la plus plausible de son inertie en face d'une émeute qu'il pouvait, durant quarante-huit heures, empêcher de devenir une révolution.

Pour la Restauration, l'instrument immédiat de sa chute fut le prince de Polignac; mais l'une des principales causes de son affaiblissement mortel fut l'irréconciliable antagonisme de M. de Villèle et de M. de Chateaubriand. Si M. de Villèle, avec plus de pénétration et plus de grandeur d'âme, avait su

comprendre et honorer M. de Chateaubriand ; si
M. de Chateaubriand, avec plus de désintéressement
ou moins de colère, avait su tendre la main à M. de
Villèle, la Restauration eût été sauvée.

Dans des conditions différentes et plus coupables peut-être, parce qu'ils avaient plus d'expérience constitutionnelle, M. Thiers et M. Guizot ont reproduit le même drame. Eux aussi ont conduit à sa perte une monarchie qu'ils ne voulaient pas détruire, mais que chacun voulait accaparer et dominer exclusivement. Quel que fût son dédain pour les objections, M. Guizot avait l'esprit trop ouvert et l'oreille trop exercée pour demeurer ainsi aveugle et sourd, s'il n'eût porté en lui-même une puissante cause d'opiniâtreté dans l'erreur : une antipathie personnelle et absolue. Chez M. Thiers, l'aveuglement fut le même et provint de la même source. Pour M. Guizot, partager le pouvoir avec M. Thiers, ce n'était pas doubler les forces du parti conservateur et le rendre invincible, c'était s'incliner et s'humilier devant un rival. M. Thiers, de son côté, voulait bien partager une lutte avec M. Guizot, mais le triomphe, jamais. Il suffisait que M. Guizot fût dans un ministère pour que le ministère devînt coupable, et si la royauté ne subissait pas cet arrêt, la royauté devenait aussi coupable que le ministère.

A l'instigation de M. Thiers, M. de Rémusat déposa, en 1846, une proposition contre le trop grand nombre de fonctionnaires dans la Chambre des députés, proposition qu'en 1840 M. Thiers, ministre, avait énergiquement repoussée. Cette palinodie ne demeura point sans être signalée, et, dans la séance du 17 mars 1846, le plus habile collaborateur de M. Guizot, le comte Duchâtel, ministre de l'intérieur, adressait à M. Thiers lui-même cette trop juste réplique : « Sans aucun doute, quand l'honorable préopinant était à la tête des affaires, l'opposition qui parlait alors de corruption, comme elle en parle aujourd'hui, avait grand tort ; le reproche alors était prématuré (*on rit*). Le reproche n'a commencé à prendre de la vérité que le jour où le pouvoir a passé en d'autres mains. »

Presque tous les griefs de M. Thiers sur les questions intérieures tombaient sous le coup des mêmes reproches ; mais cela était plus sensible encore dans les questions extérieures. La principale accusation de la gauche contre M. Guizot était sa subordination excessive à l'alliance anglaise, et cependant, quand, en concluant un double mariage avec la maison royale d'Espagne, M. Guizot brava ouvertement, on peut presque dire audacieusement, l'Angleterre, il n'eut pas d'accusateur plus acharné que M. Thiers.

Cette joute oratoire fut la plus brillante, mais, au point de vue de la sincérité dans l'opposition, la plus affligeante à laquelle il m'ait été donné d'assister sous le gouvernement de Juillet. Comme tous les grands esprits, M. Guizot et M. Thiers aimaient les études historiques et les faisaient volontiers intervenir dans leurs discours : M. Guizot, pour y chercher de nobles antécédents et de hautes maximes, M. Thiers pour les assouplir à sa thèse et en tirer de malicieux apologues. En cette occasion il alla jusqu'au paradoxe, et, par un aperçu comparatif des rapports de l'Espagne et de la

France depuis Philippe V, il s'efforça d'établir que l'avènement des Bourbons au trône d'Espagne avait apporté à la France plus de préjudices que d'avantages, feignant d'oublier que le plus menaçant des dangers pour la France eût été d'abandonner la succession de l'Espagne à la maison d'Autriche.

Les attaques de M. Thiers et de l'opposition tout entière, dans cette circonstance, arrivèrent à un tel degré d'injustice que, peu de temps après, à propos d'une question de politique intérieure, M. Odilon Barrot, chef de la gauche dynastique, crut pouvoir déposer contre le ministère un acte d'accusation qu'on ne peut relire aujourd'hui sans surprise et sans tristesse. M. Guizot y était formellement accusé d'avoir « trahi au dehors l'honneur et les intérêts de la France, faussé les principes de la constitution, violé les garanties de la liberté, ruiné les finances de l'État, et compromis ainsi les forces et la grandeur nationales. »

De telles exagérations, signées de MM. Duvergier de Hauranne, Léon de Maleville, Léon Faucher, Ferdinand de Lasteyrie, Drouyn de Lhuys, portaient en même temps la signature des membres les plus avancés de l'extrême gauche. Cette explosion était déterminée, en apparence, par l'interdiction d'un banquet en l'honneur de la réforme électorale; mais une telle violence, sous un prétexte aussi futile, eût été impossible, si, depuis plusieurs années, et de session en session, le diapason de M. Thiers et de ses amis n'eût préparé et accoutumé l'opinion à toutes les exagérations.

Les hommes qui sonnent le tocsin des révolutions

le feraient vainement retentir, s'ils n'avaient eu, préalablement, pour complices des hommes modérés qui ont surexcité les passions anarchiques, en faisant passer leurs ressentiments personnels avant leurs devoirs envers le pays.

Aujourd'hui, dans l'apaisement forcé qu'apportent toujours avec elles les années et la solitude, repassant, devant ma conscience, mes souvenirs les plus intimes, j'ose affirmer que tel ne fut pas le tort de M. Berryer ni de ses amis. Nous reçûmes constamment de lui l'exemple du patriotisme dominant l'égoïsme collectif, qu'on appelle l'esprit de parti. Sacrifier toute vue personnelle pour rester inviolablement fidèle aux intérêts permanents du pays, telle fut la règle que M. Berryer ne cessait de nous inculquer et qu'il pratiquait inviolablement pour lui-même. Tous ses discours sont là pour en faire foi ; mais nulle part ce sentiment ne resplendit mieux que dans son adhésion aux mariages espagnols, adhésion qu'il ne craignit pas d'affirmer hautement à la tribune, quoique cette adhésion ne fût partagée sur aucun des bancs de l'opposition. On avait beaucoup répété dans la discussion de l'adresse de 1847, que le mariage du duc de Montpensier avec une infante d'Espagne et celui de la jeune reine Isabelle avec son cousin, don François d'Assise, isolaient la France en Europe, et la plaçaient dans l'état d'infériorité de un contre quatre.

La fierté de M. Berryer ne put s'associer à cette argumentation, et il fallait entendre de quel accent il la repoussait : « Un contre quatre ! » s'écria-t-il, « je ne fais pas de rodomontade, mais je dis : Ce n'est pas dans l'action que cette position est mauvaise pour la France, c'est dans les négociations, c'est dans les conférences, dans les souterrains des congrès diplomatiques, c'est dans ce que vous appelez le concert européen, que cette position de la France, un contre quatre, est une trahison. Mais, au grand jour, au soleil, c'est autre chose!.... Ils ont, eux, leurs jalousies, leurs défiances, leurs rivalités. Nous avons, nous, notre unité puissante, notre attachement au droit, la résolution de protéger tous ceux qui ont besoin que le droit les maintienne dans le monde : nous avons cela pour notre force. Nous ne portons pas, attachée à notre bras, une Pologne ou une Irlande. Nous sommes libres, nous n'avons pas même chez nous, grâce à notre caractère, à ce qui forme les êtres sur le sol de la France, nous n'avons pas même l'embarras des partis. Je n'en connais pas... Laissez-moi le dire, je n'en connais pas un où il y ait un homme assez coupable, assez peu digne d'être français, pour que le jour où vous porterez noblement, fièrement, sincèrement devant l'Europe la question de ces grands intérêts français, quand il s'agira de l'intégrité de notre influence et de nos droits, pour qu'il y ait alors un homme de parti qui conserve le ressentiment. Non, je n'en connais d'assez haïssable nulle part[1] ! »

Ce même langage, cette même conduite furent tenus avec la même loyauté aux approches de la révolution de Février. M. Berryer refusa de s'associer à la campagne des banquets, et il ne cessa d'en signa-

---

1. Berryer, *Discours parlementaires*, t. IV, pp. 181 et 182. Paris, Didier, 1874.

ler le péril. Assurément, c'était une tentation que d'applaudir aux hommes qui tournaient contre le gouvernement fondé par eux les armes qu'ils avaient si puissamment employées contre la Restauration. Nous aurions pu trouver là plus qu'une satisfaction cruelle, nous pouvions y chercher la sanction des principes auxquels on nous avait tant reproché de demeurer fidèles. Mais cette satisfaction, cette sanction, contestable ou non, pouvait devenir fatale à la France, et cela suffisait pour que la conscience fît entendre et prévaloir ses scrupules.

Cette révolution au-devant de laquelle on courait si étourdiment, cette révolution que M. Berryer discernait beaucoup plus clairement que ceux qui allaient la faire, serait-elle l'œuvre certaine de la justice de Dieu et l'indispensable préface d'une restauration monarchique, ou bien serait-elle l'aveugle jouissance de la passion et de la haine, le prélude de révolutions successives et le progrès continu de la démoralisation publique? M. Berryer ne voulut pas prendre sur lui de trancher témérairement cette alternative, il résolut de s'abstenir de la campagne des banquets, et il engagea ses amis à s'en abstenir avec lui. Ne voulant ni parler ni agir au nom d'une monarchie dont il réprouvait l'origine, il ne voulait pas, non plus, parler ou agir contre les intérêts fondamentaux de la société. Quand ces intérêts-là étaient en péril, il les défendait aussi sincèrement, aussi chaleureusement que si la couronne eût été sur la tête de son roi et le pouvoir dans ses propres mains. Je l'ai déjà dit, et je le répète encore, sans être sûr que ce soit pour la dernière fois : s'il y avait en M. Berryer quelque chose d'égal à son talent, c'était son caractère.

Lorsque la question devint une lutte directe, et, pour ainsi dire, corps à corps contre le gouvernement, quand M. Duchâtel eut annoncé officiellement la volonté d'interdire le banquet du Château-Rouge, la gauche elle-même hésita. Elle avait l'habitude de se réunir à l'entresol du café de la Madeleine. Une convocation générale de tous les groupes de l'opposition, y compris celui de la droite, fut faite pour le 21 ou le 22 février au soir. M. Berryer s'y rendit ; il y prit deux fois la parole et fit les plus généreux efforts pour démontrer à l'opposition qu'elle se plaçait sur un terrain qui allait s'effondrer sous ses pieds. M. de Lamartine repoussa en paroles enflammées tout conseil de prudence et de modération. Il goûtait alors avec une sorte d'enivrement le regain de popularité que lui valait son *Histoire des Girondins*. Il se posait hardiment en homme qui, ne se contentant plus de raconter les grands rôles, prétendait les jouer à son tour.

M. Odilon Barrot présidait la réunion avec humeur et avec un découragement visible. Il avait toujours — j'ai pu m'en convaincre depuis — les plus loyales intentions, mais il était rarement dans le secret de ce qu'il faisait. C'était un La Fayette éloquent, toujours prêt à haranguer la garde nationale, comme jadis le général de La Fayette était toujours prêt à la rassembler. Tous deux gémissaient avec sincérité le lendemain des fautes et des crimes ; ni l'un ni l'autre ne songeait à y parer la veille. M. Odilon Barrot n'apporta donc, dans cette grave délibération, ni résolution ni conclusion réfléchies. « C'est l'homme du monde qui pense le plus profondément..... à rien ! » me dit un jour M. Bersot, son ami. Il serait plus vrai de dire que M. Odilon Barrot pensait et voyait, mais qu'il ne pressentait et ne prévoyait jamais. Le 22 et le 23 février, il ne se dissimulait pas le péril de l'attaque, mais il ne comprit pas à temps l'urgence de la retraite. M. de Lamartine l'éblouit et l'entraîna.

Quant à M. Thiers, il trouva le moyen de n'être ni absent ni présent et de passer ses troupes en revue sans prendre le commandement en chef. A la réunion du café de la Madeleine, il se tint constamment sur la porte du salon, voyant et entendant tout, appuyant quelquefois d'un signe de tête ou d'un geste les paroles les plus véhémentes, mais ne prononçant pas un mot, et je ne serais pas étonné que son nom ne figurât pas dans le procès-verbal de la soirée. Quand la délibération devint tout à fait tumultueuse, quand il fut bien démontré qu'un langage raisonnable n'était plus de saison, M. Berryer se retira ; nous le suivîmes, et M. Thiers sortit aussi avec nous. M. Berryer, regagnant sa rue des Petits-Champs, prit le boulevard ; M. de Rainneville et moi, qui demeurions sur la rive gauche, nous nous dirigeâmes vers la place Louis XV, et M. Thiers, qui se rendait, je crois m'en souvenir, à l'hôtel d'Albuféra, nous accompagna jusqu'à la rue du Faubourg-Saint-Honoré. Dans ce court trajet, je dis à M. Thiers : « N'êtes-vous pas effrayé de tout ce que nous venons de voir et d'entendre ? — Non, pas du tout ! — Cependant, ceci ressemble bien à la veille d'une révolution ! » Il haussa gaiement les épaules et me répondit avec l'accent de la plus franche sécurité : « Une révolution ! une révolution ! on voit bien que vous êtes étranger au gouvernement et que vous ne connaissez pas ses forces. Moi je les connais ; elles sont dix fois supérieures à toute émeute possible. Avec quelques milliers d'hommes, sous la main de mon ami le maréchal Bugeaud, je répondrais de tout. Tenez, mon cher Monsieur de Falloux, pardonnez-moi de vous le dire avec une franchise qui ne peut vous blesser, la Restauration n'est morte que de niaiserie, et je vous garantis que nous ne mourrons pas comme elle. La garde nationale va donner une bonne leçon à Guizot. Le roi a l'oreille fine, il entendra raison et cédera à temps. »

M. Thiers nous quitta là-dessus. M. de Rainneville et moi continuâmes notre chemin en nous répétant : « Après tout M. Thiers pourrait bien avoir raison ! Le roi et ses ministres se seront si bien préparés à la défense qu'on n'osera pas les attaquer. »

Le lendemain, la Chambre des députés semblait réaliser la prophétie. La majorité arrivait pleine de confiance dans la fermeté du cabinet, et M. Guizot plein de confiance dans la fermeté du roi ; mais tout à coup le président du conseil monte à la tribune et, d'un air attristé, mais d'une voix calme, il annonce que M. Molé vient d'être appelé aux Tuileries pour former et présider un nouveau cabinet. On ne peut se faire idée de l'explosion de murmures qui accueillit cette déclaration imprévue : « C'est une trahison ! C'est une défection ! C'est l'abdication du roi ! C'est une révolution ! » L'impassibilité de M. Guizot contraste avec ces clameurs. On comprend bientôt qu'il ne lui convient ni de se plaindre ni d'accuser, et l'on s'écrie : « Aux Tuileries ! aux Tuileries ! » La plupart des députés quittent précipitamment la salle : les uns pour représenter au roi que l'abandon de M. Guizot est l'abandon de sa propre cause, les autres, que si l'on veut calmer Paris par le sacrifice du ministère, ce n'est point M. Molé, mais M. Thiers qui peut répondre à cette situation.

Le groupe légitimiste, qui n'avait pas le droit de porter des conseils aux Tuileries, reste en séance, anxieux dans son patriotisme, et se demandant avec la plus entière sincérité, comme il ne cessait de le faire depuis plusieurs jours, où était le salut du pays, et par conséquent le devoir.

Toute la journée s'écoula en tergiversations ; dans la soirée ou dans la nuit, M. Thiers fut appelé par le roi. A six heures du matin il était ministre, à sept il était réduit à l'impuissance. Les troupes recevaient l'ordre, celles-ci de se retirer, celles-là de mettre les armes en faisceau. A midi, le roi avait abdiqué. A la même heure, M. Thiers et M. Odilon Barrot quittaient le ministère de l'intérieur et entraient au palais Bourbon, mais dans deux attitudes très différentes. M. Thiers très troublé, trop troublé pour un homme qui avait assumé une si grave responsabilité, traversait rapidement la salle à laquelle la tribune est adossée et demandait devant moi par quelle porte il pouvait sortir, quand cette porte était tout ouverte devant lui. Ses amis personnels le suivirent pour veiller à sa sûreté.

M. Odilon Barrot, moins promptement désabusé, mieux soutenu par son optimisme, raconte lui-même, dans ses *Mémoires*, combien il eut de peine à comprendre, et laisse même douter s'il a jamais compris le mouvement dont il s'était cru le maître durant quelques heures. L'espoir de faire triompher la régence de madame la duchesse d'Orléans ne l'abandonnait pas encore et, dans cet espoir, il fit jusqu'au bout de loyaux, de courageux efforts.

Entre une et deux heures, madame la duchesse d'Orléans fut introduite au palais Bourbon et prit place dans l'intérieur de la Chambre sur les bancs élevés du centre. L'histoire a enregistré cette dramatique et néfaste journée. Je n'ai donc point à la retracer ici, et je constaterai seulement ce qui intéresse l'honneur de mes amis.

Nous étions arrivés, dès huit heures du matin, à la Chambre déclarée en permanence. Les nouvelles se succédaient de minute en minute, et toutes révélaient l'accélération de la crise. Aucun de nous, j'ose l'affirmer, n'eut l'idée de railler les vaincus. D'ailleurs, la catastrophe avait quelque chose de si étrange et de si soudain que les hommes s'abîmaient et disparaissaient comme dans un tourbillon.

M. de Lamartine partagea un instant les illusions de M. Barrot, mais il avait reçu plus de confidences, et, à la tribune même, il changea la conclusion de son discours et déserta la régence pour passer à la république en s'y assurant la première place. Du même coup, il essaya de tempérer le mouvement, et du scrutin improvisé par l'émeute, il fit sortir les noms les moins menaçants. Il proposa à M. Berryer, qui me le confia séance tenante, d'entrer dans le gouvernement provisoire. M. Berryer refusa sans hésitation.

M. de Genoude n'éprouva pas le moindre scrupule, il escalada la tribune, et, dans un moment de silence relatif, posa la thèse du suffrage universel : « Messieurs », dit-il, « il n'y a rien sans le concours du pays. En 1830, vous n'en avez pas appelé au peuple, et vous voyez ce qui vous arrive. Ce sera la même chose aujourd'hui. » M. de Genoude fut promptement forcé de descendre de la tribune. Il n'avait conquis dans la Chambre ni autorité ni sympathie. Ce fut M. Barrot qui se chargea de le réfuter : « Est-ce que, par hasard, » s'écria-t-il, « on voudrait revenir sur les grandes questions décidées par la révolution de Juillet? » Puis M. Barrot fut, à son tour, remplacé et réfuté par M. Ledru-Rollin : « Vous prétendez que ce gouvernement éphémère de Juillet existe, s'écria l'éphémère dictateur du 24 février! Au nom du droit de tous, je proteste contre cette usurpation du droit du peuple. Je demande un gouvernement provisoire et l'appel immédiat à une convention ! » A cette déclaration, il ajouta la proclamation du suffrage universel et direct. Le dernier mot lui resta.

M. de Lamartine et M. Ledru-Rollin demeurèrent les représentants et la personnification vivante de la journée, tout en se réservant, nous le crûmes alors, de se séparer et de se combattre, quand le moment serait venu.

A partir de l'instant où la salle fut envahie par les émeutiers en assez petit nombre, nous tînmes avec une respectueuse sollicitude les regards fixés sur madame la duchesse d'Orléans et sur ses deux fils qu'elle tenait par la main. Les législateurs ne peuvent représenter que la force légale. Quand on les met soudainement aux prises avec la violence, leur rôle devient très pénible et voisin du ridicule. Quitter son poste ressemble à un acte de prudence personnelle ; demeurer immobile et désarmé à son banc est la seule protestation possible en pareil cas. Nous demeurâmes donc sur nos sièges, très résolus à nous serrer autour de madame la duchesse d'Orléans et de ses enfants, et à les défendre de concert avec leurs amis, si on avait voulu attenter à leurs personnes. De plus en plus profonde était notre surprise, en voyant que le président de la Chambre ne requérait point un seul bataillon et que le général Bedeau, stationnant sur la place Louis XV à la tête d'une brigade, ne prenait pas sur lui de marcher au péril, comme on voit en campagne un général sans ordres marcher au canon. Cette angoisse se termina comme chacun sait. La place Louis XV laissa passer ce qu'il fallait d'émeutiers pour repousser et faire évanouir la régence, et madame la duchesse d'Orléans fut conduite en hâte et en désordre hors du palais Bourbon.

Ce fut seulement après les événements accomplis, après notre impuissance douloureusement constatée, que le petit groupe de droite se dispersa. En me retirant, je rencontrai, dans le pourtour réservé aux pairs, le duc de Fezensac donnant le bras à la baronne de Vins, dame d'honneur de madame la duchesse d'Orléans. M. de Fezensac avait hâte de courir au Luxembourg. Il me confia le soin de veiller sur la sortie de madame de Vins et je ne la quittai qu'après l'avoir, à mon tour, remise en mains sûres. Une fois libre, je gagnai la place du Palais-Bourbon par la petite porte de la rue de Bourgogne. Tout y était paisible comme d'ordinaire. A peine avais-je fait quelques pas dans la rue, que je fus accosté par le marquis de Gontaut Saint-Blancard : « Eh bien ! eh bien ! que se passe-t-il ? » me dit-il vivement. — « Il se passe, » lui répondis-je, « ou plutôt il s'est passé une révolution qui part en ce moment pour l'Hôtel de Ville, » et je lui donnai en peu de mots les détails de notre séance. Tout en m'écoutant, il disait : « Mais je n'en reviens pas ! » — « Moi qui viens de le voir, je n'en reviens pas non plus ! » Nous suivîmes ensemble la rue Saint-Dominique, lui, pour regagner l'hôtel Gontaut, moi pour entrer chez madame Swetchine et lui causer le même étonnement qu'à M. de Saint-Blancard.

De là, je me rendis en hâte chez moi, rue du Bac, pour rassurer ma famille ; car l'agitation ne tarda point à se répandre dans Paris. La soirée fut très tumultueuse. La *Marseillaise* fit son apparition habituelle en pareil cas ; des chants et des cris sinistres s'y mêlèrent. Des coups de fusil, des pétards retentirent presque toute la nuit en signe de joie. Il était évident que la vie du gouvernement provisoire ne serait pas douce et qu'il serait débordé s'il n'était pas contenu.

L'un des vétérans de la presse royaliste, M. Pou-

joulat, décrit ainsi, avec une parfaite exactitude, le lendemain de cette étrange et soudaine révolution :
« Eglise, magistrature, tous les partis politiques se confondirent dans un assentiment commun, dans un même encouragement donné aux hommes qui luttaient sincèrement contre l'anarchie. Les légitimistes, qui n'étaient pas des vaincus et dont les événements justifiaient l'opposition persévérante, entraient dans le mouvement avec une satisfaction facile à comprendre, avec un patriotisme sincère..... Jamais gouvernement ne s'était fondé avec un concours plus vrai et plus général[1]. »

Cet assentiment s'expliquait d'ailleurs par la situation même du parti monarchique. La maison royale n'étant point encore réconciliée, l'auguste représentant du principe de l'hérédité demeurant séparé de ses héritiers, libre carrière était ouverte à la République, qui n'aurait trouvé devant elle que des adversaires sans cohésion, et par conséquent sans force. Cela fut universellement senti, sans concert préalable et par instinct spontané. Les républicains eux-mêmes, pour cette fois, ne méconnurent pas les avantages de leur situation. Le *Moniteur* du gouvernement provisoire, c'est-à-dire le *Moniteur* de M. Ledru-Rollin et de M. Louis Blanc, non seulement ne hasarda pas une parole hostile aux légitimistes, mais prit soin d'adresser un appel aux anciens partis et d'annoncer, tous les matins, les gages de pacification qui arrivaient de toutes parts.

1. Poujoulat, *Histoire de France depuis 1814 jusqu'au temps présent* (1814-1867), t. IV, p. 329.

Dès le 29 février, ce journal plaçait ces paroles de paix sous le patronage de l'un des hommes les plus considérables et les plus respectés dans les provinces royalistes de l'ouest, le comte Théodore de Quatrebarbes, plus tard compagnon d'armes de La Moricière au service du souverain pontife Pie IX :

« M. de Quatrebarbes, député, appartenant au parti légitimiste, vient de partir pour les départements de la Bretagne et de la Vendée, chargé d'une mission politique par ses amis de Paris. Ceux-ci ont décidé que, dans les circonstances où notre pays se trouve placé, il fallait que tous les Français usassent de leur influence et de leur autorité pour empêcher les divisions intérieures et pour les faire aussitôt cesser, si, par malheur, elles venaient à éclater sur quelque point [1]. »

Les femmes mêmes, — ce qui est toujours plus difficile à obtenir et ce qui est plus difficile à croire aujourd'hui, — voulurent entrer dans ce mouvement, et le *Moniteur* ne dédaigna point de le constater. Le numéro du 11 mars 1848 annonçait que les patronnesses les plus autorisées du faubourg Saint-Germain, la marquise de Lagrange, la comtesse de la Bouillerie, la marquise de Biencourt, etc., etc., se joignaient pour une œuvre de charité à mesdames Dupont (de l'Eure), Ledru-Rollin, Flocon, Crémieux, etc., etc.

L'attitude était la même parmi les catholiques. Le P. Lacordaire et le P. de Ravignan, à Notre-Dame, M. de Montalembert à la Chambre des pairs, s'étaient,

---

1. *Moniteur* du 29 février 1848.

depuis 1830, soigneusement appliqués, sous les auspices de l'épiscopat, à placer l'apologie et la polémique religieuses en dehors des affections dynastiques, substituant à l'alliance du trône et de l'autel le rapprochement de l'Église et de la liberté. Ils avaient pleinement réussi, ils avaient fait d'incontestables conquêtes dans cette voie, lorsque leurs efforts reçurent un encouragement, on pourrait dire un couronnement inattendu par l'avènement de Pie IX.

Le Souverain Pontife, élu en 1846, avait eu deux ans pour faire saluer et bénir par l'Europe entière, sans en excepter Constantinople, ses intentions magnanimes. La popularité de son nom n'avait point d'égale, quand le contre-coup de la révolution de février se fit sentir à Rome, comme à Vienne, comme à Berlin ; mais, si la Révolution de Février fut fatale au règne de Pie IX, Pie IX, au contraire, rendit un grand service à la Révolution de Février. Il l'affranchit de la vieille routine révolutionnaire. Il lui apprit qu'on pouvait ouvrir son esprit à toutes les aspirations modernes en faisant le signe de la croix. Il suscita à l'Église des alliés, des défenseurs même, parmi ceux qui, quelques années auparavant, eussent proféré des blasphèmes ou des menaces.

A l'heure où ces lignes sont écrites, on ne serait pas toujours cru sur paroles si l'on se contentait d'affirmer. Il faut citer des témoins et des témoignages authentiques.

Le mouvement du clergé fut empressé. L'archevêque de Paris, accompagné de deux grands vicaires, adressa, dès le 7 mars, à M. Dupont de l'Eure, président du gouvernement provisoire, les paroles suivantes :

« Je ne viens pas faire une manifestation solennelle auprès de vous. Vous connaissez mes sentiments ; je les ai exprimés dans des actes publics. Ce que je suis heureux de vous dire, c'est que vous pouvez être sûr du loyal concours de tout le clergé de Paris. Ce n'est pas ici une protestation dont je ne suis pas certain. J'ai vu, sur tous les points de mon diocèse, les ecclésiastiques manifester le désir le plus ardent de concourir à l'ordre public, autant que le permettront les fonctions dont ils sont chargés. »

M. Dupont (de l'Eure) répondit : « Le Gouvernement provisoire reçoit avec la plus vive satisfaction votre adhésion au gouvernement de la République française. La liberté et la religion sont deux sœurs également intéressées à bien vivre ensemble. Nous comptons sur votre concours et sur celui du clergé, comme vous pouvez compter sur les sentiments de bienveillance du gouvernement provisoire[1]. »

Peu de jours après, M. Carnot, ministre de l'instruction publique et des cultes, adressait aux archevêques et évêques de France une circulaire qui se terminait ainsi : «...Ne laissez pas oublier aux prêtres de votre diocèse que, citoyens par la participation à tous les droits politiques, ils sont les enfants de la grande famille française et que, dans les assemblées électorales, sur les bancs de l'Assemblée nationale où la confiance de leurs concitoyens pourrait les appeler,

---

1. *Moniteur* du 8 mars 1848.

ils n'ont qu'un seul intérêt à défendre, celui de la patrie, intimement lié à celui de la religion [1]. »

Le Nonce apostolique écrivait à M. de Lamartine, ministre des Affaires Étrangères :

« Monsieur le Ministre,

« J'ai l'honneur de vous accuser réception de la communication que vous venez de me faire, en date d'aujourd'hui, 27 février, et je m'empresserai de la transmettre à notre très saint Père le pape Pie IX.

« Je ne résiste pas au besoin de profiter de cette occasion pour vous exprimer la vive et profonde satisfaction que m'inspire le respect que le peuple de Paris a témoigné à la religion, au milieu des grands événements qui viennent de s'accomplir. Je suis convaincu que le cœur paternel de Pie IX en sera profondément touché et que le père commun des fidèles appellera de tous ses vœux les bénédictions de Dieu sur la France.

« R., archevêque de Nicée, N. A [2]. »

Enfin le Souverain Pontife lui-même daignait écrire à M. de Montalembert :

«... Des événements considérables et imprévus ont changé la face de la France. Nous remercions vivement le Seigneur dans l'humilité de notre cœur de ce que, dans ce grand changement, aucune injure n'ait été faite à la religion ou à ses ministres. Nous nous complaisons dans la pensée que cette modération est

---

1. *Moniteur* du 13 mars 1848.
2. Msr Fornari, *Moniteur* du 29 février 1848.

due en partie à votre éloquence et à celle des autres orateurs catholiques qui ont rendu notre nom cher à ce peuple généreux... (Rome, 16 mars 1848). »

L'*Univers*, principal organe, à cette date, des catholiques et du clergé, l'*Univers*, toujours excessif dans les causes diverses que successivement il adopte ou plutôt il embrasse, publiait, dès le 27 février, l'article suivant :

« Qui songe aujourd'hui en France à défendre la Monarchie? Qui peut y songer? La France croyait encore être monarchique, elle était déjà républicaine. Elle s'en étonnait hier, elle n'en est point surprise aujourd'hui. Revenue d'un premier mouvement de trouble, elle s'appliquera sagement, courageusement, invinciblement à se donner des institutions en rapport avec les doctrines qu'elle a depuis longtemps définitivement acceptées.

« La Monarchie succombe sous le poids de ses fautes ; personne n'a autant qu'elle travaillé à sa ruine. Immorale avec Louis XIV, scandaleuse avec Louis XV, despotique avec Napoléon, inintelligente jusqu'en 1830, astucieuse, pour ne rien dire de plus, jusqu'en 1848, elle a vu successivement décroître le nombre et l'énergie de ceux qui la croyaient encore nécessaire. Elle n'a plus aujourd'hui de partisans..... Nous ne croyons pas au droit inamissible des couronnes. La théologie gallicane a consacré exclusivement le droit divin des rois. Avant elle et plus haut qu'elle, la théologie catholique a proclamé le droit divin des peuples. Il n'y a qu'une volonté qui doive être toujours plus respectée que la volonté de tous les hommes : ce n'est pas la volonté d'un autre homme, c'est celle de Dieu.

« Si nous avions pu penser que le salut de l'Église fût attaché à telle ou telle forme de gouvernement, le spectacle que la Monarchie nous donne, depuis un siècle et demi, dans le monde entier et la dernière épreuve que nous venons de faire en France, nous aurait détrompés...

« Qu'est-ce que l'Eglise a aimé dans la Monarchie? Un principe d'ordre. Qu'est-ce qu'elle a redouté dans la République avant l'encourageant spectacle que les États-Unis lui donnent et donnent au monde? Les lamentables souvenirs d'une anarchie qui fut pour elle la négation de toute liberté.

« Que la République française mette enfin l'Église en possession de cette liberté que partout les couronnes lui refusent ou cherchent à lui ravir, il n'y aura pas de meilleurs et de plus sincères républicains que les catholiques français.

« Parmi les principes sociaux qui viennent de triompher et qui vont se formuler en institutions, quels sont ceux que l'Église repousse [1]? »

A Paris, le mouvement se résuma dans un fait saisissant et vraiment solennel. Au plus fort de la lutte, sur le théâtre même de leurs triomphes, aux Tuileries, on vit les envahisseurs suspendre le pillage, s'arrêter sur le seuil de la chapelle, se découvrir et, obéissant à la voix d'un élève de l'École polytechnique, marcher silencieusement vers l'autel, en détacher le crucifix, retirer les vases sacrés du tabernacle et

---

1. *Univers* du 27 février 1848.

leur faire respectueusement cortège jusqu'à l'église de Saint-Roch où ils les déposèrent entre les mains du clergé.

Le premier dimanche qui suivit la révolution, le P. Lacordaire apparut avec calme dans la chaire de Notre-Dame, revêtu du froc de Saint-Dominique, comme si rien ne fût survenu la veille, et ce qu'il eut à réprimer dans le cours de la conférence, ce ne fut pas des murmures, ce fut des applaudissements. La justice et la reconnaissance parlaient donc par sa bouche, lorsqu'il fit entendre ces mots :

« Nous assistons, messieurs, à une de ces heures où Dieu se découvre. Hier, il a passé dans nos murs et toute la terre l'a vu. Pourrais-je donc me taire devant lui ? Pourrais-je retenir sur mes lèvres tremblantes la prière de l'homme qui, un jour de sa vie, a vu son Dieu de plus près !

« O Dieu qui venez de frapper ces coups terribles, Dieu, le juge des rois et l'arbitre du monde, regardez dans une lumière propice ce vieux peuple français, le fils aîné de votre droite et de votre Église. Souvenez-vous de ses services passés, de vos bénédictions premières ; renouez avec lui l'antique alliance qui l'avait fait votre homme, appelez-en à son cœur qui fut si plein de vous et qui, tout à l'heure encore, dans les prémices d'une victoire où rien de royal ne fut épargné par lui, vous donnait des gages de l'empire qu'il n'accorde plus qu'à vous. O Dieu juste et saint ! par cette croix de votre fils que leurs mains ont portée du palais profané des rois au palais sans tache de votre épouse, veillez sur nous, protégez-nous, éclairez-nous, prouvez au monde une fois de plus qu'un peuple qui vous respecte est un peuple sauvé[1] ! »

Dans les départements, l'adhésion se traduisait par des symptômes irrécusables. Le peuple allait chercher le prêtre pour bénir les arbres de la liberté, et au jour des élections, dans la plupart des communes, et sur tous les points du territoire, les électeurs appelaient le curé à leur tête ou dans leurs rangs pour marcher au scrutin.

« Cela nous a mal réussi ! » diront en commun les hommes, prêtres ou laïques, que ces citations contrarient.

Ils auront tort. Les royalistes y ont gagné de sortir en plus grand nombre d'une inaction qui, depuis 1830, enchaînait leur dévouement et pesait à leur patriotisme. Ils y ont gagné d'être vus de plus près, de faire apprécier plus équitablement leurs principes, leur loyauté et leurs talents, de se rapprocher d'anciens adversaires, devenus dès lors de fidèles alliés, d'agir ainsi sur les événements plus qu'ils ne l'avaient pu depuis bien des années, de se retrouver en 1871, en possession de l'estime publique et de recevoir, à cette époque, du suffrage universel, un nouveau mandat de confiance.

Les républicains y ont gagné de répudier les épouvantables traditions de leurs devanciers de 1793, de montrer, un instant, à la France, une république qui semblait pouvoir échapper au terrible dilemme posé par M. Thiers. Ils y gagnent encore aujourd'hui d'a-

---

1. *Conférences de Notre-Dame*, t. II, p. 486, 487.

voir survécu à l'insuccès des tentatives monarchiques et de rester, au gré de leur sagesse ou de leur folie, les maîtres de leur propre durée.

Tout le monde enfin y a gagné de défendre et de sauver en commun les principes fondamentaux de l'ordre social, et, à cette époque, cela passait pour quelque chose.

Dans sa jeunesse, Alexis de Tocqueville écrivait (24 juillet 1836) : « Ce qui m'a le plus frappé de tout temps dans mon pays, mais principalement depuis quelques années, ç'a été de voir ranger d'un côté les hommes qui prisaient la moralité, la religion, l'ordre, et de l'autre ceux qui aimaient la liberté, l'égalité des hommes devant la loi. Ce spectacle m'a frappé comme le plus extraordinaire et le plus déplorable qui ait jamais pu s'offrir aux regards d'un homme; car toutes ces choses, que nous séparons ainsi, sont, j'en suis certain, unies indissolublement aux yeux de Dieu.

« Dès lors j'ai cru apercevoir que l'une des plus belles entreprises de notre temps serait de montrer que toutes ces choses ne sont point incompatibles, qu'au contraire elles se tiennent par un lien nécessaire, de telle sorte que chacune d'elles s'affaiblit en se séparant des autres... Si les hommes purs et honnêtes voulaient aimer la liberté, comme ils aiment la vertu, ces deux choses se réhabiliteraient l'une par l'autre, et nous serions sauvés[1]. »

« On n'a quelque chance de maîtriser les mauvaises

---

1. *Correspondance de Tocqueville*, t. Ier, p. 432.

passions du peuple qu'en partageant celles qui sont bonnes [1]. »

Dans son âge mûr, M. de Tocqueville a vu, durant quelques années, la réalisation de ses nobles vœux. Lui-même, comme il se le promettait, a pu prendre part à une expérience dont tous les fruits n'ont pas disparu. Il en reste du moins un grand exemple; l'exemple de ce que la liberté gagnerait à demeurer chrétienne, l'exemple de ce que les catholiques gagnent à demeurer les amis de la liberté !

Nous ne pouvions rien sur la direction du pouvoir qui venait de se constituer à l'Hôtel de Ville; nous ne pouvions rien pour calmer ou pour éclairer les faubourgs de Paris dans lesquels on excitait, on entretenait une fermentation croissante. Ce qui nous importait désormais, c'était de savoir comment la nouvelle révolution serait accueillie dans les départements. Très naturellement, les départements de l'Ouest devinrent l'objet de ma première préoccupation.

Le parti légitimiste comptait de nombreux adhérents dans le Poitou, l'Anjou et la Bretagne. Quel usage ferait-on de ces forces ? Les légitimistes parlementaires protesteraient-ils par leur candidature ou par leur abstention? Les légitimistes qui recevaient leurs instructions du duc des Cars croiraient-ils le moment venu de déployer leur organisation militaire ? Il n'y avait pas un instant à perdre pour prendre un parti et donner un conseil. Une première

---

1. *Nouvelle Correspondance de Tocqueville*, p. 183.

impulsion pouvait tout sauvegarder ou tout compromettre. Le comte de Quatrebarbes et moi, tous deux députés de Maine-et-Loire, nous tombâmes pleinement d'accord.

Nous résolûmes de partir immédiatement pour Angers afin d'exhorter nos amis à se garder de la moindre tentative de guerre civile, dont l'unique et infaillible résultat serait d'attirer sur l'Ouest l'écume de Paris et de faire fondre d'incalculables malheurs sur des populations que nous avions le devoir d'avertir avant qu'elles ne s'égarassent dans une voie funeste. L'approbation de cette ligne de conduite par M. de Quatrebarbes était pour moi un grand motif de confiance. C'était un modèle accompli d'honneur chevaleresque ; c'était en même temps un type fort original, singulier mélange d'une grande hauteur d'intelligence et de quelques faiblesses de jugement. Il avait une juste fierté aristocratique dans la bonne acception de ce mot, unie à une charmante bonhomie et à une parfaite compréhension de la société moderne. Peut-être admirait-il trop en bloc les temps anciens, mais personne n'étudiait plus consciencieusement les besoins nouveaux, et, ce que le travail ne lui eût pas appris, lui aurait été certainement révélé par son cœur, par sa générosité naturelle, par sa piété aussi éclairée qu'ardente.

Au retour d'un voyage en Allemagne, il me disait spirituellement : « Je vais vous résumer en deux mots ce que je viens de voir dans M. le comte de Chambord : C'est Henri IV, corrigé par saint Louis. » A quoi je lui répondais : « Dieu vous entende, mon cher ami, car pour moi, je me contenterais de Charles X, corrigé par Louis XVIII. » On pouvait lui appliquer à lui-même quelque chose de sa définition: M. de Quatrebarbes était un chevalier du treizième siècle, complété par un homme d'esprit du dix-neuvième.

La comtesse de Quatrebarbes n'était point à Paris au moment de la révolution de Février. M. de Quatrebarbes était donc libre de partir immédiatement pour Angers, et il partit en effet, très ferme et très animé dans les sentiments qui nous étaient communs. Mes préparatifs de voyage ne furent guère plus longs; mais les voies de communication n'étant pas, à cette époque, ce qu'elles sont aujourd'hui et ne voulant pas laisser ma femme et ma fille en route, je dus m'arrêter à Tours. Le chemin de fer n'allait pas alors au-delà. Le reste de la route devait se faire en voitures publiques; nous les trouvâmes encombrées. Un voyage en poste, à cette date, était impossible; nous fûmes donc obligés de demeurer quarante-huit heures à Tours.

Ne pouvant parler à mes amis de l'Anjou aussi vite que je me l'étais promis, je voulus, du moins, leur écrire et je m'adressai à l'un d'eux, M. Bougler, spirituel érudit, sachant bien l'histoire de la révolution, fort connu et fort influent à Angers. Je lui peignis en trois pages rapides mes impressions sur les événements dont je venais d'être le témoin. Je le conjurai surtout de combattre tout ce qui pouvait ressembler à des coups de tête. Au lieu de développer en son nom ma lettre dans l'*Union de l'Ouest* où il avait la haute main, M. Bougler crut ma signature utile, et sans me consulter ni m'attendre, il publia textuellement cette expression hâtive de ma pensée. Cependant je ne le lui reprochai jamais. Ma lettre fut reproduite et très généralement approuvée dans les journaux légitimistes qui en firent, en quelque sorte, le programme du moment.

Plus tard, cette lettre est devenue le texte d'une double accusation. Les journaux de la gauche l'ont transformée en manifeste concerté et réfléchi; et ils en ont pris occasion de crier à la palinodie et même à la trahison du parti royaliste tout entier. D'un autre côté, quand l'extrême droite jugea convenable de rompre avec la droite modérée, mon prétendu manifeste me fut encore opposé. « Comment l'homme qui parlait ainsi en 1848, disait-on, pourrait-il prétendre à l'honneur de représenter ou de conseiller de vrais et purs légitimistes? » Devant ces accusations contradictoires, je n'ai rien retranché, ni désavoué. A trente ans de distance, je ne retranche, je ne désavoue rien. Au dedans, point d'appel à la violence, mais persévérant appel aux forces morales et légales, seules armes efficaces de notre temps; au dehors, point d'émigration, point de confiance dans les sympathies étrangères. L'erreur de nos pères à cet égard leur fut bien funeste. Elle le fut plus encore à la France et à la Monarchie. La même erreur, après tant et de si cruelles expériences, serait inexplicable et inexcusable.

Voici maintenant le corps du délit :

« Tours, 25 février 1848.

« Mon cher ami,

« Aussitôt que j'ai pu m'arracher à la préoccupation des événements présents, toute ma pensée s'est reportée sur notre Anjou. Les souvenirs de la guerre civile, l'ardeur des convictions contraires y rendent le terrain plus brûlant encore que partout ailleurs. Permettez-moi donc de vous écrire à la hâte mes premières impressions et veuillez les communiquer à tous ceux de nos amis qui gardent à M. de Quatrebarbes et à moi la confiance qu'ils nous avaient fait l'honneur de nous accorder jusqu'à ce jour.

« Le mouvement actuel a cela d'évident qu'il ne peut blesser aucune conscience. Il ne s'agit pas d'une fidélité à transporter lâchement d'un prince à un autre ; il ne s'agit pas d'une ambition à badigeonner de la couleur du jour. Désormais, c'est le gouvernement de tous pour tous qu'il importe de régulariser, c'est la société dans sa plus large, dans sa plus haute acception qu'il importe de défendre. Que personne donc de nous ne s'y méprenne, que personne ne s'arrête un instant à des impressions analogues à celles qu'ont pu produire les faits anciens. Tout est nouveau, tout est inouï dans les événements actuels. Notre conduite ne doit plus relever, à cette heure, que de notre patriotisme, sans aucun ressouvenir de nos vieilles démarcations de parti.

« Le gouvernement provisoire installé à Paris est lui-même le meilleur emblème de ce devoir social qui sera, je l'espère, compris par tous nos compatriotes.

Beaucoup de ses membres me sont personnellement connus, et je m'honorerai toujours des relations qui m'ont rapproché d'eux depuis mon entrée à la Chambre. Ils consacrent, en ce moment, de grands efforts à rendre au pays la sécurité, le calme dont il a besoin pour vaquer aux grandes questions qui vont se soulever : la constitution d'abord, la liberté des cultes, la paix ou la guerre.

« Dites-vous bien que l'Europe va prendre feu d'un bout à l'autre, à la nouvelle des événements de Paris. Cela, grâce à Dieu, nous dispense en France de songer à *l'étranger*. Les puissances étrangères, comme on disait jadis, sont aujourd'hui les *impuissances étrangères*. Tout ce que leur attaque a entraîné de violences, de passions, en 92, en 93, ne peut plus se reproduire. Le mouvement actuel, d'ici à six mois, enveloppera 60 millions d'hommes. Nous sommes séparés de toute agression possible par un boulevard de 300 lieues, par un rempart de peuples qui tournent vers nous leurs cœurs et non leurs armes.

« Que les imaginations ne se reportent donc pas avec colère vers l'inévitable rapprochement de nos révolutions premières. Le meilleur moyen de faire renaître 93 serait de le craindre ou de le prédire. Nous avons encore, je l'espère, toutes les qualités de nos pères, mais nous n'avons plus leur inexpérience et leurs illusions. Comment, tout étant dissemblable dans les causes, rien pourrait-il être semblable dans les effets?

« Travaillez aussi à bien faire comprendre au clergé des campagnes toute l'importance de son attitude dans le mouvement actuel. Pie IX dit, depuis le commencement de son règne, qu'il est prêt à sacrifier son État temporel plutôt que la moindre de ses obligations comme pape. Prions Dieu pour qu'il ne soit pas mis à cette épreuve, mais appliquons-nous plus que jamais à méditer les enseignements prodigieux qui ressortent du langage et des exemples de Pie IX. La religion fleurit dans les républiques américaines, elle a fait, au moyen age même, la splendeur des républiques italiennes. Le clergé n'a pas consenti, en 1830, à ce que la Foi s'exilât avec le pieux représentant de la maison de Bourbon. Ne nous inquiétons pas davantage par rapport à elle, des formes que se donnera la prochaine représentation nationale ; que le clergé s'étudie, au contraire, à rapprocher tous les citoyens entre eux, et à éclairer les habitants de nos campagnes, en rassurant leur piété au lieu de l'alarmer. Le peuple de Paris, dans toute l'ardeur de la lutte, n'a pas cessé un instant de respecter les églises ; les prêtres parcourent toutes les rues ; en plusieurs circonstances, il y a eu des traits fort touchants et que je serai heureux de vous raconter à loisir.

« En un mot, cher ami, les périls de la France sont considérables ; la réflexion, la conduite, le langage, le *cœur*, le *fond du cœur*, sans arrière-pensée, sans malentendu possible, doivent se pénétrer de la gravité de cette situation, ne rien abandonner au hasard des impulsions individuelles ou à l'impétuosité des premiers mouvements.

« M. de Chateaubriand a écrit, il y a déjà bien des années : « Je suis monarchique par principe, je suis républicain par nature. » Ce mot est parfaitement sincère dans la bouche de M. de Chateaubriand et des hommes de l'Ouest en général. Eh bien ! montrons à cette heure que le fond de notre nature est aussi facilement apte à l'indépendance et à la fermeté patriotiques qu'aux traditions chevaleresques de la monarchie.

« Il n'y a plus, à cette heure, qu'un mot de l'ancienne unité française qui soit debout : la Patrie. Rallions-nous tous à ce glorieux et saint nom : prononçons-le, non avec contrainte, et comme imposé par une sorte de vague terreur, mais comme des hommes auxquels ni le mot, ni aucun des dévouements qu'il implique, ne sont inconnus ou indifférents. Dans peu de jours, j'espère être près de vous et me mettre à l'œuvre en commun avec vous. M. de Quatrebarbes sera bien prochainement à Cholet même, allant offrir aux autorités qu'il y trouvera, quelles qu'elles soient, l'appui de ses convictions et de son courage. Je ne doute pas que cette démarche de sa part ne devienne aujourd'hui, dans la Vendée, le signal d'une réconciliation comme elle se fait, comme elle doit se cimenter entre hommes loyaux qui ne désavouent rien de leur passé, mais qui savent, d'un œil ferme, envisager l'avenir.

« Au revoir donc, bon courage et confiance en Dieu, qui a déjà donné trop de témoignages de prédilection à la France pour l'abandonner désormais, en pleine paix, en pleine prospérité, en pleine jouissance de tous ses droits, de toutes ses libertés, aux horreurs de la guerre civile, aux rechutes violentes de ses plus mauvais jours.

« Je ne puis, du reste, terminer ce griffonnage sans consigner ici, ce qui n'étonnera que ceux de nos amis éloignés du théâtre des événements, mon *admiration*, je souligne le mot, pour le peuple de Paris. Sa bravoure a été quelque chose d'héroïque, ses instincts d'une générosité, d'une délicatesse qui surpassent celles de beaucoup des corps politiques qui ont dominé la France depuis soixante ans. On peut dire que les combattants, les armes à la main, dans la double ivresse du danger et du triomphe, ont donné tous les exemples sur lesquels n'ont plus qu'à se régler aujourd'hui les hommes de sang-froid. Ils ont donné à leur victoire un caractère sacré : unissons-nous à eux pour que rien désormais ne le dénature ou ne l'égare.

« Votre tout dévoué

« A. DE FALLOUX. »

On peut trouver dans cette lettre quelques expressions qu'on eût rendues plus mesurées ou plus claires, si elles avaient été destinées à la publicité. Quant à un piège, quant à une trahison préméditée, on ne les y trouvera pas, parce qu'ils n'y sont pas. J'ajoute qu'il n'y en avait nulle part et pas plus chez mes amis que chez moi. Si la République eût été conservatrice et chrétienne, nous eussions gardé au fond de nos cœurs des affections contristées, mais nous fussions demeurés, sous la République, les plus dévoués serviteurs de la liberté. Je comprends l'intérêt des républicains à s'exonérer eux-mêmes en dénaturant nos intentions ou nos actes. Je comprends moins l'intérêt des hommes monarchiques à renier ou à calomnier leur conduite de cette époque. En tout cas, j'écris pour eux plus que pour moi, et la suite de ces mémoires ne sera que l'exposé, jour par jour, de notre commune loyauté.

Quant au respect que témoigna à la religion la révolution de Février, il faut, pour s'en rendre compte, remonter de deux ans en arrière.

Avant de ceindre la tiare et de s'appeler Pie IX, le cardinal Jean Mastaï représentait dans le Sacré-Collège, comme les cardinaux Gizzi et Micara, un libéralisme appuyé sur les plus incontestables vertus. Les questions agitées alors en Italie n'étaient pas seulement politiques, elles étaient surtout italiennes, et le cardinal Mastaï n'était pas moins Italien que libéral. Ce guelfe de vieille race, monté sur le trône pontifical, voulut marquer aussitôt et avec éclat la direction qu'il entendait donner à son règne; fière attitude qui fut saluée de l'Orient à l'Occident par un cri presque unanime d'enthousiasme et de confiance. L'Italie tressaillit d'une commotion électrique, l'Allemagne s'inquiéta, la France se réjouit. Le monde politique se mit à parler un langage nouveau, saluant, tout en essayant de le tempérer pour le rendre pratique et durable, ce rapprochement opportun, ce n'est pas assez dire, ce rapprochement nécessaire entre la papauté et la société moderne.

Pie IX parvint, dès le premier jour de son avènement, à une popularité dont on ne pouvait retrouver l'analogue que dans l'histoire d'un passé bien lointain. Peut-être la généreuse ambition de Pie IX pour le Saint-Siège et pour l'Italie eût-elle réussi ; peut-être eussions-nous vu un pape marquant d'une main sûre et respectée la juste limite entre les temps anciens et les temps nouveaux, sans la brusque secousse de Février. Cette révolution fit perdre l'équilibre partout, à Vienne et à Berlin, comme à Paris. Rome subit le péril commun ; durant quelques mois encore la barque de Pierre domina les flots, et quand l'abominable assassinat de M. Rossi eut contraint Pie IX à chercher un asile au fond de l'Italie, le pape fugitif demeura, comme le pape sur le trône, l'objet du respect et de l'amour de l'humanité. Les catholiques français entrèrent volontiers dans la voie tracée par Pie IX. Comme lui, ils en avaient recueilli faveur dans l'opinion publique et tous les avantages qui découlent naturellement d'une bonne situation morale. Ce spectacle d'une étroite concorde nous fut donné d'un bout de la France à l'autre.

Les inquiétudes du premier moment se calmèrent rapidement. Le clergé ne prit point effroi ; le parti légitimiste comprit que l'heure d'une révolution nouvelle n'était assurément point l'heure de la monarchie. La fraction du parti légitimiste qui se fût volontiers qualifiée de parti militaire accepta de bonne grâce l'impulsion commune, et nul ne donna le conseil ou l'exemple d'une regrettable témérité. Malgré ce très sincère accord dans une politique très loyale, les départements ne s'en débattaient pas moins dans une grande confusion.

Le suffrage universel et le scrutin de liste tombaient à l'improviste sur des populations qui ne se rendaient aucun compte d'un mécanisme électoral si vaste et si différent de celui auquel on était habitué. Chacun tout d'abord jeta ses regards et fit ses combinaisons dans l'étroite limite de son milieu. On entendait des hommes graves et parfaitement intelligents dire, après mûre réflexion : Choisissons tels ou tels de nos voisins. Ils auront au moins trois mille voix! Peu à peu et à la suite de grands efforts, on parvint à comprendre que les élus devraient conquérir au moins cinquante ou soixante mille voix et que, pour en venir là, on devait concilier sur une liste la représentation équilibrée des divers intérêts et des diverses régions du département tout entier.

Quand ces indispensables préliminaires furent adoptés, l'élaboration sérieuse des listes commença. M. de Quatrebarbes et moi, députés sortants, ne voulûmes rien conclure et même rien proposer, avant de nous être consciencieusement assurés de l'opinion de nos amis sur tous les points du département. A cet effet, nous prîmes l'initiative de convoquer à Angers tous les hommes ayant une honorable notoriété. Le rendez-vous était donné dans les vastes salons du comte Anatole de Caqueray, fils aîné du vénérable comte de Caqueray, longtemps député de Maine-et-Loire, et universellement estimé dans l'Anjou. Cette réunion n'était point destinée à la publicité. Néanmoins l'opinion républicaine en eut connaissance et en prit ombrage. M. de Caqueray reçut une lettre, longuement motivée, dans laquelle on lui signifiait qu'on ne pouvait laisser, qu'on ne laisserait poin le parti légitimiste conspirer dans l'ombre, qu'on lui donnait cet avertissement officieux dans son intérêt et dans celui de ses amis ; on ajoutait que s'il n'en était point tenu compte, M. de Caqueray en serait rendu personnellement responsable.

Divers symptômes non douteux appuyaient cette lettre, et nous dûmes en délibérer. Les uns proposèrent de contre-mander la réunion en y substituant l'accord individuel et par écrit ; d'autres proposaient des réunions fractionnées en divers lieux et à divers intervalles. Je me permis de combattre ces deux propositions ; je soutins que nous nous trouvions en face d'un commencement de terreur auquel il fallait résister dès le premier jour, que si, par une retraite plus ou moins déguisée, la menace obtenait un premier succès et la violence droit de cité, c'en était fait de la liberté électorale d'abord et de beaucoup d'autres libertés ensuite.

Je proposai donc de ne renoncer à une réunion privée que pour provoquer une réunion publique. Ma motion finit par être adoptée, et nous n'eûmes plus qu'à délibérer sur le local à choisir. Nous cherchâmes celui qui pouvait contenir le plus grand nombre d'auditeurs, et nous nous arrêtâmes à un vieil édifice, au centre même de la ville, qui avait déjà servi à plusieurs réunions populaires et qu'on appelle le Palais des Marchands.

La séance fut fixée au dimanche 12 mars ; l'*Union de l'Ouest* donna rendez-vous à tous ses lecteurs ; entra qui voulut et la salle fut comble. La parole avait été déférée à M. de Quatrebarbes et à moi, et nous nous concertâmes le matin sur le langage à tenir dans la soirée.

« Plus je réfléchis sur votre conseil, me dit M. de Quatrebarbes, plus je crois que nous avons bien fait de le suivre, mais je vous avoue aussi que le langage à tenir me paraît embarrassant. Plus le mouvement de Février se dessine, plus il incline vers la tradition des mauvais jours. Le socialisme de Proudhon déborde le jacobinisme de Ledru-Rollin, et je ne puis me résoudre à prononcer des éloges que ma conscience ne ratifierait pas. — Je vous reconnais bien là ; mais nul ne songe à vous demander une approbation sans réserve, que, pour mon propre compte, je ne donnerai certainement pas. — Ce n'est pas tout, reprit-il, le mot même de république me répugne à prononcer. — Répugner à prononcer le nom quand on subit la chose ne me paraît pas très raisonnable ; car on ne fait pas disparaître ce qu'on passe sous silence. Cependant, ne vous en inquiétez pas ; je serai, s'il le faut, un peu plus logique que vous, et je payerai pour nous deux. Je prononcerai, dès mes premiers mots, le nom de la République, sans en assumer en quoi que ce soit la responsabilité. Loin de suivre l'exemple de l'*Univers* et de quelques catholiques, loin d'insulter le passé, je ferai clairement allusion à l'éventualité d'un retour à la monarchie. »

M. de Quatrebarbes se montra dès lors très soulagé. Il commença cependant à craindre que je n'allasse trop loin, et il reprit avec une assez visible anxiété : « Eh bien ! que comptez-vous dire ? — Je compte dire la vérité telle que vous et moi la professions bien avant le 24 février ; je compte dire que la préoccupation des classes pauvres est un sentiment chrétien, que l'Église a été de tout temps la patronne, la mère de l'ouvrier, et je vous promets de faire applaudir l'éloge du Pape. »

Le soir venu, M. de Quatrebarbes et moi arrivâmes ensemble au Palais des Marchands. Nous montâmes seuls sur une large estrade d'où nous étions en vue de toute la salle et d'où nous apercevions distinctement tout le monde. Les meneurs de la démocratie locale, plusieurs sachant fort bien manier la parole, occupaient les premiers bancs. Une douceur naturelle à la population angevine et l'apparence parlementaire que voulait garder encore la révolution de Février, interdisaient toute crainte d'un péril; mais nous devions nous attendre à une hostilité concertée. Il y avait dans la salle en talent et en nombre plus qu'il n'en fallait pour nous interpeller et étouffer nos réponses par des clameurs, se prévaloir le lendemain de notre prétendue défaite et se vanter de nous avoir imposé le repentir de notre bravade. C'était bien le plan qui avait été conçu; on ne nous l'a pas caché depuis, mais ce plan fut déjoué, et, je l'affirme, déjoué surtout par le prestige et l'ascendant du nom de Pie IX.

Non seulement personne ne nous interrompit et ne nous répliqua, mais les partis pris se modifièrent visiblement en quelques minutes. Les physionomies les plus sombres s'épanouirent; des signes d'approbation se manifestèrent, puis, cette première glace rompue, les applaudissements éclatèrent, redoublèrent et tournèrent enfin à une véritable ovation qui nous suivit jusque dans la rue. Le discours de

M. de Quatrebarbes et le mien furent imprimés le lendemain avec autant de fidélité que notre mémoire le permit, et ils sont devenus aussi un peu plus tard ce que l'on appela un des actes machiavéliques du parti légitimiste. Je dois donc ici leur conserver une place. M. de Quatrebarbes parla le premier ; voici le passage décisif de sa très courte allocution :

« Le temps des émigrations à l'intérieur et à l'extérieur est à jamais passé ! Nous accepterons donc sans arrière-pensée, comme l'expression de la volonté de tous, toute constitution émanée de l'Assemblée nationale et votée librement, sous la double condition de la liberté et de l'ordre. Jusque-là, tous nos vœux, tous nos efforts n'auront qu'un but, celui d'assurer cette sainte et pacifique solution de notre état social. Aux élections qui se préparent, nous sommes prêts à appuyer toute fusion, toute combinaison loyale où une juste et équitable proportion sera maintenue. Si l'on nous exclut, nous n'exclurons pas ; mais il nous sera permis de ne pas croire au libéralisme des hommes qui veulent continuer de diviser la France en plusieurs camps et qui la voient tout entière sous leur tente..... Oui, la France accomplira pacifiquement ses glorieuses destinées en proclamant à la fois les droits de Dieu et les droits de l'homme, la liberté de l'Église, de la famille et de la conscience, une sage organisation du travail, qui règle équitablement les rapports de l'ouvrier et du maître, qui protège à la fois l'agriculture, la propriété et l'industrie.

« C'est là, Messieurs, devant Dieu, ce que nous

voulons. N'est-ce pas votre vœu à tous? » (*De toutes parts :* Oui ! oui !)

Les journaux d'Angers constatèrent que je ne voulais rien ajouter au noble langage de M. de Quatrebarbes, mais que ce fut l'assemblée elle-même qui m'imposa de prendre la parole après lui, ainsi que l'atteste le compte rendu même de la séance d'après lequel je reproduis mon discours :

« Messieurs,

« La République française vient d'être proclamée. C'est là un fait immense et qui a imposé aussitôt à toutes les classes d'immenses devoirs. Personne n'en a de plus délicats, de plus impérieux, de plus graves que ceux qui représentent ici en majeure partie l'intérêt de la propriété. Il faut qu'elle occupe sa place, qu'elle exerce son influence dans le mouvement actuel; mais pour que cette place et cette influence ne tournent pas à son propre détriment, il faut qu'elle inspire confiance, confiance pleine et absolue, et pour en venir là, une seule condition est nécessaire, condition bien simple et bien facile pour des hommes de cœur : la sincérité. La propriété n'a en face d'elle que des sophismes sans application possible, que son action populaire et bienfaisante réfutera avec la seule éloquence qui frappe véritablement les masses, l'éloquence des faits. Et comment la France, la patrie privilégiée du bon sens et de l'intelligence, pourrait-elle souffrir que le propriétaire et l'ouvrier se considérassent comme ennemis? Mais l'un et l'autre ne sont même pas des rivaux, ce sont deux existences inséparables l'une de l'autre ; ce sont deux frères jumeaux, nés le même jour, destinés à vivre de la même vie ou à mourir de la même mort. Et si la violence pouvait momentanément imposer la réalisation des rêves insensés dont quelques imaginations se bercent, est-ce que cette égalité de jouissances pourrait avoir même la durée d'une année ? Est-ce que ceux qui pourraient mettre une main sanglante sur le droit sacré de propriété auraient en même temps le pouvoir de changer les décrets de Dieu et les lois de la nature ? Est-ce qu'ils pourraient faire violence au ciel, à ce point que tous les hommes eussent égalité de taille, égalité de santé, égalité d'industrie ? Est-ce qu'en six mois la disproportion de toutes ces forces nécessaires pour jouir n'entraînerait pas déjà la disproportion du bien-être entre tous les hommes ? Est-ce que la terre peut être asservie aussi à ce point de porter ses moissons, et de prodiguer ses fruits sans art et sans culture ? Non, non, Messieurs, ces rêves peuvent être généreux et charitables dans la pensée de leurs auteurs, mais ils tourneraient immédiatement contre le but populaire que l'on veut atteindre, et, en bien peu de jours d'une cruelle expérience, le travailleur et le propriétaire, l'ancien pauvre et l'ancien riche, confondus dans un même désastre, tendraient ensemble leurs mains suppliantes vers le Dieu des miséricordes !

« Il faut donc que la propriété n'inspire pas de méfiance ; il faut qu'elle n'en conçoive pas à son tour et que nous commencions tous aujourd'hui, à cette date qui sera mémorable dans l'histoire du monde, une fraternité non pas chimérique ou criminelle, mais chrétienne, pratique, à conditions égales de charges et de devoirs.

« J'ignore quel est le destin futur de la République en Europe, et personne ne peut le prédire plus que moi, mais ce que je connais avec certitude, c'est le présent ; eh bien ! le présent est plein de magnifiques promesses ou de périls inévitables. Penchons tous ensemble du côté des promesses ; pesons-y de tout notre poids et efforçons-nous ainsi de conjurer les périls. Toutefois, s'il y a des choses de l'avenir que j'ignore, il y en a une que je crois savoir, et celle-là, je tiens à la dire, parce que je la tiens pour définitive, pour irrévocablement acquise : c'est l'avènement de la démocratie. C'est là-dessus que nous devons tous prendre notre résolution. Quand bien même les cœurs et les intelligences, par quelque mouvement imprévu, retourneraient encore vers la monarchie, les institutions, les idées, les mœurs, demeureraient démocratiques, et le monarque ne serait jamais que le président de la république. Honorons donc, saluons cet avènement, et réclamons par le labeur, comme par le bienfait, notre juste part dans la grande famille du peuple.

« Cet avènement est d'autant plus irrévocable, que la Providence et l'histoire nous l'ont préparé de bien haut et de bien loin ! Suivez le peuple depuis l'aurore de la civilisation, c'est-à-dire depuis l'Évangile : au sortir des mains païennes, il s'appelle esclave, puis serf, puis vassal, puis sujet ; aujourd'hui, il porte et il conservera le nom de travailleur libre. Suivez de même l'histoire du riche, il s'appelle le maître, puis le suzerain, puis le seigneur; aujourd'hui, il s'appelle : citoyen. Eh bien ! une telle marche, si savamment et si persévéramment conduite, à travers des âges si divers, ne peut être l'œuvre du hasard. Le citoyen, le travailleur, voilà les deux termes extrêmes où Dieu a voulu amener l'ancien monde. Le citoyen, le travailleur, voilà les deux bases nouvelles qu'il a préparées pour le monde futur. Voilà les deux termes communs de cet immense travail qu'on appelle la construction d'une société.

« L'humanité n'est jamais abandonnée à elle seule, même lorsqu'elle semble livrée aux écarts les plus désordonnés. La sollicitude, la vigilance qui ne cessent de veiller sur elle peuvent se voiler quelquefois, comme le soleil, mais, comme le soleil aussi, elles ne s'éteignent jamais et ne font que se dérober à nos yeux lorsqu'on croit qu'elles s'évanouissent. Quand Dieu pèse encore dans sa main gauche les vieilles destinées, il tient déjà dans sa main droite le germe des destinées nouvelles. Confiance donc! confiance ! La France a toujours été un objet de sa prédilection, et la France, dans ces jours de crise, a laissé percer pour lui tant de reconnaissance, tant de respect, tant d'amour, qu'elle en peut être délaissée moins que jamais.

« Nous pouvons cependant, en défendant les intérêts de la propriété, encourir jusqu'à un certain point le reproche d'égoïsme; mais il est un intérêt commun à tous les hommes, c'est celui de la religion; nous devons nous mettre en position de la défendre, si, ce que je suis bien loin d'admettre, elle était attaquée, et nous devons la défendre sans courir le risque de lui faire partager aucune solidarité nuisible ou suspecte. La religion est plus nécessaire à une république qu'à toute autre forme de gouvernement, car, moins les lois sont coercitives, plus les consciences doivent être délicates, moins vous permettez qu'on élève entre le commandement et l'obéissance l'appareil extérieur et menaçant des lois rigoureuses, plus vous devez planter au fond des consciences la règle, le frein, le joug des sentiments pervers qui pourraient, en un clin d'œil, nous précipiter les uns sur les autres, comme un peuple à l'état sauvage.

« Et voyez encore ici combien la volonté de Dieu a pris les devants pour nous tracer notre ligne. Si les événements prodigieux dont nous venons d'être les témoins s'étaient accomplis sous le pontificat de Grégoire XVI, pontife d'auguste et vénérable mémoire, mais dont une encyclique fameuse, mal interprétée, semblait condamner plusieurs des franchises les plus chères des temps modernes, que serait-il arrivé? On aurait vu, au milieu de ce terrible malentendu, de nouvelles passions se déchaîner contre l'Eglise, et la foi alarmée se rejeter, à son tour, dans les voies de la violence et de la représaille. Au lieu de cela, Dieu a voulu, car je suis toujours tenté de m'écrier comme le poète :

Et quel temps fut jamais si fertile en miracles?

il a voulu que, par acclamation et par un subit instinct des vues les plus secrètes de la Providence, le Sacré Collège mît à la tête de la chrétienté le pontife béni déjà d'un pôle à l'autre, le grand Pie IX !

« On se demandait, il y a bien peu de jours encore, pourquoi le pape entreprenait des œuvres si nouvelles. On se demandait, les uns avec étonnement, les autres avec amertume, pourquoi tant d'empressement. Il avait deviné le secret de Dieu, et nous pouvons connaître le sien à lui-même aujourd'hui. Il voulait en toute hâte profiter des dernières heures de calme de l'Europe, des derniers jours où la peur et la contrainte ne pouvaient lui être légitimement imputées, des circonstances où la force matérielle s'offrait encore à son aide s'il eût consenti à quelques pas rétrogrades ; il a voulu profiter de toutes ces circonstances opportunes et rapides, pour approcher la liberté de son cœur, pour lui en faire sentir tous les battements, pour lui en faire comprendre toutes les inspirations, puis la laisser échapper de ses bras, réconciliée et bénie, pour aller désormais, sous les auspices de la religion même, s'épandre sur toute la surface du monde.

« Nous connaissons donc les temps présents, nous les avons sondés, nous n'en avons point pâli, et, sans flatterie, sans déguisement, nous en avons accepté du fond de notre âme toutes les conditions. Nous voulons tous apporter notre part de sacrifices et de dévouement dans l'enfantement laborieux de cette société nouvelle. Nous voulons monter hardiment sur l'océan inconnu où vient de se lancer le vaisseau de la France, uniquement préoccupés d'éviter à ce vaisseau bien-aimé l'écueil ou la tempête, et fermement résolus, s'il rencontrait l'ennemi étranger, à combattre et à mourir pour son pavillon. »

Le prétendu machiavélisme de mes amis et le mien qui avait été la première fois, à Tours, un acte de légitime prévoyance, n'était cette fois, à Angers, que le refus de nous soumettre à une tyrannie sans excuse. Nous voulions délibérer entre nous avec discrétion, peut-être avec timidité. On nous contraignit de risquer une épreuve plus hardie et tout à fait improvisée. Cette épreuve tourna à notre avantage, et, comme les temps révolutionnaires ne sont probablement pas finis, je veux laisser après moi mon secret à mes lecteurs. Je pris ce jour-là pour devise politique l'*habileté du vrai*, et dans mille occasions, comme dans celle-là, je m'en suis bien trouvé. Nous n'avions voulu ni reculade ni fanfaronnade ; nous montrâmes au grand jour le fond de notre cœur. On n'y vit que du bon sens et du patriotisme. Ceux-là mêmes qui en étaient surpris ou mécontents nous rendirent un hommage involontaire, et la convenance de nos candidatures, douteuse jusque-là à nos propres yeux, sortit d'emblée d'une épreuve qu'on avait crue mortelle.

Je ne crois pas inutile de constater ici ce qu'était encore, en 1848, le sentiment religieux dans les masses, ce qu'étaient la popularité d'un pape et l'autorité de l'Église, alors que, sans concession aucune et dans toute l'intégrité du dogme, le clergé ne s'attribuait dans les luttes politiques d'autre mission que la défense des intérêts religieux. Je ne sais à quelle date ce récit sera lu, je ne sais même s'il le sera jamais ;

je sais seulement que je l'écris à bonne intention. Depuis 1848, les directions religieuses ou, pour parler plus exactement, les polémiques religieuses se sont considérablement modifiées; elles ont presque passé d'un pôle à l'autre. Je crois donc qu'il est utile de poser, de distance en distance, des points de comparaison. Ce seront des jalons pour l'expérience, et la sagesse en profitera.

Après l'heureux succès de la réunion du Palais des Marchands, notre liste de candidats à l'Assemblée constituante fut promptement et facilement arrêtée. Elle portait seulement trois noms appartenant à l'opinion monarchique, celui de M. de Civrac, celui de M. de Quatrebarbes et le mien. Tous les autres candidats nous étaient communs avec l'opinion libérale assez avancée, mais conservatrice, qui s'intitulait elle-même l'opinion républicaine.

Mes deux amis et moi nous atteignîmes à peu près le même nombre de voix, mais j'obtins seul le chiffre nécessaire, et je passai à la stricte majorité. Cet échec si regrettable de MM. de Civrac et de Quatrebarbes ne tint du reste qu'à quelques dissidences locales, sans aucune signification politique.

CHAPITRE IX

ASSEMBLÉE CONSTITUANTE. — INVASION DE L'ASSEMBLÉE.
LE 15 MAI. — JOURNÉES DE JUIN.

1848.

Le suffrage universel, qui prenait le parti conservateur au dépourvu, ne trouva pas le parti révolutionnaire beaucoup mieux préparé. Le despotisme des commissaires, imposés par Ledru-Rollin à tous les départements, se montra déconcerté, hésitant, devant la résistance passive des populations rurales et souvent même des populations urbaines. La date des élections fut fixée au jour de Pâques, dans l'évidente intention d'écarter autant que possible les catholiques du scrutin; mais le choix d'un tel jour révolta l'opinion au lieu de la paralyser. Le gouvernement provisoire avait décrété le vote au chef-lieu d'arrondissement. Les évêques donnèrent pleine latitude pour changer l'heure des offices. Les curés marchèrent résolument en tête de leurs paroisses, et dans beaucoup de contrées, qui ne passaient pas pour fort religieuses, les électeurs tinrent à honneur d'appeler le clergé dans leurs rangs. Le résultat du scrutin fut donc l'image à peu près fidèle de la France elle-même : résignation à la république ; inquiétude sans panique; volonté réfléchie de lutter avec patience contre tous les excès.

La plupart des candidats qui surent mettre le patriotisme au-dessus de l'esprit de parti furent élus. M. Guizot, qui avait momentanément quitté la France pour l'Angleterre, ne pouvait songer et ne songea point à se présenter. M. Thiers eût été moins atteint par la journée du 24 février, s'il n'eût pas donné le spectacle public de son découragement. Il ne figura donc pas plus que M. Guizot dans l'élection générale, et il fallut l'alerte du 15 mai pour que le parti conservateur relevât M. Thiers de l'ostracisme qui l'avait frappé. M. Dufaure, M. de Rémusat, M. Odilon Barrot, revinrent prendre leurs places à gauche, en teintant un peu plus leur nuance, M. Dufaure surtout. M. Berryer ne pouvait demeurer dans une retraite qui, en se prolongeant, eût été un deuil pour la tribune nationale. Il reparut à l'Assemblée constituante avec plusieurs de ses anciens compagnons d'armes : MM. Benoist d'Azy, de Larcy, de la Rochejacquelein. D'importants renforts les accompagnèrent, entre autres, M. de Kerdrel, M. de Vatimesnil, le duc de Luynes, M. de Parieu, le marquis de Vogüé. Quant à M. de Genoude, le suffrage universel se montra fort ingrat envers lui; aucune des listes qui portaient son nom ne triompha. Il en conçut un chagrin qui accéléra peut-être la décadence de sa santé, quitta Paris pour demander secours au climat du Midi, et mourut peu après à Hyères dans un isolement attristé.

L'apparition la plus inattendue fut celle d'un nombreux clergé sur les bancs d'une assemblée politique. On voyait à gauche le P. Lacordaire vêtu de son froc de dominicain ; plus rapproché du centre, l'évêque de Langres, M. Parisis, qui avait publié, sous le titre de *Cas de conscience*, un catéchisme fort libéral; l'évêque de Quimper, M. Graverand, qui n'avait dû sa candidature qu'à la vénération qu'il inspirait universellement dans son diocèse; enfin, l'évêque d'Orléans, M. Fayet qui, beaucoup plus que ses deux collègues, semblait à l'aise dans sa nouvelle carrière, ayant, à cet effet, échangé la soutane contre le petit collet de l'ancien régime. On avait promptement distingué le caractère des trois prélats qu'on s'était permis de surnommer ainsi : *Magnificat*; *Ædificat*; *Lætificat*. La majorité comptait aussi un certain nombre de professeurs de séminaire et de curés. L'abbé de Cazalès, ancien page de Charles X et fils du grand orateur de l'ancienne Constituante, promettait beaucoup et ne tint pas autant, non qu'il ne possédât réellement les qualités qu'on lui attribuait, mais par suite de l'invincible nonchalance qui paralysa toute sa vie. Madame Swetchine disait de lui : « On croirait que Cazalès a promesse de deux vies au moins! »

La voix du P. Ventura qui, dans l'oraison funèbre d'O'Connell, venait, en parlant de la démocratie, de faire retentir, à Rome même, cette grande parole : « Il faut baptiser l'héroïne sauvage! » n'avait pas son écho seulement à Notre-Dame de Paris. La même pensée et le même accent se reproduisaient dans beaucoup de chaires de province.

L'ancienne Chambre des pairs n'était pas moins bien représentée dans la nouvelle Assemblée que l'ancienne Chambre des députés. M. Molé et M. de Montalembert y prirent tout de suite un ascendant considérable. M. Molé s'accommoda, avec la plus parfaite bonne grâce, du mouvement, du bruit et des allures d'une assemblée démocratique. Il montait rarement à la tribune, mais toujours avec à propos et autorité, imposant la déférence à ses adversaires autant qu'à ses propres amis. Très habilement secondé dans son intérieur par son gendre et par sa fille, le marquis et la marquise de La Ferté, il faisait de son salon et de sa salle à manger un utile prolongement du Palais Bourbon. Mérite plus rare encore, il savait s'effacer, ne disputait le pas à personne et faisait quelquefois honneur aux autres des idées mêmes qu'ils n'avaient pas eues. Je crois décerner ici un éloge bien exceptionnel au comte Molé en disant que, durant trois ans, presque tout le bien qui n'a pas paru, presque tout le bien qui se fit sans bruit, par le tact, par la séduction intime, par l'infatigable recherche de la conciliation, vint de lui.

Sous un tout autre aspect, apparaissait M. de Montalembert ; c'était d'assaut qu'il attaquait toutes les questions, mais avec quelle audace, avec quel entrain ! et, quand il ne voulait pas trop hâter la victoire, avec quel succès ! La révolution de février l'avait saisi, sans le briser comme on pouvait le craindre, à l'apogée de son talent. Dans la question du Sonderbund, il avait transporté la Chambre des pairs d'un enthousiasme qu'elle n'avait pas connu jusqu'à lui.

Sans vouloir outrager ni renverser le ministère de
M. Guizot, il lui avait infligé les plus rudes corrections.
Il avait peint en traits de feu « les grands et les petits
criminels »; il avait démontré au gouvernement français que, en renonçant à la politique séculaire de la
France vis-à-vis de la Suisse, en sacrifiant ses propres
instincts, ses propres convictions au tempérament
haineux et brouillon de lord Palmerston, il ouvrirait
lui-même la porte aux plus mauvaises passions et
aux révolutions les plus redoutables. La prophétie,
à peine achevée, se réalisait avec une fidélité et
une promptitude foudroyantes. M. de Montalembert
se trouvait donc, en entrant à l'Assemblée, appelé à
poursuivre en France la campagne commencée à
propos de la Suisse, et à répéter, devant des adversaires présents, ce qu'il avait adressé à des adversaires
lointains. On savait que cette intrépidité ne ferait pas
défaut à cette soudaine transformation de la lutte.
L'attente publique ne fut pas trompée.

L'intervalle entre le 24 février et le 4 mai, jour
fixé pour la réunion de l'Assemblée, avait été rempli
à Paris par des agitations incessantes qui, le 17 mars
et le 16 avril, avaient failli devenir de nouvelles et formidables révolutions. Mais les départements étaient
demeurés relativement calmes, et l'inquiétude perpétuellement entretenue par ceux-là mêmes qui auraient
dû rassurer le pays, avait plutôt fortifié qu'ébranlé le
sentiment conservateur.

Le décret qui nous prescrivait, à la veille de notre
convocation, de prendre, pour costume officiel, l'habit
et le gilet à la Robespierre, suscita la réprobation uni-

verselle. Les membres du gouvernement provisoire prirent seuls ce costume odieux et ridicule, à leur première apparition devant l'Assemblée. L'impression fut telle que cette exhumation sinistre, renonçant à s'imposer, n'osa même plus reparaître.

Nous aurions conservé la même attitude d'indépendance énergique et calme si, dès la première séance, les ambitieux et les maladroits, également pressés de se montrer, n'étaient parvenus à jeter le trouble dans nos rangs. On nous demanda jusqu'à satiété de proclamer et d'acclamer la République; puis le général de Courtais, qui allait se révéler tout entier au 15 mai, vint inviter, du haut de la tribune, le gouvernement provisoire et l'Assemblée à se rendre sur le péristyle du Palais Bourbon pour fraterniser avec le peuple. Cette démonstration allait bien avec l'habit révolutionnaire, et ceux qui le portaient se hâtèrent d'accéder à la proposition, entraînant sur leurs pas la gauche tout entière. Le centre et la droite, étonnés et irrités, résistèrent d'abord. L'incessante pression des faubourgs sur la Convention était présente à toutes les mémoires, et nul de nous ne se dissimulait le danger d'un premier pas dans la même voie. Mais quelle allait être notre contenance dans cette salle à moitié vide, sans gouvernement aux bancs officiels, sans président au fauteuil? Nous avions résolu d'inaugurer nos travaux dans un sincère esprit de concorde et nous allions débuter par une éclatante scission! Ces réflexions rapidement échangées déterminèrent les représentants restés dans la salle à rejoindre ceux qui les avaient devancés sur le péristyle. Rien ne fut donc moins spontané que cette démonstration qui prit cependant, pour le public, les apparences de l'unanimité. Je fus l'un des derniers à m'y rendre et je rejoignis le P. Lacordaire, pour lequel je n'étais pas sans inquiétude en l'apercevant au milieu d'une foule à bon droit suspecte. Ma crainte était heureusement mal fondée. Le P. Lacordaire devint, au contraire, l'objet d'une ovation spéciale. Les applaudissements, les poignées de mains, l'appelant à l'envi, l'entraînèrent au delà de la grille du péristyle. Plus il se plongeait dans la foule, plus il rencontrait l'enthousiasme, et il ne rentra qu'à grand'peine en séance par la place du Palais Bourbon.

Dans la soirée, nous nous rendîmes, en assez grand nombre, chez M. de Lamartine, au ministère des affaires étrangères situé alors rue des Capucines. Nous nous proposions de lui porter nos félicitations sur ses luttes héroïques de mars et d'avril. Nous avions à cœur aussi de ne point lui dissimuler notre désapprobation des scènes théâtrales de la matinée. Tant que nous fîmes entendre le langage des félicitations, nous fûmes écoutés avec bienveillance, mais, quand nous voulûmes passer aux réserves, l'entretien changea de physionomie. M. de Lamartine ne pouvait guère exprimer une mauvaise humeur qui n'était pas dans sa nature, mais il parut éprouver une profonde surprise. Des alarmes, des précautions, un plan, une Constitution!... qui pouvait penser à cela? Béranger, Lamennais, n'étaient-ils pas là pour rédiger quelques décrets? M. de Lamartine d'ailleurs ne suffisait-il pas à tout? — Cette dernière pensée, que

M. de Lamartine ne craignait nullement de laisser échapper, fut complétée par ses familiers, qui nous tiraient à part et nous répétaient individuellement :
— « De quoi vous préoccupez-vous ? Hâtez-vous d'organiser le pouvoir exécutif, et donnez-lui les plus larges attributions. Le pouvoir exécutif ce sera M. de Lamartine ; laissez-le faire, et tout sera sauvé ! »

Nous quittâmes l'hôtel des Capucines, moins rassurés encore que nous ne l'étions en y entrant, nous demandant tristement les uns aux autres si, sous le poids d'une telle responsabilité, on pouvait pousser plus loin la présomption et la légèreté.

M. de Lamartine aimait à répéter de lui-même: « Je suis un politique qui s'est égaré quelques jours dans la poésie ! » La vérité était absolument le contraire : le vrai Lamartine était un poète égaré dans la politique. C'était par le côté poétique qu'il prenait les émotions de la place publique ou l'exercice du pouvoir, et, se voyant salué, porté sur le pavois par la France entière, il ne songeait ni à Mirabeau ni à Sieyès, mais il rêvait d'Amphion ou d'Apollon, créant des cités au son de la lyre. Peu avant le 4 mai, il posait sur le devant de l'ancienne loge royale à l'Opéra ; des bravos unanimes l'accueillaient ; son geste reconnaissant les encourageait et il semblait ne pouvoir se rassasier d'acclamations. A ce spectacle, la duchesse de Maillé s'écria : « Ah ! mon Dieu ! nous sommes perdus, le voilà qui prend pour lui ce qu'on adresse à ce qu'il représente ! »

Ce mot très fin, très juste, fut appuyé pour moi par un fait encore plus significatif. Le lendemain de ma visite à l'hôtel des Capucines, je confiai à mon collègue Léon de Maleville mon impression pénible de la veille : « Je n'en suis plus à la surprise avec M. de Lamartine, me répondit-il, et voici pourquoi. J'avais, vous le savez, d'anciennes et intimes relations avec Marrast, secrétaire du gouvernement provisoire, par conséquent initié à toutes ses délibérations. Je fus curieux de l'interroger et nous convînmes d'un dîner en tête-à-tête pour causer à l'aise; Marrast ayant d'ailleurs, lui aussi, ses curiosités à satisfaire. Il désirait savoir ce que les anciens libéraux pensaient de lui et de son gouvernement provisoire. Il s'informa particulièrement des jugements de M. Thiers, dont je ne lui cachai pas l'étonnement. « Il a été très surpris, lui dis-je, en lisant l'admirable harangue de Lamartine, contre le drapeau rouge. — Cela est vraiment supérieur à ce que j'attendais de lui, me disait-il, je le croyais plus prompt à céder au vent qui souffle et je me le figurais s'écriant devant la foule émue : « Vous avez raison : toute situation nouvelle exige un symbole nouveau, et je salue le drapeau rouge ! » — Ce diable de Thiers a bien de l'esprit ! reprit Marrast avec son malin sourire. Comment il a dit cela ? — En propres termes. — Eh bien c'est, mot pour mot, ce que nous a dit M. de Lamartine dans le huis clos de la délibération; il a même assez vivement soutenu cette thèse; mais, battu par la majorité, il en a loyalement pris son parti, et aussitôt il a revêtu de la puissance et du prestige de sa parole les arguments mêmes qu'on venait de lui opposer ! »

Cette anecdote dont je ne pus suspecter la vérité, avec ce concours de circonstances précises et dans la bouche de M. de Maleville, me consterna. Parler sans avoir pensé ou parler contre ce qu'on avait pensé, ne pas improviser seulement sa parole, mais se livrer soi-même en un clin d'œil aux convictions les plus contraires, sans changer d'éloquence, sans que la foule puisse surprendre dans la voix, dans l'accent, dans le geste, la trace d'un effort, l'ombre d'une hésitation, quel don fatal! Fatal pour l'homme qui s'en éblouit lui-même, fatal pour la nation qu'il fascine et qu'il subjugue! Ce jour-là, M. de Lamartine rendit à la France un signalé service; quelques semaines après, par le même prestige et avec la même aisance, il allait la mettre en péril.

Chaque jour, en effet, nous apportait de nouvelles lumières sur les dangers de la situation. Nous étions arrivés de nos provinces, très résolus à nous montrer indulgents pour le gouvernement provisoire, à la condition cependant qu'il s'efforçât d'inaugurer une république sensée et sérieuse, à la place de cette république déclamatoire et stérile qui, du 24 février au 4 mai, s'était épuisée en démonstrations vaines, quand elles n'étaient pas souverainement imprudentes. Nous savions gré à MM. de Lamartine, Marie, Garnier-Pagès de lutter pied à pied contre MM. Ledru-Rollin et Louis Blanc et nous croyions entrer dans les vues de M. de Lamartine, en lui disant : « Ce n'est plus de Paris seulement qu'il s'agit aujourd'hui ; c'est la France entière qui vient maintenant vous prêter son appui. Répondez à son attente et comptez sur elle ! »

A notre grande surprise, M. de Lamartine ne voulait ni entendre ce langage ni exaucer ce vœu. Croyait-il, s'il se séparait de M. Ledru-Rollin, compromettre des ambitions ultérieures encore inavouées? Se flattait-il d'effacer et d'absorber plus aisément son antagoniste en le gardant près de lui? Je l'ignore ; mais ce qui devint visible, dès le premier jour, c'est que M. de Lamartine entendait mettre au service de la fraction révolutionnaire tout l'ascendant personnel qu'il conservait encore sur la fraction conservatrice de l'Assemblée.

Après une discussion pénible, après des discours sans franchise de M. Ledru-Rollin, aussi bien que de M. de Lamartine, l'Assemblée décida qu'elle remplacerait par une commission de cinq membres régulièrement élus le gouvernement tumultueusement proclamé le 24 février, moitié au Palais Bourbon, moitié à l'Hôtel de ville. Dans ce vote qui eut lieu le 10 mai, les chiffres furent ainsi répartis: M. Arago, 725 voix; M. Garnier-Pagès, 715; M. Marie, 702; c'était la presque unanimité de l'Assemblée. M. de Lamartine n'obtint que 643 voix ; c'était le premier avertissement des conservateurs déçus. M. Ledru-Rollin n'obtint que 458 voix, c'était le blâme persévérant des hommes que son discours habilement modéré n'avait point trompés.

Dès qu'elle eut ainsi constitué le pouvoir exécutif, l'Assemblée s'occupa d'organiser ses propres travaux. Elle se divisa d'abord, selon l'usage, en bureaux tirés au sort; mais, en outre, elle se groupa en quinze comités spéciaux intitulés : comité des finances ; comité des affaires étrangères ; comité de l'instruction publique ; comité du travail, etc., etc. Chaque représentant s'inscrivait à l'un de ces comités, selon ses études ou selon sa préférence. Je choisis le comité du travail, au vif mécontentement de M. de Montalembert, qui me reprochait de ne pas l'avoir suivi au comité de l'instruction publique : — « C'est précisément parce que vous y êtes, que tout autre devient inutile, lui répondis-je. Laissez-moi au comité du travail où ne peuvent manquer de surgir des questions importantes, et beaucoup moins approfondies. N'en abandonnons pas le monopole à M. Louis Blanc. Puisque, à mon grand regret, M. de Melun n'est pas parmi nous, laissez-moi profiter de la modeste expérience que j'ai acquise près de lui. Laissez-moi mettre une sollicitude vraie à l'égard de la classe ouvrière, en regard d'un charlatanisme qui veut exploiter les plaies de la société beaucoup plus que les soulager ou guérir ! »

Je ne prévoyais pas quelle épreuve m'attendait dans le comité du travail. J'obéissais uniquement aux sentiments que j'exprimais à M. de Montalembert. J'avais vu de près l'ouvrier dans les œuvres chrétiennes ; je savais ce qu'on peut obtenir de son intelligence et de son cœur par un langage sincèrement ami ; enfin, deux ans de vie parlementaire avaient suffi pour m'apprendre que le pays légal — comme on disait alors — jetait un regard, non pas dédaigneux assurément, mais trop négligent ou trop distrait sur la situation du pays laborieux.

M. Guizot et M. Thiers, inconciliables sur tant de

questions, avaient un point commun, c'était la préoccupation, à peu près exclusive, des intérêts de la classe moyenne et de son avancement politique. Depuis longtemps, la chaire de Notre-Dame avait retenti de conférences intitulées : *De la propriété, de la famille, de l'autorité, de la communauté de biens et de vie*, conférences dans lesquelles étaient déjà réfutés Proudhon, Fourier et Pierre Leroux; mais, à cette époque, M. Guizot, M. Thiers et leurs amis n'allaient point à Notre-Dame, et ils n'étaient pas éloignés de penser que le P. Lacordaire était quelque peu socialiste. Ils n'avaient pas le temps, non plus, de prendre directement part aux œuvres charitables de Paris, sinon ils auraient vu là, comme moi, mieux que moi, que tout n'était pas chimère ou révolte dans les plaintes de l'ouvrier ; que la place des anciennes corporations demeurait vide et que la concurrence illimitée, fruit de l'industrie complètement libre, appelait des institutions, non pas identiques à celles du passé évanoui, mais analogues. Enfin, ils auraient reconnu plus vite que la meilleure manière de calmer et de régler une société instinctivement révolutionnaire, c'est de reconstituer une société franchement et solidement chrétienne. La France y eût beaucoup gagné et eux aussi !

Une fois entré dans le comité du travail, je m'aperçus promptement que le parti démagogique se préoccupait moins d'une organisation pacifique et régulière, que de préparer, à bref délai, un assaut contre l'Assemblée et contre toute république civilisée. Ce complot indéniable avait son armée dans les ateliers nationaux et je n'aurai pas de peine à me disculper des reproches qu'on a fait peser sur moi au sujet de la dissolution de ces ateliers; mais, avant de répondre à des accusations si graves et si peu fondées, je dois, par ordre de date, laisser passer d'abord le 15 mai.

La composition de notre Assemblée, toute républicaine qu'elle fût, avait profondément surpris et irrité le parti dont M. Louis Blanc était le théoricien, et M. Ledru-Rollin, un peu malgré lui, l'homme d'action. On résolut de mettre fin à notre existence en envahissant le Palais Bourbon et en dissolvant l'Assemblée, mais le prétexte était malaisé à trouver. Nous vivions depuis dix jours, et durant ces dix jours nous n'avions résisté sur rien. On prit la Pologne pour prétexte ; on en aurait volontiers et indifféremment pris un autre. Aussi, distinguait-on, parmi les envahisseurs du 15 mai, deux catégories très distinctes, celle des naïfs, inconscients du rôle qu'on voulait leur faire jouer, et celle des fanatiques qui portaient, sous une blouse d'emprunt, des armes dont ils comptaient bien se servir.

Heureusement, les naïfs, c'était la foule ; les vrais criminels, c'était le petit nombre. La foule même fut un obstacle matériel à l'exécution du dessein prémédité ; les meneurs surnageaient à peine dans ce flot toujours croissant, se rejoignaient, se concertaient difficilement, et les mots d'ordre se perdaient dans un tumulte insurmontable. Beaucoup d'envahisseurs étaient entrés par simple curiosité, quelques-uns pour prêter main-forte à l'ordre, d'autres pour ne pas manquer une manifestation et compléter la collection de leurs souvenirs. Ceux-là étaient plus soucieux de raconter un exploit que de l'ensanglanter. Nous apercevions vingt visages indifférents ou même souriants contre deux ou trois visages farouches et menaçants. On reconnaissait bien aussi çà et là des gens tout prêts à subir une mauvaise impulsion aussi facilement qu'une bonne.

Je m'étais trouvé aux côtés de M. de Heeckeren, représentant de l'Alsace et, près de nous, un vieillard, qui n'était pas membre de l'Assemblée, exhortait à la paix des voisins turbulents qui ripostaient par des menaces. M. de Heeckeren, taillé en hercule, s'élança sur les agresseurs, les repoussa rudement et la foule applaudit à cette correction. M. de Heeckeren reprit ensuite tranquillement sa place en disant : « S'ils avaient été de mon pays, ils ne m'auraient pas attendu ! »

Du reste, nos bancs ne furent pas longtemps respectés, plutôt par défaut d'espace que par mauvaise intention. Ce pêle-mêle nous rendit bientôt un éminent service, en nous dispensant de résister au vote que voulaient nous imposer les émeutiers qui avaient escaladé la tribune. Dans cette indescriptible confusion, on ne pouvait pas plus se compter que s'entendre ; tout se perdait dans le chaos. J'avais, assis près de moi et presque sur mes genoux, deux gamins de Paris, d'une quinzaine d'années. L'un s'écriait aux coups de sonnette désespérés du président : « Tiens ! tiens ! écoutez donc là-bas le marchand de coco ! » L'autre, qui avait sans doute une éducation politique plus avancée, nous interpellait ainsi : « Eh bien ! citoyens représentants, que pensez-vous aujourd'hui du droit de visite ?... »

Le 15 mai tourna donc à une simple orgie révolutionnaire et le complot échoua, non par faute, mais par excès d'exécutants. Si le gouvernement n'eût pas été composé de complices et de dupes, la manifestation eût rencontré beaucoup plus vite son terme et son châtiment; mais rien ne peut donner une idée de l'inertie des hommes alors au pouvoir, dont plusieurs étaient cependant d'une réelle bonne foi. Notre président, M. Buchez, élu par la majorité conservatrice, n'était pas seulement au-dessous de sa tâche, il fut, ce jour-là, absolument imbécile. Son gros visage honnête souriait à tout et à tout le monde : il n'écoutait pas, ou il ne comprenait pas les discussions, il embrouillait les tours de parole, confondait les amendements avec les projets de loi et n'avait jamais l'air plus enchanté que lorsqu'il avait plongé l'Assemblée dans un embarras inextricable et dans une impatience fiévreuse, ce qui arrivait régulièrement plusieurs fois par séance. Il fut unanimement exclu du fauteuil au bout de son mois de présidence, mais nous n'étions encore qu'au quinzième jour du mois, et nous dûmes subir son étrange incapacité dans une occasion où la présence d'esprit eût été si nécessaire. Les envahisseurs lui firent d'abord signer l'ordre à la garde nationale de ne point battre le rappel, et quand ils l'expulsèrent pour se placer dix ou douze dans son fauteuil et prononcer enfin la dissolution de l'Assemblée, véritable but de la journée, il ne partit ni pour l'Hôtel de ville, où la révolution se donnait rendez-vous, ni pour le palais de la présidence d'où il aurait pu donner des ordres ; il gagna seul le Luxembourg, siège du gouvernement, sans savoir ce qu'on y pourrait faire, et où, en effet, on ne fit rien.

La dissolution de l'Assemblée fut acceptée par la majorité des représentants, avec une étonnante facilité. Les républicains ne songèrent même pas à lutter contre un fait accompli en vertu de leur vieille superstition pour tout ce qu'on baptise, à tort et à travers, du nom de volonté nationale. Les anciens députés se souvinrent trop que, trois mois auparavant, ils avaient été expulsés ainsi, sans trouver nulle part un seul point d'appui pour la résistance. Quelques-uns d'entre nous comprirent cependant que le 24 février la situation était tout autre ; que la Chambre n'étant pas souveraine, sa responsabilité était très limitée comme son autorité elle-même, tandis qu'au 15 mai, ne pouvant attendre secours de personne, il fallait agir en conséquence. Loin de nous servir d'exemple, le souvenir de février devait nous servir de leçon. Ceux qui pensèrent ainsi, et je fus de ce nombre, coururent à la présidence, se consolèrent de n'y point rencontrer le président, et offrirent leur ardent concours à deux vice-présidents qui se trouvaient là : MM. Sénard et Corbon.

M. Sénard prit quelques mesures pour organiser la répression de cette audacieuse émeute et M. de Puységur, après avoir eu quelque peine à obtenir du papier et des plumes, lui servit de secrétaire. M. de Kerdrel, M. de Dampierre et moi, apercevant des gardes mobiles dans le jardin, sous nos fenêtres, allâmes les exhorter à défendre l'Assemblée. Notre appel fut bien accueilli; les uns, officiers en tête, se groupèrent autour de M. Sénard pour assurer l'exécution de ses ordres ; d'autres rallièrent les gardes nationaux qui arrivaient en masse sur le quai; enfin, M. de Rémusat se rappelait fort à propos que le régiment de dragons, peut-être le seul régiment de cavalerie alors à Paris, était caserné non loin de là. Le colonel, M. de Goyon, monta aussitôt à cheval à la tête de ses hommes, et balaya, en un clin d'œil, les abords du Palais Bourbon, tandis que gardes nationaux et gardes mobiles expulsaient de la salle un reste attardé d'envahisseurs saisis d'une indescriptible panique.

L'émeute, vaincue sans combat au Palais Bourbon, essayait de prendre sa revanche à l'Hôtel de ville. Nous en fûmes rapidement informés et trouvant MM. de Lamartine et Ledru-Rollin réfugiés ensemble dans un bureau, perplexes et également défiants l'un de l'autre, nous les pressâmes de marcher sans délai sur l'Hôtel de ville. Quelques-uns d'entre nous offrirent même de les accompagner, d'abord par le sentiment du devoir, ensuite par le peu de sécurité que nous donnaient ces deux représentants du pouvoir exécutif. Le 24 février, j'avais vu M. de Lamartine, à la tribune, faire aboutir à une conclusion républicaine un discours commencé pour la régence de la duchesse d'Orléans; je venais de voir M. Ledru-Rollin, moins compromis que M. Louis Blanc par l'enthousiasme des envahisseurs, recevoir cependant et rendre chaleureusement des accolades fort suspectes. Je fus donc tenté de voir de mes propres yeux comment les choses pourraient tourner, et de pousser jusqu'au bout mon effort consciencieux pour la république qui nous était confiée.

Le marquis de Mornay, chevalier dévoué de Madame la duchesse d'Orléans au 24 février, eut la même pensée que moi, et quand M. de Goyon eut mis deux chevaux de son régiment à la disposition de MM. de Lamartine et Ledru-Rollin pour se rendre à l'Hôtel de ville, nous marchâmes, M. de Mornay et moi, à la tête de leurs chevaux. C'était bien là le symbole de la situation : la république attaquée par les républicains et défendue par les monarchistes !

Cette marche sur l'Hôtel de ville détermina le triomphe de l'ordre. De minute en minute les gardes nationaux grossissaient notre cortège ; l'annonce d'une force imposante nous devançait et encourageait les bataillons du quartier ; les chefs de l'insurrection, Blanqui, Barbès, Sobrier, étaient paralysés et tenus en respect. Quand enfin nous parvînmes à pénétrer à travers une foule hérissée de baïonnettes dans la grande salle de l'Hôtel de ville, ni M. de Lamartine ni M. Ledru-Rollin n'avaient plus de choix à faire sur la ligne à suivre, et personne ne défendait plus les criminels dont ils contresignèrent l'arrestation. Douze heures avaient suffi pour voir naître et mourir une tentative qui, par la promptitude de son avortement, aurait dû éclairer ses fauteurs et assurer quelque avenir à la république. Ceux qui le crurent ainsi ne tardèrent pas à se détromper.

J'avais eu bonne part à la peine dans la journée du

15 mai : je n'en briguai point l'honneur, et aussitôt que le dénouement de l'Hôtel de ville ne fit plus l'objet d'un doute, je ne songeai plus qu'à mon repos. Je dormais depuis quelques heures, lorsque, au point du jour, mon domestique entra dans ma chambre pour m'annoncer un secrétaire de M. de Lamartine. Je crus à une nouvelle alerte, et sans prendre le temps de me lever, je fis entrer le messager : « Qu'y a-t-il encore ? m'écriai-je. — Monsieur, me répondit-il d'un air qui me rassura tout d'abord, M. de Lamartine m'a dit que vous ne l'aviez pas quitté hier au soir, et que vous vous rappelleriez certainement les paroles qu'il a prononcées en entrant à cheval dans la cour de l'Hôtel de ville. Il vous prie de lui venir en aide pour reconstruire ce discours afin de l'envoyer, fidèlement reproduit, à la France entière. »

Je dissimulai de mon mieux la surprise que me causait une telle préoccupation dans un tel moment. Je ne fis point observer que des ordres précis, des mesures prévoyantes vaudraient mieux que la recherche étudiée d'un plus ou moins beau langage. Il m'était d'ailleurs bien facile de retrouver dans ma mémoire l'éloquente harangue dont j'avais été très frappé, et je dictai au jeune secrétaire le discours justement célèbre : « La plus belle tribune du monde, c'est la selle de mon cheval lorsque je parle à un peuple en armes pour la défense de la loi, etc. » La dictée mise aussitôt sous les yeux de M. de Lamartine fut confrontée avec ses propres souvenirs et légèrement retouchée avant d'être définitivement livrée à la postérité. Pendant ce temps, je me répétais avec tristesse : « Hélas ! voilà le poète qui l'emporte encore sur l'homme d'État, et c'est pourtant un homme d'État qu'il faudrait pour sauver la France ! »

Le lendemain du 15 mai fut également curieux à observer. Les républicains de la veille, comme ils aimaient à s'intituler eux-mêmes, tinrent à honneur de ne se point montrer trop consternés d'un pareil attentat ; ils avaient à cœur de le pallier beaucoup plus que de le punir et d'en conjurer le retour. Les républicains du lendemain, c'est-à-dire les monarchistes sincèrement résignés, montrèrent beaucoup plus de sollicitude. Ils demandaient à leurs collègues quelle république était possible dans un pays où l'Assemblée issue du suffrage le plus libre et le plus universel qu'on pût concevoir était brutalement attaquée sans l'ombre d'un motif ; car le but apparent de l'invasion était de présenter une pétition en faveur de la Pologne, et de la Pologne, durant l'émeute, il ne fut question nulle part, ni dans les groupes, ni à la tribune, ni à l'Hôtel de ville.

Nous échangions cette douloureuse réflexion entre collègues, lorsqu'un huissier vint me remettre un billet de Madame Swetchine qui me priait de passer chez elle aussitôt que possible. Les initiatives de sa part étaient si rares qu'on devait être certain d'avance qu'il s'agissait d'un appel sérieux. Je franchis donc aussitôt les quelques pas qui me séparaient de la rue Saint-Dominique, et je trouvai le P. Lacordaire chez Madame Swetchine. Il la consultait, et il me faisait l'honneur de vouloir me consulter aussi, sur son projet de démission. Le P. Lacordaire était monarchiste de raison et de goût ; pour son propre compte, il poussait l'amour de l'ordre jusqu'à la minutie et il voulait aussi le voir régner dans l'État, mais il n'aimait pas moins la liberté, et si les républicains qui la lui avaient promise la lui avaient donnée, ils n'eussent point eu d'adhérent plus aisé à conserver. Mais dès les premiers contacts avec cette gauche au milieu de laquelle il était allé s'asseoir, dès que son oreille délicate et juste eut connu le diapason des hommes qu'il devait appeler ses amis politiques, l'alarme et le dégoût remplacèrent l'illusion. « Je sens bien, me disait-il, qu'il y aura mauvaise grâce à quitter l'Assemblée au jour que l'on nommera le jour du péril, mais contre le péril, que peuvent les moines ? Il saura toujours où me trouver et il peut être sûr que je ne le fuirai pas. Ma bonne foi dans l'avenir républicain de la France est détruite ; et sans foi, je ne puis ni parler ni agir. L'anarchie républicaine ramènera forcément les compétitions monarchiques. Dès lors la politique pénétrera dans une sphère où je n'ai pas, où je ne veux pas avoir mes entrées. Je me suis fourvoyé à bonne intention, Dieu le sait ; mais les plus courtes fautes sont les meilleures. Dieu a béni mon apostolat · c'est donc là seulement que ma place est marquée, et j'y dois retourner. »

Madame Swetchine et moi ne le combattîmes point en principe, loin de là ! Mais dans sa tendresse maternelle madame Swetchine aurait désiré un ajournement. Elle connaissait depuis trop longtemps, elle voyait de trop près les ennemis du P. Lacordaire pour ne pas pressentir le parti qu'ils tireraient de cette démission à cette date. Je ne niais pas cet inconvénient, mais je m'y résignais plus facilement. Je me rangeai donc à l'avis du P. Lacordaire en m'appuyant sur cet argument: « Le P. Lacordaire n'a pas d'autre alternative que de rester toujours ou de se retirer tout de suite. Aussi loin que mon œil peut atteindre, je n'aperçois pas un jour de calme et de sérénité où cette démission ne produirait pas l'effet que vous en redoutez. Hélas! le 15 mai n'est point une fin, c'est un commencement, et quiconque ne veut pas affronter les aventures qui nous attendent, n'a rien de mieux à faire que de s'en aller! » Madame Swetchine finit par en demeurer convaincue, et le P. Lacordaire put donner sa démission avec ce consentement auquel il attachait toujours un si haut prix.

Après cet entretien, je rentrai à l'Assemblée plus éclairé sur mes propres sentiments, car le P. Lacordaire faisait toujours briller une vive lumière sur toute question qu'il creusait ou développait. Je me confirmai donc dans les tristes appréhensions qui m'avaient assailli dès le 24 février et qui, depuis, n'avaient cessé de grandir. Mais je n'étais pas moine, je n'avais pas les sublimes excuses du P. Lacordaire pour décliner la lutte, et je me remis à la besogne épineuse qui m'attendait au comité du travail. Tout le monde y était ému des gémissements du commerce en général et du commerce de Paris en particulier. Les ouvriers se plaignaient de n'avoir plus d'ouvrage, les patrons, plus d'ouvriers, et l'on convenait unanimement que le maintien des ateliers nationaux offrait, par l'oisiveté, au chômage volontaire, des tentations dont il fallait hâter le terme. Ces ateliers n'avaient été présentés, au lendemain de la révolution de février, que comme une ressource provisoire, imposée par une impérieuse nécessité.

Le gouvernement, même avant la réunion de l'Assemblée, avait promis la fermeture des ateliers nationaux ; mais, ni M. Louis Blanc ni M. Ledru-Rollin n'avaient su ou n'avaient voulu réaliser cette promesse. M. de Lamartine n'y avait pas songé un seul instant, et nous nous étions trouvés, le 4 mai, en face d'une agglomération de cent mille hommes, enrégimentés, soldés par l'État, pour un travail fictif et devenus, clandestinement d'abord, patemment ensuite, l'armée du socialisme le plus dangereux. Constater le mal et se résoudre à y porter remède parurent au comité des travailleurs son œuvre la plus pressée. Une sous-commission, composée de trois membres, MM. Beslay, celui-là même qui a joué un rôle relativement modéré dans la Commune de 1871, Victor Considérant et moi, fut investie des pouvoirs du comité pour procéder à une enquête et obtenir ou exiger le concours du gouvernement. La dissolution ou au moins la transformation radicale des ateliers nationaux était le dessein de toutes les fractions de l'Assemblée sans exception. Toutefois, elles voulaient aussi prendre de grandes précautions pour atteindre les vrais coupables, sans frapper, par précipitation ou par dureté, d'innocentes victimes. L'accord, à cet égard, régnait si parfaitement au sein du comité des travailleurs, que les premières délibérations y furent très courtes, et dès le 29 mai, je fus mis en demeure de présenter mon rapport à la tribune de l'Assemblée. Ceux qui daigneront le lire y trouveront une réponse péremptoire aux accusations rétrospectives qui n'ont été formulées qu'après les journées de juin, et que la mauvaise foi, sans doute, entretiendra longtemps encore.

Ce rapport fut accueilli avec une égale bienveillance par l'Assemblée et par le gouvernement. Ses principaux passages furent même placardés sur les murs de Paris dans la forme officielle, et la discussion du projet de décret fut fixée au lendemain, 30 mai. Cette discussion fut empreinte du même esprit d'équité envers le patron et l'ouvrier, et, comme rapporteur, je crus résumer exactement le débat, en disant à la tribune : « Nous n'avons pas voulu fermer une porte à l'abus, sans ouvrir deux portes au travail ! » Séance tenante, le décret fut voté à la presque unanimité, par assis et levé.

Toutefois, cette parfaite entente était, de la part du gouvernement, plus apparente que réelle. M. Ledru-Rollin aimait à garder et même à grossir sous sa main une armée mieux enrégimentée que celle du 15 mai et qui pourrait servir des desseins ultérieurs. M. de Lamartine voyait sans doute, mais affectait de ne pas voir ce péril, pour éviter ou ajourner sa rupture avec M. Ledru-Rollin. Le ministre des travaux publics, M. Trélat, était un philanthrope sincère, mais chimérique ; médecin très charitable de la Salpêtrière, il croyait trop que les maladies sociales se traitent comme les maladies privées, et il avoua lui-même à la tribune qu'il envisageait les affaires publiques en médecin plutôt qu'en homme d'État. Il était, avec une parfaite innocence d'intention, de l'espèce des hommes qui ont fait le plus de mal dans la première Révolution, de ceux qui, par faiblesse, par préjugé, par défaut de clairvoyance ou de logique, vont, sans le vouloir, là où de plus pervers savent les conduire et les amènent infailliblement.

M. Trélat accueillit fort bien notre décret, mais il ne le mit pas à exécution. Le travail à la tâche ne fut pas introduit dans les ateliers; la régularité ne présida point à la solde; le recensement ne fut pas exécuté; très peu d'ouvriers furent dirigés sur les départements. Nous nous vîmes donc réduits à cette dure alternative : devenir à notre tour les complices de l'inconscient ministre des travaux publics, ou porter la vérité devant l'Assemblée et provoquer de nouveau son intervention. Je n'hésitai point à prendre ce second parti.

Le mercredi 14 juin, M. Trélat, qui aurait dû le faire plus tôt, vint solliciter de l'Assemblée trois millions, pour l'exécution du décret voté le 30 mai. Ces fonds, dilapidés comme les fonds précédents, étaient déjà dépensés par anticipation. Ils avaient soldé, ils allaient solder encore, non la réforme, mais la continuation des abus. Je montai à la tribune aussitôt après M. Trélat; je fis connaître nos justes motifs de défiance : « La question est trop grave, dis-je, pour que trois membres en puissent et en veuillent accepter désormais la responsabilité. » Et je demandai à l'Assemblée de nommer une commission spéciale dans ses bureaux avec mission d'examiner à fond toutes les questions qui se rattachaient au vote des trois millions sollicités par le gouvernement. Le décret fut effectivement renvoyé à une commission spéciale formée dans les bureaux, sans adhésion ni opposition de la part de M. Trélat, visiblement contrarié. Son humeur croissait avec mon insistance, mais il ne pouvait trouver dans sa conscience un argument pour me combattre, ni dans son caractère assez d'énergie pour me seconder. Depuis plusieurs jours, je ne me dissimulais plus l'approche d'une lutte formidable, et je ne voulais en accepter ma part que d'accord avec une majorité imposante représentant toutes les fractions de l'Assemblée. Dès le lendemain, l'Assemblée nomma dans ses bureaux une commission unanime, comme le comité du travail, pour réclamer la dissolution des ateliers nationaux. Elle était composée de MM. Pougeard, de Montreuil, Corne, Delisle, Dupont de Bussac, Dezeimeries, Buffet, Hervieux, Goudchaux, Germonnière, Luneau, Charles Dupin, Gloxin, Aylies et moi. Elle nomma M. Goudchaux président, en me confiant de nouveau le rôle de rapporteur.

J'avais réuni, depuis mon entrée au comité du travail, et je présentai à la nouvelle commission un ensemble de projets concertés avec M. de Melun. C'étaient les améliorations désirées depuis longtemps par la classe ouvrière et dont l'étude avait commencé pour moi dans les œuvres de Paris : dotation aux sociétés de secours mutuels, amélioration des caisses d'épargne, protection des enfants dans les manufactures, assainissement des quartiers populeux, destruction des logements insalubres, etc. Je dois dire ici, sans amertume pour personne, mais comme hommage incontestablement dû à la vérité, que ces améliorations étaient si étrangères aux esprits républicains d'alors qu'elles excitèrent chez eux une naïve surprise. A ma première communication de ces projets, le président, M. Goudchaux, m'interrompit en me regardant d'un air stupéfait, éleva ses mains au-dessus de sa tête et s'écria : « Laissez-moi respirer, je vous en prie. Je suis noyé sous ce flot d'innovations! » Sans mon insistance pour coordonner ces diverses institutions et pour les faire marcher de front avec la dissolution des ateliers nationaux, cette dissolution eût été votée dans les vingt-quatre heures. Loin de la presser, c'est moi qui l'ai retardée ; mais, pour que mon plan pût se réaliser, il fallait que la réforme intérieure des ateliers, sérieusement et sincèrement entreprise, nous donnât le temps nécessaire pour préparer tout cet ensemble de mesures, et c'est ce que le défaut de savoir-faire ou le défaut de volonté du gouvernement fit échouer.

Nous retrouvâmes dans M. Trélat le même homme; il se montrait toujours la veille de l'action, jamais le lendemain. Les projets de l'exécution la plus facile n'étaient pas menés à meilleure fin que les plans plus compliqués. Cinq millions étaient dus à la ville de Paris ; cette somme pouvait contribuer à rendre l'activité à beaucoup de travaux ; ces cinq millions restaient toujours entre les mains du ministre des finances, alors M. Duclerc; d'autres ressources, dont le détail n'importe plus aujourd'hui, étaient également négligées et l'unanimité se forma dans la commission de quinze membres, comme elle s'était formée dans la sous-commission de trois membres, pour exiger la dissolution à peu près immédiate. M. Dupont de Bussac, appartenant à la gauche la plus avancée, ne se sépara pas plus de nous que ne l'avaient fait M. Beslay et M. Considérant.

Dès le 19 juin, je fus chargé de présenter à l'Assemblée un nouveau rapport dont elle voulut entendre immédiatement la lecture. Je fis connaître, en m'en plaignant, que les clauses formelles de nos décrets n'avaient pas reçu ou avaient reçu à peine un commencement d'exécution. Je demandai que les allocations sollicitées par le ministre des travaux publics fussent votées, mais avec une clause expresse de surveillance; je demandai aussi que les pouvoirs de notre commission chargée de l'examen du décret en question fussent continués.

La discussion s'ouvrit dans la séance du 20 juin par un discours de M. Victor Hugo. Son langage avait déjà revêtu la forme déclamatoire qu'il n'a plus quittée, mais ses idées appartenaient encore au parti conservateur et il les manifesta très hautement :

« Nous connaissions déjà le désœuvré de l'opulence, dit-il, vous avez créé le désœuvré de la misère, cent fois plus dangereux pour lui-même et pour autrui. La monarchie avait les oisifs; la république aura les fainéants. Cette fainéantise fatale à la civilisation est possible en Turquie, non pas en France. Paris ne copiera pas Naples; jamais, jamais Paris ne copiera Constantinople. Jamais, le voulût-on, on ne parviendra à faire de nos dignes et intelligents ouvriers qui lisent et qui pensent, qui parlent et qui écoutent, des lazzaroni en temps de paix et des janissaires pour le combat. Jamais! (*Sensation*). . . . .

« Non, je ne crois pas, je ne puis croire — et je le dis en toute sincérité — que cette pensée monstrueuse ait pu germer dans la tête de qui que ce soit, encore moins d'un ou de plusieurs de nos gouvernants, de convertir l'ouvrier parisien en un condottiere, et de créer dans la ville la plus civilisée du monde, avec les éléments admirables dont se compose la population ouvrière, des prétoriens de l'émeute au service de la dictature! (*Mouvement prolongé*)... A mon sens, le pouvoir révolutionnaire s'est mépris. J'accuse les fausses mesures; j'accuse aussi et surtout la fatalité des circonstances. Le problème social était posé. Quant à moi, j'en comprenais ainsi la solution : n'effrayer personne, rassurer tout le monde, appeler les classes jusqu'ici déshéritées, comme on les nomme, aux jouissances sociales, à l'éducation, au bien-être, à la consolation abondante, à la vie à bon marché, à la propriété rendue facile.....; en un mot, faire descendre la richesse. On a fait le contraire; on a fait monter la misère! Prenez garde: deux fléaux sont là, à votre porte; deux monstres attendent et rugissent là dans les ténèbres, derrière nous et derrière vous, la guerre civile et la guerre servile (*agitation*), c'est-à-dire le lion et le tigre. Ne les déchaînez pas. Au nom du ciel, aidez-nous [1] »

M. Léon Faucher, succédant à M. Victor Hugo, fit entendre le langage de la froide raison et de l'expérience des affaires. Il était l'auteur d'une proposition destinée à l'extension immédiate des travaux de chemin de fer, dans le but de détourner des ateliers nationaux un très grand nombre d'ouvriers.

« Cette proposition, dit-il, renvoyée à deux comités, a été de leur part l'objet d'un examen attentif. Le rapport a été fait au bout de vingt jours. Pendant ces vingt jours, M. le ministre des travaux publics a été invité à se rendre dans le sein des deux comités. Après avoir promis de s'y rendre, il ne s'y est pas rendu. »

MM. Mortimer-Ternaux, Boulay (de la Meurthe) et Considérant traitèrent des questions accessoires, se rapportant toutes à la reprise du travail, telles que la question des halles de Paris, question sur laquelle j'insistai moi-même vivement. M. Trélat toucha l'Assemblée par son accent de philanthrope et l'impatienta par ses perpétuelles et vaines promesses.

M. Caussidière, célèbre par sa théorie de l'ordre par le désordre, prit à son tour la parole et eut un grand succès, par l'originalité de son éloquence et son apparente bonhomie.

« Aujourd'hui, s'écria-t-il, qu'arrive-t-il de vos cent mille hommes de trop-plein dans Paris, de vos ateliers nationaux? Il arrive qu'ils font le club du désespoir, tous les soirs, sur le boulevard ; que l'or de la Russie,

---

1. *Moniteur* du 21 juin 1848.

de l'Angleterre (si vous ne le savez pas, je vous l'apprends) vient ameuter quelques hommes qui sont là, qui travaillent au nom de gens qui ne les ont pas vus, je veux le croire. Vous avez donc une permanence dangereuse qui devient immorale; et les véritables ouvriers, les vrais démocrates, les sincères patriotes qui sont ouvriers souffreteux, désespèrent déjà de leur cause. Quand ils voient ce mélange, ce conflit d'idées, ces cris de : « Vive l'un ! Vive l'autre ! A bas l'un ! A bas l'autre ! » ils sont là à vous dire par centaines, par milliers : « Tâchez donc de nous donner du pain ou nous prendrons le fusil. Nous nous ferons suicider, nous irons au-devant des baïonnettes, nous nous ferons détruire [1] ! »

M. Goudchaux, président de notre commission, intervint à la fin de ce débat très confus et très stérile, comme on le voit, pour demander la clôture de la discussion générale et le vote immédiat des articles. La clôture fut prononcée, et les trois articles du décret, tel que nous l'avions présenté, furent votés par assis et levé, à la presque unanimité.

Dès le lendemain, 21 juin, nous nous remîmes à l'œuvre. Nous délibérions régulièrement sur les mesures les plus efficaces pour adoucir la transition, lorsque nous fûmes interrompus par l'insurrection même que nous avions à cœur de conjurer. Les meneurs qui avaient fait du secours un complot et qui voulaient exploiter la misère pour en tirer la révolte, avaient enfin compris qu'ils ne tromperaient pas la

---

1. *Moniteur* du 21 juin 1848.

vigilance de l'Assemblée. La séance du 20 juin ne leur laissait plus d'illusion; ils résolurent donc de nous gagner de vitesse, et peu s'en fallut qu'ils ne réussissent. Dans les journées du 21 et du 22 juin, la fermentation des ouvriers, déjà trop visible, fit explosion. Des délégués portèrent une sommation à la commission exécutive qui siégeait au Luxembourg. M. Marie tenta vainement de leur faire entendre raison ou du moins de leur faire prendre patience, et le 23 juin, à la pointe du jour, les barricades s'élevaient partout et les premiers coups de feu étaient tirés par l'insurrection.

Paris n'avait alors que deux forces défensives, la garde nationale, à peu près unanime comme l'Assemblée, et la garde mobile. La garde mobile était une création de février. Quelques-uns de ses bataillons avaient obéi, au 15 mai, à la voix du devoir, mais cette jeune milice, composée en majorité de Parisiens, avait été mise ce jour-là à une courte épreuve et son esprit restait fort douteux. L'armée de l'ordre avait donc grand besoin de se sentir appuyée par l'énergie de l'Assemblée, qu'on accusait déjà de lenteur et, quand notre commission se réunit dans la matinée du 23 juin, elle n'avait plus à délibérer que sur une seule question : attendrait-elle l'issue du combat déjà commencé pour se prononcer elle-même, ou bien donnerait-elle immédiatement à la garde nationale et à la garde mobile le gage de son ferme concours et le témoignage de sa propre solidarité à tous risques et périls? Deux membres seulement furent d'avis de l'expectative. L'un rendit son vote public, en envoyant le 23 juin même, sa démission de membre de la commission des ateliers nationaux : ce fut M. Dupont de Bussac. Le second, M. de Montreuil, vota contre l'avis de la majorité, mais n'alla point au delà et resta parmi nous. Je n'avais plus dès lors qu'à résumer en peu de mots le vote de la commission. Je le fis à la hâte et, vers trois heures, je déposai mon rapport sur le bureau de l'Assemblée.

Quand j'entrai dans la salle, M. Sénard, qui présidait, avait déjà interrompu toute délibération pour donner les premiers bulletins de la lutte. M. Flocon, ministre du commerce, était à la tribune, et, prenant soin de constater qu'il parlait pour le dehors et non plus pour l'Assemblée elle-même, disait : « Dans ce moment-ci, on ne fait pas la guerre avec des soldats, mais avec des bruits mensongers qu'on répand sur les places publiques, avec l'or qui sert à acheter la pauvreté et à la tirer hors de cette abnégation vertueuse, dans laquelle elle attendait patiemment que nos efforts vinssent la secourir. Que tous les républicains entendent ceci, et que, lorsqu'ils voient un appel au désordre, ils sachent bien que cet appel n'a pour but, quel que soit le masque dont ils se couvrent, quelle que soit la couleur qu'ils prennent, quel que soit le drapeau qu'ils cachent — car ils n'en arborent pas — n'a en réalité qu'un but, c'est celui du renversement de la république et le rétablissement du despotisme [1] ! »

Je montai à la tribune après M. Flocon, et, en

---

1. *Moniteur* du 24 juin 1848.

déposant mon rapport sur le bureau du président, je m'exprimai ainsi :

« Messieurs, la majorité de la commission des ateliers nationaux m'a chargé expressément de vous présenter à cette heure le rapport sur la décision que vous attendez d'elle ; elle a continué d'en délibérer avec le calme le plus parfait, et, si vous le désirez, vous en retrouverez la preuve dans le rapport que je viens vous soumettre. »

Plusieurs voix. — « Déposez, déposez ! »
Autres voix. — « Non ! non ! lisez ! »

L'Assemblée consultée décida que la lecture du rapport aurait lieu. Il concluait à la dissolution des ateliers nationaux avec un crédit de 3 millions pour indemnités et secours à domicile aux ouvriers momentanément sans ouvrage.

L'Assemblée, en ordonnant la lecture de mon rapport et moi, en le lisant, avions-nous, pouvions-nous avoir la pensée d'une provocation à la guerre civile ? Non, car nous n'avions même pas voulu assigner une date fixe à la dissolution, afin de laisser l'Assemblée toujours maîtresse d'avancer ou de reculer, comme elle le jugerait utile, la délibération qui devait précéder la dissolution. Ce que la majorité de la commission avait voulu, l'Assemblée le voulut aussi : c'était qu'au moment où les soldats, les gardes nationaux et les gardes mobiles exposaient leur vie, chacun de nous livrât son nom et que si le courage civil n'avait pas le même éclat que le courage militaire, il eût du moins la même franchise et le même dévouement. Nous étions réduits au rôle de légitime défense, et nous devions toute notre force morale aux bataillons qui, depuis plusieurs heures déjà, repoussaient à grand'peine une agression longuement préméditée, froidement résolue, audacieusement exécutée.

Après un court débat, l'Assemblée, de plus en plus avertie par les bruits de la sédition croissante, se déclara en permanence et ne s'occupa plus que de pourvoir à la défense sociale ou même à sa propre défense, car elle se savait directement menacée.

Dans un tel péril, la commission exécutive n'inspirait plus de confiance à personne. D'un accord tacite, chacun renonça à soulever un débat irritant; mais, dans la séance du 24 juin, on investit le général Cavaignac de tous les pouvoirs exécutifs.

M. de Lamartine et M. Ledru-Rollin ne pouvaient se méprendre et ne se méprirent point sur l'intention manifeste de cette mesure. Dès qu'elle leur fut connue, ils adressèrent, en ces termes, leur démission au président de l'Assemblée nationale :

« Citoyen président,

« La commission du pouvoir exécutif aurait manqué à la fois à ses devoirs et à son honneur en se retirant devant une sédition et devant un péril public. Elle se retire seulement devant un vote de l'Assemblée.

« En remettant les pouvoirs dont vous l'aviez investie, elle rentre dans les rangs de la représentation nationale pour se dévouer avec vous au danger commun et au salut de la République.

« Les membres de la commission du pouvoir exécutif :

« Arago, Ledru-Rollin, Garnier-Pagès, Lamartine, Marie.

« Le secrétaire : Pagnerre. »

On agita, sous plusieurs formes, la question de savoir quelle part personnelle les membres de l'Assemblée pourraient ou devraient prendre à la lutte. Il fut établi que le devoir des représentants était de demeurer à leur poste pour prendre, heure par heure, toutes les mesures que nécessiterait la situation. Cependant plusieurs membres se mêlèrent individuellement aux rangs des gardes nationaux et quelques-uns y furent grièvement blessés. M. Bixio, membre de la gauche, fut, je crois, le premier atteint. Le second fut un membre de la droite, et dans le cours de la séance du 24, le président s'exprima ainsi :

« Voici une communication au nom d'un de nos collègues. M. de Saint-Georges prie l'Assemblée d'agréer ses excuses s'il n'est pas à la séance de ce matin. Il est près de son fils blessé grièvement hier en défendant la république dans les rangs de la garde nationale. »

Le père et le fils étaient membres de la droite et députés du Morbihan.

Plusieurs de nos collègues, se fiant à leur notoriété républicaine, tentèrent de porter derrière les barricades des paroles d'apaisement. Ils furent maltraités et auraient couru les plus graves périls s'ils eussent fait un pas de plus. J'en ai tenu le récit de la bouche de l'un d'eux, M. Jamet, député de la Mayenne, républicain de vieille date, mais très consciencieux et qui avait perdu, ce jour-là, des illusions qui lui avaient été chères. L'égarement des faubourgs de Paris ne pouvait aller plus loin : la durée et l'acharnement de la lutte aussi bien que le nombre des victimes ne l'attestent que trop. La France perdit, dans ces quatre journées, plus de généraux qu'elle n'en avait perdu dans les plus mémorables batailles de l'empire. Quiconque a vu de près quelqu'un de ces épisodes sanglants en a été à la fois stupéfait et navré.

Pour moi, ne pouvant me flatter du moindre crédit sur l'esprit des combattants, je voulus, du moins, m'accorder la consolation de leur porter quelque soulagement, et je m'acheminai vers l'Hôtel-Dieu avec mon collègue, M. Jobez. La souffrance aurait dû éteindre là toutes les fureurs, elle n'y réussit pas plus que la raison. Avant de nous introduire dans la salle des blessés, les sœurs et les internes nous prièrent de quitter nos insignes de représentants : « Cela causerait trop d'agitation au plus grand nombre de nos blessés, et nous avons tant de peine à leur rendre un peu du calme indispensable à leur traitement, que nous devons éviter tout ce qui peut redoubler leur fièvre ! »

Nous parcourûmes donc d'innombrables rangées de lits improvisés à la hâte, en supplément de tous ceux que contenait déjà l'Hôtel-Dieu. La plupart des visages respiraient l'animation de la lutte ; elle se peignait encore dans le regard, quand la faiblesse interdisait tout autre signe. Dans le premier moment, on avait apporté et placé au hasard les blessés de la garde nationale et les blessés de l'insurrection ; mais on fut promptement obligé de les séparer, en les plaçant soit dans des salles différentes, soit dans la même salle en deux séries distinctes. On avait vu des insurgés se traîner hors de leur lit pour se jeter sur le lit voisin, quand ils y reconnaissaient un uniforme et mordre jusqu'au sang ceux à qui ils ne pouvaient plus faire d'autres blessures. Il faut avoir vu ce lamentable spectacle ou l'avoir entendu raconter par des témoins encore tout émus, pour se faire une idée de la passion que peut surexciter dans les masses le mensonge froidement et persévéramment distillé, pour apprécier le crime des artisans d'une telle rage, et pour mesurer tout le mal que peuvent faire quelques hommes à l'innombrable multitude. Durant ces heures douloureuses, aucune puissance n'aurait arraché du cœur de ces malheureux égarés la conviction que l'Assemblée était l'ennemie du peuple, qu'elle avait soif de son sang, et que les barricades n'avaient été dressées que pour protéger l'ouvrier, sa femme et ses enfants contre une impitoyable barbarie.

En sortant de l'Hôtel-Dieu je rencontrai sur le parvis Notre-Dame l'archevêque de Paris et M. Jacquemet, son grand-vicaire. Ils allaient chez le général Cavaignac, afin de l'avertir qu'ils voulaient se rendre eux-mêmes au sein du faubourg Saint-Antoine, opiniâtre foyer de la résistance. Je sollicitai de l'héroïque archevêque l'honneur de l'accompagner ; mais, touchant d'une main sa robe violette et de l'autre mon écharpe de représentant que j'avais reprise en

quittant l'Hôtel-Dieu, il me répondit en souriant :
« Je crois que, pour ma protection, ceci vaut encore
mieux que cela. » J'insistai ; il me refusa et reprit, en
parfaite connaissance du péril, sa route vers le martyre. Je ne l'ai revu que sur son lit de mort.

Peu de temps après je retrouvai M. Jacquemet, appelé à l'évêché de Nantes. Le souvenir de notre rencontre sur le parvis Notre-Dame resta entre nous un lien affectueux dont je n'ai jamais joui sans émotion. Lui-même n'avait échappé à la mort que grâce à sa très petite taille, car son chapeau avait été percé de plusieurs balles. L'archevêque mourant lui remit sa croix pectorale teinte de sang, sainte relique que M. Jacquemet porta jusqu'à son dernier jour. Il ne garda pas moins fidèlement les hautes leçons de sagesse et de clairvoyance qu'il avait reçues à l'archevêché de Paris et demeura le constant exemple de ce que peut une âme à peine revêtue d'un corps.

Du parvis Notre-Dame, je me rendis à la place de la Bastille, où j'eus la douleur de voir tomber, en vaillant soldat, le général Négrier mortellement blessé presque à bout portant. Tout près de lui tomba également notre collègue, M. de Charbonnel. Le marquis de Voguë et moi aidâmes à le placer sur un brancard et à le porter chez un marchand de vin dont la maison, très voisine du feu, en était cependant à l'abri. M. de Charbonnel ne se trompa pas un instant sur la gravité de son état. Avec la plus douce sérénité, il nous exprima le vœu qui se retrouvait presque au même instant sur les lèvres de Mgr Affre, de devenir une victime expiatoire et que cette effu-

M. Albert de Rességuier
aux Eaux-Bonnes
Pyrénées

La victoire marche mais à
coup de victimes : on ne peut se figurer la
rage de ces cannibales. L'archevêque a été
bien porté de toutes parts, et il a
reçu une décharge presqu'à bout portant : il
se meurt à l'heure où je vous écris. Quel
bonheur pour lui ! Quelle cocarde pour
la religion. Le g[énér]al Négrier a été tué à
six pas de moi qui me trouvais là absolument
par hasard et qui ai eu la consolation
de sauver la vie d'un innocent qu'on allait
fusiller comme porteur de mauvaises nouvelles
et d'alertes fausses. Je vous quitte à
la hâte parce que Legalt vient me chercher
pour assister aux derniers moments de l'
archevêque et que je suis bien désireux de
recevoir cette S[ain]te bénédiction.

Lundi.

Fac-similé d'une lettre autographe de M. le comte de Falloux
à M. le comte de Rességuier (26 juin 1848).

sion de sang terminât enfin les discordes et les malheurs de notre pays. Il remit son portefeuille à M. de Voguë, nous chargea de touchantes paroles pour sa famille et de patriotiques adieux pour ses collègues de l'Assemblée. Il perdit bientôt connaissance et expira quelques heures après.

Ce combat sur la place de la Bastille nous rendit bientôt maîtres du faubourg Saint-Antoine. La lutte était enfin terminée; mais à quel prix! Que devions-nous penser désormais de l'avenir et que devions-nous faire pour lui? L'universalité et la liberté du suffrage ne pouvaient aller plus loin; l'Assemblée était la représentation unique, incontestable de la nation tout entière; les républicains n'avaient pas formé un seul vœu qui ne fût atteint ou dépassé; les hommes au pouvoir étaient encore ceux qui avaient fait et proclamé la république à l'Hôtel de ville; la majorité de l'Assemblée était notoirement républicaine et, s'il y avait des doutes dans certains esprits, des regrets dans certains cœurs, il n'y avait nulle part une seule résistance systématique; et cependant cette république naissante n'avait cessé un seul jour d'être attaquée par des républicains. Le gouvernement provisoire avait eu ses assauts en mars et en avril; l'Assemblée, en mai et en juin : l'épreuve n'était-elle pas suffisante, n'était-elle pas décisive? Combien de malheurs, combien de sang versé faudrait-il encore pour prouver que la république n'est pas pour la France le talisman du repos et de la prospérité? Combien de temps devions-nous encore faire ou laisser faire ces dangereuses expérimentations sur notre pays, comme sur un cadavre d'amphithéâtre ?

Ces questions nous étaient posées de toutes parts, et nous avions le droit de nous les poser à nous-mêmes. Cependant, nous ne le voulûmes pas encore. La famille royale n'était pas réconciliée; aucun prince ne jugeait l'heure venue pour une tentative monarchique ; aucun des conseillers habituels de M. le comte de Chambord ne lui demandait une initiative que lui-même ne paraissait pas juger opportune. Dans cette situation, tout le monde se trouva d'accord pour le maintien du *statu quo*, en essayant toutefois de lui assurer le bénéfice d'une si coûteuse expérience. Nous avions mis le général Cavaignac à notre tête pendant la guerre civile, nous le maintînmes au pouvoir pendant la paix ou plutôt pendant la trêve.

CHAPITRE X

LE GOUVERNEMENT DU GÉNÉRAL CAVAIGNAC.
ABD-EL-KADER. — LA CONSTITUTION.

1848

J'ai fait, dans le chapitre précédent, comme fit l'Assemblée. J'ai oublié les ateliers nationaux pour ne m'occuper que de la bataille, et je dois maintenant revenir sur le dénouement de cette lamentable question.

La calomnie ou l'erreur en permanence répète, depuis plus de trente ans, qu'en votant la dissolution des ateliers nationaux nous avons donné le signal plus ou moins volontaire, plus ou moins perfide, de la guerre civile. Curieux exemple de la durée des méprises historiques, quand la mauvaise foi entreprend résolument de mystifier la légèreté publique ! Le rare, comme dirait Saint-Simon, est que cette dissolution n'a été votée ni à une date ni à une autre. Elle a été décrétée et exécutée dictatorialement, le 3 juillet, par le général Cavaignac et par le ministère entièrement républicain dont il s'entoura.

Quand, à peine remis des fatigues d'un si douloureux combat, le général vint justifier son décret devant l'Assemblée, il s'exprima en ces termes :

« L'organisation des ateliers nationaux était, je dois le dire, au 23 juin dernier, une organisation formidable. La pensée qui avait présidé à cette organisation était bonne et pure ; mais sans aucun doute, par la suite des temps, cette création a été complètement détournée de l'intention qui y avait présidé, et, je le répète, l'organisation des ateliers nationaux était devenue formidable; elle était devenue menaçante pour la liberté ! »

Ainsi l'insurrection de juin, sans motif avouable, sans excuse, n'eut d'autre résultat que de compromettre et d'ajourner, dans l'Assemblée constituante, toutes les mesures que nous allions prendre en faveur de la classe ouvrière. L'Assemblée législative rencontra le même écueil. L'émeute en post-scriptum, c'est-à-dire l'émeute avortée le 13 juin 1849, la lança, dès son début, dans les poursuites, dans les procès politiques, et ce ne fut assurément point par l'intervention de la gauche que revint, avec le calme, la reprise des études populaires. Cette initiative vint de la droite. Ce fut un discours de M. de Melun, couvert d'applaudissements unanimes, qui devint le succès de la véritable philanthropie chrétienne plus encore que le succès de l'orateur. M. de Melun obtint la nomination d'une commission de trente membres, chargée de traduire en actes législatifs la sollicitude des classes politiques pour les classes laborieuses. Cette commission nomma pour président M. Parisis, évêque de Langres, pour secrétaire M. de Melun, pour rapporteur M. Thiers. La dotation aux sociétés de secours mutuels, l'amélioration des caisses d'épargne, la destruction des logements insalubres, la protection de l'enfant dans les manufactures, furent proposées par cette grande commission et votées par l'Assemblée législative. Les débats irritants, avant-coureurs du 2 décembre, entravèrent encore une fois ce mouvement ; mais quand l'empire, issu du coup d'État, se crut fondé, il reprit dans les procès-verbaux de la commission, dans le volumineux rapport de M. Thiers, véritable arsenal de projets populaires, les mesures dont il se fit honneur près du suffrage universel, sans mentionner jamais leur première et véritable origine.

Revenons à 1848. Le général Cavaignac, une fois nommé chef du pouvoir exécutif, qui l'a combattu ? qui l'a défendu ?

Ses premiers, on pourrait dire ses seuls adversaires, furent les débris du gouvernement de l'Hôtel de ville. Leur opposition n'avait ni un programme bien défini ni un motif hautement avoué. C'étaient des mécontents plutôt que des ennemis, qui saisissaient des prétextes plutôt qu'ils n'alléguaient des griefs. MM. Jules Favre, Pagnerre, Garnier-Pagès, furent les orateurs de ce groupe ; les appuis solides, les partisans déclarés du général Cavaignac se réunissaient rue de Poitiers, dans la salle des séances de l'Académie de médecine.

Selon l'usage, on baptisa cette réunion parlementaire du nom de la rue qui lui donnait asile. On aurait d'ailleurs difficilement trouvé le nom politique qui eût indiqué l'opinion prépondérante dans son sein. Là, s'associaient les bonnes volontés qui voulaient s'occuper exclusivement des difficultés du moment pour les trancher loyalement dans le sens du pouvoir qui était la personnification de l'ordre. La réunion de la rue de Poitiers admettait côte à côte, sans difficulté, sans récrimination, des légitimistes, des orléanistes, des républicains. Le souci de l'impartialité, le désir de rompre tout lien avec le passé, afin de se sentir et de se montrer plus libre avec le présent, étaient tels, qu'au début tout représentant ayant appartenu aux anciennes assemblées fut rigoureusement tenu à l'écart.

Après les terribles journées de juin, la réunion s'effraya de sa responsabilité, et, bien qu'elle comptât des hommes qui lui auraient utilement servi de guides, tels que MM. de Kerdrel, Bérard, Denjoy, Baze, Baraguay d'Hilliers, elle voulut faire cesser l'ostracisme qui pesait sur les hommes les plus expérimentés de l'Assemblée, et elle provoqua l'admission de MM. Odilon Barrot, Duvergier de Hauranne, Dufaure, Molé et Thiers. L'influence de ces illustres parlementaires ne naquit donc ni d'un mouvement spontané ni d'un complot, ni même d'une arrière-pensée. Elle fut, comme beaucoup d'autres événements de cette époque, le résultat forcé de nos malheurs, et une résignation plutôt qu'un désir. Il en fut de même pour l'avènement du général Cavaignac. La réunion de la rue de Poitiers aurait préféré le général Changarnier, mais il n'avait point encore quitté l'Afrique. La réunion pouvait légitimement choisir le général de La Moricière ou le général Bedeau, qui avaient pris une vaillante part aux journées de juin et qui lui offraient toute sécurité politique ; elle se contenta cependant de voir l'un au ministère de la guerre, l'autre au ministère des affaires étrangères, et sans hésitation, elle confia le pouvoir exécutif au général Cavaignac, précisément parce qu'il était républicain d'origine et de conviction. Elle se flattait ainsi de dissiper tous les ombrages et ne voulut pas que cette disposition fût un instant douteuse.

La réunion de la rue de Poitiers résolut donc à l'unanimité de se mettre en rapport avec l'honorable général Cavaignac par une députation officieuse composée de six membres. Cette députation devait faire connaître au général qu'un sentiment de confiance en lui portait la réunion à renoncer à la nomination directe des ministres, nomination à laquelle on avait d'abord songé, en réaction contre MM. Ledru-Rollin et de Lamartine; qu'elle appuierait l'administration nouvelle hautement et fermement; qu'elle désirait que les portefeuilles fussent remis à des hommes ne pouvant donner aucun sujet d'inquiétude à l'opinion républicaine; que l'on souhaitait, en conséquence que cette administration fût largement recrutée parmi les républicains de la veille. Aucun nom propre, aucune prétention, aucune exigence ne furent ni directement ni indirectement recommandés aux six députés de la réunion. Ces six représentants étaient MM. Vivien, Baze, de Sèze, Vesins, Degousée et moi. Nous demandâmes au général Cavaignac, dès le soir même, une entrevue qui nous fut accordée pour le lendemain à sept heures du matin. Le général, encore épuisé des fatigues du combat, nous reçut couché sur un lit de camp, dans un des petits salons de l'hôtel de la présidence de l'Assemblée. Il nous déclara, avec une bonhomie à la fois digne et cordiale, qu'il ne connaissait aucun de nous, M. Degousée, son ancien camarade, n'ayant pu se joindre à la députation, je ne me rappelle plus pour quel motif. « J'ignore vos opinions, nous dit-il, je suis un soldat d'Afrique, transporté inopinément sur un terrain nouveau. Du reste, je n'avais pas besoin d'un plus ample informé pour répondre très franchement à votre démarche. »

Alors il nous indiqua que des négociations étaient entamées pour la plus prompte formation possible du nouveau ministère ; que les affaires étrangères étaient destinées au général Bedeau, la guerre au général de La Moricière, l'intérieur à M. Sénard, les finances à M. Goudchaux. C'étaient là, on le voit, les quatre postes les plus importants : tous les quatre étaient donnés à des hommes qui avaient soutenu le poids de la lutte, le général de La Moricière et le général Bedeau sur les barricades, M. Sénard à la présidence de l'Assemblée, M. Goudchaux à la présidence de la commission des ateliers nationaux. Ces quatre noms obtinrent aussitôt notre adhésion. Les noms de MM. Bethmont et Thouret, prononcés pour la justice et pour l'agriculture, furent également approuvés.

Le général Cavaignac ajouta qu'il ne prévoyait aucune objection au maintien de M. Carnot au ministère de l'instruction publique. M. Vivien avait bien voulu jusque-là porter la parole en notre nom ; d'autres la demandèrent alors et causèrent un très vif étonnement au général Cavaignac en lui disant que plusieurs circulaires de M. Carnot avaient éveillé beaucoup d'inquiétudes dans une portion considérable du pays; que ses idées, trop sincères chez lui pour être mobiles, seraient tôt ou tard une pierre d'achoppement avec la majorité; qu'il fallait, autant que possible, prévenir ces crises et les épargner à l'autorité qu'on s'efforçait de reconstituer. Le général Cavaignac nous répondit que les polémiques sur l'enseignement étaient vaguement arrivées jusqu'à lui en Algérie, qu'il y était toujours demeuré étranger; qu'il ne pouvait nous répondre sur des faits, sur des points de vue qui se présentaient à son esprit pour la première fois; que, du reste, il avait compris la portée de nos objections à l'égard de M. Carnot; qu'il allait en référer à ceux de ses collègues que nous considérions comme faisant déjà partie du ministère, et qu'il en causerait de nouveau volontiers avec nous dans le courant de la journée. L'entretien avait duré trois quarts d'heure. Les explications données par le général Cavaignac, les sentiments qu'il avait exprimés, ne nous avaient pas pleinement satisfaits; mais nous comprîmes que l'homme de guerre prévalait exclusivement en lui, et que nous devions lui accorder au moins quelque délai pour se former à une stratégie qu'il n'avait pu étudier ni dans Vauban ni dans Jomini. Nous étions sûrs du moins de lui avoir inspiré confiance dans notre concours. Le général était attendu à huit heures pour une grande revue des gardes nationales de province. Nous nous séparâmes, ajournant à l'après-midi le seul point demeuré en litige, le ministère de M. Carnot.

Nous revînmes vers une heure au salon de la présidence ; le général était absent. M. Sénard nous reçut à sa place, il nous dit que l'incident relatif à M. Carnot les mettait tous dans un embarras véritable ; qu'il appréciait parfaitement les motifs de notre résistance, mais que le général, de premier mouvement et comme chose qui ne pouvait souffrir de difficulté, avait, dès la veille, parlé à M. Carnot de son maintien au ministère ; qu'il se considérait comme lié vis-à-vis de lui, et que si M. Carnot ne le déliait pas, l'embarras courait risque de devenir grave. Ce discours de M. Sénard était appuyé d'assurances positives sur le désir qu'éprouvait le ministère de voir l'instruction publique dirigée dans un sens moins imprudent.

Nous offrîmes alors de prendre sur nous la responsabilité des premières ouvertures à M. Carnot. M. Sénard parut enchanté de notre offre et au bout de quelques minutes l'envoya dans le salon, où nous étions demeurés pour l'attendre. Nous exposâmes avec beaucoup de franchise à notre honorable collègue les sentiments d'estime et les motifs de dissidence qui nous portaient à le prendre lui-même pour confident de notre opposition ; que sa présence dans le ministère serait certainement l'occasion d'une crise prochaine et, à tous égards, regrettable ; que nous faisions appel à sa loyauté, et que nous le suppliions de tirer le général Cavaignac d'une situation fausse.

M. Carnot, habituellement souriant et impassible parce qu'il se rendait rarement compte d'une objection ou d'une difficulté, répondit qu'il était loin de nous savoir mauvais gré de notre langage, que le général Cavaignac n'était aucunement lié vis-à-vis de lui, que par conséquent il était libre de lui enlever ou de lui conserver son portefeuille, et que ses préparatifs de départ pour la campagne étaient déjà commencés. Nous répliquâmes qu'il ne s'agissait pas de savoir si le général Cavaignac était ou n'était pas réellement lié, qu'il suffisait qu'il crût l'être. Nous affirmâmes à M. Carnot que tel était bien son scrupule. M. Carnot se renfermant dans la même réponse, nous persistâmes dans la même réplique. Force nous fut alors d'appeler M. Sénard une seconde fois pour qu'il s'expliquât sur le fait de l'engagement du général Cavaignac. M. Sénard n'hésita pas à se ranger aussitôt de notre côté et ne cacha point à M. Carnot qu'il considérait sa démission comme utile à la solidité du nouveau ministère. M. Carnot se retira, nous disant qu'il s'expliquerait avec le général et qu'assurément il ne compliquerait ni ne prolongerait, pour son compte, les difficultés de la situation. Nous considérâmes dès lors, M. Sénard et nous, la démission de M. Carnot comme un fait accompli et nous prononçâmes plusieurs noms qui pouvaient, à notre avis, être utilement recommandés au général Cavaignac, en ayant soin de nous circonscrire toujours dans le cercle étroit des républicains de la veille.

Pendant tous ces pourparlers, l'Assemblée était entrée en séance. Nos collègues nous interrogèrent vivement ; nous leur annonçâmes la composition du ministère qui devait être proclamé dans la soirée, car l'Assemblée était encore en permanence, ajoutant que, selon des probabilités équivalant à une certitude, M. Carnot n'en ferait pas partie. La séance, suspendue, fut reprise à huit heures du soir. Un des ministres, nous tirant aussitôt à l'écart, nous avertit, avec une humeur non déguisée, que M. Carnot gardait son portefeuille. Quelques instants après, le ministère était proclamé à la tribune et une explosion de murmures accueillait le nom du ministre de l'instruction publique. Quelques jours s'étaient à peine écoulés, qu'un des hommes les plus éminents de la réunion de la rue de Poitiers, étranger par son âge et sa carrière à toute ancienne coterie, M. Bonjean, le futur et courageux ôtage de la Commune, produisit, à la tribune, des volumes autorisés par M. Carnot dans les écoles primaires et, séance tenante, une très forte majorité sanctionna le blâme sollicité par l'orateur. M. Carnot, cette fois, n'hésita plus à se retirer. Il n'avait été renversé ni par surprise, ni par caprice, ni pour faire échec au ministère. Cela fut si bien compris que pas un de ses collègues ne crut devoir s'associer à sa retraite. Je n'ai pas su ce qui s'était passé à l'hôtel de la présidence, huit jours avant, entre le général Cavaignac et M. Carnot, ni ce qui les avait décidés tous les deux à braver cette aventure inconsidérée. Je suppose cependant que l'incident peut s'expliquer ainsi :

M. Carnot tenait peu au ministère, mais beaucoup, en matière d'enseignement, aux idées de son parti. Il se faisait un point d'honneur de les couvrir de son nom et de les imposer jusqu'au bout, à outrance. De son côté le général Cavaignac, sans tenir à M. Carnot lui-même, tenait beaucoup à la mémoire de l'ancien Carnot, père du ministre, et à tous les souvenirs qui s'y rattachaient. S'étourdissant, l'un et l'autre, sur la gravité des circonstances générales pour faire de la politique de caste, M. Carnot compromit quelque peu sa dignité personnelle et le nouveau chef du pouvoir exécutif blessa gratuitement les hommes d'ordre, prodigues envers lui de leurs témoignages d'estime. La majorité, sensible à ce mauvais procédé, ne lui en garda cependant pas rancune; elle avait repoussé dans M. Carnot un entêtement sans compétence; elle ne voulut pas aller au delà et n'exigea point un ministre qui fût, soit le représentant, soit le précurseur des idées qu'elle préférait. Sa constante préoccupation était de se montrer exempte d'impatience ou d'esprit de parti, et elle se contenta de M. de Vaulabelle qui n'était, pas plus que M. Carnot, indiqué par des aptitudes spéciales ou par un talent de tribune. Il appartenait d'ailleurs, tout autant que lui, aux républicains de la veille; mais il était inoffensif et assez indépendant du joug de ses dangereux amis. Sa façon d'entrer au ministère fit sensation; il y arriva escorté d'une malle portée sur le dos d'un commissionnaire, garda dans sa chambre cette malle tout ouverte, y puisa au fur et à mesure ce dont il avait besoin et la referma le jour de son départ, laissant derrière lui une réputation presque spartiate. Plusieurs de ses amis lui reprochèrent même une austérité, non de mœurs, mais de goûts, qui leur eût gâté la république s'il avait fait école.

Notre union avec le pouvoir se maintint donc autant que cela put dépendre de nous. Le général Cavaignac avait de hautes et rares qualités. Sa tournure distinguée, sa tête fièrement militaire, inspiraient naturellement le respect ; sa parole sobre, énergique, quelquefois éloquente dans sa brièveté, faisait penser aux hommes de Plutarque. Rien de tout cela n'était en lui ni affecté, ni usurpé. Si la forme était noble, le caractère l'était aussi. Son langage ne brillait pas seulement par hasard ou par bonne fortune, sa pensée avait une réelle élévation, et, là où elle était éclairée, de la justesse et de la fermeté. Il avait en même temps non de l'humilité — ce mot est plus chrétien qu'il ne l'était lui-même — mais de la modestie. On ne surpassera jamais, à la tribune, l'effet que produisirent son geste et son accent lorsqu'il dit en montrant le général de La Moricière : « Ce qui m'étonne, c'est de le voir au second rang quand je suis au premier ! »

Que manqua-t-il donc au général Cavaignac ? — Une éducation digne de lui. Il avait une nature profonde et riche, qui ne reçut pas la bonne culture qu'elle méritait et qui, malheur encore plus regrettable, en reçut une mauvaise. Il naquit, il grandit dans un milieu plein de passions injustes et de préjugés étroits. Fils et frère d'hommes plus ardents que lui, il accepta, par point d'honneur et comme héritage, des opinions et des habitudes qu'à l'état libre il n'eût certainement ni recherchées, ni adoptées. Ce point de départ parut d'abord le servir, mais bientôt il le compromit, le paralysa et finit par le perdre. Quand on s'apercevait de ses lacunes et de ses torts, on ne s'éloignait de lui qu'avec peine, en retournant tristement la tête pour voir s'il ne vous rejoignait pas ou si on ne pouvait pas lui revenir ; et quand la rupture devenait définitive on lui conservait encore regret et sympathie. Ces sentiments sont, en toute sincérité, ceux à travers lesquels il m'a fait passer, et ce furent longtemps, je puis l'affirmer, les sentiments du parti conservateur tout entier. Les faits vont le prouver.

Quelles que fussent la prudence et la modération de la majorité, les fauteurs d'anarchie ne pouvaient se consoler de l'issue des journées de juin et ils cherchaient à réveiller les passions, en signalant à tout propos le spectre de la monarchie. Proudhon, qui poussait jusqu'au cynisme la hardiesse de ses opinions, disait devant la commission d'enquête instituée par l'Assemblée : « Le 23 juin, j'avais cru que c'était une conspiration de prétendants s'appuyant sur les ouvriers des ateliers nationaux, j'étais trompé comme les autres. Le lendemain j'étais convaincu que l'insurrection était socialiste ! » Un tel témoignage, dans une telle bouche, aurait dû exonérer tous les partis sur lesquels on voulait faire peser la responsabilité du sang versé; mais les ambitions personnelles et les assertions préconçues sont des adversaires difficiles à décourager. La réprobation presque universelle qui pesait alors sur l'insurrection était lourde à porter. Aussi un républicain peu considéré parmi les républicains eux-mêmes, M. Laurent (de l'Ardèche), essaya-t-il d'égarer l'opinion publique en sollicitant une enquête sur la participation des monarchistes aux journées de juin. Cette proposition, chaudement appuyée dans les journaux démagogiques, trouvait un tout autre accueil dans les bureaux de l'Assemblée et y demeurait ensevelie. Je ne crus point que cette exécution tacite pût suffire à mes amis et à moi-même. Je demandai, à la tribune, que la proposition de M. Laurent (de l'Ardèche) vînt promptement en discussion, résumant en ces termes les motifs de mon insistance : « Il faut armer la justice ou désarmer le calomnie ! » Le général Cavaignac intervint loyalement, mais gauchement, dans cette courte escarmouche. Ce ne fut pas la seule fois qu'il servit mal les vrais intérêts de la République, par crainte de paraître infidèle à la République elle-même. On en eut bientôt une démonstration plus grave.

Dans la soirée du 15 septembre, on révéla soudainement, à la réunion de la rue de Poitiers, une mesure arrêtée le matin même en conseil des ministres : le gouvernement allait choisir, parmi les membres de l'Assemblée siégeant à gauche, des commissaires envoyés dans chaque département avec des pouvoirs mal limités, ou plutôt illimités, pour rallier vigoureusement les provinces au sentiment républicain. La surprise et l'émotion furent grandes au sein de la réunion. Cette étrange mesure était évidemment un acte de méfiance envers l'administration régulière, un essai d'intimidation envers le pays, une tentative non déguisée d'étendre plus impérieusement le joug de Paris sur la France entière ; c'était enfin l'évocation bien inopportune et peut-être bien dangereuse des plus mauvais souvenirs de la Convention. Ne prévoyant pas la révélation qui devait être faite dans la rue de Poitiers, j'étais allé, ce soir-là, très paisiblement, avec mon collègue et ami, M. Fresneau, entendre

Guillaume Tell à l'Opéra. Ce fut donc le lendemain seulement, en entrant dans la salle de l'Assemblée, que je fus informé de ce qui se passait. M. Baze était à la tribune, interpellant M. Sénard, alors ministre de l'intérieur qui avoua le projet sans l'atténuer ou le justifier suffisamment. Mon premier mouvement, loin d'être celui d'un ennemi, fut un acte de courtoisie envers le général Cavaignac. Je courus à son banc et je lui demandai à voix basse des explications qu'il me donna en termes aussi peu clairs et aussi peu rassurants que ceux de M. Sénard. L'illusion sur la portée du projet n'était plus possible. Je montai à la tribune et j'exprimai mes appréhensions avec une sincérité à laquelle l'Assemblée rendit justice, au delà même de mon attente. J'insistai spécialement sur cette puérile prétention de fonder incessamment la République, comme si au 4 mai, au 15 mai, au 23 juin, nous ne lui avions pas donné déjà les gages les moins équivoques. Le général Cavaignac m'interrompit avec une humeur trop visible, et j'achevai ma discussion en soulevant non-seulement la chaleureuse approbation de la droite, mais aussi des applaudissements sur plusieurs bancs de la gauche. Le ministre de l'intérieur essaya vainement de regagner le terrain perdu. On suspendit la séance pour chercher quelque moyen de conciliation.

En ce moment il n'eût tenu qu'à la droite d'infliger au général Cavaignac un échec décisif. On m'assaillit de toutes parts, pour déposer, à la reprise de la séance, des projets d'ordre du jour, tous plus agressifs les uns que les autres. On criait à l'envi : « C'est un guet-apens ! C'est le suffrage universel escamoté ! C'est l'élection présidentielle enlevée à coups d'arbitraire ! »

M. Jules Favre, convaincu qu'il allait me flatter beaucoup, me glissa dans l'oreille cet étrange compliment : « On dit que je suis le plus perfide de l'Assemblée, mais à vous le pompon ! » Je protestai en affirmant sincèrement que mon opposition s'adressait uniquement à la mesure que je croyais mauvaise, et ne visait aucunement à renverser le général Cavaignac. Je repoussai en même temps les ordres du jour qui m'étaient présentés. De son côté, le gouvernement comprit qu'il n'avait plus qu'à régler les clauses d'une capitulation honorable. Le président de l'Assemblée lui-même, M. Marrast, s'en chargea et proposa un ordre du jour, concerté avec le général et son ministère. Le blâme n'était point articulé, mais il était implicitement admis. Les commissaires déjà nommés gardèrent leurs pouvoirs dans leur poche et cette mesure, probablement révolutionnaire d'intention, extra-parlementaire en tous cas, ne reçut aucune exécution.

Pour le coup, nous en avions fini avec la fantasmagorie des complots monarchiques, qui demeura désormais reléguée dans les officines purement démagogiques. Toutefois nous n'échappions aux difficultés de détail que pour aborder dans son ensemble la partie la plus laborieuse de notre tâche, l'enfantement d'une constitution définitive.

Avant de rendre compte de ce qui se passa sous mes yeux à ce sujet, je veux faire place ici à un deuil qui me toucha dans une de mes plus vives et de mes plus fidèles affections. M. de Rességuier venait de perdre, à Pau, une compagne digne de lui. Elle n'avait que vingt-six ans, il en avait trente-deux. A dater de ce jour commença pour lui une vie de sacrifice et de dévouement qui ne s'est jamais démentie. Dieu l'en a récompensé, dès ce monde, par les deux filles qui font revivre leur mère dans tout son charme et dans toutes ses vertus.

Je fis, à cette douloureuse occasion, un court voyage à Pau. Le château, berceau d'Henri IV, était alors occupé par Abd-el-Kader, et dans cette pittoresque demeure on avait pu tempérer, par les ménagements de la courtoisie, les rigueurs de la captivité. Le voisinage de ce valeureux représentant de l'islamisme réveilla en moi bien des illusions. J'étais encore persuadé que la France avait en Orient un rôle à remplir ou plutôt à continuer et que les chemins de fer, inventés à point, allaient bien réellement devenir « les bottes de sept lieues » du christianisme. Mais mon espérance n'avait encore été ni satisfaite ni découragée par les événements de l'Algérie. La conquête du dernier règne avait été, à son début, froidement adoptée par le nouveau; la colonisation semblait marcher un peu au hasard, mais enfin elle marchait. C'était tantôt un général qui entraînait le gouverneur, tantôt un gouverneur qui entraînait le ministère; ce n'était jamais le soldat qui disait : C'est assez ! jamais la France qui disait : C'est trop !

A cette heure même, au milieu des périls de la sédition de Paris à peine réprimée, l'Afrique nous présentait un débouché admirablement approprié aux plus pressantes exigences de la situation générale. Chaque jour La Moricière, ministre de la guerre, expédiait en Algérie des contingents d'émigrés, et les questions algériennes devenaient de plus en plus des questions françaises. Pendant ce temps, quel travail s'opérait dans le cœur des populations indigènes ? Abd-el-Kader avait, au suprême degré, représenté la résistance ; dans quelle mesure représentait-il maintenant la soumission ? C'était là, selon moi, un curieux problème. La captivité de l'émir permettait peut-être de l'étudier.

Comme Napoléon à Sainte-Hélène, Abd-el-Kader se refusait à la promenade afin de ne pas se soumettre à une surveillance dont on ne pouvait cependant pas se départir ; mais il accueillait volontiers quelques visiteurs et prenait un intérêt particulier aux entretiens qui touchaient aux questions religieuses. J'obtins donc aisément, par l'entremise de M. de Rességuier, tout malheureux qu'il fût, un billet d'introduction près du capitaine Boissonnet, interprète habituel du prisonnier.

Abd-el-Kader, assis sur un lit, les jambes croisées et dissimulées sous d'amples vêtements de laine blanche, me reçut et me salua sans se lever. Son lit était campé dans l'angle le plus obscur d'une galerie spacieuse ; un tapis carré, étendu devant ce lit, indiquait l'espace destiné aux étrangers et des sièges y étaient préparés d'avance. Je fus, avant tout, frappé de sa physionomie ; son œil plein de feu interrogeait et répondait avant que ses lèvres s'ouvrissent ; sa barbe, d'un noir de jais, faisait ressortir la blancheur éclatante de ses dents. Sa taille était à peine au-dessus de la moyenne. Pendant que l'interprète répétait ses paroles, on eût dit qu'il s'en désintéressait; ses yeux s'abaissaient et il semblait murmurer une prière ou quelques pieux versets. Un seul Arabe assistait à notre entretien, mais il n'y prit aucune part. C'était un oncle d'Abd-el-Kader, vieillard infirme, frappé de surdité et habituellement plongé dans une rêverie voisine de la somnolence. Il était à l'autre extrémité de la galerie, allongé sur un épais tapis, entouré de coussins et ne jetait qu'à de rares intervalles un regard éteint sur le visiteur étranger. Rien ne parut ni le troubler ni le distraire.

Après quelques préliminaires qui n'ont plus d'intérêt, le capitaine Boissonnet voulut bien transmettre à l'émir et de l'émir à moi le dialogue suivant:

« Vous n'avez pas le même Dieu que moi, lui dis-je, mais vous croyez avec ferveur au vôtre. Vous savez que tous deux condamnent le défaut de sincérité dans le langage. Voulez-vous que nous les prenions à témoin des paroles que nous allons échanger?

— Nos Dieux ne sont pas si différents que vous le dites. Nous sommes les enfants de deux mères différentes, mais du même père. Je prends Dieu avec vous pour témoin de ma sincérité. Interrogez sans ménagement. Je suis comme le malade qui attend le remède; — et, retroussant légèrement sa manche en étendant avec noblesse le bras gauche: — J'aime mieux, ajouta-t-il, une saignée profonde qu'un emplâtre, non douloureux, mais inutile.

— Je vais user de votre permission avec une entière

liberté. Il y a deux manières d'être vaincu, en ce monde : les armes tombent de la main ou la haine tombe du cœur. Je ne reconnais pour définitive et durable que cette seconde sorte de pacification. Est-ce celle que vous avez entendu contracter avec nous? Êtes-vous disposé à estimer et à aimer les chrétiens comme des frères que Dieu lui-même vous indique, non comme des maîtres qu'il vous impose ?

— Nous avons accepté depuis longtemps la domination des Turcs, pourquoi n'accepterions-nous pas de bon cœur la domination des Français?

— Ni comme Français ni comme Chrétien, je ne puis accepter l'assimilation avec les Turcs. C'est une fraternité toute nouvelle et toute différente que vous devez contracter avec nous.

— La France a déjà reçu une preuve des sentiments que vous me demandez. J'aurais pu me rendre à l'empereur du Maroc, je me suis rendu de préférence à votre souverain.

— Je vous sais gré du sentiment qui vous a guidé; mais n'éprouvez-vous pas maintenant le désir d'y rester fidèle en vous initiant, de vous-même, à l'étude de nos mœurs et de notre religion ?

— L'homme est comme un miroir : le miroir ne reflète l'image du ciel que quand il est net; l'esprit ne nourrit les grandes pensées que quand il est libre. Je ne puis, dans l'état de captivité où l'on me retient, nourrir d'autres pensées que celle de ma douleur.

— J'accepte votre comparaison. L'haleine qui trouble le poli d'un miroir s'en efface presque aussitôt, et il reprend son éclat. Sur un cœur tel que le vôtre l'adversité n'a dû passer que comme un souffle et votre courage doit vous rendre la force de penser, comme vous retrouveriez promptement celle d'agir, si l'on vous rendait votre cheval et si l'on rouvrait devant vous l'espace.

— Mes pensées sont aujourd'hui ce qu'elles étaient quand j'ai mis bas les armes. Je ne souhaite qu'une chose : le pèlerinage de la Mecque. Je me considère comme un homme mort. Je n'ai donc d'autre ambition que de couler mes dernières heures dans la méditation et dans la prière.

— Je ne puis, connaissant l'activité de votre génie et considérant la jeunesse de votre visage, vous tenir pour un homme mort. J'admettrais tout au plus que vous soyez un homme endormi, mais cela ne me suffit ni ne me rassure. L'homme endormi se retrouve tout entier avec les sentiments qui le possédaient avant le sommeil. Je voudrais que les événements eussent produit quelques sentiments nouveaux dans votre âme, et combien je voudrais pénétrer ces sentiments !

— Je n'ai aucune autre pensée que celle que je vous dis là. Ma carrière est finie, je ne suis plus que l'homme de la prière.

— Est-ce que vous ne croyez pas tenir de votre naissance des droits à la domination sur la terre de l'Afrique ?

— Je crois fermement à ma descendance du prophète. Beaucoup d'autres d'ailleurs partagent cet honneur avec moi.

— Nul ne l'a revendiquée avec la même énergie et le même ascendant que vous.

— Vous êtes dans l'erreur. Je n'ai point fait les événements ; ce sont eux qui m'ont fait ce que j'ai été. Quand ils ont changé, j'ai cessé d'exister. Il faut beaucoup d'efforts pour creuser un canal et y entretenir de l'eau en abondance ; il n'en faut point pour laisser couler une rivière. Ma fortune est maintenant rentrée dans son lit naturel : elle ne doit plus en sortir.

— Puisque les circonstances ont suffi pour vous imposer les grandes pensées de la guerre, est-ce que votre captivité ne vous semble pas aussi une indication par laquelle Dieu veut vous inspirer les grandes pensées de la paix ?

— Qu'entendez-vous par les grandes pensées de la paix, et que penseriez-vous si vous étiez à ma place ?

— Nous regardons l'un et l'autre les événements de la terre comme les fragments épars de la volonté divine ; mais nous en tirons des conclusions différentes. Vous, musulmans, votre soumission est impassible, et vous mettez votre piété à subir dans l'immobilité ce que vous nommez fatalité. Nous, chrétiens, au contraire, nous ne prenons ces événements que pour des indices, et nous y cherchons la direction des efforts nouveaux que le ciel attend de notre liberté. Je suis donc embarrassé pour substituer mon sentiment au vôtre. Cependant, à la place où je vous vois, je croirais que Dieu m'a envoyé parmi les chrétiens pour m'y concerter avec leurs savants, avec leurs prêtres, et pour contribuer au rapprochement de deux races, de deux religions trop longtemps séparées.

— J'étudie tous les jours ma propre religion (Abd-el-Kader soulevait alors une pile de livres arabes entassés sous son oreiller) et je n'ai point encore suffi à cette étude ; mais si la liberté de nos cultes nous est garantie en Afrique, nos enfants et les vôtres pourront être élevés en commun.

— Vous savez que la liberté de votre culte est respectée en Algérie ; mais ne parlons point de ce pays, puisque je n'ai point mission pour en régler les destinées. Parlons seulement du mouvement de votre propre esprit, des pensées qui y naissent et de l'impulsion que vous leur imprimez. Je vous demande de nouveau la permission de fouiller avant dans votre cœur, si mon insistance ne vous est point importune.

— Loin que cette conversation me soit désagréable, il me semble que votre esprit et le mien se confondent comme l'eau et le lait.

— Je vous remercie et je vous assure aussi que mon cœur est plein pour vous de la sympathie et des vœux que vous auriez pu y verser vous-même. Continuons donc à nous entretenir non comme des hommes qui discutent artificieusement les clauses d'un traité, mais comme des amis qui cherchent la même issue pour sortir du même défilé.

— Eh bien ! oui ! parlons comme amis, car je prie Dieu sincèrement pour que le sol de la France se raffermisse.

— Il se raffermit et redeviendra, soyez-en sûr, le

plus hospitalier de la terre. Mais ne nous laissons pas détourner de ce qui peut seul occuper utilement l'heure rapide qui nous est donnée. Votre corps est captif, mais votre âme est libre. Votre bras a renoncé aux armes, mais votre cœur n'a pu renoncer à la prière et à la contemplation des volontés de Dieu. Au lieu donc de me dire que vous êtes mort, dites-moi que vous vous sentez plein de jeunesse et de vie ; dites-moi que vous voulez rendre cette seconde partie de votre carrière plus brillante encore que la première ; qu'après avoir travaillé plus que personne à la guerre, vous voudriez travailler d'un commun accord avec nous à la paix ; que vous avez renoncé au commandement de la naissance et des armes, mais que vous ambitionnez encore celui de la parole et de la vérité : dites-moi que vous voulez nous aimer et, avant de nous aimer, nous connaître.

— J'aime les Français que j'ai connus, et les Français qui me connaissent m'aiment.

— Oui, mais ce sont des gouttes de pluie perdues dans un Océan. Vous avez, pour avancer dans cette connaissance, deux grandes voies : l'étude de notre religion et celle de notre histoire. Dieu s'est révélé à nous par de grands miracles, par d'admirables écritures : voulez-vous les lire et que nos prêtres vous les commentent ? Le Dieu d'un peuple se révèle aussi par l'histoire de ce peuple, par les grands actes qu'il lui inspire, par la civilisation qu'il y développe. Ne voulez-vous pas comparer notre civilisation à la vôtre ? Ne voulez-vous pas en pénétrer les lois avec nos savants et avec nos hommes politiques ?

— Ce que vous me dites touche au plus profond de mes désirs : telles ont été souvent mes pensées. Je les ai plus d'une fois exprimées au capitaine Boissonnet; mais je vous le répète, seul et isolé, je ne peux rien. Les Arabes mêmes n'écouteraient plus ma voix.

— Ah ! je sens bien la portée que vous attachez à ces derniers mots ! Je comprends votre réserve et votre fierté. Je comprends que vous ne veuilliez pas sortir de ce château, comme un transfuge de votre propre foi, et reparaître devant vos frères comme un homme qui aurait payé sa rançon par une apostasie. Mais ne savez-vous pas que notre Dieu a un vicaire sur la terre, que nous nommons le Pape et que ce représentant le plus vénéré de notre foi possède une capitale, où, depuis dix-huit cents ans, se rencontrent toutes les nations et se parlent toutes les langues? Ne séjourneriez-vous pas à Rome avec plaisir et n'y rechercheriez-vous pas volontiers les origines du christianisme?

— Je respecte le pape et je connais l'existence de sa capitale. Je le considère comme un ami des croyants sincères quels qu'ils soient. J'avais demandé que le vaisseau qui me conduirait à la Mecque me laissât reposer quelque temps à Rome. Si le pape voulait y former un concile entre ses prêtres et les miens, je serais heureux d'y prendre ma place. Demandez aux Français qui m'ont accompagné depuis que je me suis rendu à vous, si ces désirs ne me sont pas familiers. »

Cette ouverture inattendue me frappa. C'était là une grande et noble perspective que je n'avais point à examiner dans les détails d'exécution, mais qui me laissait le cœur ému et l'esprit attentif. Malheureusement pour moi, le hasard allait fixer le terme de notre entretien.

Un Arabe, escorté de trois jeunes enfants, entra dans la galerie, et prononça quelques mots à voix basse. C'était un des nombreux serviteurs d'Abd-el-Kader qui venait l'avertir que sa famille l'attendait pour la prière de l'après-midi. Abd-el-Kader descendit du lit où il était demeuré assis et, sans faire un pas vers moi, me tendit la main. Je la serrai cordialement ; il m'exprima de nouveau des sentiments reconnaissants, puis écartant mes doigts et les croisant avec les siens : « Voilà, me dit-il, l'adieu le plus amical des Arabes ! »

Durant ce court adieu, les trois jeunes enfants, qui étaient les siens, se groupèrent autour de lui. Il me les présenta ; je les embrassai et il en parut heureux. J'offris à l'aîné quelques bonbons que j'avais apportés pour ses frères et pour lui. En les recevant, il prononça avec un accent très français : « Merci. »

Ce mot chrétien, échappé de cette bouche naïve, sous les plis d'un burnous, au premier plan de cette scène tout arabe, produisait une singulière impression. Trois générations étaient rangées là, comme trois symboles : le vieil oncle de l'émir se tenant à l'écart dans la silencieuse majesté de sa tristesse, l'oreille et le cœur fermés au mouvement qui l'entourait ; Abd-el-Kader, debout et affectueux, hésitant entre l'impassibilité orientale dont il venait de se départir et l'attraction à laquelle il cédait avec une sympathie contenue ; l'enfant qui devait, dans quelques années, prendre la place du vieillard descendu dans la tombe, et celle de l'homme mûr descendu dans la vieillesse, l'enfant prononçant, comme un mot qui lui était naturel et doux, l'expression de la gratitude : tout cela était-il une vision de l'avenir? Je ne le sais pas encore aujourd'hui, et peu de gens y pensent à cette heure. Pour Abd-el-Kader, il est réellement demeuré ce qu'il voulut bien se montrer à moi, fervent, loyal, ami des chrétiens, sans faire un pas décisif vers le christianisme. Je dus le revoir plus tard à Amboise; un obstacle imprévu m'en empêcha, malgré mon fidèle souvenir. Mais ce visage, à la fois belliqueux et grave, est bien souvent revenu se présenter à ma pensée.

De retour à Paris, je voulus fixer le récit de cet entretien et m'assurer que je n'y avais pas laissé se glisser, à mon insu, la moindre inexactitude. J'envoyai donc à M. de Rességuier les pages qu'on vient de lire en le priant de les communiquer au prisonnier. M. de Rességuier, qui lui avait donné une traduction de l'Évangile en langue arabe, lui porta ma lettre et mon récit. Très peu après, il reçut et me transmit le billet suivant :

« Pau, le 27 octobre 1848.

« Monsieur,

« J'ai l'honneur de vous renvoyer ci-jointes les deux pièces que vous avez bien voulu me communiquer. Je ne trouve pas un mot à changer, et Abd-el-Kader non plus. Il accepte tout ce qui se rapporte à lui. Il regrette bien seulement de n'avoir pu prolonger cet entretien et se faire plus entièrement connaître de son noble interlocuteur.

« Votre bien affectueux et dévoué serviteur,

« Boissonnet. »

Abd-el-Kader est mort trente-cinq ans après cet entretien, et cette mort a consacré une longue existence fidèlement vouée aux mêmes sentiments de sympathie envers les chrétiens.

En partant pour Pau, j'avais laissé l'Assemblée paisible; je la retrouvai fort émue par l'imminence d'une crise ministérielle.

Une faiblesse du général Cavaignac, à propos d'un banquet démagogique à Toulouse, un discours maladroit de M. Sénard, bien que corrigé par une impétueuse sortie de son collègue La Moricière, avaient de nouveau surpris et irrité la majorité. On se vit obligé de lui donner satisfaction. Le 13 octobre, M. Sénard fut remplacé à l'intérieur par M. Dufaure, M. Recurt aux travaux publics par M. Vivien, M. de Vaulabelle à l'instruction publique et aux cultes par M. Freslon. Ce dernier, député de Maine-et-Loire, était un républicain de vieille date, favorablement jugé dans tous les partis, mais ayant beaucoup moins de succès à la tribune qu'au barreau d'Angers. MM. Dufaure et Vivien étaient les plus éminents représentants du centre gauche, sous Louis-Philippe. On devait croire que leur parole et leur autorité morale donneraient un grand ascendant au bon sens et à la prévoyance dans la discussion de la Constitution. L'espérance de leurs amis et l'attente publique furent trompées. Par défaut de fermeté, ils ne voulurent point ce qu'ils auraient pu. M. Vivien, moins homme d'État que jurisconsulte, était plus apte à démêler et à classer des détails qu'à embrasser et à faire prévaloir des vues d'ensemble. Pour son regard, les arbres cachaient la forêt, selon le proverbe oriental. M. Dufaure, qui avait beaucoup moins d'aménité que M. Vivien, ne montra pas plus d'énergie; il avait l'esprit d'un homme supérieur, mais le caractère d'un homme médiocre; son talent était élevé, ses vues et ses ambitions étaient mesquines. Effrayé des responsabilités, il aimait mieux descendre les courants que les remonter, et il était beaucoup moins apte à la lutte que ne l'auraient fait supposer son ton brusque, sa tenue rigide et l'austérité de sa vie privée. Si le rapprochement m'était permis, je le comparerais à un de ces chevaux dont les qualités dépendent de celui avec lequel ils sont attelés; accouplé à M. Vivien, sous la main hésitante du général Cavaignac, il devait donner carrière à ses défauts: il n'y manqua pas. Il combattit opiniâtrément pour une Chambre unique, fit inscrire dans la Constitution l'exclusion du vote à la commune, et d'autres conditions anticonservatrices, qui rendirent impossibles dans l'Assemblée législative une sérieuse réforme électorale. Enfin, ses amis durent employer de persévérants efforts pour qu'il n'introduisît pas, de sa propre main, dans la Constitution, le droit au travail. Qui peut s'étonner, quand M. Dufaure jouait un tel rôle, que les hommes de la gauche avancée se sentissent autorisés à soutenir toutes les utopies de leur vieille opposition, et que l'ensemble de la Constitution fût un chef-d'œuvre d'aveuglement? La droite essaya vainement quelques tentatives désespérées; on traita de factieuses ses protestations ou ses prophéties, qui, mieux écoutées, eussent apporté à la république plus de profit que les passions ou les complaisances de ses prétendus amis.

Je pris part à la discussion d'un seul article, le huitième, énonçant les droits naturels garantis à tout citoyen français : droits de s'associer, de s'assembler paisiblement et sans armes, de pétitionner, de manifester sa pensée par la voie de la presse ou autrement. M. de Montalembert et M. Roux-Lavergne rédigèrent en commun un amendement pour demander que le droit d'enseignement fût ajouté à la nomenclature des droits naturels. M. de Montalembert soutint cette thèse avec la vigueur d'argumentation, le mépris du respect humain qui étincelaient toujours dans son éloquence ; mais il souleva des clameurs qu'il aurait pu s'épargner, et une fois descendu de la tribune, il craignit lui-même d'avoir compromis le succès de sa cause. Aussitôt, avec cette franchise spontanée qui ne l'abandonnait jamais, avec cette candeur qui ne fait point de différence entre s'avouer une faute à soi-même et l'avouer à autrui, il vint droit à mon banc pour me prier d'intervenir dans le débat et de l'adoucir un peu. M. Jules Simon, répliquant à M. de Montalembert, usa, sans en abuser, de l'avantage qu'on venait de lui donner. Son talent avait déjà ce caractère conciliant et séducteur qui semble tendre volontiers la main à des rapprochements honorables. Je demandai la parole après M. Jules Simon.

Commençant par faire honneur à M. de Montalembert de ses intentions pacifiques, ce qui était toujours juste, même quand il se donnait des apparences contraires, je fis, tant bien que mal, appel à mes souvenirs du Palais des marchands d'Angers ; je parvins à ramener le calme dans la discussion. L'Assemblée s'aperçut bien de mon désir d'effacer tout sentiment d'irritation, et M. Hauréau, républicain alors influent, me dit en souriant, lorsque je descendais de la tribune : « Vous avez été le Moreau de cette retraite ! » compliment que je me rappelle et que je cite avec plaisir, parce qu'il est un témoignage de plus qu'en toute chose, obtenir dépend beaucoup de la façon de demander, et je ne crois pas pour cela diminuer le mérite de M. de Montalembert. Les vérités, dont abondait son discours, restèrent dans l'esprit de l'Assemblée. Je ne représentai que l'adoucissement de la forme, et le tout réuni domina le vote définitif. M. de Montalembert retira son amendement ; l'article 8 ne fut point modifié, mais l'article 9 reçut, d'accord avec la commission, une rédaction ainsi conçue :

« L'enseignement est libre. La liberté d'enseignement s'exerce selon les conditions de capacité et de moralité déterminées par les lois et sous la surveillance de l'État. »

Cet article servit, deux ans après, de point de départ et de point d'appui à la loi de 1850. En tout cas, il était son cadre forcé.

La Constitution avait à traverser un dernier défilé, probablement le plus périlleux de tous, c'était de déterminer le mode d'élection qui donnerait un Président à la république. Le premier mouvement de la majorité était de s'attribuer ce droit, et si, en effet, elle l'eût retenu, elle en aurait certainement usé au profit du général Cavaignac. Ses amis et lui le savaient bien. Peut-être laissèrent-ils trop apercevoir qu'ils l'escomptaient d'avance. On conclut de l'ambition trop peu mesurée de quelques hommes, à l'ambition du principal intéressé. On sentit la nécessité de demander au général Cavaignac des garanties ou des engagements personnels. Ils furent refusés, ou, ce qui était pire encore, donnés en termes évasifs. De là des méfiances, des hésitations que les adversaires du général Cavaignac exploitèrent habilement. Toutefois, le bloc conservateur n'était pas encore entamé ; la proposition de confier au suffrage universel l'élection du Président venait de deux côtés différents, de l'extrême gauche et du groupe bonapartiste. Mais ces deux partis inspiraient à la majorité plus d'ombrage que le vainqueur de juin ; et la supériorité numérique lui serait restée sans une intervention qui jeta dans l'Assemblée un trouble fort imprévu. M. de Lamartine sortit soudainement de l'ombre où il se tenait depuis l'humiliant échec de la commission exécutive. Il avait laissé bien des soupçons s'apaiser, et l'on ne s'était point mis d'avance en garde contre les pièges de son talent.

Le discours de M. de Lamartine débuta par le tableau des longues fluctuations de sa conscience ; il prodigua ensuite à l'Assemblée elle-même des félicitations ou plutôt des adulations auxquelles une réunion de gens d'esprit devrait être moins accessible. La sympathie de son auditoire une fois conquise, M. de Lamartine dévoila peu à peu sa pensée, et, dans un langage que lui-même qualifia de splendide — il l'était en effet — couvrit sa hardiesse des plus ingénieuses métaphores.

« Je sais bien, s'écria-t-il, qu'il y a des moments d'aberration dans les multitudes, qu'il y a des noms qui entraînent les foules, comme le mirage entraîne les troupeaux, comme le lambeau de pourpre attire les animaux privés de raison (*longue sensation*).... »

Mais de ce péril même, M. de Lamartine tirait cette thèse :

« On peut corrompre les hommes par petits groupes, on ne peut pas les corrompre en masse. On empoisonne un verre d'eau, on n'empoisonne pas un fleuve. Une assemblée est suspecte; une nation est incorruptible comme l'Océan ! »

Cette harangue prestigieuse se terminait par un défi à la Providence :

« *Alea jacta est!* Que Dieu et le peuple prononcent !.... Si le peuple se trompe, s'il se laisse aveugler par un éblouissement de sa propre gloire passée, s'il se retire de sa propre souveraineté après le premier pas, comme effrayé de la grandeur de l'édifice que nous lui avons ouvert dans sa république et des difficultés de ses institutions, s'il veut abdiquer sa sûreté, sa dignité entre les mains d'une réminiscence d'empire, s'il dit : Ramenez-moi aux carrières de la vieille monarchie (*sensation*), s'il nous désavoue et se désavoue lui-même (*Non! Non!*), eh bien ! tant pis pour le peuple [1] ! »

---

1. *Moniteur* du 7 octobre 1848.

Il y a peu d'exemples, dans l'histoire des tribunes modernes, d'une fascination aussi soudaine, aussi complète, et il ne peut y avoir d'argument plus puissant contre les entraînements d'une Assemblée unique. Relu à distance, avec le sang-froid de la postérité, ce discours confond également par la magnificence et par le vide de paroles pompeusement contradictoires. La multitude est comparée aux aveugles troupeaux, et tout doit être remis à la multitude. « On peut corrompre les hommes en petit nombre, on ne peut les corrompre en masse ! » Ah ! sans doute, on ne corrompt pas les masses, mais on les égare ! qui devait le savoir mieux que M. de Lamartine ? « On empoisonne un verre d'eau, on n'empoisonne pas l'Océan ; » mais l'Océan a ses tempêtes et ses écueils. De superbes navires s'y sont brisés ; un prochain avenir allait le rappeler au téméraire orateur. Comment enfin se résigne-t-on à répondre au peuple qui se confie à vos lumières : Je te livre indifféremment à Washington, à Robespierre, ou à Bonaparte. Tu finiras dans la paix et dans la prospérité, ou dans la défaite et dans la honte ! « *Alea jacta est...,* » Tu aboutiras à Austerlitz ou à Sedan. Risquons cette prodigieuse expérience. Accordons-nous ce magnifique ou ce lamentable spectacle. Tu me demandes conseils et salut ; je te réponds par les tours de force et les sophismes grandioses du rhéteur. S je me trompe ou si tu te trompes, « tant pis pour toi ! »

Ce discours ne brillait pas seulement par toutes les richesses de l'éloquence ; il ne dédaignait aucune des habiletés de métier. En insinuant aux royalistes impatients et aux bonapartistes empressés qu'ils étaient battus d'avance dans l'Assemblée et n'avaient de ressource que dans le suffrage universel, il rallia tous les hommes plus égoïstes que patriotes, et il enleva un vote tout autre que celui qui semblait assuré quelques heures auparavant. Après le discours de M. de Lamartine, prononcé dans la séance du 6 octobre, tous les amendements attribuant l'élection à l'Assemblée furent repoussés, notamment l'amendement radical de MM. Grévy et Flocon qui excluaient toute présidence. Le 10 octobre l'Assemblée vota, à la majorité de 627 voix contre 130, les articles 46 et 47 ainsi conçus :

« Le Président est nommé au scrutin secret et à la majorité absolue des votants, par les suffrages directs de tous les électeurs des départements français et de l'Algérie.

« Si aucun des candidats n'a obtenu plus de la moitié des suffrages exprimés, et au moins deux millions de voix, l'Assemblée nationale élit le Président de la République, à la majorité absolue et au scrutin secret, parmi les cinq candidats éligibles qui ont obtenu le plus de voix. »

Dans ce vote de l'Assemblée nationale, la minorité de 130 voix ne doit pas être prise comme le chiffre exact des opposants. On doit y ajouter un certain nombre d'abstentions, non seulement parce qu'on hésitait entre deux systèmes, mais parce qu'on hésitait entre deux hommes. Parmi les abstenants, on compta MM. Berryer, Thiers et Odilon Barrot.

J'étais en congé pendant ce mémorable débat, mais

je doute que j'eusse été entraîné par le charme de M. de Lamartine, car, en lisant son discours, je demeurai longtemps stupéfait et attristé. Je me demandai si l'orateur s'était complaisamment livré à l'audacieuse jouissance d'un génie épris de lui-même et voulant faire montre de sa puissance, ou s'il avait commis sciemment le crime à la fois plus petit et plus odieux d'un calcul personnel. M. de Lamartine désespérait de l'Assemblée qui avait prononcé sa déchéance trois mois auparavant. Croyait-il avoir plus de succès devant le suffrage universel qui le jugeait de plus loin, et nous abandonnait-il froidement aux chances des révolutions qui tiennent si rarement ce qu'elles promettent, et qui font payer si cher même ce qu'elles donnent ?

Peu après le scrutin qui fit triompher le prince Louis-Napoléon, je me permis de poser ces questions au comte de Marcellus, l'un des plus vrais et des plus fidèles amis de M. de Lamartine : « L'amertume doit être grande au château de Saint-Point? lui dis-je. — Plus que vous ne l'imaginez, me répondit-il. — Est-ce donc que M. de Lamartine a vraiment nourri l'illusion de la présidence? — Pas d'emblée, mais voici quelle était sa prévision, maintes fois professée dans son cercle intime : « Avec le suffrage universel, disait-il, nul ne pourra réunir la majorité absolue. Le prince Louis, M. Ledru-Rollin et moi nous serons forcément, d'après la Constitution, renvoyés devant l'Assemblée. Ce jour-là, je remonterai à la tribune, je laisserai parler dans sa plénitude mon inspiration politique; je tracerai d'irrésistibles tableaux, je déroulerai un avenir si magnifique que l'Assemblée subjuguée m'acclamera et peut-être à l'unanimité ! »

Voilà de quelle hauteur chimérique tomba M. de Lamartine ! Ses derniers jours furent douloureux, et celui qui lui refuserait sa pitié serait bien sévère. Mais quelle consolation et quel pardon pouvait-il s'accorder à lui-même ? Quand on a perdu son pays par fanatisme, le fanatisme survit et s'absout, mais quand on n'a cédé qu'à l'ambition, comment la conscience et le patriotisme peuvent-ils supporter les plaintes et les reproches de la patrie ?

L'Assemblée ne tarda point à reconnaître son irréparable faute, et l'inquiétude remplaça l'illusion quand on s'aperçut à quel point il était difficile de présenter au suffrage universel un candidat qui fût connu de lui. Le général Cavaignac et le prince Louis Bonaparte se trouvant probablement seuls dans cette situation, ils allaient se disputer le gouvernement de la république sans qu'il fût possible d'échapper à l'un ou à l'autre par une troisième combinaison ayant de raisonnables probabilités de succès.

On m'aurait certainement trouvé parmi les plus chaleureux partisans du général Cavaignac, si le général lui-même et, selon son habitude, le parti républicain presque tout entier, ne s'étaient appliqués à repousser les adhésions plutôt qu'à se les concilier. Toujours obsédé par ses ombrageux amis, le général Cavaignac vint, à la tribune, rappeler, sans aucune provocation, le vote régicide de son père. Dans le même discours, comme pour redoubler une si pénible impression, il ne craignit pas de déclarer qu'il immolerait à la république jusqu'à son honneur. Enfin, le 7 décembre, trois jours avant le scrutin de la présidence, on dénonça à l'Assemblée une liste présentée à la commission des récompenses nationales et sur laquelle figuraient, disait-on, Nina Lassave, maîtresse de Fieschi, la femme de Pépin, complice de Fieschi, la sœur de Lecomte, auteur d'une tentative d'assassinat contre Louis-Philippe, enfin plusieurs malfaiteurs de toute sorte.

La révélation de cette liste produisit une telle impression sur l'Assemblée que M. Dufaure lui-même, le méticuleux M. Dufaure, fit retarder le départ des malles-postes, afin que les départements ne connussent point le scandale sans les explications atténuantes du gouvernement. Ce fut le dernier coup porté à la candidature du général Cavaignac. L'opinion publique acheva de se détacher d'un parti dans lequel les plus honnêtes, eux-mêmes, témoignaient de telles complaisances envers des forfaits que certainement ils n'auraient pas voulu commettre, mais contre lesquels ils ne manifestaient pas cette énergie de réprobation qui doit s'affirmer, au sommet de la société, pour avertir les uns et rassurer les autres.

Beaucoup de membres de la majorité qui résistaient encore aux sollicitations directes ou indirectes du prince Napoléon y cédèrent ce jour-là.

M. Odilon Barrot, qui est mort à quatre-vingts ans sans s'être rendu compte de la révolution de Février, ne paraît pas, dans ses *Mémoires*, avoir compris davantage l'étonnement qu'il causa, lui, l'ami dévoué du régime parlementaire, en se montrant si prompt à ressusciter un Napoléon. M. Molé, ancien dignitaire de l'Empire, revenait de moins loin ; cependant, il ne fit ce pas rétrograde qu'avec regret et en conservant la dignité dont il ne se départait jamais. Pour M. Thiers, je retrouve sa pensée exprimée par lui-même, dans une lettre que j'écrivais à M. de Rességuier, le 1er novembre 1848 : « M. Thiers est tout résolu, et voici ce qu'il vient de me dire : « J'ai songé pour moi-même à la présidence de la République ; par conséquent j'ai jugé la question au point de vue le plus favorable. Il faut y renoncer ; il faut laisser passer ou même faire passer Louis Bonaparte, sans prendre sa livrée. Si j'échouais, ce serait un grave échec pour les idées d'ordre ; si je réussissais, je serais obligé d'épouser la République, et, en vérité, je suis trop honnête garçon pour épouser une si mauvaise fille ! »

Beaucoup de conservateurs avaient songé au général Changarnier ; il eût certainement accepté la candidature, si elle lui avait été offerte par l'unanimité de la réunion de la rue de Poitiers. Mais cette unanimité n'existant pas, il refusa les offres assez nombreuses qui lui vinrent des départements. M. Berryer avait toujours souhaité un candidat conservateur entre le général Cavaignac et le prince Louis, mais lorsqu'il lui fut démontré que cette candidature ne pouvait plus être qu'un avortement légitimiste, il la jugea funeste.

Cette situation une fois établie, M. Thiers devint le promoteur le plus ardent de la présidence du prince Louis Bonaparte. Cet esprit si pénétrant fut, dans cette circonstance, le plus aisément et le plus complètement trompé. Chose singulière, ce fut l'apparente inertie du prince, son habituel mutisme, son incapacité présumée qui le séduisirent; il se crut certain de passer ses bras dans les manches d'un Bonaparte, de lui prêter des gestes et de lui souffler un langage. Une fois parti de cette erreur, son zèle ne connut plus de bornes.

M. de Montalembert n'avait jamais d'autre préoccupation que celle des intérêts religieux. M. Thiers lui persuada que ces intérêts ne pourraient avoir alors un meilleur patron que le neveu de l'auteur du Concordat. A M. Berryer, il représenta que le faisceau de la majorité allait se rompre s'il se tenait à l'écart, ajoutant avec cette insistance pleine de saillies qui lui était familière, que M. Berryer, plus que personne, devait se garder de paralyser dans le pays un mouvement monarchique qui, ne pouvant trouver satisfaction dans un *crétin* — c'était l'expression courante — reviendrait tout naturellement à la vieille race de nos rois.

Je n'échappai point aux obsessions de M. Thiers. Un jour, me voyant écrire une lettre pendant la séance, il vint s'asseoir près de moi, ce qu'il n'avait encore jamais fait, et me dit : « Je parie que vous écrivez contre la candidature du prince Louis ! — Eh bien ! vous avez gagné, car c'est effectivement ce que je fais. — Ah ! vous avez grand tort. Pourquoi vous obstinez-vous ainsi contre le sentiment des hommes qui vous ont devancé dans la vie politique et qui ont forcément plus d'expérience que vous? — Parce que j'ai l'invincible conviction que vous serez déçu. Vous me faites l'honneur de me demander ma pensée? Eh bien ! la voici résumée en deux mots. » Je lui tendis ma lettre et il lut : « Le premier jour sera meilleur avec le prince Louis qu'avec Cavaignac, mais le lendemain sera détestable!» — A qui écrivez-vous cela? — Au vicomte de Gontaut, qui m'écrit de Pau, au nom d'un certain nombre d'électeurs. — Ah ! un Gontaut doit être une puissance dans le Béarn!... Croyez-moi, déchirez, déchirez votre lettre. Je réponds de tout. — Non, je ne puis rétracter ma lettre ni changer ma résolution de déposer dans l'urne un billet blanc; mais je vais vous montrer ce que j'ajoute : « Voilà M. Thiers qui m'interrompt et qui me déclare qu'il répond de tout ! »

CHAPITRE XI

PRÉSIDENCE DU PRINCE LOUIS BONAPARTE. — LIBERTÉ DE L'ENSEIGNEMENT.

1848-1849.

Le scrutin du 10 décembre 1848 ne trompa qu'en les dépassant les prévisions du parti conservateur. Ce fut, à ne pouvoir s'y méprendre, une protestation directe contre les républicains qui, dès le lendemain du 24 février, s'étaient empressés d'effrayer la France au lieu de la rassurer et de la rallier. Le parti de l'ordre va donc se trouver officiellement porté à la direction des affaires. Quand sa responsabilité s'élève, sa justification doit s'étendre, et à mesure qu'il remplit le tableau, il doit en chasser les ombres. Si, avant l'élection, des connivences secrètes ont existé, elles vont se trahir; si les professions de foi antérieures n'étaient qu'un jeu, on va jeter le masque et l'on s'affranchira de toute gêne dans la première joie du triomphe. Les électeurs du 10 décembre n'ont pas dissimulé leurs sentiments. Pourquoi dissimulerions-nous encore le nôtre?

Ce qu'ils reprochent à l'Assemblée, c'est la timidité de ses allures et de ses ménagements. Ce qu'ils ont voulu par le choix d'un Napoléon, ce n'est pas le réveil des gigantesques ambitions de l'Empire, c'est uniquement, et en bloc, tout ce que ce nom renferme d'antipathique, de fatal, de mortel pour la République. Si le parti de l'ordre a eu des arrière-pensées, elles sont à l'aise ; si les passions ont perdu patience, elles peuvent éclater ; si les hommes politiques ont contracté marché, l'heure de l'échéance est venue.

Le parti de l'ordre avait été sincère et désintéressé, et l'ordre demeura, après comme avant le 10 décembre, son unique préoccupation. Les chefs de la majorité, M. Molé, M. Thiers, M. Odilon Barrot qui, avec beaucoup d'entrain, avaient secondé le scrutin présidentiel, M. Berryer qui les avait suivis avec plus de réserve et de méfiance, n'avaient point laissé arriver l'événement sans chercher à obtenir de premières garanties. Ces garanties se résumaient en une seule : la promesse que le ministère serait formé parlementairement, c'est-à-dire qu'il serait pris dans les rangs de la majorité et que toutes les fractions de cette majorité y seraient loyalement représentées.

On lit dans les *Mémoires* de M. Odilon Barrot :

« Le choix à faire dans le parti légitimiste n'était pas sans difficulté ; il fallait que le ministre, appelé à représenter ce parti, eût sa pleine confiance et cependant qu'il se reliât, par quelque côté, aux idées de progrès et de liberté auxquelles un ministère de la République ne pouvait pas ne pas répondre. »

M. Odilon Barrot dit que ce choix tomba sur moi, et il ajoute avec bienveillance :

« M. de Falloux joignait à des convictions catholiques très prononcées, des sentiments libéraux incontestés. Je le vis, à cette occasion, et fus assez heureux pour le décider à accepter [1]. »

M. Odilon Barrot se trompe : c'est bien lui, en effet, qui m'a proposé le ministère, mais c'est l'abbé Dupanloup qui me l'a fait accepter.

Dans les premiers jours de décembre 1848, je vis arriver chez moi M. Odilon Barrot. Il venait, au nom du prince Louis Napoléon, qui tenait son élection pour assurée, m'offrir le portefeuille de l'Instruction publique et des Cultes. Je reçus cette ouverture avec une surprise bien sincère; j'y répondis par un refus positif. M. Odilon Barrot insista peu et se retira promptement de l'air d'un homme qui dit avec indifférence : « Passons à un autre ! »

A la séance de l'Assemblée, je crus devoir chercher le prince Louis, dans un des couloirs, pour le remercier de l'honneur qu'il m'avait fait. Je lui parlais pour la première fois et je voulais me borner à un simple remerciement. Mais le prince exprima obligeamment le désir de causer quelques instants avec moi, et pour que notre entretien ne fût pas interrompu par les allants et venants qui nous entouraient, il me conduisit dans un bureau. Le trouvant occupé par une commission, il referma la porte et me fit entrer dans la salle de l'ancienne Chambre des Députés à laquelle notre salle provisoire était adossée. Nous étions seuls dans cette vaste enceinte aux parois

1. Odilon Barrot, *Mémoires*, t. III, p. 41.

et aux colonnes de marbre; la température y était glaciale; nos chapeaux étant restés au vestiaire, nous étions tête nue et nous nous mîmes à éternuer, chacun de notre côté. Le prince m'assura brièvement du regret que lui causait mon refus; avec la même brièveté, je m'excusai sur ma santé. — « Si vous êtes effrayé du travail de deux ministères, répliquat-il, n'en prenez qu'un et choisissez celui que vous voudrez. — Je suis aussi incapable d'en occuper un que deux, répondis-je. Là-dessus nous éternuâmes de nouveau. Le prince me serra la main en me disant : « Il fait bien froid ici, mais j'espère que ce ne sera pas votre dernier mot. » Et nous nous séparâmes aussitôt, mettant fin à toute conversation, pour nous rapprocher d'une bouche de calorifère. Telle fut ma première relation avec un membre quelconque de la famille impériale.

Cependant cet adieu : « J'espère que ce ne sera pas votre dernier mot », me laissait à penser. En me refusant à seconder, pour mon compte, la candidature du prince Louis, je contrariais les hommes que j'avais l'habitude de reconnaître pour chefs à l'Assemblée. Je pouvais prévoir qu'en refusant d'entrer dans un ministère qu'ils travaillaient à former, j'allais encourir un mécontentement plus vif encore. Je quittai donc aussitôt la séance avec la ferme intention de ne pas reparaître au Palais Bourbon avant que la liste ministérielle fût définitivement arrêtée.

Le premier assaut que je reçus fut celui de M. de Montalembert. Trouvant ma porte fermée, il me demanda, pour le lendemain, un rendez-vous avec le P. de Ravignan. Je fus exact à l'heure indiquée, mais j'avais été devancé par l'admirable religieux que ses contemporains ont entouré d'une unanime vénération. Personne n'a mieux réalisé cette pensée de madame Swetchine dont chaque jour l'expérience me fait mieux comprendre la profondeur : « Je veux bien que l'on soit un saint, mais je veux que l'on soit d'abord et superlativement un honnête homme. »

En présence du P. de Ravignan et de M. de Montalembert, je me sentais devant les deux hommes, les deux cœurs, les deux esprits qui pouvaient le mieux vaincre ma résistance par la persuasion ou la dominer par le respect. Je les écoutai avec un battement de cœur qui m'aurait ôté la parole, si j'avais voulu la prendre avant de les avoir entendus; puis, quand chacun de leurs arguments eut pénétré dans ma conscience, je leur répondis en substance :

« Nous sommes, en ce moment, vous et moi, préoccupés surtout de l'intérêt religieux ; mais là où vous croyez le servir, je crois que vous allez le compromettre. Il n'y a pas, soyez-en sûrs, inégalité de dévouement entre nous, mais seulement différence d'appréciation. Ce n'est pas un scrupule monarchique qui m'arrête, car la monarchie n'est point en question, à cette heure-ci, et le duc des Cars ne me presse pas moins d'accepter que M. Berryer et vous-mêmes. Il ne s'agit que de la religion, qui, elle, n'est jamais absente de l'intérêt public. Si j'espérais la servir, je n'hésiterais pas à lui sacrifier toutes mes répugnances. Mais la tradition des Bonaparte, l'éducation du prince Louis, ses antécédents en Italie autorisent-ils cette espérance? En nous engageant à sa suite, nous assumons une lourde responsabilité. Si nous paraissons ignorer dans quelle aventure nous pouvons précipiter notre pays, nous perdrons justement tout crédit politique ; si, le prévoyant, nous nous y prêtons, nous aurons risqué beaucoup plus que notre amour-propre, car nous aurons lancé notre cause et nous-mêmes sur une pente où nous ne saurons plus ni à quelle heure ni à l'aide de quelle force nous arrêter. Si, comme je le crains, la France s'est trompée dans son choix, laissons-lui le temps de reconnaître son erreur ; laissons le nom et l'homme produire ce qu'ils portent en eux-mêmes. Mais, pour nous, restons, dans cette seconde phase de la république, ce que nous avons été dans la première : les serviteurs de l'ordre, les serviteurs de la société, sans aliéner, au profit de personne, le droit de dire la vérité à notre pays. Et, pour donner plus d'autorité à notre parole, gardons-lui toujours la première des sanctions, celle du désintéressement. »

Mes deux illustres interlocuteurs ne se laissèrent pas aisément ébranler, et Dieu sait si l'éloquence leur manqua! mais ma conviction était si profonde, elle prit, par moments, un accent si ému, qu'après trois heures de lutte, elle finit par triompher. Sur la table même de M. de Montalembert et d'un commun consentement, j'écrivis à M. Molé, au nom de qui le P. de Ravignan et M. de Montalembert m'avaient constamment parlé, que mon refus irrévocable et sanctionné par eux serait bientôt, j'osais l'espérer, sanctionné aussi par lui-même.

Dès le soir, la réponse suivante me détrompait :

« Paris, 12 décembre 1848.

« Monsieur et honorable collègue,

« Vous avez reçu des approbations trop respectables pour qu'elles n'aient pas dû vous confirmer dans le parti que vous aviez pris. J'y trouve aussi pour moi un conseil et une leçon. Je ne dois pas me mêler d'affaires sur lesquelles je serais si loin de pouvoir m'entendre avec des juges souverains et que je vénère. Je me bornerai désormais à faire des vœux pour une cause que je me sens parfaitement incapable de servir.

« J'espère que votre santé ne vous tiendra pas longtemps éloigné de l'Assemblée et que je retrouverai bientôt la douce habitude de vous y rencontrer.

« Agréez, Monsieur et honorable collègue, toutes les assurances des sentiments que je vous ai voués.

« Molé. »

Le mécontentement de M. Molé, d'une amertume non déguisée, m'attrista beaucoup, mais sans ébranler ma résolution. Ce billet me faisait, en outre, pressentir d'autres remontrances et je persévérai dans la volonté de rester quelques jours absent de l'Assemblée. Je pensai que ma porte fermée ne me défendrait qu'insuffisamment contre l'insistance de mes amis, et j'imaginai d'aller me promener au Jardin des Plantes, bien sûr que les hommes politiques ne viendraient pas me chercher là. Je demandais en même temps à madame Swetchine si elle voudrait me donner à dîner et me tenir à l'abri dans son salon jusqu'à l'heure où il s'ouvrait ordinairement.

J'avais alors à mon service un vendéen, Marc Séjon, que tous mes amis ont connu et aimé sous le nom familier de *Marquet*. Fils d'un garde-chasse de mon père, il était né et avait été élevé dans la maison. On ne pouvait pousser plus loin que lui la passion politique et le dévouement personnel; il n'avait cessé de me suivre, à mon insu, durant les journées de juin. J'étais sûr de son inviolable respect pour la consigne. Je lui confiai donc mon plan de campagne, en lui recommandant de m'amener un fiacre, rue Saint-Dominique, à neuf heures, sans livrer à qui que ce fût le secret de ma retraite.

Tout alla bien jusqu'à huit heures et demie, et je causais gaiement, comme un homme qui vient d'échapper à un grand péril, quand la porte du salon que je savais rigoureusement fermée s'ouvrit brusquement, laissant apparaître l'abbé Dupanloup. Il s'excusa en peu de mots près de madame Swetchine, puis me dit :

— « Je suis chez vous depuis six heures, suppliant vainement Marquet, au nom des plus graves intérêts, de m'apprendre où je pourrais vous trouver. Il m'a laissé impitoyablement me passer de dîner. Mais voyant approcher l'heure où vous deviez rentrer, il m'a mis dans le fiacre qui vient vous chercher et me voici !

— Eh bien! que me voulez-vous?

— Vous faire sentir tout le poids de votre responsabilité. On a porté votre refus au prince Louis, qui a répondu froidement : « Je comprends ce que cela signifie. A l'âge de M. de Falloux, on ne refuse pas volontairement un ministère. Son parti ne lui permet pas d'accepter. C'est une déclaration de guerre. Je voulais prendre mon point d'appui sur les conservateurs; puisque ce point d'appui me manque, je dois le chercher ailleurs. Aujourd'hui, le parti légitimiste lève son drapeau; demain, le parti orléaniste lèvera le sien. Je ne puis pas ainsi rester en l'air et je vais demander à gauche le concours qu'on ne veut pas me prêter à droite. Ce soir, je verrai M. Jules Favre! »

« Voilà, mon ami, ajouta l'abbé Dupanloup, voilà la situation que votre entêtement a créée. Vous allez abandonner l'Italie à ses convulsions, laisser le Pape sans secours à la merci de ses pires ennemis, rejeter dans l'anarchie la France qui n'aspire qu'à s'en affranchir et couvrir de confusion, devant elle, les plus éminents représentants du parti conservateur. »

Je demeurais atterré à mesure que l'abbé Dupanloup déroulait le tableau de la situation. Madame Swetchine ne se prononçait pas.

« — Mais qui vous a dit tout cela?

— M. Molé d'abord, et puis M. de Montalembert, qui dîne, à deux pas d'ici, chez madame Thayer et qui demande en grâce à vous voir.

— Eh bien! menez-moi à lui! »

Je laissai madame Swetchine dans la plus grande anxiété, car elle connaissait trop bien le fond de mon âme pour ne pas sentir l'étendue de mon sacrifice.

Madame Thayer, fille du général Bertrand, unit une grande distinction à une grande piété. Elle était fort associée à l'action et aux vœux des catholiques. A peine me vit-on entrer que M. de Montalembert s'écria :

« Nous avons eu tort de vous céder! Nous devions pressentir cela! Réparez-le, réparez-le, je vous en supplie, s'il en est temps encore! »

Tout le salon fit écho à ce cri.

« Eh bien! répondis-je, je ne lutte plus pour mon propre compte, mais j'ai des conditions à faire pour vous comme pour moi. Allons immédiatement chez M. Thiers, pendant que l'abbé Dupanloup retournera chez M. Molé. »

Le salon de la place Saint-Georges commençait à se remplir. M. de Montalembert y entra seul et dit à l'oreille de M. Thiers que je l'attendais dans une pièce voisine. Il accourut aussitôt vers moi, les deux mains tendues.

« Ne me remerciez pas encore, lui dis-je. Je viens à vous parce que les prêtres m'envoient (je me servis à dessein de cette expression pour bien mettre tout de suite mon interlocuteur en face de la difficulté). J'accepte le ministère, si vous me promettez de préparer, de soutenir et de voter avec moi une loi de liberté de l'enseignement. Sinon, non.

— Je vous le promets, je vous le promets, répondit M. Thiers avec effusion, et, croyez-le bien, ce n'est pas un engagement qui me coûte. Comptez sur moi, car ma conviction est pleinement d'accord avec la vôtre. Nous avons fait fausse route sur le terrain religieux, mes amis les libéraux et moi, nous devons le reconnaître franchement. Maintenant, laissez-moi courir chez le prince Louis qui reçoit, à cette heure même, de détestables conseils, et, dans quelques heures peut-être, ne serait-il plus temps de le soustraire à de funestes influences. »

M. Thiers prit en hâte congé de ses visiteurs. M. de Montalembert voulut bien se rendre, de ma part, chez M. Molé, pour le mettre au courant de ce qui venait de se passer chez M. Thiers. Je repris mon fiacre et je rentrai chez moi en disant :

« Eh bien! mon pauvre Marquet, tu vas entrer au ministère. Qui se serait attendu à cela?

— Certainement pas moi, répliqua-t-il tristement. Cependant, puisque Monsieur le fait, je suis sûr que c'est pour le bien, et il faudra se résigner. »

Voilà comment et à quel prix je fis mon entrée dans la carrière du pouvoir, à laquelle j'étais si peu préparé.

M. Barrot, lorsque mon changement de résolution lui fut connu, m'offrit l'un des deux ministères, mais je lui répondis que, mon sacrifice étant fait, je voulais le rendre le plus utile possible à la cause religieuse, et j'insistai pour la réunion des deux portefeuilles qui, en effet, me furent confiés.

Le 20 décembre 1848, le Président prêta serment à la Constitution devant l'Assemblée, et la liste suivante parut dans le *Moniteur* :

Ministère de la Justice et présidence du Conseil : M. Odilon Barrot.

Affaires étrangères : M. Drouin de Lhuys.
Intérieur : M. Léon de Malleville.
Guerre : le général Rulhières.
Marine : M. de Tracy.
Finances : M. Passy.
Agriculture et Commerce : M. Bixio.
Travaux publics : M. Léon Faucher.
Instruction publique et Cultes : M. de Falloux.

L'ancienne gauche, on le voit, dominait dans cette combinaison, mais par des hommes qui avaient toujours professé un libéralisme assez large pour n'être hostile à aucune conviction sérieuse. M. Bixio seul appartenait aux républicains de la veille ; mais il venait de faire ses preuves comme républicain conservateur, devant les barricades de juin où il avait été grièvement blessé.

Les rapports du prince Louis Bonaparte avec son ministère furent d'abord très embarrassés et quelquefois assez plaisants. Excepté M. Odilon Barrot, le prince ne connaissait de vieille date aucun de nous. On peut même ajouter que, en dehors du petit groupe napoléonien au milieu duquel il vivait habituellement, il n'était familiarisé avec personne. C'est avec la France entière qu'il avait à faire connaissance. Dans cette situation, il se sentait exposé à toutes sortes de méprises, et son accent étranger, que le *Charivari* raillait sans cesse, ajoutait encore à son embarras. On s'apercevait aisément qu'il y avait en lui une ignorance des hommes et des choses qu'on n'aurait jamais soupçonnée chez un prétendant qui avait toujours visé à les gouverner. Il possédait bien les sciences exactes et en savait ce que beaucoup ignorent; en revanche, il savait très peu ou très mal ce que tout le monde sait. Il n'avait presque aucune notion juste en fait de littérature et de beaux-arts. Un jour, on lui présenta un album en sollicitant l'honneur d'y voir figurer son écriture; il écrivit :

Le premier qui fut roi fut un soldat heureux.
RACINE.

Et pourtant, s'il y avait un vers de Voltaire qui dût être connu des Bonaparte, c'était bien celui-là !

Ayant l'occasion de lui parler des innombrables bienfaits de la duchesse de Luynes dans les faubourgs et du grand savoir du duc de Luynes qu'il était question de placer à la tête de l'administration de Paris :

« — Le duc de Luynes ? me dit-il, de l'air d'un homme qui fouille dans tous les replis de sa mémoire; mais ce n'est pas un duc de l'empire ?

— Non, Monsieur le Président, c'est le descendant d'un connétable de l'ancienne monarchie.

— Ah ! alors c'est un légitimiste ?

— Oui, Monsieur le Président.

— Cela lui fait honneur. »

Du reste, il ne manquait jamais une occasion, et d'un air très naturel, de rendre hommage à un bon sentiment. Il lui est arrivé plus d'une fois, lorsque nous allions entrer au Conseil des ministres, de me dire :

« Monsieur de Falloux, j'ai reçu des nouvelles qui vous feront plaisir : ma cousine Hamilton a eu, ce matin, des nouvelles de la duchesse de Parme; M. le comte de Chambord se porte très bien. »

Notre première réunion officieuse eut lieu le 17 ou le 18 décembre, dans un hôtel de la rue d'Anjou. Le salon dans lequel nous fûmes reçus était fort beau, avec un ameublement du style de l'empire très riche et très intégralement conservé. Le prince nous y attendait seul ; il tendit la main à chacun de nous d'un air cordial, disant simplement : — « Je vous remercie. »

Quand nous fûmes au complet, il pria M. Odilon Barrot d'exposer le but de la réunion. Le président du Conseil annonça que nous devions discuter les termes généraux d'un programme qu'il porterait en notre nom à la tribune. En parlant, pour la première fois, au nom du pouvoir, M. Odilon Barrot laissait percer une satisfaction longtemps attendue, mais avec l'accent d'un honnête homme qui se croit appelé à une haute mission, non avec la jactance d'un ambitieux vulgaire. On sentait que son esprit avait l'habitude des illusions, mais qu'aucune pensée inavouable ne troublait sa conscience. Son programme se composa donc des lieux communs qui vont à tous les partis et contre lesquels personne ne songe à s'élever. Cela me laissait le loisir d'examiner froidement la scène, et je demandai tout bas à mon voisin de droite, M. de Tracy :

— « Chez qui sommes-nous ici? » — Car aucun maître de maison n'avait paru.

M. de Tracy me répondit, également tout bas :
— « Chez la reine de Suède ! »

Je ne pouvais sans inconvenance en demander plus long pendant que le président du Conseil parlait. Mais je ne me sentis pas plus instruit, et quelques minutes après, me tournant vers M. Passy, mon voisin de gauche, je réitérai ma question ; il me répondit : — « Chez madame Clary. »

Je compris alors que nous recevions l'hospitalité dans la maison habitée par la famille de celui des lieutenants de Napoléon qui avait échangé le bâton de maréchal de l'Empire contre la couronne royale de Suède et le nom de Bernadotte contre celui de Charles XIV.

Pendant ce temps, M. Odilon Barrot continuait son discours sur la grandeur de l'ère qui s'inaugurait, et, quand il eut recueilli, avec l'approbation du nouveau Président, l'adhésion de ses collègues, M. Drouin de Lhuys, en qualité de ministre des Affaires Étrangères, appela notre attention sur l'état de l'Europe et particulièrement sur l'effet qu'allait produire en Angleterre la réapparition d'un Napoléon président aux destinées de la France. Un dialogue assez animé s'ensuivit. Lorsque M. Barrot le crut épuisé, il fit un geste imposant et dit avec solennité :

— « Eh bien ! Messieurs, il faut qu'un envoyé nous rapporte dans les vingt-quatre heures le dernier mot de lord Palmerston et nous permette de rassurer immédiatement la France, désireuse de la paix ! »

Ce mélange de confiance et de naïveté fut pris au mot, et, chose curieuse, il réussit, tant était grand alors le prestige de la France, tant on craignait de rompre avec elle et même de ne pas paraître en bon accord.

M. de Maistre disait du grand Frédéric : « Ce n'est qu'un grand Prussien », voulant sans doute indiquer par là que ce prince, ambitieux pour la Prusse seule, ne s'appliquait point à faire entrer l'Europe entière dans la sphère de sa politique, comme y avaient prétendu Charles-Quint, Henri IV et Louis XIV. Dans le même sens, on pouvait dire aussi que lord Palmerston n'était qu'un grand Anglais, mais c'était un grand Anglais. Il avait mis fin à l'école des hommes d'État qui, whigs ou tories, auraient cru faire descendre leur pays s'ils n'avaient lié la prospérité britannique à leur influence en Europe. Lord Palmerston croyait peu à la résurrection d'un second Empire. En cas de résurrection, il croyait peu à sa durée et, en cas de durée, il était bien décidé à s'accommoder avec cet heureux aventurier, loin de lui déclarer une guerre de principes et de recommencer lord Castlereagh et le duc de Wellington. Je dois ajouter que M. Molé et M. Thiers avaient profité de leurs anciennes relations avec les cabinets européens pour plaider énergiquement la cause de la paix, et pour leur faire sentir combien il importait à l'Europe de ne donner aucun prétexte de guerre à un Napoléon, quelque pacifique que ce Napoléon voulût paraître.

Le nouveau gouvernement fut donc installé en pleine agitation des partis à l'intérieur, mais en pleine sécurité extérieure.

Lorsque je pris, non sans effroi, possession du fauteuil de M. de Fontanes, soigneusement conservé au ministère de l'Instruction publique, le premier objet qui frappa mon regard sur le bureau du grand-maître de l'Université fut un très beau portefeuille de maroquin rouge, sur l'enveloppe duquel était écrit : « *De la part de M. de Persigny. Souvenir de Londres 1835.* » On pourrait croire que celui qui m'envoyait ce portefeuille avait contribué à me le faire donner. On a vu qu'il n'en était rien. Voici, du reste, quelle avait été la suite de nos relations.

Condamné par la Chambre des Pairs, après la tentative de Boulogne, M. de Persigny fut transféré à la prison de Doullens et me demanda quelques livres en m'en abandonnant le choix. Je lui envoyai : *Mes Prisons* de Silvio Pellico, les *Confessions* de saint Augustin et les *Études philosophiques* de M. Nicolas, en insistant franchement sur les consolations chrétiennes auxquelles une longue captivité devait ouvrir son cœur et son intelligence. Il fut loin de m'en savoir mauvais gré. Il m'encouragea, au contraire, m'assurant que ce genre d'études lui était doux, en attendant qu'il lui devînt utile. Il poursuivait, en même temps, un travail scientifique sur les pyramides d'Égypte et il s'y attacha si passionnément que ses yeux faillirent en être victimes. Une grave ophthalmie se déclara, et une oisiveté forcée accrut les rigueurs de la détention. Le directeur de la prison, touché de son courage patient, lui obtint la permission de se faire soigner dans une maison de santé.

Comme il n'avait aucune fortune, ce fut à l'hôpital de Versailles qu'il reçut asile, sous une surveillance que les diverses autorités exerçaient d'une façon très bienveillante. Le maire de Versailles, M. de Rumilly, traita même son hôte avec une véritable cordialité. Par son entremise, M. de Persigny reçut la permission de venir une fois par semaine à Paris pour y consulter les bibliothèques et soumettre ses théories égyptiennes à quelques membres de l'Institut. J'eus assez souvent part à ses visites hebdomadaires, et chaque fois il me toucha par l'invariable sérénité de sa résignation. Étant allé un jour lui rendre ses visites à Versailles, la vue de sa chambre d'hôpital, sous les combles, me fit prendre la résolution de solliciter son élargissement complet. Mais je n'étais pas en crédit, et l'occasion tardait à s'offrir, lorsqu'en 1846 je fus nommé député. Parmi les collègues qui me témoignèrent une bienveillance courtoise, se distingua le duc d'Elchingen, second fils du maréchal Ney, aide de camp d'un des princes d'Orléans, et je me promis aussitôt d'utiliser cette bonne grâce au profit de M. de Persigny. Un jour que nous faisions partie du même bureau, je lui dis :

« Voulez-vous me permettre, Monsieur le duc, de vous recommander un de mes amis qui devrait plutôt être l'un des vôtres, car il souffre depuis longtemps pour la cause napoléonienne ? »

Mon ouverture fut gracieusement accueillie et,

quelques jours après, le duc d'Elchingen vint me trouver à mon banc et me dit :

« Votre affaire est arrangée. Que M. de Persigny écrive à l'un des princes ou, s'il l'aime mieux, au ministre de l'Intérieur — c'était M. Duchâtel — en motivant sa demande sur sa santé et sur ses travaux scientifiques. Remise entière de sa peine lui sera très promptement accordée.

— L'affaire est moins arrangée que vous n'avez la bonté de le croire, lui répondis-je, si l'on exige une démarche personnelle de M. de Persigny. Il ignore celle que j'ai faite près de vous de mon propre mouvement, et, tel que je le connais, quoique son temps soit uniquement consacré désormais à des études étrangères à la politique, je suis convaincu qu'il ne voudra ni paraître désavouer sa cause par une déclaration expresse, ni contrister le prince auquel il s'est passionnément dévoué. »

J'implorai donc de nouveau le duc d'Elchingen, et de démarche en démarche, il obtint la promesse de se contenter d'une lettre qui ne serait adressée qu'à moi et que je lui remettrais. « Sous cette forme, je n'en désespère pas, » dis-je à mon bienveillant collègue, en le remerciant très cordialement; et dès le lendemain, je me rendis à Versailles où je racontai à M. de Persigny tous les détails de cette négociation.

« Je ne puis assez vous remercier, me répondit-il avec émotion, et si j'acceptais, ce serait uniquement pour ne pas paraître ingrat envers un ami tel que vous; mais accepter, c'est impossible !

— Comment! impossible! vous êtes fou! — Oui, vous devez le croire. Cependant, vous verrez bientôt que c'est vous qui vous trompez. Je ne demanderai aucune grâce, même sous la forme la plus adoucie, parce que demander, de quelque façon que ce fût, ce serait promettre, et je ne promettrai rien, parce que je ne veux pas tenir. »

Je m'efforçai de le ramener à d'autres sentiments, mais j'y perdis ma peine et, quand je le quittai, il me dit en me serrant la main :

« Souvenez-vous bien de ceci : dans un an nous serons à leur place. »

Cela se passait en 1847.

Lorsque, l'année suivante, nous nous retrouvâmes tous les deux dans une Assemblée républicaine, avec la monarchie de Juillet en arrière, et l'empire en perspective, M. de Persigny, je dois l'avouer, prit un tout autre aspect à mes yeux. Je l'avais traité jusqu'alors en loyal fanatique, mais en esprit chimérique qu'on avait le droit de ne pas prendre au sérieux. Quand il se fut montré si sûrement prophète, je compris qu'on aurait tort de jouer avec lui. De son côté, en me voyant de près, dans l'arène politique, il sentit bien à quel point mes convictions étaient profondes, invariables, et formeraient la règle de ma vie tout entière. D'un commun accord, nous ne touchâmes plus à nos dissidences, et par un mutuel égard, par une mutuelle estime, nous cessâmes de parler politique, à partir du jour où nous fûmes devenus deux hommes politiques. Il ne m'offrit même plus de me présenter à son prince que je coudoyais tous les jours dans l'Assemblée, et il ne me rappela pas une seule fois la promesse ministérielle dont nous avions si souvent plaisanté depuis 1835. Je n'avais plus besoin de ses confidences pour voir venir ses projets, et j'étais plus tenté de m'en alarmer que d'en rire.

En même temps que le portefeuille de M. de Persigny, je trouvai au ministère, sur mon bureau, la lettre suivante du P. Lacordaire :

« Dijon, 23 décembre 1848.

« Mon cher ami,

« Vous voilà ministre. En toute autre occasion, je vous en féliciterais, j'en féliciterais la religion et le pays. Mais, dans les circonstances présentes, je vous félicite surtout de n'avoir accepté qu'après des refus longs et sincères. Car il y a des probabilités que votre avènement est une préparation à un retour monarchique par l'Empire. Or, étant persuadé que ce retour serait funeste à la France, parce qu'il ne produirait qu'une répétition stérile et inférieure des temps passés, j'ai la crainte de voir votre nom et celui des catholiques compromis par une participation à cette œuvre dont le moindre malheur serait de manquer de portée. Mais si le sang, le chaos et un recul de vingt-cinq ans devaient de plus en être la suite, mon regret en serait bien autrement amer et douloureux. Au moins, vous vous êtes préparé la consolation d'avoir accepté avec résistance et une résistance opiniâtre. Dieu en soit loué ! Que si je me trompe et que le Président de la république écoute d'autres inspirations que celles d'un cœur ambitieux et vulgaire, ou même que l'impatience d'un pays étonné de souffrir des révolutions qu'il fait : dans ce cas, je fais plus que vous féliciter, je suis heureux et glorieux de votre présence au ministère. Vous y serez le premier ministre catholique que la France y ait eu depuis soixante ans; vous prendrez part au rude labeur d'asseoir une époque inconsistante, vous mettrez votre nom dans des libertés d'autant plus précieuses qu'elles sont nées au bord de l'anarchie, vous ne rétablirez ni la monarchie de Clovis, ni celle de Charlemagne, ni celle de Louis XIV, ni celle de Louis XVIII, mais la monarchie du bien et de la justice. Enfin, si vous n'êtes pas un homme d'échauffourée, vous serez un homme de la seule sorte de choses qui demeurent, les choses qui coûtent du temps, de la douleur et de la vertu.

« En récompense de mon petit sermon, voici une supplique d'un Polonais estimable et bon chrétien qui a perdu l'indemnité qui lui était allouée par suite de l'expédition de Posen, autorisée du gouvernement provisoire. Elle est adressée au ministre de l'Intérieur. Si vous pouvez l'appuyer en quelque manière, vous me ferez plaisir. Pour ce qui est de moi, je ne vous demanderai jamais rien que de me garder une place dans votre cœur, quelque part qu'il soit. »

« Fr. Henri-Dominique Lacordaire,
« des Frères prêcheurs. »

Cette lettre m'eût éloquemment rappelé mon

devoir, si j'avais été tenté de l'oublier, mais je n'avais rien plus à cœur que de me justifier à mes propres yeux en entreprenant, sans perdre une minute, ma double tâche : la liberté religieuse en France, le salut du pape en Italie. Je m'appliquais donc de mon mieux à chercher la limite précise entre la prudence et la timidité, quand un étrange incident nous avertit brusquement de la fragilité de notre situation.

Nous étions à peine installés dans nos fonctions ministérielles, que nous reçûmes de M. Odilon Barrot un billet appelant chacun de nous en hâte à la chancellerie. Nous y courûmes, et M. Barrot nous communiqua d'une voix émue les pièces suivantes. C'était d'abord une lettre du ministre de l'Intérieur au président du Conseil. Elle était ainsi conçue :

« Monsieur le Ministre et cher collègue,

« Un grave dissentiment qui s'est élevé entre M. le Président de la république et moi me met dans l'impossibilité de continuer mes fonctions. Je dépose ma démission entre vos mains. Veuillez la communiquer à M. le Président de la république.

« Votre affectionné et dévoué collègue,

« Léon de Malleville. »

« Post-scriptum. — Veuillez, dès aujourd'hui même, charger un de mes collègues, par intérim, du portefeuille de l'Intérieur. Je désire me retirer de fait immédiatement. »

Voici la lettre qui motivait cette retraite précipitée :

« Élysée, le 27 décembre 1848.

« Monsieur le Ministre,

« J'ai demandé à M. le préfet de police s'il ne recevait pas quelquefois des rapports sur la diplomatie ; il m'a répondu affirmativement, et il m'a ajouté qu'il vous a remis hier les copies d'une dépêche sur l'Italie. Ces dépêches, vous le comprendrez, doivent m'être remises directement, et je dois vous exprimer tout mon mécontentement du retard que vous mettez à me les communiquer.

« Je vous prie également de m'envoyer les seize cartons que je vous ai demandés [1]. Je veux les avoir jeudi. Je n'entends pas non plus que le ministre de l'Intérieur veuille rédiger les articles qui me sont personnels. Cela ne se faisait pas sous Louis-Philippe, et cela ne doit pas être.

« Depuis quelques jours aussi je n'ai pas de dépêches télégraphiques. En résumé, je m'aperçois que les ministres que j'ai nommés veulent me traiter comme si la fameuse Constitution de Sieyès était en vigueur ; mais je ne le souffrirai pas.

« Recevez, Monsieur le Ministre, l'assurance de mes sentiments de haute distinction.

« Louis-Napoléon Bonaparte. »

---

1. Il s'agissait du dossier relatif aux affaires de Strasbourg et de Boulogne et au procès du prince Louis Bonaparte devant la Cour des Pairs.

Cette lettre était si étrangement injurieuse qu'aucun de nous n'hésita sur le parti à prendre. M. Barrot, le plus ému parce qu'il était le plus étonné, s'interrompit à diverses reprises en s'écriant : « Ce pays-ci est bien malheureux ! La France croyait toucher au port, et la voilà rejetée dans les tempêtes. Ce pays-ci est bien malheureux ! » Pour revêtir la forme solennelle, dont M. Barrot se départait rarement, le patriotisme et l'honnêteté n'étaient pas en lui moins sincères. Peut-être même, M. Barrot était-il plus modeste que bien des hommes qui eussent mieux surveillé leur attitude et leur visage. Il écrivit donc d'une main rapide et avec une indignation contenue la lettre suivante :

« Monsieur le Président,

« C'est avec un douloureux regret que nous venons déposer dans vos mains nos démissions. En acceptant le pouvoir dans des conditions difficiles, nous n'avions été inspirés que par l'espoir de vous aider à réparer les maux de la patrie. Nous voyons, par la lettre que vous avez adressée à M. Léon de Malleville, qu'il ne nous serait pas possible de réaliser cet espoir. Dans la forme, elle blesse notre dignité ; dans le fond, elle méconnaît les devoirs que notre responsabilité nous impose.

« Nous savions bien tout ce que la double responsabilité, encore imparfaitement définie, du Président de la république et de ses ministres pouvait jeter d'embarras dans nos rapports officiels; nous comptions, pour les surmonter, sur notre déférence, d'un côté, sur votre confiance, de l'autre : nous nous étions abusés. D'autres seront plus heureux, c'est notre vœu unanime.

« Veuillez agréer, Monsieur le Président, l'hommage de notre profond respect. »

Chacun de nous s'empressa de signer cette lettre et M. Barrot monta en voiture pour la porter à l'Élysée. Nous nous demandions, avec une curiosité résignée, quel accueil il allait recevoir, lorsque nous le vîmes rentrer brusquement dans le salon où il nous avait laissés : « Je viens de m'apercevoir, nous dit-il, que je suis parti, non pas sans ma tête, mais sans mon chapeau. » Nos chapeaux étaient épars sur les meubles du salon, et M. Barrot ne parvenant pas à reconnaître le sien, nous mîmes chacun le nôtre sur notre tête. M. Barrot, en riant comme nous de l'incident, s'empara du seul resté sans maître et repartit.

L'attente de son retour ne fut pas très longue. M. Barrot avait deux expressions d'après lesquelles on pouvait préjuger tout de suite l'impression qu'il voulait traduire au sujet du Président. Quand c'était une impression de mécontentement ou de méfiance, il disait « le Prince-Président »; quand c'était une impression de confiance et de mutuel accord, il disait : « Cet excellent jeune homme ». Ce fut par cette seconde formule qu'il entama son récit :

« Cet excellent jeune homme, nous dit-il, est vraiment autant à plaindre qu'à blâmer. Son éducation ne l'a point préparé aux devoirs parlementaires. Son caractère garde encore quelque chose d'impérieux et d'irascible. Mais ses intentions sont droites, et vous auriez été touchés, comme moi, de la spontanéité de son regret. Toutefois, je ne pouvais me contenter d'une assurance verbale et fugitive. Voici une déclaration écrite et signée. »

Nous étions stupéfaits de ce complet revirement, et nous écoutâmes la lecture du document que voici :

« Monsieur le Ministre,

« J'ai été extrèmement surpris et peiné en recevant la lettre que vous m'adressez au nom de vos collègues. Il m'est impossible d'accepter votre démission ; ce serait une calamité pour le pays, et les intérêts de notre patrie doivent passer avant tout.

« Je dois vous dire que je regrette profondément que les termes de ma lettre aient pu vous blesser. Rien n'était plus loin de ma pensée, car je suis plein de confiance pour vous et pour tous vos collègues. J'ai eu, à la vérité, un moment d'humeur, hier, en pensant qu'on ne me traitait pas peut-être comme le chef responsable de l'État et j'ai manifesté à M. le ministre de l'Intérieur ce sentiment de déplaisir. Mais, je le répète, si j'ai pu offenser M. de Malleville et le cabinet tout entier, je le déplore de toute mon âme, et j'espère qu'après cette explication il ne restera d'autre trace de ce différend que mes sincères regrets.

« Recevez donc, Monsieur le Ministre, pour vous et vos collègues, l'assurance de ma haute estime et de ma confiance.

« Louis-Napoléon Bonaparte. »

Après de si formelles excuses, il devenait impossible de maintenir une démission que nous n'aurions pu justifier devant l'Assemblée. Le parti conservateur eût refusé de comprendre comment, par une susceptibilité à laquelle on retirait son premier motif, nous allions courir le risque de faire rappeler une seconde fois M. Jules Favre, si près encore de la porte du cabinet. Nous résolûmes donc de faire tous, le lendemain matin, une démarche près de M. de Malleville pour le supplier de ne pas se séparer de nous, démarche sur laquelle, dans ses *Mémoires*, M. Barrot commet une insignifiante erreur de date. Rien ne put guérir la blessure de M. de Malleville, ni fléchir sa résolution. M. Bixio, qui avait partagé notre sentiment et retiré sa démission, la maintint alors, pour ne point désavouer M. de Malleville, son ancien et intime ami.

Un remaniement ministériel s'ensuivit. M. Léon Faucher remplaça M. de Malleville à l'Intérieur; M. Lacrosse remplaça M. Faucher aux Travaux publics, et, sur ma vive insistance, M. Buffet succéda à M. Bixio, au ministère de l'Agriculture et du Commerce.

Le Président, nous l'avons tous constaté, mit beaucoup de soin à effacer les souvenirs pénibles qui pouvaient survivre à l'incident du 27 décembre. De notre côté, nous nous efforçâmes de rétablir, par la réciprocité de nos égards, les bonnes relations indispensables à une action commune. Nous nous tenions pour avertis que les paroles d'un taciturne ne sont pas toujours aussi méditées qu'elles sont rares, et que l'on n'emploie pas nécessairement à réfléchir le temps que l'on passe sans parler. Nous savions désormais que le chef de l'État pouvait passer soudainement d'une somnolence apparente à un acte violent et qu'on pouvait, presque sans transition, sortir du calme par une brusque secousse, peut-être par une prompte catastrophe. Jamais le proverbe : *Qui ne dit mot consent*, ne fut moins vrai qu'avec lui. Il ne soutenait jamais son avis, mais il y renonçait encore moins. Lord Palmerston disait de lui :

« Son esprit est aussi plein de projets qu'une garenne est pleine de lapins, et, comme les lapins, ses projets se terrent pour ne pas être contrariés. »

Nous ne tardâmes pas à reconnaître la justesse de cette pittoresque comparaison.

A l'avènement d'un gouvernement définitif, l'amnistie pour les condamnés et les transportés de Juin devint le mot d'ordre et le cri de l'extrême gauche. Le Président nous proposa de l'accorder pleine et entière, comme don de joyeux avènement. M. Barrot se récria et répondit, en notre nom à tous, que dans l'état des esprits, avant d'avoir reçu les gages d'une profonde et sincère réconciliation, l'amnistie ne pouvait être qu'un leurre et un piège; ceux qui la demandaient ne songeant pas à soulager des victimes, mais à recruter et à encourager des soldats. Il ajoutait qu'en face de l'Assemblée qui, au lendemain des terribles journées de Juin, avait décrété d'aussi nécessaires mesures, les annuler six mois après leur promulgation, c'était jeter à cette Assemblée même un sanglant outrage. Durant tout le cours de cette démonstration, l'impassibilité du Président ne se démentit pas une minute et quand M. Barrot eut cessé de parler, il dit, de sa voix lente et calme :

« C'est une question qu'il faut ajourner, je le comprends ; passons à autre chose ! »

En sortant de l'Élysée, nous nous félicitâmes de ce résultat, et nous respirâmes plus à l'aise. Douze ou quinze jours après, tout au plus, M. Passy exposait, en conseil, notre situation financière, et concluait ainsi : « Tout recouvrera bientôt son équilibre si l'esprit public reprend confiance. »

— « Vous avez bien raison, Monsieur Passy, reprit alors le Président, tout dépend de la confiance publique, et un pays ne donne sa confiance qu'à un gouvernement fort. Le meilleur signe de cette force serait l'amnistie. Il faut la demander en même temps que le vote du budget. »

A ces mots que rien n'avait amenés et que rien ne suivait, nous restâmes muets d'étonnement. Mais M. Passy, l'un des hommes qui connaissaient le mieux l'Assemblée, ne demeura pas court longtemps. Il dressa son index, ce qui était son geste favori dans les arguments suprêmes, et se soulevant à moitié, comme un homme prêt à sortir de son fauteuil :

« Monsieur le Président, dit-il, je remets mon portefeuille à qui osera présenter de la même main le budget qui doit fermer des plaies et une amnistie qui les rouvrirait toutes.

— Ah ! si c'est là votre avis, reprit le Président d'un air plein de bonhomie, je m'en rapporte à vous. »

Et nous reprîmes la discussion du budget, comme

si elle n'avait pas été interrompue. En sortant de ce Conseil, nous nous dîmes tristement : « C'est un monomane sur qui la raison glisse sans pénétrer. Toutefois, prenons patience tant qu'il voudra bien mettre sa douceur de parti-pris au-dessus de son obstination de nature. » La verte riposte de M. Passy avait été prononcée d'un tel ton et le Président en avait été si visiblement déconcerté que nous crûmes en avoir fini : il n'en était rien. Quelques semaines après, M. Drouin de Lhuys traçant le tableau de nos relations extérieures et ne dissimulant pas quelques inquiétudes, le Président prit la parole après lui :

« Vous n'avez pas, dit-il, indiqué suffisamment le moyen d'imposer à l'Europe. Ce serait de lui montrer tous nos partis réconciliés, et comme gage de cette réconciliation, proclamer l'amnistie. »

A cette conclusion, aussi inattendue cette fois que les précédentes, nous nous récriâmes tous ensemble avec une telle unanimité que le Président ne put s'empêcher de rire en disant :

« Je vois que, décidément, l'amnistie n'a pas de succès auprès de vous. »

Là-dessus, nous nous mîmes à rire aussi, sentant bien que la victoire ainsi avouée était définitive ; et, en effet, il n'y revint plus. Désormais, il nous connaissait mieux et nous le connaissions mieux aussi ; nous avions la preuve que s'il était impossible de le convaincre, il n'était pas impossible de l'arrêter.

Pour mon compte, j'eus tout d'abord et constamment à me louer de lui. Il savait parfaitement dans quelle mesure et à quelles conditions mon concours lui appartenait, et comme je ne pouvais lui causer aucune déception personnelle, je ne lui causais jamais non plus un mouvement d'humeur. Sur un point cependant j'étais tout à fait à tâtons avec lui, c'était précisément le point que j'avais le plus à cœur : la question religieuse. Là-dessus, M. de Persigny n'en savait pas plus que moi, et quand je lui disais : « Tâchez que votre prince ne nous rende pas la situation trop difficile; elle le sera bien assez sans qu'il s'applique à l'aggraver », M. de Persigny me répondait par l'assurance bien sincère de sa sympathie personnelle pour le catholicisme, mais sans me garantir, au même degré, les dispositions du Président. Chaque jour me démontrait, d'ailleurs, sans que M. de Persigny m'en fît l'aveu explicite, que les amis et les conseillers du malheur n'étaient plus les seuls qui entourassent le prince Louis, que la fortune avait apporté déjà son flot accoutumé de nouveaux venus et que les serviteurs les plus dévoués n'étaient pas désormais les mieux écoutés.

En réalité, le Président, très préoccupé de faire plus et autrement que les gouvernements qui l'avaient précédé, adoptait *à priori* toutes les utopies, se flattait de détruire le paupérisme en un tour de main, et de centupler la fortune de la France à l'aide de chimériques inventions. M. Émile de Girardin lui inspirait une véritable foi. Son premier mouvement avait été de lui confier le ministère des Finances, puis il s'était rabattu sur la Direction générale des postes. Rencontrant une égale résistance à ces deux combinaisons, il en fit du moins son conseiller intime. A l'issue de l'un des premiers conseils tenus à l'Élysée, je me trompai de porte en sortant, et je me trouvai face à face avec M. de Girardin, qui attendait dans un petit salon que notre séance fût terminée pour recevoir, à son tour, son audience presque quotidienne.

Au milieu de tous ces embarras, je pris mon parti de marcher tout droit devant moi, de me renfermer strictement dans les attributions des deux ministères qui m'étaient confiés, mais là, d'agir très librement et très activement.

Je n'avais, pour remplir mon rôle, rien à faire que de ne pas le gâter par mes fautes personnelles; je n'avais qu'à suivre l'impulsion donnée par mes amis, qui étaient à la fois mes devanciers et mes maîtres. Mes fautes pouvaient être de deux sortes : laisser échapper l'occasion, ou prétendre faire de la liberté d'enseignement le triomphe exclusif de mon parti et de ma personne; je ne fus, grâce à Dieu, tenté ni de l'un ni de l'autre.

On me fait tantôt un crime, tantôt un honneur de la loi de 1850. En réalité, je n'ai droit ni au reproche ni à l'éloge au delà d'une très modeste mesure. Mon seul mérite a été d'avoir su m'effacer à propos et de bonne foi. Je n'avais grande confiance ni dans l'avenir du ministère dont je faisais partie ni dans mon propre avenir. Je sentais qu'il fallait travailler à une œuvre capable de me survivre et qui pût, à mon défaut, être défendue par d'autres. Que devais-je faire pour cela? Quelque chose de très simple : appeler les représentants de tous les partis sincères à une œuvre collective dans laquelle chacun eût son propre ouvrage et sa propre solidarité à protéger. Ce calcul était élémentaire, et M. de Montalembert m'en eût suscité la pensée, si elle n'était née spontanément de notre commune inspiration et de notre égal dévouement.

Nous tombâmes donc immédiatement d'accord, lui et moi, sur les principaux points de la conduite à tenir : réclamer le concours de tous les partis, sans assurer d'avance la prépondérance à aucun, sauf à celui de la liberté; appeler à l'honneur ceux qui avaient pris part au combat, en s'assurant toutefois que les anciens combattants croyaient l'heure de la paix venue; appeler l'Université elle-même, par ses plus éminents représentants, à reconnaître la nécessité et à se donner le mérite d'une loyale concurrence; enfin prendre au mot le libéralisme éclairé par l'expérience et sincèrement résolu à réparer ses injustices et ses erreurs. Ce plan une fois admis, les noms propres s'imposaient d'eux-mêmes.

Le 4 janvier, je publiai dans le *Moniteur* un rapport au Président et la nomination de deux Commissions, presque immédiatement réunies en une seule, chargées de préparer à la fois une large réforme législative sur l'enseignement primaire et sur l'enseignement secondaire. Cette Commission se composait de vingt-quatre membres, et, au point de vue des intérêts qu'elle était chargée d'étudier, elle pouvait se décomposer ainsi :

Pour l'Université, MM. Cousin, Saint-Marc Girardin, Dubois, Poulain de Bossay, Bellaguet et Michel;

pour les catholiques, partisans de la liberté d'enseignement, MM. de Montalembert, de Melun, Laurentie, Augustin Cochin, Henri de Riancey, de Montreuil, Roux-Lavergne, l'abbé Sibour, cousin de l'archevêque de Paris, et l'abbé Dupanloup ; pour l'État et pour l'Assemblée, — afin de tenir, en cas de conflit, la balance entre les prétentions diverses, — MM. Thiers, Freslon, de Corcelle, le pasteur Cuvier, Eugène Janvier, Peupin, Fresneau, Buchez et Corne. Ces deux derniers, après quelque hésitation, donnèrent leur démission et ne furent pas remplacés.

On m'a quelquefois reproché de n'avoir pas appelé dans la Commission, — au lieu de M. Roux-Lavergne, l'un des principaux rédacteurs de l'*Univers*, — M. Louis Veuillot lui-même, comme j'avais appelé M. Laurentie pour l'*Union* et M. de Riancey pour l'*Ami de la Religion*. On a cru que j'aurais évité par là les attaques opiniâtres dont le travail de la Commission fut l'objet dans l'*Univers*. Assurément je ne prévoyais pas alors ce que M. Louis Veuillot est devenu depuis. Nous étions même en bonnes relations, mais je n'avais pu méconnaître les tendances générales de son caractère et de son esprit. Après mûre réflexion, j'aimai mieux l'exposer à la tentation de critiquer des choses faites sans lui que de l'armer du droit d'empêcher de les faire [1].

Ce ne fut pas sans anxiété que j'inaugurai les séances d'une telle Commission pour une telle œuvre. Mais si j'avais pu concevoir quelques inquiétudes, je

---

1. Voir la note à la fin du chapitre, page 433.

fus promptement rassuré par l'affectueuse cordialité qui s'établit aussitôt entre des hommes venus de points si divers et dont plusieurs se voyaient ou se parlaient pour la première fois. Bientôt même j'entrai en pleine confiance quand je vis ceux dont on pouvait redouter l'hostilité ou du moins la froideur montrer le zèle le plus chaleureux et quand, d'autre part, je vis ceux dont on pouvait craindre quelque exagération ou quelque imprudence, donner des gages immédiats de la modération dans les vues et dans les paroles. Mon assiduité forcée au Conseil des ministres et à l'Assemblée ne me permettant pas de remplir régulièrement les devoirs d'un président, j'invitai la Commision à se constituer elle-même, et l'union déjà faite dans les esprits se manifesta par le choix unanime de M. Thiers pour diriger les débats quand je serais absent.

Une de mes principales espérances reposait sur l'abbé Dupanloup, que je connaissais d'ancienne date et qui venait de se révéler au public par son beau livre *De la pacification religieuse*, dont le titre seul résumait notre commun programme. A partir de ce jour, l'abbé Dupanloup avait trouvé sa voie, et durant trente ans il ne la quitta plus. Sa nature, d'ailleurs, était faite pour traiter avec les hommes et pour prendre de l'empire sur eux. Il avait au même degré toutes les véhémences de la conviction et toutes les délicatesses de la charité. Quand il s'enflammait, et l'on peut dire quand il s'emportait, on sentait que son cœur demeurait sans fiel et qu'un adversaire même y avait toujours sa place. Quand au contraire il faisait des avances, et, dans une certaine mesure, des concessions, on voyait parfaitement le point qu'il ne dépasserait jamais, et l'on sentait qu'il ne faillirait pas plus, dans le service de la vérité, par défaut de discernement que par défaut d'énergie. L'attraction de M. Thiers pour l'abbé Dupanloup et de l'abbé Dupanloup pour M. Thiers devint aussitôt évidente à tous les yeux.

Notre table de travail avait la forme d'un long fer à cheval. En qualité de président, M. Thiers était assis au sommet; l'abbé Dupanloup était allé modestement prendre place à l'un des bouts de la table. Quand l'abbé Dupanloup parlait, M. Thiers ne se contentait pas d'adhérer de la tête et du geste; je me souviens de l'avoir vu plusieurs fois quitter sa place, longer le mur derrière ses collègues, entrer dans l'intérieur du fer à cheval et là, debout en face de l'abbé Dupanloup, recueillir toutes ses paroles avec l'air de jouissance d'un homme qui se dit : « Je tiens enfin le vrai ! »

Je demeure désintéressé dans le récit, comme je demeurai désintéressé dans la discussion, car je m'étais imposé une réserve absolue, et un jour, interpellé par M. Thiers, en termes très affectueux, je répondis : « Que la Commision ne s'occupe pas du ministre qui est assis dans ce fauteuil ; il est là pour vous écouter et s'instruire, il ne doit pas prendre part au débat. » Cette attitude m'était d'autant plus facile qu'on tomba immédiatement d'accord sur les deux points essentiels, l'évidence du péril social, l'urgence du remède à lui opposer.

Nul ne surpassa M. Thiers dans l'ardeur à signaler le mal et dans un énergique appel au sentiment religieux, capable seul de combattre et de vaincre une imminente anarchie.

« Il ne nous est pas permis de sommeiller en des circonstances aussi graves, s'écriait-il ; Condé seul peut dormir la veille de Rocroy. »

Peu après il développait ainsi la même pensée :

« Ah ! je comprends que quand il fait beau, quand l'air est calme et la mer tranquille, on sommeille volontiers, surtout si le capitaine est éprouvé et l'équipage soumis. Mais malheur à qui dort quand la mer est houleuse, la tempête déchaînée, car la perte devient imminente. Nous y sommes, sur cette mer agitée, depuis trente ans ; imprudents que nous sommes, nous avons dormi, et voilà que les vents se sont élevés bien violents et que nous avons failli sombrer dans la tourmente. A l'œuvre donc, résolument ! Plus d'illusions, en présence de dangers trop réels, car les conséquences en sont déjà bien terribles... Hélas ! ce n'est qu'en échouant que nous nous sommes sauvés du naufrage complet ! »

M. Cousin, quoique moins convaincu que M. Thiers de l'étendue du mal, n'était pas moins explicite dans l'appel au clergé :

« Je me reporte avec empressement, disait-il, aux traditions de 1808, alors que trois évêques et le directeur de Saint-Sulpice figuraient dans le Conseil de l'Université. J'insiste sur l'autorité religieuse ; loin de la craindre, je l'appelle de tous mes vœux. Que le clergé et l'Université se rapprochent par une grande réconciliation, et tous les problèmes de l'enseignement primaire seront bien faciles à résoudre. »

Les membres les plus catholiques de la Commission jouaient, pour ainsi dire, le rôle de modérateurs. M. de Montalembert en appelait plus que jamais à la liberté de la concurrence. M. de Riancey ajoutait :

« La protection ne vaudra jamais la liberté ! La Restauration avait voulu créer des comités monarchiques et religieux, et cela n'a servi qu'à exciter les mauvaises passions contre ce qu'on appelait la direction cléricale de l'enseignement. »

M. Laurentie disait à son tour :

« C'est bien plutôt un rôle négatif qu'il convient de donner à l'État, en matière d'enseignement, qu'une mission active ; il faut bien surtout, et cela dans son propre intérêt, que l'État se garde d'imposer aucune doctrine. Je n'en veux citer d'autre preuve que celle du gouvernement de la Restauration, qui n'a perdu tant de sa force dans l'esprit général que parce qu'on estimait qu'il imposait certaines doctrines, notamment dans l'enseignement. Aussi était-ce avec grande raison qu'un ecclésiastique, à qui M. l'évêque d'Hermopolis demandait ce qu'il pouvait faire d'utile pour un établissement qu'il dirigeait, lui répondit : *La plus grande grâce que je vous demande, c'est de ne plus nous protéger.* M. l'évêque d'Hermopolis, dont la raison était si droite, comprit la justesse de cette réponse. »

Quand on en vint à discuter la gratuité de l'enseignement, M. Cousin ne tarit pas en magnifiques éloges sur les généreuses fondations du passé.

« M. Cousin. — Jésus-Christ a dit : *Pauperes evangelizantur*. C'est là même la plus grande œuvre qu'ait accomplie l'Église.

M. de Montalembert. — Et elle n'y a pas failli ; toutes ses écoles ont toujours été gratuites. Cette grande institution conservatrice, la plus grande de toutes, n'a jamais reculé devant ce devoir de l'instruction gratuite.

M. l'abbé Dupanloup. — Et elle n'y faillira pas plus dans l'avenir qu'elle n'y a failli jusqu'ici. »

M. Cousin. — Oui, Monsieur l'abbé, et c'est pour cela que l'Église sera toujours bénie !

M. Thiers répéta à plusieurs reprises :

« Il ne faut pas que les instituteurs soient partout des *anti-curés*. »

Enfin, la Commission tout entière applaudit à ces nobles paroles d'un de ses membres, M. Michel, paroles qui furent reproduites dans l'exposé des motifs de la loi :

« Prétendre plier un enfant au joug de la discipline et de l'obéissance, créer en lui un principe d'énergie qui le fasse résister à ses passions, accepter volontairement la loi du travail et du devoir, contracter les habitudes de l'ordre et de la régularité, et ne pas demander cette force à la religion, c'est tenter une œuvre impossible. »

L'enseignement obligatoire fut repoussé à la presque unanimité et, quant à la gratuité, on tomba d'accord sur ce point que, si on la rendait universelle, ce ne serait pas faire que personne ne payât l'enseignement, mais faire, au contraire, qu'il fût payé par l'impôt, c'est-à-dire par tout le monde.

En même temps la Commission comprit parfaitement qu'elle ne pouvait pas détourner les yeux de l'état précaire et souvent misérable dont souffrait, dans beaucoup de départements, l'enseignement primaire et qu'un sûr moyen d'améliorer l'institution était d'améliorer le sort de l'instituteur lui-même. L'exposé des motifs fut encore l'écho de la Commission en disant : « On ne met pas impunément aux prises l'indigence et l'orgueil. Un gouvernement ne doit tendre de pareils pièges à personne. L'individu y succombe d'abord, la société y périrait bientôt après. Montrons-nous inflexibles envers les torts, mais après avoir apaisé les souffrances. »

Le traitement fixe de l'instituteur fut augmenté.

Avant de passer à la rédaction du projet de loi, la Commission voulut s'éclairer encore par une enquête et elle appela devant elle le Frère Philippe, supérieur des frères des Écoles chrétiennes et le Père Étienne, supérieur des Lazaristes et des Sœurs de charité, en même temps que MM. Ritt et Rapet, inspecteurs de l'Université.

L'entente fut plus rapide encore sur l'enseignement secondaire. Le mal — tout le monde le reconnaissait — y était moins grand, le remède plus facile, et tout se réduisit, pour ainsi dire, à la question de savoir si l'on donnerait une liberté sincère, ou si, empruntant au dix-huitième siècle quelques exemples qui n'étaient pas les meilleurs, on inaugurerait la liberté en proscrivant les ordres religieux, particulièrement l'ordre des Jésuites. M. Thiers était là-dessus plein d'ombrages, et tout en se rendant compte de son inconséquence, il ne se sentait pas encore le courage qu'il déploya plus tard à la tribune de l'Assemblée.

Au jour fixé pour la solennelle discussion de ce point capital, la Commission fut au grand complet; la victoire ne fut pas remportée sans combat; le triomphe ne devint définitif qu'après deux émouvants discours de l'abbé Dupanloup.

« Eh ! quoi, dit-il, on admet et j'admets certainement pour mon compte, dans la loi, toutes les sectes protestantes avec leurs subdivisions ; vous laissez pleine liberté aux quakers ; pourquoi donc, à l'égard de l'Église, cette effroyable injure de lui refuser certaines congrégations qu'elle approuve ? Et vous dites cependant que vous voulez être en paix avec l'Église; alors, entendez-vous donc avec elle ! »

M. Thiers répliqua avec une certaine vivacité, tout en se défendant de partager des préjugés vulgaires.

« Assurément, dit-il, je ne crains pas l'ultramontanisme, comme on a pu le craindre autrefois. Je suis même tout prêt à lui tendre la main. Mais, cependant, il me paraît bien grave de renoncer à ces grandes maximes solennellement posées par l'Église de France. »

M. Cousin évoquait également le gallicanisme, mais, tout en proclamant, comme M. Thiers, que, depuis la Révolution française, l'ultramontanisme ne présentait plus aucun danger.

M. Dupanloup répliqua :

« M. Cousin nous a dit avec un langage aussi bienveillant que le sentiment qui l'inspirait, qu'il prenait la liberté de faire remarquer très respectueusement à l'Église que, dans l'intérêt de son action religieuse, elle avait peut-être tort de lier le sort des Jésuites au sien, par un sentiment d'amour-propre poussé trop loin. Je réponds à M. Cousin, — et ici, quoique je n'aie aucune mission de l'Église, je puis cependant affirmer que telle est sa pensée, — que l'insistance de l'Église en faveur des Jésuites n'est pas affaire d'amour-propre. L'Église peut assurément ne pas tenir les Jésuites pour la perfection absolue, mais elle les considère comme parfaitement innocents de toutes les accusations portées contre eux ; c'est sa conviction profonde ; elle ne peut pas en avoir d'autre ; et comme l'Église est la justice, elle ne peut, comme Pilate, condamner ce qui est juste, et se croire quitte ensuite, en se lavant les mains, parce qu'elle n'aura pas fait, mais laissé faire... Je vois l'institut des Jésuites solennellement approuvé par le Concile de Trente ; depuis, en 1761, dans une assemblée générale du clergé de France, un seul évêque, sur vingt et un, leur est défavorable ; quatre autres se bornent à demander quelques modifications aux règles de l'institut ; — et c'était pour obtenir un avis défavorable aux Jésuites que le roi avait convoqué ces évêques... Leur cause est celle de la justice et de la vertu ! »

Au lever de cette mémorable séance, M. Thiers saisit, devant M. de Montalembert et devant moi, le bras de M. Cousin en s'écriant : « Cousin ! Cousin ! avez-vous bien compris quelle leçon nous avons reçue là ? Il a raison, l'abbé ! Oui, nous avons combattu contre la justice, contre la vertu et nous leur devons réparation. »

Une vive lumière avait lui dans l'esprit de M. Thiers et une grande réconciliation allait se faire dans la vérité par la liberté. Une paix féconde était assurée à l'avenir de la France, si la France et l'avenir demeuraient fidèles à la liberté comme à la vérité.

On a eu, depuis, malgré d'immenses services, de graves reproches à faire à M. Thiers. Il a été quelquefois, à partir de 1871, infidèle aux plus nobles sentiments et aux meilleurs actes de sa carrière. On n'en doit pas moins reconnaître que si sa jeunesse appartient aux entraînements révolutionnaires et sa vieillesse à des ambitions entachées de personnalité, son âge mûr, c'est-à-dire la plénitude de son intelligence et de ses forces, appartient franchement au parti conservateur.

Il a eu peur, en 1848, dit-on souvent avec dédain. Eh bien! quand cela serait vrai, ne mériterait-il pas encore notre reconnaissance? La peur en troublait bien d'autres à cette date, et la peur donne plus souvent de mauvais conseils que de bons. La peur, encore plus que la perversité, a fait la Terreur en 1793, et si elle ne produisit pas les mêmes crimes en 1848, elle contribua puissamment aux folies et aux dangers de cette époque. L'homme à qui elle conseille l'aveu de ses torts et l'énergie de la résistance porte d'avance en lui-même quelque chose de supérieur à ceux qui vont grossir le cortège de l'imbécillité et de la tyrannie. Chez un tel homme la peur doit s'appeler : patriotisme, clairvoyance, et, dans certains cas : héroïsme. L'histoire contemporaine a peu de ces exemples. Ne les méconnaissons pas, et si envers M. Thiers nous devons finir par la sévérité, ne commençons pas par l'ingratitude. Rendons justice aux services pour avoir le droit de faire justice des défaillances. Espérons surtout que plus les hommes oublient le bien qui a été fait, plus Dieu s'en souvient!

Une lettre de M. L. Veuillot à Monseigneur Rendu, évêque d'Annecy, en date du 2 août 1849, marque bien l'origine des hostilités du directeur de l'*Univers* contre la loi de 1850 et contre ses auteurs. Voici les principaux passages de cette lettre :

« ...Vous savez dans quels combats nous sommes et vous en êtes inquiet. Je puis vous dire que mes chagrins domestiques m'ont été à peine plus sensibles que ceux que j'ai ressentis en voyant la fausse voie où nos amis s'engagent. Je suis désolé surtout de l'attitude de M. de Montalembert. M. de Falloux m'a moins surpris. Je n'ai jamais compté sur lui. Quoique chrétien plein de ferveur, il n'a jamais été précisément un des nôtres, ce que nous appelons *un catholique avant tout*... J'étais si fixé sur ce point avant le 10 décembre 1848, que j'ai beaucoup insisté dans un Conseil qu'il a tenu entre nous pour qu'il n'entrât point au ministère. Ma vraie raison, que je n'ai point osé dire, était qu'il laisserait nos idées à la porte. Il n'y a point manqué. C'est essentiellement un homme d'accommodement, de transaction et d'affaires, avec beaucoup plus d'ambition qu'il ne suppose en avoir. M. Dupanloup de même. *Ce n'est pas M. de Falloux, comme on le pense, qui a rétabli le Pape. C'est le Président, qui a mis dans toute cette affaire une volonté inflexible et beaucoup de cœur. Je le tiens d'une source sûre, du Nonce lui-même.*

« Je ne comptais donc pas sur M. de Falloux ; mais je comptais sur Montalembert. Il a cédé à deux influences anciennes et qui lui ont toujours été fatales, celle de M. Dupanloup et surtout celle de Thiers... Se repentant uniquement d'avoir cru trop tôt l'Église inutile, M. Thiers voudrait aujourd'hui l'employer, mais à sa guise. M. de Montalembert ne veut pas voir cela, et il faut avouer que sur une foule de points, il semble n'être plus du tout le même homme que nous avons connu...

« Le grand mal de la loi Falloux, c'est qu'elle est un manque de foi. Elle proclame que nous-mêmes ne croyons plus à ce que nous avons tant demandé. Or, comme j'y crois encore pour ma part, comme je crois que le salut est dans la liberté de l'Église et n'est que là, je m'en tiens à nos vieilles doctrines et je n'entre point dans un accommodement qui les outrage. J'aime mieux un argument qu'une position.

« Si j'avais le bonheur de vous voir, Monseigneur, je vous dirais et je vous expliquerais beaucoup de choses qui ne peuvent tenir dans une lettre, malheureusement je suis obligé de passer à la course et d'arriver tout de suite au résultat qui a été celui-ci : qu'il fallait *diviser au plus vite le parti catholique* pour en sauver quelque chose et éviter qu'il ne tombât tout entier, sur la question religieuse, dans les bras de l'Université, sur la question politique, dans le sein du conservatorisme bourgeois représenté par M. Thiers.

« Je vous demande le secret, Monseigneur, sur toutes ces confidences. Je crois qu'en somme, après cette bagarre, le parti catholique restera et même que Montalembert en restera le chef, averti seulement, et cela est nécessaire, que son autorité n'est point absolue. Mais, dût-on le perdre, ce serait un moins grand malheur encore que de tout perdre et le drapeau et l'armée et les principes.

« Agréez, Monseigneur, etc.

« Louis VEUILLOT. »

En regard du passage de cette lettre relatif au rétablissement du Pape dans ses États, il suffit de placer cette simple constatation d'un témoin assurément mieux renseigné que le directeur de l'*Univers* sur les délibérations du Conseil des ministres.

« M. de Falloux, dit M. Odilon Barrot, obéissant aux impatiences de son parti et à ses propres convictions, nous pressait vivement de nous prononcer pour la restauration immédiate du pouvoir du Pape à Rome; il ne laissait guère passer de séance du Conseil sans y poser cette question d'intervention (Odilon Barrot, *Mémoires*, t. III, p. 145).

CHAPITRE XII

EXPÉDITION ROMAINE. — LE CHOLÉRA. — LE GÉNÉRAL
CHANGARNIER. — FIN DE L'ASSEMBLÉE CONSTITUANTE.

1849.

Le ministère avait pour force l'homogénéité de la droiture et de la loyauté; pour faiblesse, la nouveauté des contacts, l'incohérence des antécédents. Prudent par nécessité autant que par inclination, il devait, avant d'entrer en campagne, s'étudier lui-même et pénétrer le personnage principal avec lequel il avait à concerter ses mouvements. Tout était bizarre et nouveau dans cette situation : les pouvoirs, les devoirs et les hommes. L'opinion républicaine continuait à tenir les cartes, alors même que la France avait cru et voulu les lui faire tomber des mains. Son échec foudroyant dans la grande élection populaire tournait à un simple contre-temps, et l'expérience républicaine, qui avait paru toucher à son terme, reprenait son cours incontesté. M. Dufaure qui, en 1847, s'était séparé de l'Opposition de gauche à cause de la campagne des banquets et du refus de toast au Roi, avait été le dernier ministre du général Cavaignac, et M. Barrot, qui s'était ardemment uni à tous les mouvements de la Gauche, devenait le premier ministre du Prince-Président. Le Prince lui-même, en descendant de la tribune où il venait de prêter un serment solennel à la République, allait chercher à son banc le général Cavaignac — qui l'accueillait de mauvaise grâce — et il lui serrait la main comme pour renouer, sous tous les yeux, la politique qu'il inaugurait à celle qui venait de finir.

L'opinion républicaine aurait dû recevoir notre ministère comme une bonne fortune inespérée; elle lui témoigna, au contraire, une mauvaise humeur très voisine de l'hostilité. M. Odilon Barrot, avec un infatigable courage, M. Léon Faucher, avec plus d'énergie que de tact, soutenaient des luttes incessantes. Grâce à leurs liaisons personnelles, ils arrivaient peu à peu à rallier la Gauche modérée, et à la séparer de la Gauche extrême, dans les questions de cabinet; mais ils ne conquéraient jamais qu'une majorité douteuse et boudeuse qui soutenait le ministère, faute de mieux et crainte de pire, en lui rendant la vie dure et en lui vendant cher son pain quotidien.

La question romaine était le premier et le principal champ de bataille.

Le général Cavaignac avait vivement pressé Pie IX d'accepter un asile en France, si le séjour de Rome devenait impossible, et le Président ainsi que son ministère demeuraient très fidèles à ce vœu. Nous le fîmes exprimer directement au Saint-Père, par l'homme le plus capable de le lui faire agréer, M. de Corcelle. On peut aisément supposer que je ne restai point personnellement en arrière, de ce côté, et je remis à notre ambassadeur une lettre que j'ai eu la consolation de retrouver depuis dans le recueil des hommages qui ont le plus touché le Souverain Pontife durant son exil, recueil qu'il a fait publier sous le titre de *Orbe Cattolico*.

Voici cette lettre :

« Très Saint-Père,

« Dans l'affliction profonde que j'ai éprouvée en me voyant chargé d'un fardeau au-dessus de mes forces, j'ai ressenti cependant une bien douce consolation : c'est l'espoir de rendre quelques services passagers à l'Église et de rencontrer quelque occasion de montrer mon dévouement particulier à Votre Sainteté. Cette occasion, le malheur des temps ne l'a que trop fait naître !

« Celui qui aura l'honneur de déposer cette lettre aux pieds de Votre Sainteté lui dira mieux que personne les vœux et les pensées du gouvernement auquel j'appartiens. Il pourra ajouter, devant Dieu, que la présence de Votre Sainteté et les bénédictions qu'elle apporte achèveraient certainement ce que les intentions des hommes ont toujours d'incomplet.

« Pour moi, Très Saint-Père, sans entrer prématurément dans de si graves intérêts, je n'ai, en ce moment, à cœur qu'un désir, celui de pénétrer Votre Sainteté de la conviction de mon plus filial, de mon plus inaltérable dévouement.

« La France tressaillera d'allégresse lorsque le pied du Saint-Père touchera son sol, et si la position que j'occupe actuellement permet que je sois le premier à le recevoir, veuille Votre Sainteté croire que je serai le premier surtout par l'inexprimable émotion de mon âme.

« Veuille le Très Saint-Père agréer d'avance l'hommage des sentiments si profondément sincères avec lesquels je suis et demeurerai toujours,

« De Sa Sainteté,

« Le très humble serviteur et fils,

« Alfred de Falloux.

« Paris, le 8 janvier 1849. »

Le Saint-Père daigna me répondre [1] :

« Pie IX, pape.

« Cher Fils, salut et bénédiction apostolique.

« Nous avons reçu, avec une grande bienveillance, votre lettre du 8 de ce mois, dans laquelle Nous avons reconnu les très louables sentiments de respect et d'affection que vous avez pour Nous. Grande a été notre consolation en apprenant qu'on vous avait donné une charge si importante. Vous la remplirez, Nous en avons la confiance, de telle sorte que la très sainte Religion aura part aux fruits de vos

---

1. « PIUS P. P. IX.

« Dilecte Fili, salutem et apostolicam benedictionem.
« Benevolo prorsus animo tuas litteras accepimus, octavo hujus mensis die datas, in quibus sensus recognovimus eximiæ tuæ erga Nos pietatis et observantiæ. Multæ nobis consolationi fuit delatum tibi istic gravissimum officium, quod ita te exerciturum confidimus,

travaux. Nul doute pour Nous que vous ne mettiez surtout votre gloire à écarter, avec tout le zèle et toute l'habileté possibles, les obstacles qui s'opposent au bien. Nous prions Dieu qu'il Nous donne une occasion favorable pour que Nous puissions hâter notre arrivée en France, et, avec une ardeur toujours plus vive, Nous supplions ce Dieu très clément d'écarter les difficultés et d'apaiser les esprits, principalement pour que Nous puissions prendre des mesures contre les maux, plus grands de jour en jour, qui viennent fondre sur les peuples soumis à notre pouvoir temporel. L'esprit de soumission et de dévouement au Siège Apostolique, cet esprit admirable, si digne d'un chrétien que vous avez, cher fils, et qui vous est commun, à notre grande joie, avec un nombre considérable de Français, Nous pensons que ceux-là surtout se feront gloire de le posséder qui peuvent, plus que d'autres, s'opposer à ces maux. En témoignage de notre tendresse toute particulière pour vous, Nous vous donnons la bénédiction apostolique,

ut, et sanctissimæ Religioni fructus constet laborum tuorum, atque in hoc potissimum laudem te quærere non dubitamus, ut nihil ad removenda istic obstacula quæ bonum præpediunt, studii atque industriæ prætermittas. Deum rogamus ut nobis opportunitatem suppetat, qua nostrum in Galliam adventum maturare possimus, ac majori usque studio ab eodem clementissimo Domino suppliciter poscimus ut, remotis difficultatibus, animisque permulsis, malis providere imprimis valeamus, quæ graviora in dies subditi Ditioni nostræ temporali populi experiuntur. At mirificum et christiano homine dignissimum erga Apostolicam sedem obsequii ac devotionis studium quod tibi, Dilecte Fili, cum ingenti gallicanæ istius nationis numero commune esse lætamur, et viros sibi præcipue vindicaturos istic existimamus qui præ aliis valent malis ipsis occurrere. Præcipuam erga te caritatem nostram Apostolicâ confirmamus

qui sera pour vous le gage de la protection céleste et que Nous vous accordons, cher fils, avec toute l'affection de notre cœur paternel.

« Donné à Gaëte, le 25 janvier de l'an 1849.

« De notre Pontificat, le troisième.

« Pie IX, pape. »

On devine aisément que tous ceux qui m'avaient fait l'honneur de me prendre pour collaborateur n'étaient pas sur la question romaine au même diapason que moi.

Le Président de la république avait été élevé dans les idées les plus antipathiques à la souveraineté temporelle des papes. Son frère et lui, dès leur jeunesse, avaient payé par une agression à main armée l'hospitalité que, depuis 1815, la famille impériale avait reçue de la générosité des souverains pontifes. Le prince de Canino, président de l'Assemblée romaine, affectait en toute rencontre la plus révoltante attitude. Le Président n'allait pas aussi loin, mais il n'allait pas non plus jusqu'aux sentiments d'une réparation formelle et dévouée.

Dans le ministère, M. Passy était le seul qui nourrît et qui manifestât des dispositions anticatholiques. Quand il voulait blâmer ou critiquer quelqu'un ou quelque chose, au risque des associations

---

benedictione, quam cœlestis præsidii auspicem ipsi tibi, Dilecte Fili, intimo paterni cordis affectu amanter impertimur.

« Datum Cajetæ, die 25 januarii, anno 1849.

« Pontificatus nostri anno III.

« PIUS P. P. IX. »

les plus étranges, c'était au style religieux qu'il aimait à emprunter ses expressions et ses images. Il disait, par exemple, de M. Ledru-Rollin ou de M. Jules Favre, qu'ils gardaient à tel ou tel autre membre de l'extrême-gauche une rancune *monacale*.

M. Barrot, au contraire, entrait franchement dans le mouvement d'admiration pour Pie IX, et professait volontiers le respect du culte catholique. Mais c'était chez lui instinct et bienveillance naturelle, non conviction religieuse.

M. Drouin de Lhuys et M. Léon Faucher considéraient le pape comme la clef de voûte de l'édifice européen, et désiraient conserver son trône comme celui de tout autre souverain. M. Drouin de Lhuys répétait souvent : « J'aime mieux un bon pape qu'un mauvais pape ; mais j'aime encore mieux un mauvais pape que pas de pape du tout. » M. Faucher applaudissait à cette formule. Par un bon pape, ils entendaient le Souverain Pontife, tel que s'était montré Pie IX, de 1846 à 1848. Par un mauvais pape, ils entendaient le prince indigné et découragé que les influences absolutistes s'efforçaient de ressaisir.

Par élévation de nature, M. de Tracy inclinait vers la cause de Pie IX, mais il était de la Gauche de vieille date, et ne se séparait pas aisément de ses anciens amis.

M. Lacrosse tenait à se régler sur les idées présumées du Président, et sa complaisance laissait déjà pressentir, le cas échéant, son adhésion au second empire.

Le général Rulhières, M. Buffet et moi, pensions habituellement de même et agissions d'un commun accord ; mais nous ne formions qu'une minorité dans le ministère, et nous ne pouvions devenir majorité qu'après avoir rallié les voix de M. Barrot, de M. Drouin de Lhuys et de M. Faucher, sans avoir blessé ou alarmé le Président. Nous considérâmes donc comme un avantage considérable la première résolution obtenue, à propos de l'Italie, celle de ne point reconnaître la république romaine. Le duc d'Harcourt, ambassadeur du général Cavaignac près de Pie IX, rejoignit le Pape à Gaëte. Le nonce du Saint-Siège n'interrompit pas un instant ses fonctions à Paris. Les envoyés de la république romaine n'obtinrent d'audience ni du Président ni d'aucun des ministres.

Le Président, M. Barrot, M. Passy, auraient aimé à en rester là, mais les événements ne le permettaient pas. Le Président ne voulait, à aucun prix, risquer sa popularité et peut-être son pouvoir au service du Pape ; à aucun prix non plus, cependant, il ne consentait à laisser l'Autriche, déjà trop prépondérante en Italie, envahir le reste de la péninsule et y rendre sa domination exclusive. Ces deux points de départ n'étaient pas aisés à concilier, et c'est pour échapper à cette difficulté par un moyen qui lui paraissait ingénieux, qu'il imagina de faire du Piémont l'agent officieux de sa propre politique. Il mit autant d'obstination à me faire entrer dans ce dessein que j'en mettais de mon côté à lui faire agréer des idées différentes : « Vouloir cacher la

France derrière le Piémont, lui disais-je, c'est vouloir cacher un géant derrière un brin d'herbe. Tout le monde nous apercevra, et l'Autriche avant tout le monde. La France ouvertement déclarée arrêtera l'Autriche ; la France, se dissimulant elle-même sous le couvert du Piémont, sera battue sans se défendre, sans avoir ni le bénéfice de la propagande révolutionnaire ni celui de l'action conservatrice. » Lorsque je le pressais avec trop de vivacité sur ce sujet, le Président recourait à sa méthode ordinaire et mettait fin à la conversation par un silence qu'on pouvait interpréter comme on voulait, mais il gardait *in petto* son plan intact.

Bientôt il se fit envoyer de Turin, comme ambassadeur, l'abbé Gioberti, afin de trouver en lui l'orateur éloquent et persévérant des idées qui leur étaient communes. Gioberti avait alors un grand renom dans toute l'Italie : c'était un homme érudit et sincère, mais un esprit chimérique et faux. Il m'honora de fréquentes visites et se mit en rapport avec beaucoup de membres de l'Assemblée, sans succès, du reste, pas plus auprès de la Gauche que de la Droite. A gauche, son caractère ecclésiastique et ses convictions religieuses lui fermaient beaucoup d'oreilles ; à droite, on ne regardait point le Piémont comme un protecteur du pape sûr et désintéressé. A gauche, on ne voulait pas mettre la république romaine entre les mains d'un roi ; à droite, Gioberti ne trouvait rien à répondre, quand on lui demandait : « Comment le Piémont parviendra-t-il à désarmer ou à vaincre l'Autriche? »

Ce dialogue, très vif de part et d'autre, menaçait de durer longtemps, lorsque le roi Charles-Albert, moitié ascète, moitié carbonaro, entraîné par la secrète ambition de toute sa vie, surexcité par les continuelles provocations de l'Élysée, jeta tout d'un coup le gant à l'empereur d'Autriche, son ancien allié et son proche parent. Une seule journée vit s'évanouir ses illusions et son règne. On apprit, coup sur coup, sa défaite et son abdication, son passage incognito dans les provinces méridionales de la France, sa course à travers l'Espagne et sa halte enfin, là où la terre semblait manquer à sa fuite. Il reposa quelques mois sa tête dans un monastère, au fond du Portugal. Ni sa femme ni aucun des siens n'avaient eu permission de le suivre, et, après peu de jours d'un inconsolable abattement, il mourut dans les sentiments de la plus fervente piété. Il avait joué sa couronne, et, autant qu'il dépendait de lui, sa vie, sur le champ de bataille de Novare. Il emporta dans le tombeau le secret des contradictions d'un règne qui demeurera une énigme pour la postérité.

Cet événement fut un coup de foudre pour le Président de la république comme pour la maison de Savoie. La question italienne était déblayée de ses préliminaires trompeurs, et la France brusquement placée en face de redoutables réalités. Je laissai passer les premiers jours d'émotion à l'Élysée, puis j'allai demander au Président si nous allions laisser l'Autriche, qui déjà se préparait à marcher en avant, absorber les États pontificaux et dépopulariser Pie IX en le plaçant irrésistiblement sous le protectorat d'une puissance si antipathique à l'Italie. « Aujourd'hui vous avez raison, me répondit-il, la France ne peut plus rester spectatrice impassible, et, en face du drapeau autrichien triomphant, le nôtre sera salué en Italie par d'unanimes acclamations. »

A partir de ce moment, le Président souhaita et pressa le départ de nos troupes, déjà réunies par le général Cavaignac sur le littoral de la France. En même temps et par les mêmes motifs que le Président, le ministère tout entier admit le projet d'une prompte expédition. Les convictions catholiques n'étaient plus les seules considérations déterminantes ; l'intérêt catholique et l'intérêt français se trouvaient indissolublement unis, on peut même dire que l'intérêt personnel des révolutionnaires n'y était pas indifférent. Intervention pour intervention, celle de la France serait certainement plus clémente, et, dans la bonne acception du mot, plus libérale que celle de l'Autriche. Sans en convenir, la Gauche le savait bien. Moyennant qu'on lui laissât affecter, devant ses électeurs, une attitude indignée, elle prenait aisément son parti de notre action et, à peu d'exceptions près, elle faisait tout bas des vœux pour le succès de notre entreprise. Sans cette dernière remarque, on se rendrait facilement compte de ce qui se passa dans l'Assemblée.

M. Bixio, qui avait récemment rempli des fonctions diplomatiques à Turin et qui, sorti du ministère avec M. de Malleville, appartenait au parti républicain, prit l'initiative d'une proposition dont les termes avaient été concertés avec le gouvernement. Elle était ainsi conçue :

« L'Assemblée nationale, jalouse d'assurer la conservation des deux plus grands intérêts qui lui soient confiés, la dignité de la France et le maintien de la paix fondé sur le respect des nationalités ;

« S'associant au langage tenu, dans la séance du 28 mars courant, par M. le président du Conseil ;

« Confiante d'ailleurs dans le gouvernement du Président de la république (*Bruits divers*) ;

« Déclare que si, pour mieux garantir l'intégrité du territoire piémontais et mieux sauvegarder les intérêts et l'honneur de la France, le pouvoir exécutif croyait devoir prêter à ses négociations l'appui d'une occupation partielle et temporaire en Italie, il trouverait dans l'Assemblée nationale le plus sincère et le plus entier concours [1]. »

Cette rédaction, qui manquait intentionnellement de précision, engendra un débat long et confus. MM. Barrot et Drouin de Lhuys y prirent part pour le gouvernement ; MM. Molé et Thiers, au nom de la Droite ; MM. Billault et Jules Favre, au nom de l'Opposition, en demandant une clarté dans le langage du gouvernement qu'ils n'apportaient point eux-mêmes dans leurs paroles. Qu'entendait-on par l'occupation partielle d'un point quelconque en Italie ? Était-ce l'intervention dans les États romains ? Cette intervention se ferait-elle au profit de la république italienne ou à

---

1. *Moniteur* du 31 mars 1849.

l'appui de la souveraineté du Saint-Siège? Le respect des nationalités, invoqué dans la première phrase, devait-il s'appliquer à la république éphémère et sanglante des triumvirs romains, tous les trois étrangers à Rome, ou désignait-il le gouvernement huit fois séculaire des Souverains Pontifes? L'Extrême-Gauche, qu'on appelait alors la Montagne, jouait seule franchement son jeu. Elle ne croyait pas, personne ne croyait à la résistance sérieuse de l'Italie; mais elle trouvait l'occasion favorable pour soulever de nouveau les passions à Paris, et c'était là le véritable objet de ses violences. Je ne veux rapporter ici qu'un court spécimen du diapason de son langage dans cette discussion et dans toutes celles qui suivirent au sujet de l'expédition romaine. Lorsque M. Thiers prononça ces mots : « L'Italie est dans les mains de ridicules perturbateurs », les applaudissements éclatèrent à droite, les clameurs à gauche. Un interrupteur s'écria : « C'est une infamie ! »

M. Buvignier. — « C'est vous qui êtes un ridicule perturbateur, un agitateur de bas étage ! »

Voix nombreuses. — « A l'ordre ! à l'ordre ! »

M. Schœlcher. — « M. Buvignier a raison ! »

Enfin, après d'indescriptibles tumultes, la proposition de M. Bixio, amendée par M. Payer, fut votée dans la séance du samedi 31 par 444 voix contre 320[1], et l'expédition française mit promptement à la voile.

Le 28 avril 1849, le gouvernement recevait la dépêche suivante du général Oudinot:

1. *Moniteur* du 1ᵉʳ avril 1849.

« *Civita-Vecchia, le 26, à onze heures du matin.*

« Nous sommes maîtres de Civita-Vecchia sans coup férir. Les autorités n'ont fait aucune résistance. Les habitants et la garde nationale nous ont accueillis avec acclamations. »

Personne alors ne douta que quarante-huit heures après, une dépêche analogue ne parvînt à Paris, datée de Rome. Une poignante déception attendait cette espérance. Après comme avant l'événement, il demeura démontré que la résistance ne se serait pas produite sans la trop généreuse confiance du commandant en chef. En débarquant à Civita-Vecchia, il y trouva six cents volontaires de toutes nations, bien armés, rompus à la guerre des barricades et qui promirent, si la liberté leur était laissée, de ne point user de leurs armes contre nous. Le général Oudinot eut l'imprudence d'accepter cet engagement et de leur ouvrir les portes de la ville. Ils en sortirent aussitôt pour courir à Rome et y appeler Garibaldi qui, s'éloignant en hâte des frontières napolitaines, rejoignit ses amis à la tête de douze ou quinze cents hommes. Ces deux bandes étaient suffisantes pour imposer à la population romaine, à l'aide d'une véritable terreur, la résolution qui n'était ni dans ses mœurs ni dans ses désirs, et quand nos régiments se présentèrent sans une seule batterie d'artillerie, ils trouvèrent les portes fermées. Ce furent des coups de canon qui répondirent à nos paroles pacifiques. L'échec militaire était aisément réparable, mais moralement il devait avoir et il eut des conséquences graves.

Le Conseil se réunissait tous les matins à l'Élysée, et les pénibles dépêches du général Oudinot y arrivèrent quelques minutes avant l'heure de notre réunion. Lorsque j'entrai dans le salon habituel de nos séances, le président vint au-devant de moi, avec une bienveillance calme et me dit : « Vous allez être très malheureux ; je le suis aussi, mais je crois que M. Barrot prend ce mécompte trop à cœur. » Et en même temps il m'amena près du président du Conseil, étendu dans un fauteuil, presque évanoui. L'accueil du président m'indiquait du moins qu'il se rendait bien compte de la situation et que je pouvais compter sur lui pour la faire comprendre à M. Barrot. Je m'employai donc de mon mieux à le tirer de ce profond désespoir. M. Drouin de Lhuys ne tarda pas à me venir en aide. M. Buffet, moins que personne, était homme à reculer, et peu à peu nous amenâmes M. Barrot à reconnaître que, sans user nos forces en stériles gémissements, nous n'avions plus qu'à porter devant l'Assemblée une bonne contenance et un ferme langage. N'était-il pas évident, en effet, que l'Autriche était, après notre échec, ce qu'elle était avant, sinon plus menaçante encore, et qu'une humiliation de nos armes, qui ne serait pas immédiatement réparée, serait la double défaite de l'influence française et de l'esprit libéral en Italie ?

Un thème de discours se retrouvait pour M. Barrot, et c'était là qu'il excellait. Il ne voyait pas toujours très vite ni très loin, mais il écoutait avec bonne foi des opinions autres que les siennes, et, quand il les avait adoptées, quand surtout il les avait conduites au feu de la tribune, il se les assimilait si bien qu'il les tenait complètement pour siennes. En plus d'une occasion, ses *Mémoires* font foi de cet heureux et aimable don. Un homme d'État pouvait aisément avoir plus de pénétration que lui; aucun n'apporta dans les résolutions prises, spontanées ou non, plus de courage et plus de loyauté.

Quant au président, il avait été, dans nos délibérations, très attentif et très sensible à tout ce qui concernait l'honneur militaire. L'armée le préoccupait dans le présent; elle le préoccupait sans doute davantage encore pour l'avenir, et ce côté de la question l'emporta dans son esprit sur tous les autres points de vue. Il poussa même très loin la hardiesse; car sans demander l'assentiment du Conseil, il écrivit directement au général Oudinot une lettre qui souleva les plus violentes clameurs dans l'Assemblée, que la plupart des ministres n'eussent certainement pas contre-signée, mais qu'ils n'osèrent pas désavouer et que M. Barrot défendit même en termes élevés. Elle était ainsi conçue :

« Elysée national, 8 mai 1849.

« Mon cher général,

« La nouvelle télégraphique qui annonce la résistance imprévue que vous avez rencontrée sous les murs de Rome m'a vivement peiné. J'espérais, vous le savez, que les habitants de Rome, ouvrant les yeux à l'évidence, recevraient avec empressement une armée qui venait accomplir chez eux une mission bienveillante et désintéressée.

« Il en a été autrement. Nos soldats ont été reçus en ennemis, notre honneur militaire est engagé. Je ne souffrirai pas qu'il reçoive aucune atteinte. Les renforts ne vous manqueront pas. Dites à vos soldats que j'apprécie leur bravoure, que je partage leurs peines, et qu'ils pourront toujours compter sur mon appui et sur ma reconnaissance.

« Recevez, mon cher général, l'assurance de ma haute estime.

« L. N. Bonaparte. »

Cette lettre publiée par la *Patrie* ne fut pas insérée au *Moniteur* ; mais elle n'en provoqua pas moins une interpellation de M. Grévy, violemment commentée par M. Ledru-Rollin. L'interpellateur accusait le gouvernement de se mettre en complète contradiction avec la politique tracée par l'Assemblée. M. Barrot répliqua qu'aucune politique ne pouvait nous imposer cette haute inconséquence de nous engager sur le territoire romain, et, après en avoir pris possession, de laisser s'accomplir précisément ce que nous voulions empêcher : le triomphe d'une démagogie cosmopolite. L'inconséquence signalée par le président du Conseil eût été si honteuse pour la France, si périlleuse pour l'Italie, que la gauche ne put trouver moyen ni de formuler ni de faire voter une politique contraire à celle du cabinet.

M. Barrot ne voulut cependant pas refuser toute consolation à l'opposition, et consentit, du haut de la tribune, à l'envoi d'un négociateur extraordinaire, qui tenterait encore une fois les solutions pacifiques. Le choix de l'homme à qui serait confiée une si délicate mission se fixa sur M. Ferdinand de Lesseps, qui devait plus tard conquérir une si juste renommée. Récemment consul de France à Barcelone, M. de Lesseps, y avait fait preuve d'une grande énergie. Nous comptions donc trouver en lui un homme ayant à la fois l'expérience des révolutions et la parfaite connaissance du caractère des populations méridionales. Il partit muni d'instructions précises, conféra dans le camp français avec le général Oudinot, puis fut introduit dans Rome même avec le consentement des trois triumvirs. Mais, à notre grande surprise, notre négociateur se laissa ou intimider par les fanfaronnades de Garibaldi ou séduire par l'habileté de Mazzini, et il finit par conclure avec la république romaine une convention inacceptable. Elle fut repoussée par les généraux français et déférée par nous au Conseil d'État, qui censura M. de Lesseps : 1° comme ayant tenu une conduite absolument opposée aux instructions qu'il avait reçues; 2° comme ayant souscrit à des stipulations contraires aux intérêts de la France et à sa dignité. De retour à Paris, M. de Lesseps se sentit lui-même dans une situation tellement inexplicable qu'il laissa percer les signes visibles d'une sorte de trouble mental. Son langage devint incohérent, et à trente ans de distance, M. Odilon Barrot se demande, dans ses

Mémoires[1], si l'étrange conduite de notre représentant ne doit pas s'expliquer par ses relations avec les chefs de l'extrême gauche et par la confidence qu'ils lui auraient faite d'une prochaine explosion révolutionnaire en France aussi bien qu'en Italie.

Quoi qu'il en soit, je reprends mon récit où je l'ai laissé. Le discours de M. Barrot, à Paris, et le départ de M. de Lesseps pour Rome, nous avaient rendu quelque latitude. Notre liberté d'action demeura intacte. La lettre du président au général Oudinot prit force de loi. Le siège de Rome fut conduit en règle, et se poursuivit au milieu de clameurs impuissantes, et qui n'étaient pas fâchées de demeurer telles.

Pendant ces agitations stériles, qui tenaient à la tribune et dans la presse plus de place que dans le pays lui-même, le président ne négligeait pas le soin de sa popularité. Il en recueillait quelquefois des témoignages significatifs dont je fus un jour spectateur.

Au printemps de 1849, le choléra fit une nouvelle invasion dans Paris, et parut menacer plusieurs lycées. Je voulus m'assurer personnellement que les mesures de précaution étaient bien prises; mais tout avait été prévu, et mon rôle facile se borna à calmer les imaginations. Je racontai aux élèves l'apologue oriental de la Peste rendant ses comptes à un habitant de Smyrne et lui disant: « J'ai tué à peine la

---

1. Odilon Barrot, *Mémoires*, t. III, pages 218, 288, 369.

dixième partie des victimes; la Peur a tué le reste. »
Ce mince incident ne m'avait point paru de nature à
être porté devant le Conseil des ministres, mais le
président en avait été informé, et le lendemain, il
me dit : « Si vous m'aviez averti, j'aurais aimé à
visiter les lycées avec vous. Cependant je ne suivrai pas
votre mauvais exemple. Je me propose de parcourir
les hôpitaux, et, si vous le voulez, je vous emmènerai
avec moi. » J'acceptai, et le lendemain, nous commençâmes par la Salpêtrière.

Un monde entier s'abrite dans cet établissement,
qui renfermait alors un assortiment complet d'anciennes cantinières et de veuves de soldats, vieux
débris de l'Empire. A peine le président avait-il mis
le pied dans la première cour qu'une troupe de ces
vieilles femmes se précipita vers lui, s'efforçant,
à qui mieux mieux, de saisir sa main ou son habit.
Celles que la foule empêchait d'approcher lui envoyaient, de leurs deux mains, les baisers les plus
passionnés en criant à tue-tête : « Vive mon petit
Napoléon ! Vive mon amour de Napoléon ! Vive le
prince Eugène ! Vive le roi Joseph ! » Nous eûmes
toutes les peines du monde à traverser cette multitude absolument éperdue. Je ne m'attendais nullement à une démonstration pareille, et j'en fus d'autant plus frappé, qu'à notre sortie de la Salpêtrière,
aux abords de laquelle une multitude populaire
s'était amassée, une même ovation et les mêmes cris
nous accueillirent et escortèrent la voiture du président aussi longtemps qu'ils purent la suivre.

Je dois ajouter qu'en visitant les malades, le président se montra très simplement et très sincèrement compatissant. Il leur consacra plus de deux heures, épuisa l'argent qu'il avait apporté, m'emprunta quelques centaines de francs et joignit à sa libéralité des paroles qui partaient vraiment du cœur. Il a eu, durant son règne, plus d'un trait de dureté, mais je crois qu'en lui c'était l'exception. De premier mouvement, sa nature était bienveillante et douce. J'en citerai, en leur temps, plusieurs traits où la politique et la mise en scène ne pouvaient avoir aucune part.

M. Trélat était médecin de la Salpêtrière; je ne l'avais pas revu depuis nos vives discussions au sujet des ateliers nationaux. Je pensais que le choléra était une calamité qui devait faire mettre de côté les rancunes, et je demandai aux médecins qui nous accompagnaient où je trouverais M. Trélat, car j'avais l'intention de lui serrer la main. — « Il est dans son lit, gravement indisposé, me répondit l'un d'eux. — J'en suis désolé, répliquai-je sans prendre le temps de réfléchir; veuillez me conduire un instant près de lui. » Ces mots m'avaient à peine échappé que j'en compris la niaiserie, bien confirmée par l'embarras de mon interlocuteur. Je souris et n'en reparlai plus. Quand nous fûmes remontés en voiture, le président me dit : — « Avez-vous remarqué l'absence de M. Trélat? — On m'a dit qu'il était malade. — On me l'a dit aussi, mais je n'en ai rien cru. Je sais qu'il est très charitable et je comptais vous prier de le proposer demain au Conseil pour la croix de la Légion d'honneur. — Si je croyais qu'il acceptât, son absence d'aujourd'hui ne me paraîtrait pas un motif pour renoncer à votre pensée, Monsieur le Président. — Vous avez raison. Eh bien ! informez-vous. » Je m'informai, en effet; mais j'acquis la certitude que M. Trélat avait à la fois le mérite du désintéressement et l'ardeur des ressentiments politiques.

L'Assemblée Constituante avait encore un autre champ de bataille que la question romaine : c'était la question Changarnier, et il était difficile de séparer l'une de l'autre. Ceux qui rêvaient opiniâtrément la revanche des journées de Juin, savaient qu'ils n'avaient point un adversaire plus redoutable que le général en chef de l'armée de Paris. L'ascendant de son nom sur les troupes était égal à l'habileté de ses mesures, et, à cet égard, les montagnards ne se trompaient pas. On en avait eu récemment un frappant exemple. Après l'élection du Dix-décembre, le moment parut venu de régler l'état, provisoire jusqu'alors, de la garde mobile. Il fallait, sans méconnaître les services rendus par cette héroïque armée d'enfants de Paris, faire rentrer leur corps dans les règles de l'armée tout entière. On pouvait même affirmer que les hommes qui allaient fomenter le mécontentement des jeunes mobiles et les pousser à l'insubordination n'auraient pas épousé si chaudement leur cause au lendemain de la défaite de l'insurrection. Mais, contre le président et son ministère, tout servait de moyen ou de prétexte, et c'eût été une précieuse recrue, pour tous les sentiments hostiles, qu'un corps de dix-huit mille jeunes gens parfaitement équipés, casernés au sein même de Paris. Les outrages qu'on n'avait pas épargnés à leur vaillance contre les révoltés cessèrent aussitôt. On se mit au contraire à caresser le mécontentement naturel en toute condition, aux hommes qui se croient lésés dès qu'on leur propose de passer de l'état privilégié à l'état de droit commun. Des pourparlers suspects eurent lieu, et les chefs de clubs disaient hautement, pour s'encourager les uns les autres, que si le gouvernement avait son général, la démagogie avait son armée.

Le général Changarnier tenait les yeux ouverts sur le complot, et un beau matin, à l'improviste, il manda près de lui les officiers supérieurs de la garde mobile. Il leur peignit, en traits saisissants, la portée de leur entraînement irréfléchi, et après leur avoir péremptoirement prouvé qu'il n'ignorait rien des trames ourdies, il déclara que quatre des chefs de bataillon présents allaient se rendre à l'Abbaye. L'un d'eux, M. Aladenise, s'emporta hors de toute mesure, non seulement contre son général, mais contre le Prince qu'il avait accompagné dans l'équipée de Boulogne. Le général fit arrêter M. Aladenise séance tenante, en disant à ses camarades : — « Rappelez-vous bien, Messieurs, l'avis que je vous donne et tenez-vous pour assurés que, désormais, ceux qui déplaceront les pavés de la capitale ne les replaceront pas. » Le général Changarnier avait appelé devant lui ceux qu'il avait lieu de supposer les plus mutins. Aussi se retirèrent-ils avec le geste et l'accent de la sédition. Le soir, plusieurs bataillons rentrèrent dans leurs casernes en criant : — « Vive la République démocratique et sociale ! »

Cependant la brève allocution du général avait circulé de rang en rang. Des mesures analogues furent prises et maintenues avec énergie. Les sociétés secrètes se déclarèrent en permanence. Le ministère crut l'occasion favorable pour fixer l'attention de l'Assemblée sur les clubs, et M. Léon Faucher réclama l'urgence pour un projet de loi qui armait le gouvernement du droit de les fermer. Sur le rapport de M. Sénard, l'urgence fut repoussée par 418 voix contre 342. Ainsi donc, échec dans l'Assemblée, ébranlement, soulèvement peut-être dans la garnison de Paris, tel était l'aspect des affaires du 25 au 28 janvier. Une légitime susceptibilité prescrivait au ministère la retraite. Le sentiment du péril lui commandait de rester à son poste. Dans cette alternative, les ministres en référèrent avec une entière franchise à l'appréciation du président. Par son ordre, la note suivante parut dans le *Moniteur* :

« Paris, 28 janvier.

« Le Conseil des ministres s'est réuni aujourd'hui à l'Élysée national. Sur le compte que les ministres lui ont rendu des incidents de la séance d'hier, M. le président de la république a déclaré qu'il n'y voyait aucun motif pour modifier sa politique et que le cabinet pouvait compter sur son appui ferme et persévérant [1]. »

1. *Moniteur* du 29 janvier 1849.

La défense publique nous restant confiée, le général Rulhières et le général Changarnier prirent, d'un commun accord, les mesures les plus rapides pour déjouer le plan de l'insurrection, qui consistait à envahir simultanément les Champs-Élysées, la demeure du président et le siège de l'Assemblée. Les troupes furent mises en mouvement dans la nuit du 28 au 29. Au lever du jour, une proclamation fut affichée sur tous les murs de Paris, appelant la garde nationale à concourir avec l'armée au salut commun. De nombreux rassemblements, les sinistres visages précurseurs de l'émeute, l'arrestation d'un colonel de la garde nationale, M. Forestier, annoncèrent une formidable collision. Mais bientôt l'ensemble des démonstrations militaires, l'attitude de la population, découragèrent les meneurs les plus exaltés. A 2 heures de l'après-midi, le président, suivi seulement de quelques officiers de l'état-major et de quelques dragons, parcourut le front des troupes et de la garde nationale, et fut accueilli sur toute la ligne par les plus sympathiques acclamations. Le péril était conjuré dans la rue; il ne l'était pas encore dans l'Assemblée.

A partir de ce jour, le général Changarnier eut l'honneur de devenir avec le pape, le point de mire de toutes les interpellations. Écrivait-il un ordre du jour, lu et affiché dans les casernes de l'armée de Paris?.. il violait la Constitution. Prenait-il des mesures pour la sûreté de l'Assemblée?.. il menaçait son indépendance.

Dans ce déchaînement de passions aveuglées, il

faut cependant noter une exception remarquable. Un homme de la gauche sut être, dans l'Assemblée, un président impartial et clairvoyant : ce fut Armand Marrast. Il refusa toujours de tremper dans les complots de couloirs, et souvent il les déjoua par son habileté à conduire ou à clore les débats.

Son nom doit être placé d'abord sous la protection de sa mort pauvre et obscure. Après avoir recherché le bruit et les raffinements du bien-être, il sut faire de la retraite et de l'oubli son meilleur titre à l'éloge. La morale publique doit souvent, en ce temps-ci, se plaindre des réhabilitations trop indulgentes : les conduites honorables ne sont pas suffisamment honorées ; les conduites douteuses sont trop aisément glorifiées. M. Marrast avait fait de sa plume un usage coupable ; il s'était créé une carrière du dénigrement systématique et ne cessa d'être moqueur qu'après avoir été moqué lui-même. Cependant, on doit, pour être juste, constater que, dès le début du gouvernement provisoire, il vit, comprit et résista. Peut-être ne fut-il pas blessé par les côtés les plus sérieux de la situation, mais la justesse de l'esprit, lorsqu'elle éveille la conscience et provoque le courage, est au moins une qualité qui mérite d'être comptée.

L'Assemblée crut enfin trouver dans la discussion du budget une occasion de se venger du général Changarnier. Le traitement du général en chef de l'armée de Paris était de 50,000 francs. M. Goudchaux, au nom de la commission du budget, proposa de le réduire à 20,000. L'extrême gauche, dédaignant cette mesquine vengeance, demanda la suppression totale : « Voter un centime de ce traitement, dirent MM. Ducoux et Crémieux, ce serait voter la situation elle-même. » M. Ledru-Rollin, en outre, se porta garant de la pacification des esprits et de l'inutilité d'un grand commandement militaire. 361 voix contre 304 supprimèrent le crédit tout entier. Le général Changarnier ne prit part ni à la discussion ni au vote. Il se contenta de dire au sortir de la séance : — « Peu importe! Que l'émeute se présente, elle n'en sera pas moins frottée gratis. »

Une souscription s'ouvrit aussitôt dans les rangs de la garde nationale pour suppléer au traitement rayé par la Chambre, et offrir un dédommagement à son général qu'elle savait sans fortune. Le général se hâta de faire connaître son refus et arrêta toute manifestation.

Plus l'Assemblée se débattait ainsi pour prolonger son existence, plus elle perdait l'appui de l'opinion ; et le pays lui adressait des pétitions, chaque jour plus nombreuses, réclamant sa dissolution. M. Rateau d'abord, puis bientôt après, M. Lanjuinais qu'on appelait un Rateau modéré, formulèrent ces pétitions en proposition de loi. L'Assemblée fut ainsi forcée de délibérer sur sa propre existence. Elle touchait du doigt l'inutilité ou le péril d'une résistance trop opiniâtre. Elle s'y complaisait néanmoins, et comme un sanglier aux abois, elle donnait encore des coups de dent redoutables.

A la suite d'une des séances les plus tumultueuses, M. Faucher avait adressé aux préfets des départements la dépêche suivante :

« Paris, 12 mai 1849, 9 h.m.

« Après une disscussion très animée sur les affaires d'Italie, l'Assemblée nationale a repoussé, par l'ordre du jour pur et simple, à la majorité de 329 voix sur 621, la proposition faite par M. Jules Favre de déclarer que le ministère avait perdu la confiance du pays. Ce vote consolide la paix du pays.

« Les agitateurs n'attendaient plus qu'un vote de l'Assemblée hostile au ministère pour courir aux barricades, et pour renouveler les journées de Juin. — Paris est tranquille.

« Ont voté contre l'ordre du jour et contre le gouvernement, MM..... »

M. Faucher nommait ici les membres appartenant à la députation du département auquel la dépêche ministérielle était adressée.

Ce document fut aussitôt porté à la tribune; et la lecture en fut troublée, presque à chaque ligne, par des interruptions que le *Moniteur* n'a pas toutes recueillies, telles que celles-ci par exemple : — « *C'est un misérable ! — C'est un lâche ! — C'est un scélérat ! — Ils appellent ça la république honnête !* »

Vainement M. Faucher voulut-il expliquer et atténuer sa dépêche. Il ne put se faire écouter, et ce fut M. Lagrange, chef avoué des barricades de Février, qui lui répondit. — « Qui donc, s'écria-t-il en s'adressant à nous, depuis le jour déplorable de votre entrée aux affaires, qui donc a tenté, et tenté vainement, Dieu merci, d'appeler sur Paris les torches de la guerre civile? C'est vous seuls, entendez-vous ?

FIN DE L'ASSEMBLÉE CONSTITUANTE.

Voix à gauche. — « Oui! oui! vous êtes des incendiaires! »

Et cette objurgation incohérente se terminait par ces mots — : « Le droit à l'insurrection est un droit sacré quand la loi et la Constitution sont violées [1]. »

Ici, M. Lagrange trahissait, imprudemment peut-être, mais sans exagération, la pensée intime de son parti. La gauche avait le pressentiment de sa défaite dans le scrutin qui allait s'ouvrir, et ne voyait plus d'autre chance de se perpétuer que de jeter le désordre dans l'Assemblée et d'en appeler aux violences de la rue. Malheureusement, M. Léon Faucher, homme très honorable, et à certains égards, distingué, s'était fait, par un caractère cassant et par un ton plus cassant encore, beaucoup d'ennemis personnels dans la majorité. M. Odilon Barrot, qui n'avait pas connu la dépêche et qui la blâmait, vint froidement au secours de son collègue. Dans le peu de mots qu'il prononça, par ceux surtout qu'il ne prononça pas, il laissa percer sa désapprobation. Vainement le général Baraguay d'Hilliers s'efforçat-il de faire comprendre aux membres de la droite la faute qu'ils paraissaient tentés de commettre : le coup était porté. La gauche enhardie redoubla ses imprécations, et, lorsque le président mit aux voix le blâme proposé par M. Millard, ce blâme fut voté par 519 voix et repoussé par 5 voix seulement. Deux cents membres de la majorité s'étaient abstenus. D'autres,

---

1. *Moniteur* du 15 mai 1849.

se laissant aller à un ressentiment peu réfléchi, votèrent avec la gauche. C'était un échec sans exemple, je crois, dans nos assemblées et qui ne laissait plus à M. Faucher d'autre parti à prendre que celui d'une retraite immédiate. Il le prit avec empressement et dignité.

Encouragée par ce succès inattendu, la gauche renouvela ses attaques sous toutes les formes. On eût dit qu'elle avait pris pour devise ce proverbe oriental : « Un fou peut faire plus de questions en une heure qu'un sage ne peut faire de réponses en un an. » Je devins, après M. Faucher, l'objet spécial de son animosité. Dans la séance du 24 mai, M. Ledru-Rollin, tout en adressant des paroles fort dures à M. Odilon Barrot, affecta de louer sa *vieille probité*. Je l'interrompis pour lui demander s'il excluait de cet éloge les autres ministres, puis je montai à la tribune pour lui répondre.

Ma réplique donna librement cours à mon indignation et provoqua les plus violentes représailles. Une longue séance n'y suffit pas. Celle du lendemain me fut encore consacrée. Cet acharnement contre moi fut une grande maladresse, car il fit perdre de vue à nos adversaires leur but principal, la mise en accusation du président de la république et l'appel à sa barre du général Changarnier, accusé de complicité dans un complot de coup d'État. Quand la gauche s'aperçut enfin qu'elle faisait fausse route, il était trop tard. Sa dernière heure avait sonné, et déjà les élus à l'Assemblée législative, animés d'un esprit tout contraire, encombraient les couloirs et n'avaient plus que quelques heures à attendre pour siéger régulièrement sur leurs bancs.

C'était un instructif et curieux spectacle! Jamais le gouvernement invisible de l'opinion publique sur les événements et sur les hommes, jamais cette force morale, que personne ne commande et dont personne ne peut se passer, n'avait remporté une plus étonnante victoire. Nul n'était armé du droit d'indiquer, et encore moins d'imposer à l'Assemblée le jour de sa retraite. Elle avait très grande envie de vivre et de compléter son œuvre qu'elle sentait inachevée ; elle avait très grande envie de lutter contre l'élu du Dix-Décembre et de le renverser, si elle ne pouvait parvenir à le séparer de son ministère; et pourtant, avant même d'avoir terminé le treizième mois de son existence, elle sentit qu'elle flottait et s'abîmait dans le vide. Elle eut le courage de le constater loyalement et légalement; mais son courage s'épuisa dans ce grand effort ; elle n'en eut plus assez pour bien mourir. Elle avait reçu un noble exemple du général Cavaignac, elle ne sut point l'imiter ; ses derniers jours se dépensèrent en vaines clameurs, en tentatives désespérées, cherchant à tout prix l'occasion d'un appel aux armes, qu'elle ne sut même pas faire retentir à temps et qui vint saisir l'Assemblée législative à son début, comme le testament et l'écho posthume de l'Assemblée disparue.

CHAPITRE XIII

L'ASSEMBLÉE LÉGISLATIVE. — CRISE MINISTÉRIELLE.
LES CATHOLIQUES INTRANSIGEANTS.
LE ROI JÉROME. — LE PRINCE NAPOLÉON.
NOMINATIONS ÉPISCOPALES. — VOYAGE DANS L'OUEST.

1849.

La démission de M. Faucher ne fut pas l'unique cause de la crise ministérielle. Un nouvel esprit, dans une nouvelle majorité, avait aussi des exigences qui devaient trouver satisfaction dans le gouvernement. Nous tombâmes donc d'accord sur la nécessité de mettre le Président fort à l'aise à cet égard, et de lui rendre toute sa liberté en face de la nouvelle Assemblée.

M. Barrot avait, pour son propre compte, un autre motif qu'il expose ainsi dans ses *Mémoires :* « J'obéissais en outre à une considération qui, pour m'être personnelle, n'en avait pas moins une certaine importance politique. Les efforts que j'avais dû faire pendant les cinq mois de lutte opiniâtre que nous venions de traverser m'avaient épuisé. Je sentais le besoin d'être plus efficacement secondé à la tribune que je ne l'avais été jusqu'alors [1]. »

1. Odilon Barrot, *Mémoires*, t. III, p. 276.

Ces plaintes et ce désir étaient légitimes. M. Barrot, en effet, avait généreusement prodigué ses forces, et, ce qui devait mettre le comble à sa fatigue, c'est que souvent, sur des incidents imprévus, il apportait à la tribune plus de courage que de véritable inspiration. Mais c'était exclusivement à ses anciens amis qu'il entendait demander secours, et il présenta trois noms : M. de Tocqueville, pour remplacer M. Drouin de Lhuys, auquel on offrirait l'ambassade de Londres ; M. Dufaure, pour remplacer M. Faucher; M. Lanjuinais pour remplacer M. Buffet.

M. Barrot pressentait bien une objection qui naissait d'elle-même : l'inopportunité du moment. Il était singulier, en effet, de choisir, pour faire un pas de plus vers la gauche, le jour où l'Assemblée, moralement et numériquement, se renforçait du côté de la droite. Aussi voulut-il rédiger cette proposition par écrit, et la soumit-il, dans une note assez longuement motivée, aux méditations du Président. Cette note fut mal accueillie à l'Élysée. Une contre-note parfaitement nette y répondit. — « Il faut, disait le Président, choisir des hommes dévoués à ma personne même, depuis les préfets jusqu'aux commissaires de police ; il faut surveiller les actions de chacun afin de les empêcher de nuire, en cas d'insurrection. Il faut destituer la plupart des agents que M. Dufaure a nommés. Il faut réorganiser partout la garde nationale dans un but militaire ; il faut enfin réveiller partout, non le souvenir de l'Empire, mais de l'Empereur, car c'est le seul sentiment au moyen duquel on peut lutter contre les idées subversives. Pour remplir ce but, je ne crois donc pas que M. Dufaure soit l'homme approprié à cette situation. »

M. Barrot insista. Le Président consentit à laisser entrer dans le cabinet l'ancien ministre du général Cavaignac, qui avait si passionnément combattu sa candidature ; mais il ne l'acceptait qu'en lui attribuant un portefeuille autre que celui de l'Intérieur. M. Barrot et M. Dufaure se refusèrent également à cette transaction. Le Président, alors, avec toutes les apparences d'un sincère regret, déclara qu'il préférait se séparer de M. Barrot.

Je devins aussitôt l'objet de sa confiance ; il me la témoigna en termes presque affectueux et me pressa d'accepter le ministère des Affaires Étrangères, me laissant le choix de composer un nouveau cabinet avec le maréchal Bugeaud, qui aurait le ministère de la Guerre et la présidence du Conseil. Je refusai de quitter le ministère de l'Instruction publique pour quelque combinaison que ce fût. Mais je n'avais point de motifs pour refuser d'entrer en pourparlers avec le maréchal. Le Président tenait, à placer au ministère de l'Intérieur, le comte Mathieu de la Redorte, gendre de la maréchale d'Albuféra, et le maréchal Bugeaud tenait beaucoup à M. Piscatory, auquel on destina le ministère de la Marine. La distribution des autres portefeuilles fit mettre en avant des noms très divers, mais tous très prononcés dans la nuance qu'on appelait alors réactionnaire. Quand je vis cette nuance se dessiner très clairement, je priai le Président de peser les objections suivantes : « L'énergie du général Changarnier et la rapide arrestation de quelques meneurs ont fait avorter le complot du 29 janvier; mais ses éléments subsistent et la revanche des journées de Juin, par un assaut désespéré contre la société tout entière, demeure le rêve permanent des divers groupes socialistes. On avait voulu faire coïncider l'appel aux armes avec les dernières convulsions de l'Assemblée Constituante ; on allait prendre maintenant pour mot d'ordre la composition monarchique de l'Assemblée Législative. Si l'entrée de M. Dufaure et de ses amis au ministère avait l'inconvénient de faire pencher la balance beaucoup trop à gauche, nous courions un risque fort différent, mais fort dangereux aussi, en donnant tout à la droite, sans aucune compensation pour la gauche. » Ces considérations étaient puisées dans des faits d'une irrécusable évidence. Elles suffisaient donc à motiver mes conseils de prudence dans mes entretiens avec le Président; mais, dans mon for intérieur, j'éprouvais encore d'autres inquiétudes.

Raisonnant toujours dans l'hypothèse d'une insurrection prochaine, hypothèse tellement fondée qu'elle se réalisait quinze jours après, le 13 juin, je me plaçais en face de ce dilemme : — ou l'armée se divisera, prévision qu'admettait même le maréchal Bugeaud, à cause des tendances républicaines de l'artillerie — ou l'ascendant du maréchal Bugeaud et du général Changarnier maintiendra l'élan et la discipline militaires. Sans doute alors l'insurrection sera facilement vaincue. Au contraire, dans le cas d'une défection partielle de la garnison de Paris, nous ne subirions pas seulement une revanche des barricades parisiennes, mais nous verrions un terrible cataclysme se déchaîner sur la France entière. Le nouveau ministère deviendrait responsable de cette immense défaite du parti conservateur, et n'échapperait pas au reproche d'impardonnable provocation, même de la part de ceux qui nous y auraient poussés.

D'autre part, dans le cas plus probable, j'en conviens, d'un nouvel échec des tentatives révolutionnaires, où s'arrêterait la victoire? La maison royale n'était pas réconciliée, la Monarchie n'était prête ni dans les esprits ni dans les faits. Le maréchal Bugeaud, le général Changarnier, naguère frères d'armes des princes d'Orléans, leur refuseraient-ils une part dans le combat, et surtout le lendemain du combat? De son côté, le Président, qui ne semblait nullement effrayé d'une lutte dans la rue, me livrait-il toute sa pensée? Ne retournait-il pas à Persigny, en apparence délaissé, et ne prenait-il pas, dans son impénétrable discrétion, ses mesures à tout événement?

J'étais plein de perplexités et je m'en ouvris à M. Berryer. Son patriotisme et son amitié pour moi entrèrent pleinement dans cette intime délibération. Nous envisageâmes ensemble tous les aspects d'une situation si grave, si compliquée, et nous tombâmes d'accord que, selon Bossuet, l'un de ses maîtres favoris, nous ne devions « rien laisser à la fortune de ce qu'on peut lui ôter par conseil et par prévoyance ». En conséquence, nous convînmes que je tenterais un double effort près du maréchal Bugeaud pour le dissuader d'une si grosse entreprise et près de

M. Barrot, pour qu'il reprît la présidence de l'ancien ministère modérément renforcé selon ses vues personnelles.

Je réussis plus vite que je ne l'aurais cru près du maréchal Bugeaud qui allait succomber quelques jours après à une atteinte du choléra et qui était déjà fort affaibli. Sa volonté était chancelante ; son esprit n'avait plus la même lucidité, il se perdait volontiers dans d'interminables digressions, où la préoccupation agricole et l'introduction des pommes de terre en Algérie occupaient trop de place. En outre, il s'entendait mal avec le général Changarnier, non par des jalousies mesquines, comme on le prétendit à tort, mais par des exigences militaires, dont il était impossible de méconnaître la portée. Avec le général Rulhières, au ministère de la Guerre, c'est-à-dire avec un homme très sincèrement modeste et très sincèrement déférent envers le général Changarnier, le commandement de l'armée de Paris ne pouvait soulever aucun conflit. Avec le maréchal Bugeaud, les relations seraient forcément différentes. Egaux en renommée, ils ne l'étaient point en grade ; tous deux croyaient et tenaient à leurs propres idées. A l'heure d'une crise et dans le feu de la lutte, que deviendrait l'unité du commandement ? D'où partirait le dernier mot de l'autorité : de la rue Saint-Dominique, siège du ministère de la Guerre, ou du pavillon des Tuileries, qui était alors le quartier général du commandant de l'armée de Paris ? J'ai été le témoin muet et attentif du débat dans lequel les deux vaillants capitaines abordèrent cette délicate question. Également compétents et également patriotes, ils ne cessèrent de discuter avec la plus entière franchise et la plus parfaite cordialité ; mais la question n'en demeura pas moins un obstacle à la création du nouveau cabinet.

Y avait-il aussi un autre obstacle qui ne fut pas articulé? Je ne puis rien affirmer à cet égard, mais je crois qu'en réalité une autre dissidence exista entre les deux hommes de guerre. Le maréchal Bugeaud fut de ceux qui, dès le lendemain de la révolution de Février, se prononcèrent pour le retour de la monarchie légitime, et il entra directement en relations avec M. le comte de Chambord. La conviction du général Changarnier fut moins prompte et sa conduite plus circonspecte. Ancien officier de la garde royale, toutes ses sympathies personnelles étaient pour la réconciliation des deux branches de la maison de Bourbon ; mais il n'avait pu vaincre la résistance de Madame la duchesse d'Orléans, et cette résistance l'arrêtait lui-même. Il n'aurait pas consenti davantage à entrer en lutte avec les princes d'Orléans, pour lesquels il professait, comme toute l'armée, la plus cordiale estime. Enfin et quoi qu'il en fût des secrets mobiles de leur hésitation, le maréchal Bugeaud et le général Changarnier ne parvenant point à se mettre d'accord sur les questions militaires, il devint superflu de chercher à les mettre d'accord sur la conduite politique, terrain, du reste, sur lequel on n'aurait pas pu concilier M. Dufaure et le maréchal Bugeaud.

Sans malveillance pour moi, M. Barrot avait

ombrage ou de mes sentiments trop monarchiques ou de mes sentiments trop religieux. Il n'aurait pas fait grand effort pour me garder dans le cabinet renouvelé. Il me laissa deviner aisément qu'il destinait mon portefeuille à M. de Tocqueville, sachant bien que je n'en accepterais aucun autre. De mon côté, je rendais pleine justice aux qualités de M. Barrot. Je pensais d'ailleurs que sa présence au pouvoir était aussi opportune avec l'Assemblée Législative qu'avec l'Assemblée Constituante, mais je le trouvais trop parcimonieux envers mes amis et trop généreux envers les siens.

Je voyais depuis plusieurs années M. Dufaure de près, et les lacunes ou les côtés faibles de cette haute intelligence m'avaient trop frappé pour que je ne souhaitasse pas soustraire le nouveau cabinet et moi-même à un joug trop étroit. Je m'étais donc prêté aux ouvertures du Président, non par convoitise d'un poste supérieur — l'intérêt religieux étant ma seule raison d'être au pouvoir — mais pour m'assurer de nouveaux collègues qui ne fussent ni trop exclusifs, ni trop aventureux. M. Barrot ne sut probablement jamais, et en tout cas, ne sut pas par moi, combien le Président inclinait vers les combinaisons où l'on se passait du vieil orateur de la Gauche. Aussi, quand il apprit de moi-même que la combinaison Centre-gauche reprenait le dessus, il se mit tout à fait sous la direction de M. Dufaure, et M. Dufaure se montra de plus en plus impérieux. J'en retrouve la preuve dans ce billet de M. Barrot, daté de minuit et demi sans autre indication de date :

« Mon cher collègue,

« Dufaure n'a pas consenti à l'accession du maréchal Bugeaud, et se réserve d'en conférer demain. Je n'ai donc pu faire insérer la composition du nouveau ministère dans le *Moniteur*, et ce, à mon grand regret du reste. Je ne partage pas l'opinion de Dufaure. Je crois que le maréchal Bugeaud apporte plus de force qu'il ne nous causera d'embarras.

« Votre bien dévoué collègue,

« Odilon Barrot.

« Minuit et demi. »

Une fois le maréchal Bugeaud écarté, ce fut surtout avec M. Dufaure qu'il fallut s'entendre. Celui-ci ne se donna pas le tort d'une tergiversation ou d'un langage équivoque, et déclara de prime abord qu'il n'entrerait point sans l'appui, sans le concours de ses deux amis personnels, MM. de Tocqueville et Lanjuinais.

J'avais pour M. de Tocqueville une sympathie ancienne et profonde ; je redoutais seulement ses sentiments américains au sujet de la question romaine. Je lui demandai une franche explication ; elle me rassura complètement. — « Si j'avais fait partie du Cabinet, au début de l'expédition, me dit-il, je me serais opposé à son départ jusqu'à ce que le peuple romain se fût prononcé de lui-même sur le pouvoir temporel. Mais engagés, comme nous le sommes aujourd'hui, et l'armée française pouvant seule, par l'occupation de Rome, en interdire l'entrée aux troupes napolitaines, espagnoles et autrichiennes, vous pouvez compter sur mon appui. » Avec M. de Tocqueville, cette parole suffisait; sa présence n'apportait plus au ministère qu'une vraie force et un grand lustre. Une première difficulté était donc levée; mais d'autres surgissaient.

Le Président avait fini par agréer, de bonne grâce, M. Dufaure, comme ministre de la Justice, à la place de M. Barrot restant président du Conseil, sans portefeuille. Cette combinaison se brisa devant le refus opiniâtre de M. Barrot et de M. Dufaure. Le premier se trouvait trop effacé par la simple présidence du Conseil. Il rêvait de grandes réformes judiciaires, et n'était pas sûr que quelques-uns des services et un peu de la renommée du chancelier d'Aguesseau ne lui fussent pas réservés. M. Dufaure avait eu connaissance de la note intime du Président et il était très ému de ces mots: « Il faut réveiller partout, non le souvenir de l'Empire, mais de l'Empereur. » Il y voyait l'aveu non déguisé de projets auxquels un ministre de l'Intérieur pouvait seul barrer le chemin. C'était donc ce ministère-là qu'il voulait et aucun autre; et sur ce point je ne trouvais exagérées, ni son inquiétude, ni sa précaution. Mais il ne s'en tenait pas là et M. Lanjuinais n'était point à ses yeux moins nécessaire que M. de Tocqueville. Sûr que M. Barrot n'attachait pas la même importance à l'entrée de M. Lanjuinais, je résolus d'aborder, à mon tour, M. Dufaure. J'allai le trouver dans son petit appartement, près de l'Opéra, singulier quartier pour un homme sincèrement voué aux plus graves études. Je sonnai à la porte, personne ne m'ouvrit. Il était neuf heures ou neuf heures et demie du soir. Je sonnai de nouveau et enfin je vis apparaître M. Dufaure, en pantoufles et en chemise, avec un madras et un gros nœud noué au-dessus de sa tête. Cela constituait un si bizarre ensemble que le souvenir n'a pu s'en effacer de ma mémoire. Je m'excusai d'une visite que je ne croyais pas si contraire aux habitudes de M. Dufaure, qui, sans plus d'explications, se hâta de m'emmener dans sa chambre et se remit au lit pour discuter.

— « Vous me placez, lui dis-je, dans une situation tellement fausse, vis-à-vis de mes amis politiques, qu'il m'est impossible de l'accepter. Non seulement vous ne leur faites pas, dans le ministère, la part qui leur appartient justement, mais vous voulez écarter M. Buffet, uniquement pour introduire M. Lanjuinais que tout le monde apprécie comme vous, mais que rien n'indique et que personne n'appelle à cette heure-ci. Prenez-y garde, c'est créer là une grande cause d'affaiblissement pour le ministère tout entier.

— Vous ne pouvez ignorer, me répondit M. Dufaure, les préventions du Président contre moi, et les difficultés qu'il ne manquera pas de me susciter. Je ne puis donc lutter isolé, et sans me sentir fortement appuyé par des amis éprouvés.

— Votre langage m'autorise à vous faire observer que j'ai besoin aussi de me sentir appuyé dans le cabinet, pour mener à bonne fin la loi de l'enseignement et toutes les solutions romaines. Permettez-moi d'ajouter que mes amis sont aussi sûrs que les vôtres pour lutter contre les exigences du Président auxquelles vous faites allusion. Nous avons su y faire face jusqu'ici; à plus forte raison suffirons-nous à cette tâche, renforcés par vous et par M. de Tocqueville.

— Mon dernier mot est dit là-dessus. Il m'est impossible de rien céder.

— Alors, remplacez-moi, car je ne puis pas céder non plus.

— Non, assurément, je ne vous remplacerai pas; le ministère est déjà faible du côté de la Droite, ce dont vous argumentez contre moi. Que serait-ce donc si je paraissais vous exclure?

— J'ai bien des équivalents dans la Droite.

— Non, vous n'en avez pas. Vous avez la possession d'état; vous avez la confiance intime des chefs de la majorité. Ma situation sans vous ne serait point tenable et je ne m'y exposerai pas.

— Ainsi, voilà votre ultimatum? Vous ne me permettez, ni de sortir du ministère, ni d'y rester dans des conditions que je m'efforce cependant de rendre bien modestes, puisque je me borne à demander le maintien de M. Buffet, contre lequel vous n'élevez et ne pouvez élever aucun grief.

— Ce n'est pas moi qui exige cela, c'est la force des choses. »

J'insistai encore, mais vainement. Rien ne peut donner une idée de M. Dufaure en pareille circonstance, si ce n'est le hérisson, cachant sa tête et ses pattes, pour ne présenter qu'une boule armée de pointes aiguës et insaisissables. Je quittai donc mon interlocuteur sur une rupture absolue, lui, déclarant qu'il renonçait au ministère sans moi, moi que je renonçais au ministère avec lui, dans de telles conditions.

Le lendemain, de bonne heure, je retournai chez M. Berryer, et je lui rendis compte de ma soirée. Il resta quelques instants silencieux, puis me dit très gravement :

« Mon ami, vous avez eu tort. Le Président comptait probablement là-dessus et vous avez joué son jeu. Vous voilà personnellement et dignement dégagé. Mais quel sera le dénouement de tout ceci ? Le Président, livré à lui-même, va se jeter et nous jeter dans tous les hasards. Qu'avons-nous à lui opposer ? Une maison royale divisée contre elle-même, une armée indécise, des chefs partagés. La France s'est prononcée deux fois, en moins d'un an, contre la République, par l'élection du Dix-Décembre et par l'élection de l'Assemblée législative; mais elle prendra aveuglément ce qu'on lui présentera sous les apparences de l'ordre et du repos. Quand vous avez accepté le ministère pour éviter Jules Favre, vous avez fait acte d'utile dévouement. Vous en ferez un plus utile encore en déjouant une équipée, suite inévitable d'une émeute que chacun pressent et que quelques-uns recherchent. Non, non, restez là où vous êtes; faites durer ce régime provisoire qui maintient la sécurité du dedans et du dehors, en attendant que plus et mieux deviennent possibles. »

M. Berryer développa longuement ce thème, avec cet accent ému et cette incomparable éloquence qui s'échappaient à flots de ses lèvres, dès qu'il s'agissait de la France. Il me fit oublier, comme par magie, ce qui m'était personnel ; il effaça ce que je croyais mes objections et ce qui n'était peut-être que mes susceptibilités. Je sortis de chez lui vaincu et apaisé, en lui disant et en me disant à moi-même, pour ma consolation et pour ma force, qu'une fois la loi de l'enseignement votée et le Souverain Pontife rentré à Rome, je recouvrerais ma liberté d'action. Ce n'était pas là tout mon rêve. Je me disais que, redevenu libre, rendu tout entier aux pensées de toute ma vie, je me consacrerais sans relâche à la réconciliation des deux partis monarchiques, seul moyen de hâter la réconciliation des deux branches de la maison royale, afin qu'au jour voulu le pays vît la vraie et forte monarchie nationale, en regard de la monarchie trompeuse et périlleuse des Napoléons.

En attendant, il fallait rentrer dans la réalité. J'écrivis à M. Odilon Barrot qu'en dépit des objections que je résumais une dernière fois, il pouvait annoncer à M. Dufaure ma soumission aux exigences que j'avais repoussées la veille. Je revis ensuite M. Dufaure, qui ne tenait pas plus à la bonne grâce de la part des autres que de sa part à lui-même, et je lui dis, sans lui tendre la main : — « Je ne suis pas votre collègue, mais je suis votre prisonnier ! »

Dès le lendemain 3 juin, le ministère paraissait au *Moniteur*. M. Drouin de Lhuys partit bientôt pour l'ambassade de Londres. M. Buffet se retira, sans autre récompense que celle dont il était digne : le profond regret de ses amis et la pleine satisfaction d'une conscience désintéressée.

Depuis lors, notre pays a été ballotté entre les événements les plus douloureux et les plus contradictoires. Qui peut donc être certain de lui avoir rendu, dans cette conjoncture, un bon ou un mauvais service? Pour moi, je ne me reporte pas, sans renouvellement d'effroi, à mes angoisses de cette époque, et à ma responsabilité d'un jour. Je ne puis, à trente ans de distance, me rendre qu'un seul témoignage, celui d'avoir voulu et d'avoir cru faire mon strict devoir. Même après ce que nous avons vu depuis, je ne saurais dire s'il eût mieux valu laisser le Président courir et épuiser tout de suite sa funeste destinée. Je ne sais ce qu'il fut advenu du gouvernement placé dans des mains plus dociles et qui l'eût emporté d'une tentative napoléonienne, d'une tentative orléaniste ou d'un triomphe démagogique. Mais ce dont je suis bien sûr, c'est qu'en contribuant d'une façon décisive à prolonger la politique prudente et honnête, en enlevant à la force et à l'audace leurs chances les plus prochaines, en donnant aux hommes sincères et sérieux de tous les partis le temps de se recueillir, de se rapprocher, de préparer mûrement, sciemment, un gouvernement loyal et solide, je croyais assurer à mon pays les meilleures conditions de salut et mettre toutes les vraisemblances du côté de l'avenir le plus national et le plus durable.

Quant à l'imminence de l'émeute, je ne me suis

assurément pas trompé. Elle éclata le 13 juin, dix jours après la modification du ministère, sur un appel aux armes que M. Ledru-Rollin ne porta à la tribune qu'en hésitant et avec une répugnance visible. Grâce à l'habile énergie du général Changarnier, la défaite de M. Ledru-Rollin fut si complète, qu'elle le rendit ridicule, et qu'à Paris, du moins, elle ne coûta pas une goutte de sang. L'Assemblée, à peine installée, en fut peu émue et inclina plutôt vers l'indulgence que vers la rigueur. Les désaveux très suspects des principaux membres de la Montagne la désarmèrent aisément, et elle mit fin aussitôt que possible aux mesures et aux discussions irritantes, pour entrer avec une dignité calme dans sa carrière législative.

Durant les cinq mois de ministère qui venaient de s'écouler, le temps n'avait été perdu ni pour la Commission chargée d'élaborer la loi de l'enseignement, ni pour moi, et, dans la séance du 18 juin, je déposai le projet de loi. Il fut très bien accueilli par la majorité de l'Assemblée, mais il rencontra une opposition inattendue, celle de l'*Univers*. C'est à cette date que commence l'action séparatiste de M. Louis Veuillot parmi les catholiques. Il y débuta par des polémiques qui permettaient de prévoir les excès de conduite et de langage auxquels il se laissa aller plus tard. Je ne justifierai que trop aisément, et dans son temps, le jugement qui commença dès lors à se former dans mon esprit et dont je pose aujourd'hui le premier jalon. Les imprécations de M. Veuillot eurent d'abord peu de succès près de l'épiscopat. Bientôt cependant, à force de persévérance, l'*Univers* devint plus dangereux, et ses protestations, brillamment formulées, incessamment renouvelées, alarmèrent quelques consciences.

Je ne pouvais, comme ministre, entrer en polémique directe avec un journal. Mais je pouvais, en mon propre nom, faire appel au bon sens et à la confiance de mes amis. Je m'occupai d'en faire naître l'occasion. M. de Vatimesnil était président d'un cercle catholique fondé pour les jeunes gens des écoles par des hommes considérés et influents. M. de Vatimesnil convoqua une réunion générale des membres du cercle, des adhérents, des patrons, etc., et j'y fus officiellement invité. La salle très vaste était remplie de la plupart des hommes qui, de près ou de loin, à Paris ou dans les départements, s'étaient voués aux luttes religieuses.

Égaré par sa constante bienveillance à mon égard, M. de Vatimesnil eut la malheureuse idée de me déférer, malgré moi, la présidence de cette réunion, et de m'adresser un compliment tout personnel, au lieu de me préparer un terrain pour les explications sur la loi de l'enseignement. Je le remerciai tout haut, et je le grondai tout bas. Il avait cru, m'avoua-t-il, que j'apportais un discours préparé et il avait voulu me laisser tout à fait à mon aise pour le prononcer. Je lui répliquai que cela eût trop ressemblé à un acte officiel, que cela eût été mal pris par mes collègues du ministère, et me résignant à ma déconvenue, je donnai la parole à l'auteur de je ne sais plus quelle dissertation écrite.

J'allais lever la séance après cette lecture ; mais, dans les groupes d'opinions extrêmes, il y a toujours des hommes qui ont le don du contre-temps et un génie particulier pour compromettre ce qu'ils veulent servir. L'homme qui se leva pour demander la parole était de ce nombre. C'était le marquis de Régnon, petit homme bouillant, éminemment respectable, breton opiniâtre, esprit naturellement paradoxal, et qui ruina sa nombreuse famille en faisant imprimer des brochures ou des livres que personne n'achetait. « Nous voilà bien tirés d'embarras ! » dis-je tout bas à M. de Vatimesnil, et j'accordai la parole à M. de Régnon, avec une satisfaction empressée dont il ne soupçonna certainement pas le motif. Jamais attente ne fut mieux remplie que la mienne. Pas un argument de l'*Univers* ne fut omis ; tout fut exagéré et présenté sous la forme qui se prêtait le mieux à la réfutation. Dès lors ma situation était irréprochable ; personne ne pouvait s'étonner que j'eusse paré des coups tirés à bout portant et je me donnai libre carrière.

Une des innovations les plus contestées du projet de loi était le nombre des recteurs porté à quatre-vingt-six. La loi créait un Conseil d'instruction par département ; elle introduisait, dans ce Conseil, l'évêque, des magistrats, des pères de famille. L'Université devait donc y être représentée à son tour, et il nous avait paru qu'un recteur pouvait seul présenter une somme suffisante de compétence et d'autorité. « Quelle aubaine pour les universitaires ! » s'écriait tous les jours l'*Univers*. — « Quelle défaillance de la part des catholiques ! » s'écriait M. de Régnon ! En lui répondant sur ce point, je dis : « M. de Régnon s'est absolument trompé sur l'institution des nouveaux recteurs. Ce n'est pas, comme il le prétend, l'Université multipliée par 86; c'est — grande différence d'opération — l'Université divisée par 86. » Cette définition fut chaleureusement applaudie.

Je dois noter ici un trait caractéristique des hommes tels qu'était le marquis de Régnon. Ils ne sont pas seulement responsables de leurs propres fautes; ils ont à répondre aussi des fautes que forcément ils font commettre à autrui. Mon contradicteur m'obligeait à me servir contre lui d'une arme dont des adversaires plus sérieux pouvaient s'emparer et ils ne négligèrent pas de le faire devant la Chambre, heureusement sans plus de succès.

M. de Régnon avait énergiquement blâmé les exigences de la loi, relativement aux grades, et déclara que les institutions libres ne pourraient pas trouver de professeurs dans des conditions aussi exorbitantes. Je répondis :

« Vous méconnaissez le clergé, vous méconnaissez les congrégations enseignantes. Toutefois, je ne nie pas que les catholiques n'aient des progrès à faire. Mais ces progrès, je les souhaite ardemment, et je serais heureux de les stimuler. »

Puis, préoccupé d'éviter le ton ministériel, je recourus à un apologue :

« Dans ma jeunesse, poursuivis-je, j'ai visité près de Postdam l'*île des Chinois* et je demandai d'où venait ce nom. On m'apprit qu'au siècle dernier, un navire, ayant échoué dans la Baltique, avait jeté sur la côte deux jeunes Chinois, aussitôt recueillis et amenés à la cour de Prusse. Interrogés sur leur origine, ils se donnèrent pour les deux fils d'un mandarin, et le grand Frédéric ordonna qu'on les traitât suivant leur naissance, en leur enseignant toutes les sciences européennes. Au bout de quelques mois, les deux petits naufragés sollicitèrent une audience et demandèrent, à genoux, pardon au roi d'une supercherie dont ils n'avaient point calculé la portée. Leur père, assurèrent-ils, n'était point mandarin, mais simple jardinier. Ils ne pouvaient s'accoutumer aux études qu'on leur imposait et ils imploraient, comme une grâce, le retour au travail de leur condition. Le roi y consentit. On leur fit quitter les dictionnaires et les grammaires, et on leur mit en main la pioche et la bêche. Mais, au bout de quelques semaines, nouvelle sollicitation d'audience. — « Sire, dirent-ils, on nous accable de fatigues absolument au-dessus de nos forces. Dans notre pays, jardinier veut dire : Qui se promène dans les jardins. » Cette fois, le roi de Prusse, renonçant à s'occuper de ses deux nouveaux sujets, les abandonna en leur laissant la jouissance de l'île qui porte encore leur nom.

« Eh bien! les catholiques ne veulent pas et ne doivent pas être des jardiniers chinois. Ils n'auront pas conquis, au prix d'aussi longues luttes, le champ de la liberté, pour s'y promener en oisifs, avec un parasol sur la tête. Ils l'auront conquis pour le défricher à la sueur de leur front, pour le labourer et le féconder. »

M. de Régnon enfin avait stigmatisé, en termes fort durs, la pensée d'une conciliation quelconque avec l'Université qu'on devait, selon lui, tout bonnement détruire. « Prenez garde, lui dis-je ; on a, plus d'une fois, perdu la bataille en voulant pousser la victoire trop loin. Vous et moi, nous sommes de l'Ouest ; ne soyez donc pas surpris, si je vous combats avec un souvenir vendéen.

« Charette assiégeait Nantes. Il avait déjà forcé les premières lignes de défense, lorsque le prince de Talmont, tout haletant, arrive au galop et s'écrie :

« Général, la porte de Vannes était restée ouverte. Toute l'armée républicaine se précipitait par là en désordre. J'ai pris sur moi de placer des batteries d'artillerie sur la route ; dans quelques heures, l'ennemi foudroyé n'existera plus. »

« — Malheureux ! s'écria Charette, en se frappant le front ; nous sommes perdus ! »

« En effet, l'armée républicaine se voyant refoulée sur cette route que la prudence du général avait volontairement laissée ouverte, rentra dans la ville, tenta un effort désespéré, reprit les positions abandonnées, et Nantes, la clef de la Vendée, fut à jamais perdue pour les Vendéens. Permettez-moi donc de vous le dire, au nom de Charette, Monsieur le marquis, ne fermez jamais étourdiment la porte de Vannes ! »

Je me plais, je dois en convenir, à retracer le souvenir de cette soirée, non parce qu'il m'est doux, mais parce que je le crois encore utile. Longtemps peut-être, et probablement trop longtemps, il conviendra d'apprendre aux hommes à répéter : « *Non recuso laborem* ». Il ne conviendra pas moins de répéter aux victorieux : « Ne rendez pas trop dure la victoire que vous voulez garder certaine et durable. »

Quant à mes relations personnelles avec le Président, elles étaient peu à peu devenues aussi affectueuses qu'elles pouvaient l'être avec les réserves que nous nous imposions, chacun de notre côté. Jamais il ne parla devant moi d'ambition ou d'espérance napoléonienne. Il lui arriva même un jour de me dire : « Montrez-moi la maison de Bourbon réunie, vous me trouverez alors tout prêt à prendre ma canne et mon chapeau ». Je ne laissai point tomber cette parole, et j'eus hâte de la répéter à ceux que je savais en communication avec les princes, en ajoutant : « L'accent paraît sincère, mais l'homme le fût-il moins, il importerait également de le prendre au mot et de le mettre au pied du mur. »

En attendant, je ne perdais aucune occasion de lui parler avec une entière franchise : « Nous sommes en route vers la Monarchie, lui disais-je, et durant le chemin, vous me trouverez conservateur fidèle et résolu. Arrivé au but, je me séparerai non moins résolûment de tout gouvernement qui ne sera pas la Monarchie. » — Dans ces conditions, nous nous sentions réciproquement à l'aise et je crois que sa sympathie n'était pas feinte, car je la retrouvai, aux Tuileries, bien des années après, lorsque je dus m'y rendre au nom de l'Académie française.

Quelques-uns de mes collègues du ministère se montraient assidus près des membres de la famille Bonaparte; je m'en dispensai, et le Président ne m'en sut pas mauvais gré. On a prétendu que le roi Jérôme dit un jour à son neveu dans une scène de reproches :

« Vous n'avez rien de l'Empereur! » et que le Président lui répondit amèrement : « Vous vous trompez, mon oncle. J'ai sa famille! »

Je ne puis affirmer que le mot ait été prononcé, mais j'affirme qu'il a été pensé.

Dans les premiers jours qui suivirent le Dix-Décembre, le Président nous parla de son oncle avec un visible embarras : « Il est besoigneux, nous dit-il, et je n'ai d'autre moyen de venir en aide à sa pénible situation que de lui conférer quelque charge lucrative. Mais je conviens que ce n'est pas aisé. » M. Lacrosse, le plus zélé d'entre nous, en pareille matière, songea au gouvernement des Invalides. Le tombeau de l'Empereur, gardé par le dernier de ses frères survivants, enflamma M. Odilon Barrot, et le Président se montra plein de gratitude, comme un homme soulagé d'une grande importunité.

Lorsqu'il me fit l'honneur de venir dîner au ministère de l'Instruction publique, je ne me crus obligé d'inviter ni le roi Jérôme ni le prince Napoléon, qui siégeait à l'Assemblée sur des bancs fort éloignés du mien. J'entourai, au contraire, mon hôte de plusieurs membres de la droite, en même temps que des hommes les plus notoirement légitimistes du faubourg Saint-Germain : le duc de Rohan qui partait le lendemain pour se rendre près de M. le comte de Chambord, le prince de Chalais, le duc de Maillé. Le Président parut se complaire dans cette compagnie. Il prolongea la soirée, et, en se retirant, dit à ma femme : « Je vous remercie, Madame, et je remercie particulièrement votre mari des convives qu'il m'a donnés. »

Le prince Napoléon, de son côté, ne voulut pas me laisser ignorer son mécontentement. La semaine suivante, je dînais avec lui chez le président de l'Assemblée, M. Dupin, qui, par mégarde, ou par une malice dont il était bien capable, m'assigna une place à côté du prince Napoléon : « Vous voyez, me dit celui-ci, en s'asseyant à table, qu'il y a des gens qui croient pouvoir m'inviter à dîner. »

Cela ne m'empêcha point de seconder son désir pour l'ambassade d'Espagne qu'il visait, on ne sait pourquoi ; car, à peine installé à Madrid, il se mit en hostilité avec la reine Isabelle et avec tout le gouvernement espagnol. La reine adressa promptement ses plaintes à M. Drouin de Lhuys et réclama le rappel de notre ambassadeur. Le refus était impossible vis-à-vis de l'Espagne, et délicat à traiter avec le Président ; M. Drouin de Lhuys nous communiqua la difficulté et nous lui promîmes tous notre appui. Au Conseil suivant, M. Drouin de Lhuys entama avec beaucoup de circonlocutions la série des faits accusateurs. Le Président l'interrompit bientôt avec son sang-froid et sa lenteur accoutumés : « Je vois venir votre conclusion, Monsieur Drouin de Lhuys. Croyez que je connais bien mon cousin. Mon cousin est un monstre! » Ces derniers mots, articulés sans violence, sans même changer de ton, avec l'accent de la plus profonde conviction, tirèrent M. Drouin de Lhuys de sa perplexité et il se mit à raconter que le prince Napoléon, à son passage à Bordeaux, s'était fait ouvrir les prisons pour aller serrer la main de plusieurs condamnés politiques, leur avait donné l'assurance d'une libération prochaine, en se livrant à des diatribes de toute sorte contre son cousin. Il ajouta qu'une fois en Espagne, l'ambassadeur s'était mis aussitôt en rapport avec les ennemis du gouvernement près duquel il était accrédité, professant hautement que la maison de Bourbon devait être expulsée, de gré ou de force, des pays où elle régnait encore. M. Barrot, qui ne perdait jamais de vue la tribune et à juste titre, puisque c'était là son champ de bataille, ne contesta point la nécessité de rappeler notre ambassadeur, mais insista sur d'autres embarras que ce retour allait causer dans l'Assemblée : « Vous avez raison, dit le Président, il faut y pourvoir. » Et, en effet, il se chargea personnellement d'envoyer un aide de camp à Tours pour interdire au prince d'aller plus loin, et concerter avec lui son départ pour l'étranger. Cet exil forcé fut accepté, et, autant que je m'en souviens, le prince dut partir pour l'Angleterre, sans traverser Paris.

Plusieurs chemins de fer furent inaugurés durant le ministère Barrot, entre autres le chemin de fer de Chartres. Je ne me joignis point aux ministres qui montèrent dans le wagon présidentiel, parce que je me renfermais soigneusement dans mes attributions, moitié par défaut de loisir, moitié par mon peu de goût pour les cérémonies d'apparat. Je fus informé que le Président serait harangué au nom du clergé, et je pris soin de m'assurer que sa réponse serait satisfaisante. Le discours fut prononcé par un vicaire général suppléant l'évêque, M. Clausel de Montals, âgé de quatre-vingt-cinq ou six ans. Le Président lui répondit en des termes qui furent alors très applaudis de tous les catholiques. Au retour, il me dit : « J'ai tenu à faire une visite au vieil évêque de Chartres, dont vous m'aviez parlé comme d'un apôtre. On ne peut rien voir de plus vénérable. Le grand vicaire que vous m'avez fait nommer évêque est loin de m'avoir plu. Il parle sans mesure et sans tact. Je crois que nous avons été trompés sur son compte. Si nous avions connu l'abbé Pie avant sa nomination, il n'aurait jamais été évêque de Poitiers! »

L'abbé Pie a occupé durant trente ans, et avec une grande distinction, le siège de Poitiers. Il y déploya, disent ceux qui peuvent en juger, de grandes qualités théologiques, mais il garda dans les questions où le jugement personnel est plus libre ce défaut d'équilibre et de modération qui se faisait remarquer dans sa conversation.

Je dus, peu de temps après, offrir un nouveau choix à la signature du Président, et je présentai le nom de l'abbé Dupanloup. Ils ont vécu le même nombre d'années, l'un à Poitiers, l'autre à Orléans. Je n'ai pas besoin de préciser ici la différence des deux carrières. Cette différence n'échappa point à leurs contemporains; elle n'échappera pas davantage à la postérité. Un troisième évêque, qui ressemble par quelques côtés à l'un et à l'autre, à l'évêque d'Orléans par l'éloquence, à l'évêque de Poitiers par certaines tendances, M. Mermillod, évêque proscrit de Genève, a bien résumé cette différence, en disant : « Mgr Pie s'occupe surtout des idées; Mgr Dupanloup s'occupe surtout des âmes. » Je veux me borner à retracer dans quelles circonstances naquit et s'imposa la promotion de l'évêque d'Orléans.

L'abbé Dupanloup avait laissé un ineffaçable souvenir dans l'esprit, je dirais même volontiers dans le cœur de tous ceux qui, durant quatre mois, avaient étudié avec lui toutes les plaies sociales, et travaillé à leur guérison avec le même patriotisme. Plusieurs d'entre eux, particulièrement M. Thiers et M. Cousin, me répétaient souvent : « Il faut que cet homme soit évêque ! » J'étais loin d'y contredire, mais encore fallait-il qu'il y eût un siège vacant, et que ce siège ne l'éloignât pas trop du centre politique et intellectuel de notre pays. Une mort imprévue vint en décider. M. Fayet, évêque d'Orléans, membre de l'Assemblée où il était fort aimé, nous fut enlevé en quelques heures par le choléra. Son successeur, évidemment désigné, était l'abbé Dupanloup; mais j'avais compté sans l'abbé Dupanloup lui-même. Il repoussa ma première ouverture avec un accent qui me fit comprendre que je ne triompherais pas facilement d'une telle résistance.

J'appelai aussitôt à mon aide le P. de Ravignan

qui était l'ami à la fois le plus intime et le plus autorisé de l'abbé Dupanloup. Le P. de Ravignan entra vivement dans mes intentions, et, à ma grande surprise, il ne fut pas plus heureux que moi.

En même temps, d'autres amis intervenaient en sens contraire, M. Molé notamment, et me déclaraient que la pensée d'enlever l'abbé Dupanloup à Paris était absolument funeste; que personne ne l'y remplacerait, ni pour la direction des jeunes gens, ni pour la direction des âmes, dans toutes les classes et dans toutes les conditions. Je ne cédai point à cette ardente obsession; je fis observer qu'il y avait aussi des jeunes gens et des âmes en province; que l'épiscopat donnait à toutes les qualités de l'homme, au point de vue social, une autorité; au point de vue religieux, une vertu que rien ne supplée. J'insistai sur la proximité d'Orléans et de Paris; j'allai même jusqu'à invoquer le chemin de fer et toutes les facilités nouvelles qu'il apportait à la dévotion. J'ajoutai, avec une parfaite sincérité, que le nouvel évêque ne serait point rigoureusement tenu à la résidence; qu'assurément, en thèse générale, un évêque devait être nommé avant tout pour son diocèse, mais que quelques évêques aussi devaient être nommés pour l'épiscopat tout entier et que, si c'était là une exception, elle serait pleinement justifiée dans ce cas. Ces arguments triomphèrent de la plupart des amis; ils ne triomphèrent pas de l'abbé Dupanloup, et le P. de Ravignan vint m'annoncer avec tristesse qu'il fallait définitivement renoncer à notre dessein. J'y renonçai.

Quelques jours après, je recevais le cardinal Giraud, archevêque de Cambrai, revenant de Gaëte, où il avait bien voulu se charger, auprès de Pie IX, d'une mission officieuse à laquelle j'attachais, pour mon compte, une grande importance. Après avoir causé longuement avec le cardinal de sa mission et de ses résultats, je lui parlai de l'évêché d'Orléans, et je lui demandai quel serait son choix.

« Il n'y en a qu'un, me répondit-il : l'abbé Dupanloup.

— Il m'a impitoyablement refusé.

— Il faut lui envoyer le P. de Ravignan.

— Je n'y ai pas manqué, mais le P. de Ravignan a échoué comme moi. »

Le doux et vénérable cardinal Giraud prit alors une physionomie sévère et me dit :

« Je viens de voir de près les malheurs de l'Église; m'autorisez-vous à en faire le tableau à l'abbé Dupanloup et à le faire rougir d'un refus qui ne peut pas durer plus longtemps?

— Non seulement je vous y autorise, Monseigneur, mais je vous en supplie. »

Et j'ajoutai :

« Ne vous contentez pas de quelques paroles respectueusement évasives qui nous laisseraient retomber dans l'embarras ; exigez une parole écrite, et veuillez la laisser entre mes mains, avant votre départ. »

On voit jusqu'où je poussais la méfiance. Cette méfiance n'était pas exagérée. Le cardinal ne reparut pas chez moi durant quarante-huit heures. Après ce délai, après plusieurs entretiens où il avait dû évoquer tout ce qui peut toucher et vaincre le cœur d'un prêtre, il me rapporta enfin la lettre suivante :

« *Ce Vendredi de Pâques.*

« Monsieur le Ministre,

« Le mot qui vous a décidé me décide. *Satius est Dei causâ servitutem subire, quâm crucis fugâ, perfrui libertate*[1].

« C'est donc fini : je vous donne ma triste, mais certaine parole : Oui.

« Malgré la douloureuse influence que vous aurez eue sur la fin de ma vie, vous n'en êtes pas moins très avant dans mon cœur, et vous savez tout ce que Dieu y a mis pour vous de tendresse et de respect.

« F. Dupanloup. »

Voilà comment devint évêque celui qui s'appellera dans l'histoire l'évêque d'Orléans.

Peu après, il fut question d'inaugurer le chemin de fer d'Angers. Je ne pus renoncer à l'honneur d'accompagner le Président dans le département même que je représentais, mais j'osai faire une condition. Je demandai que tous les royalistes détenus encore au Mont-Saint-Michel, et dans d'autres prisons, pour leur participation à la prise d'armes de 1832, fussent l'objet d'une amnistie spéciale. Je

---

1. Plutôt sacrifier sa liberté au service de Dieu que la croix à sa liberté.

demandai la liste complète de ces détenus à la duchesse de Narbonne, à la vicomtesse de Saint-Priest et à la comtesse du Botderu, qui, depuis dix-sept ans, n'avaient cessé de s'occuper d'eux et de leurs familles, et je remis cette note à M. Barrot, afin qu'il voulût bien, en qualité de président du Conseil d'État, hâter l'accomplissement des formalités nécessaires. A la suite d'un long retard, volontaire ou non, M. Barrot apporta le dossier au Conseil des ministres, l'avant-veille du jour fixé pour le départ. A ma grande surprise, le Conseil d'État émettait un avis défavorable, et, quoiqu'il ne fût pas obligatoire, M. Barrot d'abord, M. Dufaure ensuite, insistèrent pour que le Président n'y dérogeât pas. Ils prétendirent que la Gauche, à qui l'on refusait l'amnistie, s'étonnerait et se plaindrait de notre indulgence envers un autre parti.

Je répondis à mes collègues qu'il n'y avait aucune parité à établir entre une insurrection qui avait fait couler des flots de sang dans Paris, et une échauffourée qui s'était évanouie aussi vite qu'elle s'était montrée; qu'il n'y avait point de ressemblance entre les deux faits et encore moins entre les deux châtiments; qu'un an à peine s'était écoulé depuis le crime de Juin et que dix-sept ans de captivité pesaient déjà sur la tête des insurgés de l'Ouest. M. de Tocqueville m'appuya très vivement et très noblement. Le Président resta muet, et la majorité du Conseil, prenant son silence pour un blâme à mon adresse, ratifia les conclusions du Conseil d'État.

La séance fut levée. Je laissai partir mes collègues

et resté seul avec le Président, je lui déclarai que je ne le suivrais pas à Angers, dût ma démission en résulter. Il m'interrompit dès les premiers mots :

« Vous savez, me dit-il, que je n'aime pas les discussions inutiles ; je n'ai donc pas voulu prendre part à celle-ci. Mais ma résolution n'en est nullement ébranlée. Votre susceptibilité est parfaitement juste. Je suis honteux moi-même de cet incident ; car, si j'avais connu plus tôt l'existence de tels prisonniers, ils seraient déjà en liberté. »

Prenant alors sur la table du Conseil le dossier qu'on lui avait laissé pour qu'il le signât :

« Emportez-le chez vous, ajouta-t-il, et écrivez au-dessous de chaque nom la commutation de peine que vous jugerez convenable. »

Tout cela fut fait très simplement et dit très naturellement, et je remerciai le Président avec effusion.

Je n'en fis pas de même au banc des ministres, où je rejoignis promptement MM. Barrot et Dufaure, pour écrire, sous leurs yeux, au bas de chaque dossier : « Grâce entière. » Ils en témoignèrent un peu d'humeur, mais M. de Tocqueville se chargea de les consoler et je ne m'occupai plus que des formalités pour l'expédition des grâces.

Le Président donna beaucoup de solennité à son voyage dans l'Ouest et s'y montra particulièrement prodigue de prévenances envers les légitimistes. Après s'être arrêté à Étampes pour passer la garde nationale en revue, après s'être agenouillé dans la cathédrale d'Orléans remplie d'une foule immense, il vint dîner et coucher à Saumur. Il voulut entrer dans cette ville à cheval, afin de se trouver en contact avec les populations accourues de toutes parts et pour accueillir plus directement les placets. Sa prévision ne fut point déçue. Ni les pétitions ni les acclamations ne lui manquèrent. Le lendemain matin, il assista à un brillant carrousel de l'École de cavalerie et partit pour Angers. Le vénérable évêque, M. Angebault, l'attendait à la gare. Il lui adressa quelques paroles dignes et respectueuses, puis, procédant à une touchante cérémonie, bénit les locomotives.

Le Président fut ensuite reçu d'une tout autre façon par le préfet, M. Bordillon, personnage fort excentrique. C'était un républicain de vieille date, spirituel, généreux d'intention, mais visant trop au Diogène, par sa tenue et par ses propos. Il tint à nous faire visiter d'abord les faubourgs et nous conduisit ensuite à cheval, assez loin hors de la ville, pour y poser la première pierre d'un hôpital ; pensée excellente et tout à fait dans les goûts du Président. Celui-ci, cependant, trouva la course démesurée et fut mécontent des visages et des cris fort divers qui l'accueillirent. Sa physionomie soucieuse ne reprit sa placidité habituelle qu'en atteignant les boulevards du centre de la ville, où il fut salué plus à sa convenance. Le soir, dîner et bal à la préfecture. Seconde représentation de la scène des faubourgs. Les femmes n'étaient point en toilette de bal. Beaucoup d'hommes vinrent en redingote, et dès que le Président eut achevé le tour des salons, il se retira.

Le lendemain, nous montâmes en bateau à vapeur pour gagner la Loire et Nantes.

« Comment ne m'avez-vous pas averti de ce qu'était votre préfet ? » me dit-il aussitôt.

— Mais, monsieur le Président, c'est un de mes adversaires les plus prononcés et il a combattu mon élection avec acharnement. Devais-je rendre hostilité pour hostilité ? C'est un homme d'esprit ; je le croyais homme de meilleur goût.

— En effet, votre situation était délicate. Par égard pour vous, je ne le destituerai pas. Mais il ne peut rester à Angers où il est trop mal engagé. Je l'enverrai ailleurs. »

Peu après, M. Bordillon fut nommé préfet de Grenoble. Il ne fut destitué qu'après ma sortie du ministère, et lorsque M. Bineau, angevin lui aussi et appartenant à l'ancienne Gauche, était au pouvoir. M. Bordillon revint vivre et mourir à Angers. Tant qu'il vécut, le *Précurseur*, journal qu'il avait fondé et qu'il continuait à diriger, ne cessa de m'attaquer, m'accusant surtout d'intolérance.

Cette descente sur la Loire fut constamment pour moi l'objet d'une vive émotion. A Saint-Florent, la population stationnait en foule sur le rivage qu'elle faisait retentir des plus chaleureuses acclamations. Notre bateau s'arrêta et le Président salua à plusieurs reprises. Je me tenais silencieux derrière lui, contemplant ce beau spectacle, mais regardant aussi plus loin. Derrière Saint-Florent, je voyais la Vendée tout entière. A Saint-Florent même, j'apercevais le monument de Bonchamps, et j'avais comme l'apparition de cette épouvantable traversée de la Loire qui fut le coup suprême porté aux luttes et aux espérances de la Vendée. Mes yeux se remplirent de larmes. M. de Heeckeren s'en aperçut et vint me serrer la main. Nous ne prononçâmes un mot ni l'un ni l'autre; nous n'en avions pas besoin pour nous comprendre.

A Nantes, la réception officielle fut tout autre qu'à Angers. Une magnifique tente avait été dressée sur la place Graslin. Un splendide banquet y fut offert, suivi d'un très beau bal dans la salle de spectacle magnifiquement illuminée au dedans et au dehors.

Le lendemain, nous revînmes en poste directement à la gare d'Angers. Le Prince prit dans sa voiture M. Dupin et moi. Le Président de la République n'aimait pas le Président de l'Assemblée qui le lui rendit jusqu'au Deux-Décembre exclusivement. La conversation fut donc principalement dirigée de mon côté.

« Je me suis bien amusé hier soir, en vous voyant danser en face de moi, me dit d'abord le Président. Vous ne dansiez pas comme un ministre. Vous aviez l'air de danser pour votre compte. »

Et après quelques autres plaisanteries sur les danseurs et les danseuses, reprenant bientôt son ton habituellement sérieux, il ajouta :

« J'emporte de Nantes le véritable regret d'avoir injustement affligé un honnête homme.

— Comment cela, monsieur le Président ?

— Avant de me présenter les maires de la Loire-Inférieure, le préfet m'avait demandé la croix pour l'un d'eux dont il m'avait fait le plus grand éloge. Je voulus m'accorder le plaisir de l'annoncer moi-même à ce brave homme. Mais, au lieu de me remercier, celui-ci entama l'histoire d'un arriéré de pension militaire et en sollicita la restitution. Cette réclamation, en ce moment, me parut déplacée et je le lui fis sentir durement. Le préfet, qui en fut témoin, m'apprit plus tard que ce maire avait promis son arriéré à la commune pour une œuvre de charité; que, n'ambitionnant pas la croix, il n'avait songé qu'à son but très désintéressé et n'avait manqué de convenances que par un sentiment supérieur aux convenances mêmes. Je fis courir après lui, mais trop tard; il avait déjà quitté Nantes, fort désolé de mon accueil que je réparerai de Paris, car j'en ai pris bonne note. »

La conversation entre trois personnes enfermées, durant six heures, dans une voiture, n'est pas inépuisable. Il fallait cependant l'entretenir, tant que le Président, qui n'y apportait jamais beaucoup d'entrain, paraissait le désirer. Je m'associai donc à ses bons sentiments envers le maire de la Loire-Inférieure, puis j'ajoutai que la charité prenait quelquefois de singuliers déguisements, même celui de l'avarice, et je lui racontai l'anecdote que je tenais de la comtesse de Rességuier, dame de charité à Saint-Roch. Recevant d'un homme, dont le costume et le logement faisaient supposer la misère, une riche aumône soigneusement enveloppée, elle était revenue frapper à la porte, dès qu'elle eut reconnu la somme : « Vous vous êtes peut-être trompé, Monsieur? » dit-elle au pauvre supposé et celui-ci, promenant doucement son regard sur son modeste mobilier, répondit : « Madame, ce n'est qu'en vivant comme je vis, que je puis me donner la jouissance de faire la charité. »

— « Vous avez bien raison, reprit à son tour le Président; on ne sait pas de quoi la charité est capable! Croiriez-vous que, moi qui vous parle, j'ai volé pour donner.

— Je le croirai, monsieur le Président, quand vous aurez bien voulu nous raconter par quel moyen vous avez mis d'accord votre bonté et votre probité.

— J'étais en Suisse, chez ma mère, et j'estimais beaucoup un jeune voisin qui se destinait à l'état militaire. Il n'avait pas un sou pour acheter un étui de mathématiques nécessaire à ses études. Ma bourse n'étant pas mieux garnie que la sienne, je montai furtivement dans la chambre du docteur Conneau, j'y pris une très belle boîte de compas dont il ne se servait jamais et je la donnai à mon jeune ami, en lui cachant l'origine de ce cadeau. Cela réussit à merveille durant quelques mois, mais un matin, M. Conneau vint se plaindre à ma mère d'avoir été volé, déclarant qu'un seul domestique entrait dans sa chambre et que ce domestique seul pouvait être le coupable. Devant une accusation si précise, force fut bien de me dénoncer moi-même. Ma mère dédommagea gracieusement le docteur Conneau qui me promit et me garda le secret près de mon jeune voisin [1]. »

---

1. Un de mes amis m'assure que ma mémoire est en défaut, et que ce fait s'est passé à Ham, entre le prince prisonnier et un officier de la garnison du fort. J'ai vainement cherché à m'en expliquer

Devisant ainsi, sommeillant quelquefois, M. Dupin surtout, nous arrivâmes au château de Serrant, magnifique demeure voisine d'Angers, que Napoléon Ier avait appelé le plus beau château de France. Le propriétaire, le comte Alfred Walsh, qui avait eu des parents de son nom au service de la famille impériale, avait préparé au neveu de l'Empereur une réception splendide. Le Président fut traité en souverain, selon toutes les règles de l'ancienne étiquette. Le maître de la maison lui céda sa place à table, et ne réclama ses droits que pour porter debout, avec l'excellent vin de la *coulée de Serrant*, un toast au Président. L'hôte auguste répondit en termes fort aristocratiques, puis nous traversâmes rapidement Angers où nous prîmes le chemin de fer.

A Tours, nouvelle revue, à laquelle je ne me crus pas obligé d'assister, et nouveau banquet. Je logeais à l'archevêché ; M. Morlot, depuis archevêque de Paris et cardinal, étant venu lui-même au ministère me faire l'honneur de m'y inviter. Je dus à cette circonstance d'ignorer la présence, dans la suite du Président, d'une étrangère peu recommandable qui l'avait mystérieusement escorté pendant tout ce voyage et qu'il fit loger à Tours dans l'appartement du receveur général alors absent. M. Barrot raconte dans ses *Mémoires*[1] qu'il fit, à ce sujet, parvenir

---

avec le docteur Conneau. Je ne crois cependant pas me tromper. Peu importe, d'ailleurs, le lieu de l'action dont je tiens le récit du Président lui-même.

1. Odilon Barrot, *Mémoires*, t. III, p. 361.

indirectement à l'Élysée de très vives représentations qui furent, du reste, assez mal accueillies. C'est alors seulement que je fus informé de l'incident et je m'étonnai une fois de plus des bizarres contrastes du cœur humain. Personne n'était plus maître de soi-même que le Président, personne n'était plus que lui préoccupé de son ambition ; tout son voyage dans l'Ouest était voué à la captation du parti religieux et du parti légitimiste, et cependant, il n'avait pu s'imposer quatre jours de respect envers les autres et envers lui-même!

CHAPITRE XIV

ASSEMBLÉE LÉGISLATIVE. — ASSISTANCE PUBLIQUE.
QUESTION ROMAINE. — LETTRE AU COLONEL EDGAR NEY.
MOTU-PROPRIO. — MALADIE. — DÉMISSION.

1849.

L'insurrection du 13 juin, quelle qu'eût été la rapidité de sa répression en province comme à Paris, laissa cependant une longue trace derrière elle et contraignit l'Assemblée Législative à dévier temporairement de la ligne qu'elle se proposait de suivre sans diversion. Sortie d'un mouvement d'opinion très prononcé, cette Assemblée avait hâte de ramener dans la politique une activité généreuse. Au lieu de cela, elle fut condamnée à recommencer, avec perte de temps et perte de force, les luttes stériles et quotidiennes de sa devancière. Plus la Montagne se sentait en minorité et impuissante à obtenir des succès de vote, plus elle affectait une attitude provocante. Ne pouvant dominer les délibérations, elle résolut du moins de les entraver. Désespérant de ressaisir légalement le pouvoir, elle voulut le paralyser et multiplia ses efforts pour aigrir et troubler cette portion flottante du pays que la majorité voulait ramener au calme et réconcilier avec la raison. Cette majorité comprit bien le péril de sa situation, mais il ne dépendit pas d'elle de s'y soustraire et de se dérober aux discordes civiles pour se consacrer exclusivement aux questions sérieusement populaires.

L'homme qui personnifia le mieux ces tendances fut M. de Melun. Jeune encore, il paraissait pour la première fois dans nos Assemblées délibérantes. Issu d'une illustre maison dont la bienfaisance avait laissé des monuments impérissables, dépouillé de la grande fortune de ses ancêtres, héritier seulement de leur cœur et de leur foi, M. de Melun, avant d'entrer dans la carrière politique, avait déjà mis dans sa vie plus d'œuvres et plus de bienfaits que ne songeaient à le faire les hommes d'État ses contemporains. Il avait lutté, sans relâche, contre les préjugés des routines administratives. Plus d'une fois, il avait fait percer, à travers leur épaisseur, quelques rayons de lumière évangélique. Tantôt avec le secours du gouvernement, tantôt sans lui ou malgré lui, il avait fondé plusieurs des institutions charitables qui font le plus de bien et le plus d'honneur à Paris. Quand il ne créait pas, il améliorait. Quand il n'exécutait pas, il stimulait. Là où il avait été devancé, il mettait toute son ardeur à servir les fondations d'autrui. Il puisait dans son désintéressement un si grand art de persuasion, qu'il était devenu, en peu d'années, l'instigateur d'un vaste mouvement auquel il dut consacrer bientôt un organe spécial dans la presse : *Les Annales de la Charité*. La Bretagne, étonnée qu'il ne fût pas un de ses enfants, l'adopta et l'envoya à l'Assemblée législative.

M. de Melun vit dans ce mandat, non une transformation de sa vie, mais une heureuse occasion de l'agrandir. Ne contractant d'alliance politique avec aucune fraction de l'Assemblée, nouant avec chacune d'elles des intelligences secourables, il chercha sur tous les bancs des affinités secrètes au bien, comme il les avait cherchées jusqu'alors du quartier de la Bourse au faubourg Saint-Germain et du faubourg Saint-Germain au faubourg Saint-Antoine. L'article 13 de la Constitution prescrivait au gouvernement et à l'Assemblée l'étude et la solution des problèmes qui intéressaient l'assistance publique. Cet article, selon le sens qu'on lui prêtait, était gros d'orages ou d'apaisement. L'Assemblée pensa, avec M. de Melun, qu'en cela comme en tant d'autres choses, le plus sûr moyen d'écarter les chimères et de conjurer les périls, était de pourvoir aux réalisations efficaces. Une première réunion, à cet effet, et je m'en honore, eut lieu dans mon salon du ministère de l'Instruction publique; et il est curieux de mettre en regard de la journée du 13 juin le tableau du travail, tristement interrompu, que s'était fixé l'Assemblée pour ce jour-là.

ORDRE DU JOUR DU MERCREDI 13 JUIN.

A 1 heure : réunion dans les bureaux. — Nomination d'une Commission de 15 membres pour l'examen de la proposition relative à la création d'une caisse gé-

nérale de retenues et de pensions, et à l'institution de sociétés de secours mutuels.

Examen de la proposition tendant à nommer une Commission chargée de préparer et d'examiner les lois nécessaires à l'application de l'article 13 de la Constitution...

Cette dernière proposition, forcément ajournée par la tentative révolutionnaire du 13 juin, ne fut point abandonnée par M. de Melun, qui la représenta aussitôt que le calme fut rendu à nos délibérations.

La société moderne, qu'on a tant accusée d'égoïsme, n'en est pas plus coupable que ne l'était la société ancienne. La société ancienne a débuté et a vécu par de grandes fondations sur lesquelles se sont successivement et lentement greffés des abus. La société moderne se débat pour innover ; elle lutte contre des obstacles nouveaux, résultat d'une organisation nouvelle. Il fallait accorder à la société ancienne le temps de se réformer; il faut accorder à la société nouvelle le temps de se reconnaitre et de se constituer. La division dans la propriété, la libre concurrence dans l'industrie ont trop d'avantages pour ne pas porter en elles-mêmes leurs inconvénients. A ces inévitables inconvénients, qu'on ajoute la brusque destruction des fondations religieuses, la suppression des institutions monastiques, et l'on reconnaîtra qu'une société, sécularisée à ce point, prend à sa charge une incalculable responsabilité envers les classes laborieuses. Pendant que l'individu se voue tout entier à l'ardeur sans frein de l'acquisition ou du négoce, il faut que l'homme d'État et l'homme d'Église fassent peser leur double contrepoids du côté des déshérités et des victimes. Sans rien ôter à la liberté, on doit donner beaucoup à la charité. Le dix-huitième siècle ne s'en aperçut pas assez, ou ne s'y appliqua pas suffisamment.

La Révolution crut n'atteindre que le prêtre, en frappant l'Église, et ne détruire que des abus, en ordonnant des spoliations ou en abolissant des coutumes; mais plus tard, à mesure que les décombres se déblayèrent, à mesure que la société moderne se constitua, on s'aperçut que le pauvre y avait peu de place, peu de garanties, et que c'était lui qui se trouvait nu, parce que d'autres avaient été dépouillés.

Quand, après les guerres de la Révolution et de l'Empire, la paix et la liberté eurent rendu au pays le loisir et le devoir de sonder ses plaies, la vieille bourgeoisie française, si profondément chrétienne et si naturellement aumônière, se scinda; les uns continuèrent à redouter, par-dessus tout, le retour de la dîme et les entraves commerciales de la vieille corporation ouvrière; les autres, avocats, écrivains, médecins, négociants, sentirent le péril et s'en émurent. Ils créèrent des caisses d'épargne, des sociétés de patronage, des conférences de Saint Vincent de Paul, des salles d'asile.

Tout ce mouvement était en activité et en progrès, lorsque la révolution de 1848 éclata. — 1789 avait rudement averti le gentilhomme par le bourgeois; 1848 avertit rudement le bourgeois par l'ouvrier. Il s'agissait donc désormais d'abolir toutes ces classifications et d'éclairer, de rapprocher, dans une œuvre commune, ouvriers, nobles et bourgeois. C'était la tâche de tout gouvernement intelligent et de toute Assemblée réparatrice. L'Assemblée de 1849 était impatiente de s'y livrer. Dès le 23 juin, M. de Melun parut à la tribune. Rapporteur de la Commission, dite de l'article 13, il concluait en ces termes :

« Nous avons pensé, d'un commun accord, que l'Assemblée devait mettre au rang de ses travaux de prédilection la poursuite énergique et persévérante de tout ce qui tend à prévenir ou à diminuer la misère des populations laborieuses de nos villes et de nos campagnes. L'abandon, la faiblesse, les difficultés et les privations qui naissent de l'absence ou de l'excès de travail nous ont paru des titres sacrés à l'attention du législateur. »

Parlant au nom même des ouvriers qu'il connaissait si bien, M. de Melun ajoutait :

« Ils savent, comme nous, que Dieu n'a pas mis la souffrance aux ordres de l'humanité, et qu'il ne dépend d'aucune forme de gouvernement ni d'aucune législature, d'exiler de la vie tous les maux qui la rendent quelquefois si amère; mais ils croient que les efforts réunis d'hommes éclairés, dévoués au bien et à la cause de ceux qui souffrent, pourront apporter quelques améliorations à leur destinée : ils ne réclament pas des remèdes fabuleux et des solutions impossibles, mais ils nous demandent d'étudier leur situation et de nous occuper de leurs maux. »

L'Assemblée était convaincue et impatiente d'agir.

Elle avait de sa mission à cet égard, et de l'attente du pays, un instinct parfaitement juste. Elle ne voulait point ressembler à l'avare auquel on demandait du linge pour des blessés et qui répondait : « Attendez, je planterai bientôt du chanvre dans mes terres. »

La proposition de M. de Melun ne rencontra pas un seul contradicteur. Soutenue par MM. Gustave de Beaumont et Benoist d'Azy, paraphrasée à contre-sens par Victor Hugo, elle eut le singulier honneur d'être la première et peut-être la seule mesure adoptée à l'unanimité. Quand l'Assemblée nomma, dans ses bureaux, une Commission de trente membres réclamée par M. de Melun, la Droite fit, de bonne grâce, une part à la Gauche. M. Emmanuel Arago et M. de Montalembert furent nommés par les mêmes voix, dans le même bureau. L'évêque de Langres et l'abbé de L'Espinay furent élus à la presque unanimité, comme MM. Thiers, de Rémusat et Gustave de Beaumont. Le duc de Mouchy et le duc de Montebello prirent place à côté de MM. de Sèze, de Riancey, de Melun, député de Rennes, auteur de la proposition, et de son frère, député du Nord. Cette Commission nomma pour président l'évêque de Langres et pour rapporteur M. Thiers. Le rapport, incomplet peut-être, quoique très volumineux, dénotait un grand souci de l'Assistance publique. Tous les projets qu'il annonçait ne furent pas votés, parce que les travaux de l'Assemblée furent souvent troublés par les débats irritants, précurseurs du Deux-Décembre ; mais les germes contenus dans ce lumineux document ne furent pas tous étouffés, et l'Empire lui emprunta beaucoup, sans le citer jamais.

Pendant ce temps, la question romaine entrait dans une phase nouvelle, et la Montagne s'acharnait à en tirer des brandons de discorde. Substituer le clubiste au soldat, et, si on l'avait pu, le tribun au capitaine, devint la faute, l'aveuglement, le vertige de l'Opposition presque tout entière. On le remarque, en s'en affligeant, à toutes les crises révolutionnaires, les hommes qui affectent le plus d'exaltation comme patriotes, perdent le sentiment même du patriotisme, dès qu'il contrarie le courant de leur passion dominante. « Les patriotes, dit M. Thiers, dans l'*Histoire du Consulat*, ne souhaitaient plus les victoires de la République, depuis qu'elles profitaient au Directoire. » Ce douloureux spectacle se renouvela de nos jours. Tant que dura notre expédition, la Montagne fit hautement des vœux contre le succès des armes françaises.

Le siège de Rome fut prolongé par les recommandations faites à l'artillerie de ménager les principaux monuments de la Ville-Éternelle ; et un de nos soldats, atteint par un éclat d'obus, disait avec gaieté : « Mais moi aussi, je suis un monument ! » Officiers et soldats étaient animés du même respect envers la capitale chrétienne et envers ses chefs-d'œuvre, tandis que les *mazziniens* de Rome et de Paris ne trouvaient dans ces ménagements qu'un prétexte pour décrier nos armes et railler leur impuissance. Les habitants de la campagne romaine et les Romains eux-mêmes réclamaient le retour du Pape. On leur répondait par de fausses nouvelles sur l'état de la France, on leur promettait l'avènement d'une République française, sœur de la République romaine, et on leur imposait la résistance par une véritable terreur. Cependant, quand des symptômes manifestes de lassitude éclatèrent et devinrent presque de la révolte, Mazzini chercha son salut personnel dans une démission tardive. La municipalité, suivie des consuls étrangers, se rendit près du général Oudinot pour implorer un armistice. La cessation des hostilités fut accordée en termes courtois, mais sans conditions. Le lendemain, 3 juillet, le général français fit son entrée dans Rome à la tête d'un brillant cortège. Les cris de : « Vive la France! Vivent nos libérateurs! Vive Pie IX! » accompagnèrent nos troupes à travers les quartiers populeux. Dans le long parcours du Corso, à la hauteur du café des Beaux-Arts, rendez-vous ordinaire du club central, quelques manifestations contraires tentèrent de se produire. Elles furent immédiatement réprimées, et un drapeau surmonté du bonnet rouge, dernier symbole de la République expirante, fut abattu sans difficulté.

Les bandes étrangères qui ne s'étaient point retirées avec Mazzini et Garibaldi furent dissoutes. Le corps des carabiniers, c'est-à-dire la gendarmerie romaine, vint avec empressement se placer sous les ordres de l'état-major français, et le général Oudinot en lui remettant la garde du palais Colonna, résidence de l'ambassade française, qu'il habita, donna aux Romains un gage de confiance mérité. Enfin le vrai peuple, rendu à lui-même, mit à détruire les barricades le zèle qu'il n'avait pas mis à les élever.

En même temps, le colonel Niel, chef d'état-major du génie, partait pour Gaëte, afin de remettre au pape les clefs de sa capitale pacifiée. Pie IX reçut avec émotion le vaillant soldat qui lui parlait au nom de la France, et lui répondit :

« Elle ne m'avait rien promis et cependant c'est sur elle que j'ai toujours compté. Je sentais qu'au moment opportun, la France donnerait à l'Église son sang, et, ce qui est peut-être plus difficile pour ses valeureux enfants, ce courage contenu, cette patience persévérante à qui je dois la conservation de ma ville de Rome, le trésor du monde, la cité bien-aimée vers laquelle, pendant l'exil, mon cœur et mes regards pleins d'angoisse, demeurèrent tournés[1]. »

C'était bien là le langage et l'inspiration d'un pape, mais ce n'étaient ni le sentiment du parti rétrograde à Rome, ni la tendance des ambassadeurs étrangers. A cette époque, la Russie et la Prusse s'unissaient étroitement pour relever et défendre en commun les traditions de leur passé ; l'Autriche, qui ne nous avait cédé qu'à regret la première place, entendait bien la revendiquer dans tout le reste de l'Italie, et le roi de Naples ne se dissimulait pas que toutes les concessions, faites dans les États romains, seraient inévitablement imposées dans les États napolitains. Tous faisaient donc résonner incessamment aux oreilles du Saint-Père un concert de récrimina-

---

1. *Expédition de Rome*, par M. Léopold de Gaillard.

tions contre l'influence française. Tous avaient un auxiliaire dans l'intimité du pape. Le jeune cardinal Antonelli qui remplissait, à titre provisoire, les fonctions de secrétaire d'État, affectait une extrême modestie et ne semblait prétendre qu'au service désintéressé de l'Église. Il laissait percer cependant, aux yeux des clairvoyants, la passion de domination et de lucre dont son long ministère restera entaché. Le cardinal Antonelli était, à beaucoup d'égards, l'antipode de Pie IX. Il avait autant de froids calculs que le Souverain-Pontife de mouvements spontanés. Son immobilité hautaine laissait la mobilité souriante de Pie IX se donner libre carrière et l'attendait aux désenchantements. C'est en lui cédant sur les détails qu'il le domina dans les grandes affaires, et l'histoire ne dira qu'incomplètement quel préjudice il a porté à un règne né sous d'autres auspices et pour de plus hauts résultats.

Pie IX était un Louis XVI dont le voyage de Varennes avait réussi. Inattaquable et inattaqué dans sa souveraineté spirituelle, il avait beaucoup promis et avait beaucoup à tenir pour la restauration durable de son pouvoir temporel. Personne ne le savait mieux que lui et ne le disait quelquefois plus malicieusement. Le cardinal Antonelli lui répétait adroitement qu'en se jetant dans les réformes, il n'avait fait et ne ferait encore que des ingrats. Ignorait-il que l'ingratitude est le mérite et la gloire de ceux qui font le bien? S'il dépendait des ingrats de faire reculer la justice et repentir la bonté, faire le bien ne serait plus une vertu, mais un trafic, et l'un des plus purs éléments de la grandeur humaine, l'un des traits caractéristiques du génie des princes et de l'habileté des hommes d'État aurait disparu. Le premier mouvement de Pie IX repoussa les suggestions et les conseils de l'égoïsme, mais sa prudence finit par s'alarmer. On lui représenta, sous toutes les formes, que les devoirs changeaient avec les circonstances. C'est ainsi qu'on s'appliqua à retarder son retour au milieu de son peuple qu'il avait hâte de bénir. Nul ne peut dire quelles eussent été les acclamations de l'Italie tout entière, si Pie IX, selon son premier mouvement, fût parti de Gaëte pour Rome, le lendemain du jour où le drapeau pontifical avait reparu au Capitole et au château Saint-Ange. Des hommes de discorde et de malheur voulurent qu'il n'en fût point ainsi, et d'opiniâtres difficultés surgirent.

En face de ce qui se passait à Gaëte, la Gauche reprit courage à Paris. Les agitations recommencèrent sur la question romaine, et ce fut, au Palais-Bourbon, un catholique sincère mais inconséquent, M. Arnaud de l'Ariège, qui se chargea d'ouvrir la brèche[1]. Son discours fit monter M. de Tocqueville à la tribune.

« Quoi qu'on puisse rêver, dit-il courageusement, la religion qui vient d'en haut est faite pour vivre ici-bas avec nous, au milieu du conflit de nos intérêts et de nos passions. Bien que son royaume ne soit pas de ce monde, suivant le mot si souvent répété de son divin fondateur, elle n'en influe pas moins

---

1. Séances des 6 et 7 août 1849.

d'une manière constante et directe sur les événements du monde. Il est donc de la plus extrême importance que le chef de la religion n'ait à subir la prépondérance d'aucune puissance. Il y va de la liberté de nos âmes et de la tranquillité des États. Or, jusqu'à présent, on n'a su imaginer aucun autre moyen de garder le pape indépendant que de lui laisser une souveraineté temporelle. »

En faisant entendre cette profession de foi du haut de la tribune, M. de Tocqueville était sincère, mais ce langage, il l'eût refoulé au fond de son cœur, s'il n'eût pu ajouter en même temps les paroles suivantes :

« Je suis convaincu — et je ne crains pas d'apporter cette prédiction à la tribune — je suis convaincu que si le Saint-Siège n'apporte pas dans la condition des États romains, dans leurs lois, dans leurs habitudes judiciaires et administratives, des réformes considérables ; s'il n'y joint pas des institutions libérales, compatibles avec la condition actuelle des peuples, je suis convaincu, dis-je, que, quelle que soit la force qui s'attache à cette vieille institution du pouvoir temporel des papes, quelle que soit la puissance des mains qui s'étendront d'un bout à l'autre de l'Europe pour le soutenir, ce pouvoir sera bientôt en grand péril. J'en suis, quant à moi, profondément convaincu... J'ai une admiration profonde, plus grande que je ne pourrais le dire, pour cette admirable puissance morale, la plus grande qu'on vît jamais, qu'on appelle l'Église catholique. (*Rumeurs à gauche.*) Je désire ardemment qu'elle conserve son pouvoir de gouvernement et d'expansion dans le monde. (*Rumeurs à gauche.*) Pour cela, je suis convaincu qu'il n'y a qu'un moyen, c'est que l'Église ne s'écarte pas sans nécessité de l'esprit du siècle ; c'est que, partout où le siècle présente des idées modérées et applicables, des faits qui se légitiment, des pensées qui peuvent être admises, partout où de telles choses se rencontrent, l'Église catholique, au lieu de s'en éloigner, s'en rapproche... »

En entendant ce discours, irréfutable si on le lit de bonne foi et de sang-froid, j'eus le pressentiment qu'il serait dénaturé à Gaëte et exploité contre nous. Quand je vis M. Jules Favre monter à la tribune pour répliquer à M. de Tocqueville, j'eus également la conviction qu'une réplique à l'orateur de la Gauche serait facile et que, sans rien rétracter du discours de M. de Tocqueville, je pourrais le compléter utilement. Le silence m'avait été pénible dans l'Assemblée Constituante ; mais il m'était souvent imposé, car j'étais, de tous les membres du cabinet, celui qui lui causait le plus d'ombrage. Je n'avais pas les mêmes motifs de réserve devant l'Assemblée Législative. Je ne cachai rien de ma double impression à mon collègue des Affaires Étrangères, qui, avec la plus cordiale bonne grâce, consentit à retoucher quelques lignes de son discours, en me donnant aussi tous les documents qui pouvaient m'être nécessaires pour la lutte du lendemain. Ces documents étaient accompagnés du billet suivant, dans lequel on reconnaîtra la parfaite simplicité et la parfaite loyauté de M. de Tocqueville.

« Mon cher collègue,

« Pardonnez-moi de ne vous avoir pas donné plus tôt signe de vie. J'ai passé ma matinée à relire attentivement toutes les lettres de Corcelle ; je n'y ai rien trouvé qui eût trait à ce que vous dites, ni qui fût utile au projet que vous avez ; mais, en revanche, force faits, opinions ou affirmations, relatives à la nécessité absolue pour le pape et pour l'Église de faire des réformes sincères, et à la haine universelle des populations romaines contre les abus du gouvernement pontifical.

« Je vous envoie les dépêches que vous me demandez. Nous causerons au Conseil de l'usage qu'il faut en faire. Je ne vois pas d'inconvénient à s'en servir, surtout si vous finissez par lire le passage où le Pape s'engage vis-à-vis de nous et nous autorise à le dire. J'ai besoin de la lecture de ce dernier passage, si on lit quelque chose, pour bien prouver que je ne me suis pas avancé légèrement hier et que je ne recule pas aujourd'hui par votre organe.

« Lisez, je vous prie, la dernière partie de mon discours dans le *Moniteur*, afin de pouvoir me dire si j'ai bien suivi votre pensée dans les adoucissements que vous désiriez.

« Mille amitiés de cœur.

« A. de Tocqueville.

« Mardi, 9 h. 1/4. »

M. Jules Favre avait bien rempli mon attente; il avait été si abondant en violentes récriminations, qu'il n'avait pu terminer son discours séance tenante, et qu'il ne l'acheva que le lendemain. Sa visible préoccupation était de capter, par la flatterie, la sympathie intime du Président, dont il ne voulait jamais désespérer. Il demanda quelle volonté secrète, quelle influence mystérieuse et persévérante avaient inspiré, soutenu, dirigé le Président de la République dans son étrange politique? « Les Papes et les Bonaparte, s'écria-t-il, ne sont pas destinés à bien vivre ensemble. En 1809, l'empereur Napoléon décrétait que le gouvernement pontifical était incompatible avec une saine administration. En 1831, deux neveux de Napoléon, dont l'un devait mourir pour la liberté italienne, écrivaient ensemble à Grégoire XVI, pour le supplier de déposer sa tiare devant ses sujets en révolte. Suivez les exemples puisés dans votre famille, ajoutait l'orateur, souvenez-vous de l'empereur Napoléon dont vous citez quelquefois les leçons et qu'il est bon, en effet, de citer lorsqu'elles sont glorieuses et nationales! » Puis, passant de la flatterie personnelle à la thèse favorite des républicains, il sommait la France de consulter les populations romaines sur le gouvernement qui leur semblait préférable.

La longueur du discours de M. Jules Favre m'ayant donné le temps de me concerter avec M. de Tocqueville et de m'armer des dépêches de notre ambassadeur, je pus répondre, pièces en mains, que ce n'étaient point les Romains qui avaient résisté, mais des aventuriers de toute provenance, accourus à la voix de deux chefs qui n'étaient Romains ni l'un ni l'autre, Mazzini et Garibaldi. Je concédai sans peine à la Gauche l'aveu que nous avions parlé trop timidement devant l'Assemblée Constituante; mais j'en rendis responsables les passions et les emportements de la Gauche elle-même. A mon tour, j'invoquai Napoléon, le restaurateur du culte catholique en France, et, dans les meilleurs jours de sa gloire, dans les plus heureuses inspirations de son règne, protecteur respectueux des papes. Le chaleureux appui de la majorité compensa pour moi les violentes imprécations de la Montagne, et la discussion fut close, sans que M. Jules Favre tentât de poursuivre le débat. 428 voix contre 176 sanctionnèrent le résultat de notre expédition et le rétablissement du pouvoir temporel.

Le Pape, de plus en plus partagé entre les influences favorables ou hostiles à la France, plein d'une confiance affectueuse pour nos deux représentants, MM. de Corcelle et de Rayneval; mais plus enlacé qu'il ne l'imaginait lui-même dans la politique, indécise en apparence, rétrograde en réalité, du cardinal Antonelli, prit un moyen terme. Il annonça son retour à Rome, mais à la condition de se faire préalablement représenter par trois cardinaux qui prendraient en son nom les mesures réparatrices les plus urgentes. Ces trois cardinaux furent le cardinal Della Genga-Sermatei, le cardinal Vannicelli-Casoni et le cardinal Altieri. Ils arrivèrent à Rome le 31 juillet 1849, à 10 heures du soir.

Le cardinal Della Genga, neveu de l'avant-dernier prédécesseur de Pie IX, Léon XII, était, par sa situation, par son caractère, le membre prépondérant de ce gouvernement provisoire. Il passait, à tort ou à raison, pour appartenir tout entier au parti autrichien. On crut en trouver la preuve dans la première proclamation des cardinaux. Ils décernaient un éloge général « au bras invincible et glorieux des armées catholiques qui venaient d'arracher à l'anarchie tous les États Pontificaux ». Mais l'armée française n'était pas autrement désignée, et ne recevait point de témoignage spécial de gratitude. « C'était une faute, comme toute injustice », dit justement M. Léopold de Gaillard, historien consciencieux et bien informé des événements de cette époque.

Le général Oudinot, personnellement blessé, mais trop fidèle au Souverain-Pontife pour écouter aucune susceptibilité, résolut de se rendre lui-même à Gaëte. Il remit ses pouvoirs au général Rostolan, et alla courageusement représenter à Pie IX, avec l'autorité que lui prêtait son irrécusable dévouement, l'affliction des Romains et l'étonnement de la France en voyant les obstacles systématiques se succéder de jour en jour pour retarder le retour du souverain au milieu de ses sujets. Le général ajoutait que les ennemis de Pie IX, c'est-à-dire les absolutistes et les révolutionnaires, triomphaient seuls de ce retard; les absolutistes justifiant leur opposition à ses premières réformes par le secret repentir qu'ils lui prêtaient; les révolutionnaires raillant notre victoire et prédisant que nous ne tarderions pas à la déplorer. Pour surcroît d'embarras, M. de Corcelle tombait gravement malade à Gaëte, et M. de Rayneval ne dissimulait pas, dans ses dépêches, un certain découragement. M. de Tocqueville, non moins découragé, finit par sortir de la réserve diplomatique en écrivant le 4 août au général Oudinot :

« Vous n'avez certainement pas d'ordres à donner aux autorités papales, mais quand l'intérêt moral de votre armée ou le soin de l'honneur de votre gouvernement vous semble compromis par le résultat d'une mesure, vous avez des avis à émettre, et il faut les émettre de telle sorte qu'on réfléchisse avant de passer outre. Nous sommes des conseillers qui avons l'épée au côté, qu'on ne l'oublie pas. »

M. Barrot et M. de Tocqueville ne manquaient pas de me communiquer leurs doléances, me reprochant même d'user, avec trop de timidité, du crédit que mes efforts et ma constante sollicitude avaient dû m'assurer à Gaëte. A quoi je répondais que ce n'était pas ma timidité, mais leur impatience qui servait le parti rétrograde, et ils finissaient par en tomber d'accord ; mais de nouvelles dépêches apportaient de nouveaux griefs, et jetaient dans le conseil un inexprimable malaise. Le Président, toujours réservé dans son attitude, toujours retenu dans son langage, surtout vis-à-vis de moi qu'il voulait convaincre de sa persévérante sympathie pour Pie IX, se montrait cependant attristé. On sentait aisément qu'une lutte ardente s'établissait au fond de son cœur entre les premiers sentiments de sa jeunesse et les engagements contraires que lui avait imposés son avènement à la tête d'une nation catholique. — « Ah ! monsieur Molé, dans quelle galère m'avez-vous mis là ! » s'écriait-il un jour, et M. Molé s'était hâté de me rapporter le propos.

Je savais gré au Président de ne jamais laisser échapper de ces cris-là devant moi ; mais je ne me dissimulais pas que le reproche éclaterait, tôt ou tard, dans une explosion d'autant plus violente que la compression serait plus prolongée.

Le Saint-Siège était représenté à Paris par un nonce intelligent et loyal, monseigneur Fornari. Je le voyais fréquemment à la nonciature ou au ministère et je ne cessais de lui répéter : « Prenez garde, Monseigneur, et n'allez pas entretenir la moindre illusion à Gaëte. On se fie sur ma présence au ministère pour conjurer les périls, et je crois, en effet, mériter cet honneur ; mais remarquez bien que, le cas échéant, je n'aurai d'autre arme que ma démission, et que ma démission sera probablement le signal d'un changement de système dont vous n'aurez pas à vous louer. Je n'ignore pas que vous devez négocier avec cinq ou six grandes puissances dont les vues sont fort divergentes ; mais il y a une grande puissance que vous négligez trop, c'est l'opinion publique. Pour gouverner le monde, il faut d'abord le convertir ; pour diminuer la foule et l'obstination des exigences, il faut au moins en renvoyer quelques-unes satisfaites. Depuis trois siècles et plus, la vieille Europe assiste à un monotone et triste spectacle ; en matière de réforme, tout se prend, hélas ! et rien ne se donne. Comme il siérait à l'Église, et comme il serait digne d'elle, d'inaugurer une autre méthode ! »

Ma situation devenait donc de jour en jour plus délicate, et ma responsabilité s'aggravait entre des hommes également consciencieux, également impérieux, les uns trouvant que j'en faisais trop, les autres que je n'en faisais pas assez. Sous ce feu croisé, dans cette incessante perplexité, ma santé s'altéra, et je fus saisi par un commencement de fièvre nerveuse. Le docteur Récamier, ardent catholique, me prescrivit, dans l'intérêt même de la mission qu'il désirait me voir pousser jusqu'au bout, un repos de quelques semaines aux bains de Néris. Je demandai un congé au Président et à mes collègues du ministère. Ce congé me fut gracieusement accordé, et le jour même de mon départ, je me rendis encore au Conseil. Le Président avait, à sa droite, le président du Conseil, et à sa gauche, le ministre des Affaires Étrangères, près de qui j'allais habituellement m'asseoir. Ce jour-là, M. Passy se plaça entre M. de Tocqueville et moi. Il lut un volumineux rapport sur les finances que nous écoutions tous d'un air un peu distrait, car nul n'avait la prétention d'opposer sa compétence à celle de M. Passy. Je vis donc, sans m'en étonner ni m'en inquiéter, le Président se pencher vers M. de Tocqueville, lui dire quelques mots à l'oreille, et lui remettre un papier. M. de Tocqueville lut ce papier très attentivement, et me le passa derrière le dos de M. Passy, sans ajouter un mot. Je lus à mon tour ce qui suit :

« Mon cher Edgar,

« La République française n'a pas envoyé une armée à Rome pour y étouffer la liberté italienne, mais, au contraire, pour la régler en la préservant contre ses propres excès, et pour lui donner une base solide, en remettant sur le trône pontifical le prince qui, le premier, s'était placé hardiment à la tête de toutes les réformes utiles.

« J'apprends avec peine que les intentions bienveillantes du Saint-Père, comme notre propre action, restent stériles, en présence de passions et d'influences hostiles. On voudrait donner comme base à la rentrée du pape la proscription et la tyrannie. Dites, de ma part, au général Rostolan, qu'il ne doit pas permettre qu'à l'ombre du drapeau tricolore, on commette aucun acte qui puisse dénaturer le caractère de notre intervention.

« Je résume ainsi le rétablissement du pouvoir temporel du pape : amnistie générale, sécularisation de l'administration, code Napoléon et gouvernement libéral.

« J'ai été personnellement blessé, en lisant la proclamation des trois cardinaux, de voir qu'il n'était même pas fait mention du nom de la France, ni des souffrances de nos soldats.

« Toute insulte faite à notre drapeau ou à notre uniforme me va droit au cœur, et je vous prie de bien faire savoir que si la France ne vend pas ses services, elle exige au moins qu'on lui sache gré de ses sacrifices.

« Lorsque nos armées firent le tour de l'Europe, elles laissèrent partout, comme trace de leur passage, la destruction des abus de la féodalité et les germes de la liberté : il ne sera pas dit qu'en 1849 une armée française ait pu agir dans un autre sens et amener d'autres résultats.

« Dites au général de remercier, en mon nom, l'armée de sa noble conduite. J'ai appris avec peine que, physiquement même, elle n'était pas traitée comme elle devrait l'être ; rien ne doit être négligé pour établir convenablement nos troupes.

« Recevez, mon cher Edgar, l'assurance de ma sincère amitié.

« Louis-Napoléon BONAPARTE. »

Ma lecture à peine finie, je ne cherchai point à contenir mon premier mouvement. Je me levai, passai derrière M. Passy qui continuait son exposé, derrière M. de Tocqueville qui me regardait d'un air inquiet, et je dis vivement, quoique à voix basse, au Président :

« Monsieur le Président, qu'est-ce que cela ?

— Une lettre confidentielle qu'Edgar Ney va communiquer au général Rostolan.

— Est-ce que cette lettre est partie ?

— Oui, hier au soir.

— Alors, Monsieur le Président, vous promettez qu'elle ne sera jamais publiée.

— Oh! non! jamais. »

Là-dessus, je regagnai ma place sans que M. Passy s'interrompît. Cela me donna vingt minutes environ pour réfléchir, et ce temps me suffit pour prendre la résolution de ne point m'inscrire contre ce document. Je n'avais point d'avis utile à émettre puisqu'il était en route depuis la veille, et qu'on me garantissait son caractère purement confidentiel. Ma confiance dans cette promesse était peut-être moins naïve qu'elle ne doit le paraître après l'événement. « *Mon cher Edgar* » et non « *Mon cher Ney* », comme on le lut plus tard dans le *Moniteur*, et d'autres expressions ou détails familiers qui disparurent également, me firent bien au premier moment quelque illusion. Cependant je fus déterminé par d'autres motifs, dont je donne ici la confession sincère.

La lettre, avec ou sans les transformations qu'elle subit pour la publicité, était la justification de mon perpétuel discours à la nonciature : « Prenez garde! vous jouez avec le feu! » Du moment où la lettre devait être communiquée au général Rostolan, je ne doutais point qu'elle ne passât, un peu plus tôt ou un peu plus tard, sous les yeux des trois cardinaux, et j'y trouvais, dans leur propre intérêt, plus d'avantages que d'inconvénients : « Ils vont juger maintenant, me disais-je, si j'exagère l'irritation du Président et si je leur fais entrevoir des périls chimériques. C'est un essai à huis clos qui leur épargnera, peut-être, une expérience plus désastreuse et plus irrémédiable. »

Je dois ajouter, au bénéfice du Président lui-même, que la mention du code Napoléon était moins excessive dans un message confidentiel qu'elle ne l'a paru dans un document public. Dans un message confidentiel, cette mention n'avait rien d'étonnant ni de blessant, car c'était l'écho même des paroles de Pie IX. Dans un entretien avec M. de Rayneval, entretien que l'ambassadeur s'était réjoui de transmettre à son gouvernement dès le 31 juillet, le Pape avait dit :

« Vous autres Français, vous êtes toujours pressés, vous allez trop vite. Nous autres Romains, nous prenons notre temps. Parfois nous en prenons beaucoup, je l'avoue, mais il ne faut pas que cela vous choque. Ayez patience. Je vais, en attendant, vous donner une bonne nouvelle, j'ai voulu faire quelque chose d'agréable à la France. Nous avions naguère travaillé à un code. Eh bien ! j'ai dit hier qu'il fallait tout simplement prendre pour modèle le meilleur des codes, le code Napoléon. Nous avons quelques changements à y apporter, mais c'est chose facile que de corriger, après coup, les détails des grandes et belles choses. »

Le Saint-Père fit observer ensuite que le code Napoléon, avec quelques corrections, était appliqué dans les États napolitains et y produisait d'excellents résultats.

J'employai les vingt ou trente minutes que me laissait la lecture du rapport de M. Passy à me demander aussi dans quelle mesure M. Barrot et M. Dufaure avaient réellement ignoré ou inspiré cette lettre. J'étais bien sûr qu'ils ne l'avaient point rédigée ; elle portait trop le cachet de l'homme qui, parlant rarement, veut se soulager quand il parle. Mais, sauf la forme, elle était la pensée même des principaux membres du cabinet, et elle eût été défendue par eux avec la dernière obstination si je l'eusse attaquée à fond. Je crus donc infiniment préférable de ne les point heurter, à condition qu'ils s'uniraient à la promesse du secret. En effet, quand la question financière fut vidée, le Président lut sa lettre, répétant tout haut ce qu'il m'avait dit tout bas. A mon tour aussi, et déjà debout pour sortir et gagner le chemin de fer, je répétai mon regret que le Conseil n'eût pas été préalablement consulté, et je partis, sinon satisfait, du moins rassuré par l'unanime engagement, très nettement articulé par le Président et par mes collègues, de garder le silence.

Mon séjour à Néris ne fut pas consacré au repos aussi complètement que je l'eusse souhaité, car je fus chargé par mon oncle, le comte Henry de Bombelles, d'annoncer à madame Swetchine la mort de la comtesse de Nesselrode. Je dus me rendre à Vichy pour remplir cette douloureuse mission et apporter, du moins, à un inconsolable chagrin le témoignage de mon dévouement. Mes collègues m'écrivaient peu et je leur en savais grand gré. Je tenais leur silence et le mien pour la meilleure preuve du *statu quo* politique convenu entre nous. Au bout de trois semaines cependant, M. Lacrosse, celui de nos collègues qui me renseignait le plus habituellement, le fit en des termes qui m'alarmèrent. Sa lettre assez embarrassée pouvait se résumer ainsi : « Les complications italiennes s'aggravent, et vous ferez bien de ne pas prolonger votre absence. »

Mon départ fut aussitôt décidé pour le lendemain.

Je déjeunai au château de Meillant, près de Saint-Amand, dont le duc de Mortemart a fait une magnifique résidence, et que je visitai avec l'abbé de Girardin, mon compagnon de voyage. Le duc de Mortemart avait invité à ce déjeuner plusieurs de ses voisins, dont l'un, le duc de Maillé, était mon ancien et fidèle ami. On causa beaucoup de l'invasion du choléra dans le Berry, et l'on fit un tableau navrant des ravages du fléau dans la petite ville de Nérondes. Le maire avait, disait-on, abandonné la commune, et la population épouvantée fuyait les maisons habitées, se croyant plus à l'abri au milieu des champs. Nous pensâmes, l'abbé de Girardin et moi, que nous rappellerions le maire à son devoir en remplissant le nôtre. Nérondes était presque sur notre chemin ; nous nous y rendîmes, nous fîmes rechercher le maire et nous obtînmes, non sans peine, les mesures les plus urgentes ; puis, nous poursuivîmes notre course vers Bourges, où nous retrouvions le chemin de fer.

En entrant dans la gare, j'achetai les journaux. Quelles ne furent pas ma surprise et mon indignation en y trouvant, telle que le public la connaît, la lettre du Président au colonel Edgar Ney. Arrivé rue de Grenelle, j'appris de mon chef de cabinet, M. Charles Jourdain, depuis membre de l'Institut, que l'émotion publique était très vive, et que le Président, absent de Paris, inaugurait un chemin de fer à Sens. Je puis maintenant laisser parler un témoin de mes premières impressions, assurément fort impartial, M. Merruau, alors secrétaire général de la préfecture de la Seine.

« M. de Falloux, dit-il [1], était absent le jour où la lettre paraissait dans les journaux. Il revint en hâte. Au moment où il rentrait à l'hôtel du ministère de l'Instruction publique, j'y arrivais de mon côté pour lui faire visite et pour l'entretenir d'affaires municipales. Une seule chose le préoccupait : donner sa démission. Il me pria d'être, pour ainsi dire, son témoin, et je ne le quittai pas de la soirée. Je m'efforçai d'abord de le détourner de son dessein, en lui représentant qu'il allait marquer une séparation violente entre les catholiques et le Prince qui venait de rendre un grand service à la cause du Saint-Père, et qui était la principale espérance de l'ordre et de la religion. La retraite de M. de Falloux étant un acte de parti ne devenait-elle pas impolitique, dangereuse pour le pays et entachée de quelque ingratitude ? Je ne pus rien gagner, pas même qu'il prît l'avis de tel ou tel de ses amis politiques. Au sortir de table, il courut porter sa démission au Président; mais celui-ci la refusa dans les termes les plus affectueux et lui donna toutes les satisfactions qu'il pouvait raisonnablement exiger. Je reçus, à l'Élysée même, une note conciliante, que je me hâtai de publier dans le *Constitutionnel*, où j'exerçais encore une certaine action. »

Ceci est le tableau du dehors; voici maintenant le tableau du dedans. On me dit à l'Élysée que le Prince n'était pas encore de retour, mais qu'on l'attendait pour dîner : « Je l'attendrai aussi », répondis-

---

1. Merruau, *Souvenirs de l'Hôtel de Ville de Paris*, page 392.

je. Il ne revint que vers neuf ou dix heures du soir et il me fit immédiatement entrer dans son cabinet, quoique ses convives fussent nombreux et impatients de se mettre à table.

« Monsieur le Président, lui dis-je aussitôt, vous venez de me donner mon congé et j'ajouterais que je vous en remercie, si je ne vous quittais plein d'inquiétude pour de bien graves intérêts.

— Me quitter? reprit-il de l'air le plus étonné. Pourquoi?

— Vous avez rendu public ce qui devait rester secret.

— Pensez-vous que la publicité de ma lettre entraîne un changement de politique? Je ne l'entends pas ainsi. Ce n'est qu'une légitime représaille envers le cardinal Della Genga et ses deux collègues. Mais cela n'atteint point le Pape et cela ne changera rien à la marche que je me plais à suivre avec vous depuis un an.

— Telle est votre intention, Monsieur le Président, puisque vous me faites l'honneur de me le dire ; mais il n'est plus en votre pouvoir d'arrêter le funeste élan que vous venez de donner à la France comme à l'Italie.

— Je vais vous dire la stricte vérité, Monsieur de Falloux, et vous allez voir que vous vous exagérez l'incident. Je voulais vous tenir parole et laisser ma lettre faire silencieusement son chemin, lorsqu'une dépêche anglaise, interceptée par la police, a été mise sous mes yeux. Cette dépêche me représentant au cabinet anglais comme le jouet des Autrichiens et m'accablant de piquants sarcasmes, me causa une irritation à laquelle j'ai cédé sans réfléchir. J'envoyai l'ordre au général Rostolan de faire connaître ma lettre à l'armée française et à Rome. Le général refusa d'obtempérer à cet ordre, m'objectant que ma lettre n'était pas contre-signée par un ministre et qu'elle jetterait en Italie une dangereuse effervescence. Le ministère hésitait encore à m'appuyer près du général Rostolan, quand ma lettre parut, à peu près intégralement, dans le *Moniteur toscan*. Vos collègues alors ne virent plus d'obstacle à son insertion dans le *Moniteur* et elle y parut. Ce fut une satisfaction qui m'était toute personnelle, et dont je n'avais pas calculé l'effet, je vous l'avoue en toute sincérité ; elle ne devait avoir et elle n'aura, soyez-en sûr, aucune influence extérieure sur l'ensemble de notre conduite politique.

— Cette confidence modifie certainement mon appréciation intime du fait en lui-même, mais le public ne peut y être admis et je ne puis demeurer l'éditeur responsable d'un document dont mes collègues ont accepté sans moi la responsabilité.

— Vous vous trompez, Monsieur de Falloux. Il faut que le public sache la vérité ; je ne demande pas mieux que de la lui dire. »

Aussitôt, il se mit à son bureau, écrivit très rapidement quelques lignes et me tendit le papier en me disant :

« Tenez, Monsieur de Falloux, cela vous suffit-il ? »

C'était le désaveu de la lettre dans les termes les plus catégoriques. Je voyais, à mon tour, l'exacte reproduction de ce qui s'était passé neuf mois auparavant pour M. Barrot, au sujet de M. de Malleville.

Mais le cas était encore plus grave. Il fallait compter en même temps avec la dignité du Président devant le pays, et avec l'attitude du ministère devant la Chambre. Je regrette de n'avoir point gardé cette précieuse minute que le Prince ne me redemandait pas. Je la lui rendis naïvement en lui disant :

« C'est trop, Monsieur le Président; c'est trop pour vous qui avez écrit la lettre, c'est trop pour MM. Barrot, Dufaure et de Tocqueville qui en ont autorisé la publication. Puisque vous m'affirmez que rien n'est changé dans notre politique commune, il ne faut point lui imprimer une si brusque secousse. La *Patrie* a publié une note qui, je viens d'en être informé par M. Merruau, est de la main même de M. Dufaure. Laissez-moi prendre là l'occasion d'une revanche et surtout d'un éclaircissement péremptoire. »

La note de la *Patrie* était ainsi conçue :

« Plusieurs journaux ont prétendu que M. le ministre de l'Instruction publique et des Cultes avait quitté Paris, en raison d'un désaccord profond qui s'était élevé entre lui et les autres membres du cabinet, à l'occasion de la lettre de M. le Président de la République au colonel Ney. Ces journaux sont mal informés. M. de Falloux assistait, avant son départ, au Conseil des ministres, auquel M. le Président a communiqué sa lettre; M. de Falloux a donné à cette lettre la plus entière approbation. (*Communiqué*.) »

Je m'assis à mon tour au bureau, et j'écrivis :

« Reproduire dans le *Moniteur* la note de la *Patrie* et la faire suivre des lignes suivantes : « M. le ministre de l'Instruction publique nous adresse à ce sujet cette rectification : « La note publiée dans la *Patrie* n'a pas été communiquée à M. de Falloux : il n'eût pu en autoriser les termes. La communication de la lettre du Président a été purement officieuse et excluait toute idée de publicité. »

« — Si le *Moniteur* publie cela demain matin, dis-je au Prince en lui remettant ce papier, je ne puis rien demander de plus. »

« — Soyez tranquille, je m'en charge, » me répondit-il en me serrant affectueusement les deux mains ; puis, il se rappela son dîner et m'invita gracieusement. Je refusai et j'allai me coucher. Le lendemain, 10 septembre, ma note parut exactement et textuellement dans le *Moniteur*.

Le P. Lacordaire a dit, dans une de ses conférences de Toulouse : « Le mépris de la mort, voilà le principe de la force morale. Tant que la conviction de la justice ne va pas jusque-là, il n'y a rien à espérer de l'homme dans les grandes occasions. » En abaissant beaucoup ce bel axiome et ce beau langage, je dirai : « Le mépris des portefeuilles, voilà le principe de la force politique. » Je fis, ce jour-là, de cette vérité une heureuse expérience et je la recommande à tous ceux qui, après moi, tombés dans un grand piège, auront à sortir d'un grand embarras. M. Barrot, M. Dufaure, M. de Tocqueville étaient mes anciens, et par conséquent mes supérieurs. Ils s'étaient dégagés trop facilement de leur engagement ; mais, quand ils furent nettement interpellés, ils sentirent d'eux-mêmes qu'ils avaient été trop loin. Ils reculèrent de bonne foi, reconnurent que j'avais usé du droit de légitime défense et nous nous remîmes, sans aucune récrimination, à l'œuvre commune.

J'aurais voulu retirer de ce calice une partie de son amertume; mais la presse ne s'y prêta pas.

Après avoir reproduit le récit des divers journaux, l'*Univers* ajoutait :

« Cette histoire est glorieuse pour M. de Falloux. Il a voulu très honorablement se retirer du cabinet; il y reste très honorablement. Son dernier discours demeure l'expression de la politique de la France dans la question romaine et la trop fameuse lettre du 18 août... est purement et simplement retirée [1]. »

A l'extrémité opposée, le *National* s'écriait :

« M. le Président de la République, s'il s'accommode de ce langage plus que péremptoire, s'il accepte ces leçons, ces châtiments publics, ces nasardes à lui données, en place publique, par une poignée de sacristains, est doué d'un meilleur naturel que la plupart des hommes... Maître du terrain, M. de Falloux n'y supportera pas longtemps des collègues incommodes, auxquels il a donné l'exemple d'une volonté ferme et qui n'ont pas su comprendre ce qu'un homme d'État gagne à se montrer résolu [2]. »

Enfin la caricature s'en mêlait aussi, elle représentait le Président assis entre deux gendarmes, sur le banc des accusés. Je présidais un tribunal, composé de M. de Montalembert et de M. Faucher, et je lisais debout la mercuriale suivante : « Avertissement paternel du révérend père Falloux. Que restera-t-il

1. *Univers*, 13 septembre 1849.
2. *National*, 13 septembre 1849.

donc de tout ceci? Rien, nous l'espérons, qu'un sévère avertissement à M. le Président de la République. Qu'il ne s'expose donc pas une seconde fois à voir un de ses ministres mettre dans le *Moniteur* des notes semblables à celle qui a paru ce matin. Et surtout qu'il prenne garde, par des témérités et des légèretés de cette nature, de réveiller contre lui-même les souvenirs d'un passé que la sagesse la plus constante peut seule faire oublier [1]. »

Cet incident une fois vidé, je me demandai, je me demande encore, laquelle des deux paroles du Président a été la vraie. Si, en me promettant le secret, il était déjà résolu à ne le point garder, quel bénéfice pouvait-il attendre d'une duplicité de quarante-huit heures, et comment pouvait-il se ménager volontairement la situation dans laquelle le plaça mon inévitable retour de Néris? Assurément, il ne ressembla pas ce jour-là à un homme capable de préméditation ou de prévoyance. D'autre part, s'il n'avait cédé, en publiant sa lettre, qu'à un passager mouvement d'humeur, comment cette lettre se retrouva-t-elle plus tard le programme de sa politique personnelle? Dans cette hypothèse, il faudrait admettre que la duplicité lui coûtait peu et qu'il n'avait pas pour elle la forte répulsion qu'éprouvent les honnêtes gens en face de cette improbité morale.

Tromper, en engageant sa parole, équivaut à tricher au jeu; cela n'honore pas et ne procure même pas un renom d'habileté. Les hommes qui ne se l'interdisent

---

1. *Le Journal pour rire*, 29 septembre 1849.

pas par conscience devraient au moins se l'interdire par amour-propre. Je pose simplement la question ; les historiens de Napoléon III la résoudront. Pour mon compte, je n'éprouvai rien des sentiments provocateurs que me prêtaient des journaux sérieux et *Le Journal pour rire*. Je déplorai l'incident, je n'en triomphai pas; tâchant, au contraire, d'en effacer la trace autant que cela pouvait dépendre de moi. De leur côté, mes collègues, je leur dois cette justice, me témoignèrent la même disposition.

A Gaëte, l'émotion fut vive et l'effet désastreux. Au lieu de se rendre à Castel-Gandolfo, tout près de Rome, comme nous avions lieu de l'espérer, Pie IX voulut mettre une plus grande distance entre l'armée française et lui. Le roi de Naples offrit le palais de Portici. Le cardinal Antonelli, quelques prélats de la maison pontificale, quelques membres du corps diplomatique répétèrent à l'envi que le Pape se réfugierait en Amérique où l'attireraient d'anciens souvenirs, plutôt que de laisser planer un soupçon sur son indépendance. Toutefois, l'insistance de nos ambassadeurs, la certitude que l'Assemblée, alors en vacances, manifesterait, à son retour, une inébranlable fidélité à la politique antérieure, touchèrent le cœur de Pie IX, et imposèrent silence aux irritations calculées ou sincères des mécontents.

Le *Motu proprio* signé par le Pape, le 12 septembre, apporté à Rome, le 19, par M. de Corcelle et affiché le 20, se modelait, en grande partie, sur le *Memorandum* présenté à Grégoire XVI, en 1831, au nom des cinq grandes puissances. Le régime municipal était réorganisé dans les Etats romains, sur une base plus large que celle des municipalités françaises. Des réformes civiles et des réformes judiciaires étaient promises ; la Consulte de 1847, instituée par Pie IX lui-même pour l'établissement de l'impôt, était maintenue ; l'amnistie n'était pas complète, mais les exceptions devaient être réglées par des catégories précises. Ce n'était pas là tout ce qu'avait demandé le gouvernement français, mais c'était assez pour contenter un grand nombre de Romains, et de ce point de départ, on pouvait s'élever graduellement, pacifiquement, à des améliorations plus considérables.

M. Thiers, rapporteur d'une demande de crédit pour le corps expéditionnaire, et impatient de parler au nom de la Majorité, saisit cette occasion pour faire entendre, en dépit des invectives de la Gauche, une déclaration solennelle : « Votre Commission, dit-il, a mûrement examiné le *Motu proprio* de Pie IX, non pas qu'elle croie que la France a le droit de décider du mérite des institutions d'un peuple étranger (*Interruption bruyante à l'Extrême Gauche*), mais la commission l'a examiné pour savoir si les conseils qu'elle était fondée à donner avaient porté des fruits tels qu'elle n'ait pas à regretter son intervention dans les affaires romaines. Eh bien ! en très grande majorité, votre Commission déclare qu'elle aperçoit dans le *Motu proprio* un premier bien très réel et dont une injuste prévention peut seule méconnaître la valeur[1] ».

La discussion sur ce rapport et sur le crédit finan-

---

1. *Moniteur* du 14 octobre 1849.

cier commença le 18 octobre. La Gauche ne se dissimulait pas qu'elle avait devant elle une majorité plus compacte et plus ferme qu'aux jours de l'Assemblée Constituante; mais se flattant de reconquérir le Président, elle ne cessait d'irriter et de caresser tour à tour ses susceptibilités et elle affectait d'adopter pour programme la lettre au colonel Edgar Ney. M. Thiers, dans son rapport, n'avait point parlé de cette lettre. M. Mathieu (de la Drôme) voulut interpréter cette omission comme un signe de dédaigneuse hostilité : « Le Président, s'écriait l'orateur, pourrait-il, comme pouvoir exécutif, se faire à Rome l'agent, l'instrument d'une politique qu'il a, lui, flétrie dans sa lettre du 18 août?... Pour qu'il en soit ainsi, commencez donc par lui défendre de s'appeler Napoléon[1] ! »

M. de Tocqueville, tout en s'appuyant sur le rapport de M. Thiers, avait voulu consoler le Président très sensible à cette omission. Il rapprocha des dépêches ministérielles la lettre en question. « Elle peut être considérée, dit-il, comme un résumé sommaire, rapide, familier, si vous le voulez, mais, comme un résumé fidèle de notre politique, elle la traduit dans un élan généreux et fier. Nous ne l'avons jamais désavouée et ne la désavouerons jamais. »

M. Victor Hugo vint ensuite donner un solennel assentiment au langage de l'Opposition. Cette désertion, en présence de l'ennemi, appela M. de Montalembert à la tribune : « Le discours que vous venez d'entendre, dit-il, a déjà reçu le châtiment qu'il mé-

---

1. *Moniteur* du 19 octobre 1849.

ritait dans les applaudissements qui l'ont accueilli. »
La Gauche, se soulevant en masse, se plaignit d'être
outragée. M. de Montalembert reprit avec calme :
« Puisque le mot de châtiment vous blesse, Messieurs, je le retire et j'y substitue celui de récompense ! » C'est dans ce même discours qu'il a prononcé cette parole qui est demeurée et demeurera
dans la mémoire des hommes comme un des plus
beaux cris de l'éloquence convaincue : « L'Église,
c'est bien plus qu'une femme, c'est une mère ! » Une
inexprimable émotion s'empara des tribunes publiques comme de l'Assemblée et les crédits, c'est-
à-dire l'acceptation du *Motu proprio* et du rapport de
M. Thiers, furent votés le 20 octobre par 469 voix
contre 180.

Je n'eus pas la consolation de mêler mes applaudissements à ceux qui avaient couvert, durant quelques
minutes, la voix de M. de Montalembert. Personne ne
savait comme lui encourager, féliciter, fortifier ses
amis. Il me serrait dans ses bras, lorsque peu de mois
auparavant je descendais de la tribune, après avoir
payé mon tribut d'hommages à la papauté. Combien
il m'eût été doux de lui rendre, avec la même effusion, l'expression des mêmes sentiments ! La maladie
en avait autrement ordonné.

Mes forces très insuffisamment rétablies, dans mon
trop court séjour de Néris, n'étaient plus en état de
lutter contre les pénibles épreuves qui avaient immédiatement suivi mon retour à Paris. Je n'entends par
là ni les attaques de coteries aussi aveugles qu'impitoyables — j'en prenais sincèrement mon parti, et

j'étais convaincu qu'on avait grande chance d'avoir raison, du moment qu'on n'était pas de l'avis des intransigeants — ni mes luttes avec le Président ou avec mes collègues du ministère. Assurément, ces luttes étaient fréquentes; mais elles étaient adoucies par des formes toujours très courtoises et souvent affectueuses. Ma lutte la plus pénible, la plus fatigante, c'était celle que je portais au-dedans de moi-même. Seul de mon bord dans le Cabinet depuis le départ de M. Buffet, où prendre un conseil? Où demander une inspiration? Où chercher un regard, un signe, lorsque je devais me décider à l'improviste, sur les questions les plus délicates?

C'était également la situation de M. de Corcelle, à Naples. Aussi ne fûmes-nous étonnés, ni l'un ni l'autre, de succomber presque en même temps. Nous eûmes, lui, en Italie, moi, en France, le même honneur et la même récompense. Si tous deux nous n'avons pu sacrifier notre vie à notre cause, nous nous sommes du moins donnés tout entiers et épuisés à son service. Le docteur Récamier recourut à des remèdes fort énergiques pour arrêter ou calmer la fièvre qui s'empara de moi, dès le milieu de septembre. Aux premiers jours d'octobre, il me fit transporter au château de Stors, près de l'Isle-Adam, chez le duc de Valmy, en compagnie d'un jeune médecin, le docteur Massé, qui sous ses ordres, surveillait ma convalescence encore fort douteuse. Il m'aurait fallu un repos d'esprit aussi complet que le repos du corps. Mais la proximité de Paris rendait ce calme impossible. Les amis et les affaires faisaient trop facilement ce trajet. J'annonçai ma démission et j'y étais fermement résolu. Mais les uns voulaient m'en détourner par une sympathie sincère, les autres entrevoyaient que ma démission entraînerait une crise ministérielle et la redoutaient. Ceux-ci voulaient prolonger l'intérim de mon ministère, remis au très loyal et très estimé M. Lanjuinais ; ceux-là essayaient de me convaincre que je pouvais, moyennant quelques semaines passées dans le Midi, revenir pour porter encore le fardeau de la vie politique. M. de Tocqueville, en particulier, mettait le plus aimable soin à me faire illusion. Il écrivait à ma femme :

« Madame, j'ai attendu jusqu'à ce moment pour répondre à la lettre que vous avez bien voulu m'écrire hier, afin de pouvoir faire connaître à M. de Falloux les nouvelles que j'attendais aujourd'hui de Rome. Le courrier n'a rien apporté. Répétez-lui qu'il faut qu'il se tranquillise sur cette question ; qu'il sera tenu au courant de tout, jour par jour, et qu'aucune résolution considérable ne sera prise, sans qu'il en soit informé à l'avance.

« Je voudrais pouvoir lui dire que l'affaire relative au général Oudinot [1] est conclue ou près de se conclure, je ne suis pas en position de le faire. Le Président me paraît fort peu décidé, et même, je dois le dire, plus enclin à s'abstenir qu'à agir. Je lui en parlerai de nouveau demain...

« Paris, 19 octobre 1849.

« A. de Tocqueville. »

1. Élévation à la dignité de maréchal d France.

Le dimanche 21, M. Molé m'écrivait :

« Je partirais pour Stors, si des obstacles insurmontables ne m'en empêchaient. M. Thiers m'a demandé hier de vous écrire, et de vous prier de différer le plus longtemps possible l'envoi de votre démission, afin de retarder d'autant la discussion de votre loi sur l'enseignement. Je suis d'avis d'ajourner cette discussion au mois de janvier si nous le pouvons. Il faut laisser se calmer les émotions du débat d'où nous sortons et les affaires de Rome se dénouer avant d'aborder les grandes questions de l'instruction publique. Mais le moment où vous romprez vos liens avec le Cabinet ne peut, ne doit être choisi que par vous. Ce que, pour ma part, je désire le plus, c'est que si, comme on nous le dit, le Midi vous est nécessaire, vous en preniez promptement le chemin, tout en restant titulaire, ou vous réservant d'envoyer votre démission, lorsque vous ne pourrez plus faire autrement. Si j'étais bien sûr de ne pas vous fatiguer, je tâcherais d'aller vous dire tout ce que je ne saurais vous dire ici. Mais je crois qu'on vous fait mal, en allant si souvent troubler votre repos. Quels sont vos projets? Viendrez-vous à Paris, avant de vous éloigner davantage ?

« Montalembert s'est surpassé. Jamais il ne s'était élevé si haut, et jamais je n'avais vu la parole humaine agir à ce point sur une assemblée. Soyez sûr que nous devons nous tenir pour satisfaits du dénouement; mais les esprits sont inquiets. On se sent entraîné vers un avenir aussi obscur que redoutable. Si Dieu ne s'en mêle, je ne sais où nous irons.

Ne vous fatiguez pas à me répondre. Faites-moi seulement savoir vos projets. Pour vous et pour nous, je tiens à les connaître.

« Recevez, mon cher Ministre, l'expression de sentiments qui vous sont connus et ne finiront qu'avec moi.

« Molé. »

Je crois pouvoir dire consciencieusement que je ne réglai ma détermination, ni sur les instances de mes amis, ni sur des convenances isolées de parti. J'étais entré au ministère pour deux grands intérêts : la liberté de l'enseignement en France, la restauration du Souverain-Pontife à Rome ; et si je me crus libre de compter avec mes propres forces, c'est que je pus croire ces deux grands intérêts en sûreté.

La loi de l'enseignement était à l'étude dans une commission qui me donnait toutes les garanties désirables. Elle était composée de MM. Thiers, de Montalembert, Fresneau, Armand de Melun, Janvier, l'évêque de Langres, l'abbé de l'Espinay, Baze, Beugnot, Sauvaire-Barthélemy, du Fougeray, Barthélemy Saint-Hilaire, Salmon, Coquerel et Rouher. L'adoption de la loi par une telle commission, c'était la certitude de son adoption par l'Assemblée, car toutes les fractions de la majorité y comptaient des représentants éminents. Les catholiques qui, dans la Chambre des Pairs, avaient acquis le plus d'expérience et déployé le plus de lumières, MM. de Montalembert, Beugnot, Sauvaire-Barthélemy étaient là pour échanger avec leurs nouveaux collègues les fruits d'une si longue lutte. M. Coquerel, pasteur protestant, marchait d'accord avec l'évêque de Langres, et M. Barthélemy Saint-Hilaire qui n'avait cessé de me combattre, se trouvait en face de son ami, M. Thiers, envers qui il ne perdait jamais l'attitude de la déférence. Toutes les résolutions, sauf quelques questions de détail, furent prises à la presque unanimité. M. Thiers était, pour ainsi dire, président de droit, et, chose plus significative encore, M. Beugnot fut élu rapporteur.

Dans la question romaine, l'Assemblée autorisait les mêmes espérances et donnait les mêmes garanties. A Rome, les trois cardinaux, dont l'administration provisoire avait été peu satisfaisante, allaient s'effacer. Le Pape était sur le point de rentrer dans la Ville Éternelle, et le manifeste dont il faisait précéder son retour, était accepté en France, sans enthousiasme, mais aussi sans réserve inquiétante. Il m'aurait fallu plus de présomption et plus d'ambition que je n'en avais pour croire ma présence nécessaire ou pour rêver d'autres succès. Je m'estimais, au contraire, fort heureux et fort récompensé par les résultats obtenus. J'avais, pour les compléter, parfaite confiance en mes amis, et j'étais sûr que rien ne péricliterait entre leurs mains, tant que l'Assemblée resterait debout. Je sentais d'ailleurs que ma souffrance mal guérie et probablement inguérissable avait sonné l'heure de mon *Nunc dimittis*. Je pris donc l'irrévocable parti de me retirer sans plus de délai. J'en avais informé à Stors M. de Persigny, qui était venu me voir en ami, sans lui cacher toutefois que j'attendrais le vote de l'Assemblée sur le *Motu proprio* pour considérer comme résolues les difficultés les plus ardues de la question romaine. Ce vote acquis, j'adressai ma démission au Président, en le remerciant avec sincérité de sa constante bonté envers moi, et ma lettre à peine expédiée, je me hâtai de gagner Paris, afin d'y faire mes préparatifs de départ pour Nice.

CHAPITRE XV

CHANGEMENT DE MINISTÈRE. — LA LOI DE L'ENSEIGNE-
MENT. — SÉJOUR A NICE. — VOYAGE A TURIN. —
NOMINATIONS ÉPISCOPALES. — QUESTIONS MONARCHIQUES.

1849-1850

Pendant que je suivais de près à Paris ma lettre de démission, je reçus du Président une réponse anticipée qui s'était croisée avec mon message et qui dut courir après moi. Elle était ainsi conçue :

» Élysée national, le 24 octobre 1849. »

« Mon cher monsieur de Falloux,

« J'ai appris avec un véritable chagrin que votre santé est toujours chancelante, et qu'il vous fallait un repos absolu de corps et d'esprit pour vous remettre complètement.

« Persigny m'a donné, en effet, des détails sur votre état, et sur les dispositions de votre esprit qui m'engagent à vous conseiller de quitter momentanément les affaires. D'un autre côté, l'intérim de l'Instruction publique ne peut guère se prolonger davantage, de sorte qu'il y a nécessité à ce que vous preniez un parti. Vous devez comprendre combien il m'en coûte de me séparer d'un homme qui a donné tant de preuves de son dévouement au pays, et j'espère, qu'en dehors du ministère, vous me conserverez toujours le même attachement.

« Recevez, mon cher monsieur de Falloux, l'assurance de mes sentiments de haute estime.

« Louis Napoléon B. »

Le Président, qui n'était jamais pressé et qui ne pouvait avoir aucun doute sur ma démission, même avant qu'elle lui fût parvenue par écrit, ne pouvait pas montrer tant d'empressement à voir cesser l'intérim de M. Lanjuinais, sans un motif encore inavoué, mais qui ne me paraissait point difficile à deviner. Je n'avais pas laissé ignorer à M. de Tocqueville ma rapide traversée de Paris, et il vint aussitôt avec sa bienveillance habituelle me serrer la main. Je crus qu'il allait m'annoncer la nouvelle combinaison ministérielle, mais il en parut tout d'abord à cent lieues et venait tout uniment me demander, au nom de mes anciens collègues, quel successeur au ministère de l'Instruction publique, je me proposais d'appuyer auprès du Président. Nous traitâmes de quelques noms propres et je recommandai particulièrement M. de Vatimesnil, puis, j'ajoutai :

« Mais M. Barrot et M. Dufaure sont-ils bien sûrs du Président par rapport à eux-mêmes ?

— Que voulez-vous dire ? demanda M. de Tocqueville de l'air le plus étonné.

— Mais, mon ami, je veux vous rappeler ce que nous avons cent fois constaté ensemble, c'est-à-dire que le Président regarde M. Barrot comme un pur métaphysicien parlementaire, sans coup d'œil, sans vue pratique, et qu'il se contient à grand'peine vis à-vis de M. Dufaure, qui, sans s'en douter, ne perd jamais l'occasion de lui être désagréable. Je n'ai reçu aucune confidence, croyez-le bien, et je ne parle que d'après mes observations personnelles, mais je serai surpris autant que charmé, si la modification ministérielle s'arrête à moi. »

M. de Tocqueville, une fois son attention éveillée, partagea promptement mon inquiétude, sans croire encore la situation désespérée. J'ajoutai :

— « Je n'ai pas pris congé du Président et je vais le faire tout à l'heure. L'interroger n'est pas le meilleur moyen de savoir sa pensée, mais je vous promets que, s'il me la découvre, je vous en ferai part immédiatement. »

Je me rendis aussitôt à l'Élysée. Le Président allait monter à cheval, il me reçut debout et s'excusa en me disant :

— « Je veux vous remercier chez vous et voir madame de Falloux. J'irai vous trouver tous les deux au retour de ma promenade. Je veux causer avec vous de la situation. »

Je rentrai au ministère pour l'attendre et annoncer sa visite à ma femme. Nous l'attendîmes jusqu'à la fin de la journée : il ne vint pas. Je ne réclamai pas la visite et la conversation promises. Je ne retournai pas à l'Élysée, puisque j'étais en règle, et, dès le lendemain, je quittai Paris et gagnai le Midi, heureux de ma liberté, comme un écolier en vacances.

A trente ans de distance, je ne puis me rappeler,

sans une délicieuse sensation, mon trajet de Marseille à Nice. J'étais monté sur le siège de ma voiture pour mieux jouir du paysage et mieux respirer l'air de la mer, sous les rayons du soleil de Provence. Chaque fois que ma pensée retourne vers cette époque, je vois toujours, avec un enchantement qui ne s'est pas évanoui, les grands pins des environs de Fréjus, la descente de l'Estérel où je rencontrai lord Brougham, à cheval, les environs de Cannes; enfin, aux abords de Nice, les orangers et les aloès en pleine terre, qui annoncent et rappellent si bien l'Italie.

Pendant que je savourais ces premières douceurs de la délivrance, la politique entrait, hélas! dans une agitation qui ne devait plus se terminer que par le coup d'État du Deux-Décembre.

N'ayant rien appris à l'Elysée, ni chez moi, avant mon départ, je n'avais rien transmis à M. de Tocqueville, et le brusque renvoi du ministère le trouva tout à fait au dépourvu. M. Barrot était trop optimiste pour prévoir les mauvais procédés, mais il était trop honnête, et dans le plus noble sens du mot, trop désintéressé, pour s'en irriter ou s'en plaindre longtemps. M. Dufaure, avec son regard presque constamment et presque exclusivement fixé sur lui-même, ne se rendait point compte de la violence qu'il avait faite au Président et à l'Assemblée, en envahissant avec ses amis, quelque distingués qu'ils fussent, un cabinet où ils n'étaient pas parlementairement appelés. M. de Tocqueville et M. Lanjuinais savaient, par les ménagements d'une naturelle courtoisie, étendre, de jour en jour, le cercle de loyales relations. M. Dufaure n'en éprouvait pas le besoin et ne s'en donnait pas la peine: ses hautes et probes intentions lui suffisaient. C'était un Léon Faucher infiniment plus éloquent, mais peut-être plus disgracieux. Je ne puis me rappeler, sans rire, qu'il nomma un sous-préfet à Segré, et ne crut pas même convenable de m'en avertir, avant le *Moniteur*. J'aurais pu croire qu'il ne m'avait point pardonné notre entrevue nocturne à la formation du ministère, si je n'avais reçu de lui l'aimable billet suivant, qui me donnait d'avance la joie d'avoir obtenu la réintégration, si désirée par les Angevins, de statues historiques dont l'Anjou avait failli être dépouillé.

« Paris, 14 juillet 1849. »

« Mon cher collègue,

« Je crois devoir vous annoncer que, conformément aux ordres que j'ai donnés, avec approbation du Conseil, vos quatre vénérables Plantagenets viennent de prendre le chemin de fer d'Orléans et pourront arriver demain à Fontevrault [1].

« Agréez l'assurance de mes sentiments les plus distingués.

« J. Dufaure. »

Le pressentiment qu'avaient fait naître en moi la lettre du Président, son silence à l'Élysée, sa visite promise qui n'était qu'un expédient pour éluder la con-

---

1. Il s'agit des statues de l'abbaye de Fontevrault dont le Musée de Versailles avait voulu s'enrichir et qui furent restituées à l'Anjou.

versation, se réalisa sans autre délai. Après avoir hésité, non dans sa volonté mais dans le choix de l'heure, le Président ne voulut pas se séparer de M. Barrot sans lui donner un solennel témoignage de la reconnaissance qu'il lui devait bien. M. Barrot, qui avait passé sa vie dans l'Opposition, n'était pas chevalier de la Légion d'honneur. Un décret le nomma successivement chevalier, officier, commandeur, grand officier et grand'croix de la Légion d'honneur. M. Barrot qui ne s'expliquait point sa disgrâce, refusa de la sanctionner lui-même, et repoussa très noblement cette exceptionnelle promotion. Quant à M. Dufaure et aux autres membres du cabinet, ils ne reçurent qu'un simple et froid remerciement.

Le *Moniteur* du 1ᵉʳ novembre annonçait un ministère ainsi composé : le général d'Hautpoul, à la Guerre ; M. de Rayneval, alors à Rome, aux Affaires Étrangères. — Il n'accepta pas et fut, le 18 novembre, remplacé par le général de la Hitte. — MM. Ferdinand Barrot, à l'Intérieur ; Achille Fould, aux Finances ; Romain-Desfossés, à la Marine ; Bineau, aux Travaux Publics ; Dumas, à l'Agriculture ; de Parieu, à l'Instruction Publique ; Rouher, à la Justice.

Ce ministère fut accompagné d'un message du Président de la République à l'Assemblée Législative. Voici le passage significatif de ce document :

« Pour raffermir la République menacée de tant de côtés par l'anarchie ; pour assurer l'ordre plus efficacement qu'il ne l'a été jusqu'à ce jour ; pour maintenir à l'extérieur le nom de la France à la hauteur de sa renommée, il faut des hommes qui, animés d'un dévouement patriotique, comprennent la nécessité d'une direction unique et ferme, et d'une politique nettement formulée, qui ne compromettent le pouvoir par aucune irrésolution, qui soient aussi préoccupés de ma propre responsabilité que de la leur et de l'action que de la parole. »

Ce message était un commencement de défi à l'Assemblée ; le ministère prit ou se laissa donner le nom de ministère d'action. On y voyait, en effet, des hommes qui, pour la plupart, devaient jouer un rôle considérable sous le second Empire. L'opinion surprise, déroutée, incertaine, ne se montra pourtant sévère que pour un seul des nouveaux ministres, le frère de M. Odilon Barrot, M. Ferdinand Barrot, que l'on surnomma Caïn Barrot.

Dans l'ordre logique, la Gauche eût dû surpasser toutes les autres fractions de l'Assemblée par ses protestations en l'honneur des droits et franchises parlementaires. Mais la Gauche est jalouse de domination plus que de liberté : on le constata une fois de plus. Elle préférait la pratique arbitraire et violente des idées révolutionnaires, sous un despotisme césarien, à l'acclimatation pacifique et régulière des idées libérales, sous la monarchie. Elle se mit à flatter le Président de la République, pour l'exploiter, dès qu'elle soupçonna en lui la volonté de rompre avec les chefs de la majorité, sur les questions religieuses. Elle était prête à courir et à faire courir au pays toutes les aventures, pourvu que sa haine du catholicisme fût satisfaite. Le P. Lacordaire, qui savait si bien apercevoir et montrer à vol d'aigle l'histoire et ses lois, a dit, en parlant de la première Révolution :

« Toute cause dont la religion est absente, et, à plus forte raison, toute cause qui répudie la religion est une cause où manque le premier fondement de l'humanité... Le christianisme ayant été repoussé par une révolution mal conduite, ce mouvement, si juste dans ses causes, n'a pu s'asseoir, après plus de soixante ans d'efforts, attestant ainsi, par ses chutes, qu'il avait trop présumé de lui et que les peuples chrétiens, quoi qu'ils veuillent tenter, ne l'accompliront jamais sans le secours de la foi qui les a faits ce qu'ils sont[1] ! »

Ces paroles, qui n'ont pas encore reçu de démenti dans l'histoire contemporaine, allaient être de nouveau confirmées pour notre malheureux pays. Le Président, inconscient dans une certaine mesure, laissait entrevoir qu'il pourrait donner bien des satisfactions à la Gauche, si elle voulait, non lui remettre, mais lui laisser prendre le pouvoir absolu. La Gauche faisait comprendre à son tour, qu'au prix de l'abandon de l'Église, il n'y avait pas de garantie politique dont elle ne fît bon marché. Ce pacte, tacite d'un côté, avoué de l'autre, reçut tout d'abord un gage dans le bienveillant accueil fait au premier ministère personnel. Les vieilles renommées libérales de MM. Barrot, Dufaure et de Tocqueville furent immolées sans sourciller aux ambitions naissantes de MM. Fould et Rouher. M. Odilon Barrot, dans ses *Mémoires*, se plaint sans

1. Lacordaire, *De l'influence de la vie surnaturelle sur la vie privée et la vie publique*, sixième conférence de Toulouse.

amertume de la froide attitude de la Gauche envers lui ; mais il s'en étonne trop, et ne se rend pas assez compte des vrais mérites qui lui attirèrent cette disgrâce.

Le contre-coup de la nouvelle politique ne pouvait manquer d'atteindre la loi de l'enseignement. Dès le 7 novembre, M. Pascal Duprat vint à la tribune demander que ce projet de loi fût, avant d'être discuté par la Chambre, préalablement renvoyé au Conseil d'État. Cette tactique allait devenir un système qui peut se résumer ainsi: dessaisir l'Assemblée, diminuer ou sacrifier ses prérogatives, pourvu qu'un intérêt religieux ait chance d'en souffrir et peut-être d'y périr. M. Beugnot se hâta de réfuter M. Pascal Duprat. Il essaya même de piquer d'honneur ses contradicteurs en leur disant :

« Je vois que les adversaires du projet de loi reculent et qu'ils n'osent pas se rendre sur le terrain où nous les appelons. C'est là un présage de bon augure pour les amis de la liberté, de la vraie liberté de l'enseignement. »

Voix a gauche : « De la liberté escamotée! »

M. Beugnot: «Eh bien! alors, si vous êtes tellement sûrs de vos opinions, ne désertez pas le combat. Nous vous appelons à la lutte, à la discussion au grand jour ; et vous, vous demandez qu'on aille enfermer le projet de loi dans les cartons du Conseil d'État![1]»

MM. Lherbette et Barthélemy Saint-Hilaire appuyèrent M. Pascal Duprat. MM. Fresneau et Baze sou-

---

1. *Moniteur* du 8 novembre 1849.

tinrent habilement M. Beugnot. M. de Parieu, mon successeur au ministère de l'Instruction publique, se déclara désintéressé du débat.

300 voix se prononcèrent pour le renvoi au Conseil d'État; 299 contre.

Ce résultat surprit ceux-là mêmes qui l'avaient obtenu. M. de Parieu ne prit pas part au vote. Ce déplacement d'une majorité, jusque-là nombreuse et compacte, provint de deux causes : l'accord avec la Gauche des membres qui prenaient leur mot d'ordre à l'Élysée et qui commencèrent, en cette circonstance, une évolution qui ne devait pas s'arrêter là ; l'accord, avec eux et avec la Gauche, de quelques catholiques, commençant aussi ce jour-là une scission qui devait grandir et produire rapidement d'autres ravages. Parmi les bonapartistes, deux seulement s'abstinrent, à l'exemple de M. de Parieu : M. Abbatucci, par égard pour M. Barrot, son partner au whist, chaque soir, et M. de Persigny.

Le lendemain, l'*Univers* annonça le fait en ces termes :

« Le projet de loi sur l'enseignement ne reviendra probablement pas du Conseil d'État... C'est un projet annulé comme tous ceux que le monopole a présentés ou acceptés jusqu'à ce jour... Nous avons exhorté les représentants catholiques à voter pour le renvoi au Conseil d'État ; plusieurs l'ont fait. D'autres, le plus grand nombre, se sont abstenus ; si nous avons pu exercer quelque influence sur leur détermination, nous sommes loin d'en éprouver le moindre regret, au contraire.... Nous consentirions de bon cœur à ce que le bulletin, l'unique bulletin qui a formé la majorité, fût tombé de notre main [1] ».

Mélanchton disait, il y a trois siècles :

« Nos périls me troublent moins que nos fautes. » Il aurait pu ajouter : Nos périls viennent presque toujours de nos fautes.

Contrairement à beaucoup de prévisions et grâce aux énergiques instances de M. Barrot et de M. Molé près de leurs amis, le Conseil d'État se montra moins hostile qu'on n'avait lieu de le craindre. Il n'apporta pas de modifications radicales à la loi, il ne lui fit point subir de retard malveillant, et le 14 janvier 1850, ce projet, qui avait déjà subi trois degrés de juridiction : la Commission ministérielle, la Commission de l'Assemblée et le Conseil d'État, vint affronter, enfin, le solennel débat de la tribune.

Tous les hommes demeurés fidèles à la liberté de l'enseignement furent à leur poste et soutinrent vaillamment l'assaut.

Pendant toute cette discussion, la loi même était moins en cause que l'esprit religieux aux prises avec les résistances qu'il suscite, chaque fois qu'il se montre et qu'il agit. M. de Montalembert ne pouvait ni délaisser ni abaisser cette lutte. Il se hâta de l'accepter avec sa vaillance ordinaire :

« Notre société, s'écria-t-il, si dédaigneuse de tout secours spirituel, si fière d'elle-même, cette société qui datait à juste titre de 1789, qui se croyait sûre de son avenir, de sa grandeur, de sa prospérité, que lui est-il arrivé, Messieurs? D'être minée,

1. *Univers* du 8 novembre 1849.

ébranlée, menacée, envahie, conquise en un jour, dans un clin d'œil, par des hommes à qui elle ne faisait même pas l'honneur de les craindre..... Et que sommes-nous occupés à défendre contre eux? Est-ce par hasard quelque raffinement de la civilisation, quelque perfectionnement indéfini de la liberté politique ou constitutionnelle? Non, non, vous le savez tous, c'est au contraire l'*a b c* de la vie sociale ; ce sont les premiers éléments de la vie civilisée, c'est la propriété et la famille. C'est là ce que la France est condamnée à défendre, depuis deux ans, par tous les efforts de la force et du raisonnement...

« Sans doute, Messieurs, il eût été plus commode de s'arrêter en route, de s'en tenir au scepticisme, au rationalisme. Cet aliment peut convenir à ces esprits dédaigneux et délicats qu'on appelait autrefois des esprits forts ; mais c'est un aliment qui ne convient pas aux masses ; elles ne peuvent pas et ne veulent pas s'y arrêter ; elles culbutent et renversent immédiatement ce frêle édifice de la raison toute négative...

« M. Pierre Leroux nous a dit un jour à cette tribune qu'il n'y avait pas de milieu; que nous étions obligés de choisir, en fait de doctrines, entre le Socialisme et le Jésuitisme. Eh bien! j'accepte cette alternative, avec un amendement toutefois. Je propose un terme que tout le monde comprendra et acceptera. Il n'y a pas de milieu, je le dis avec M. Pierre Leroux, entre le Socialisme et le Catéchisme.... Voilà les deux pôles entre lesquels, de l'aveu de vos amis, comme de vos adversaires, vous, majorité, vous êtes obligés de choisir ! »

Malheureusement, M. de Montalembert n'avait pas à répondre seulement à ses adversaires naturels. Traduit, chaque matin, devant l'opinion catholique, comme s'il eût déserté les convictions de sa vie entière, privé sa cause du fruit de ses propres services, anéanti les dernières ressources de la religion et de la liberté, il ne pouvait garder le silence sur de telles hostilités, mais il éleva des explications personnelles à la hauteur d'une profession de foi qui émut profondément l'Assemblée :

« On nous a reproché d'avoir substitué l'alliance à la lutte. Messieurs, j'ai fait la guerre et je l'ai aimée. Je l'ai faite plus longtemps, aussi bien et peut-être mieux que la plupart de ceux qui me reprochent aujourd'hui de la cesser. Mais je n'ai pas cru que la guerre fût le premier besoin, la première nécessité du pays. Au contraire, j'ai pensé qu'en présence du danger commun, des circonstances si graves et si menaçantes où nous sommes, et en présence aussi — pourquoi ne le dirais-je pas ? — des dispositions que je rencontrais chez des hommes que nous avions été habitués à regarder comme des adversaires, le premier de nos devoirs était de répondre à ces dispositions nouvelles, et c'est à cette pensée honorable que j'ai consacré, depuis un an, toute l'activité et tout le mouvement de mon âme... (*Approbation à droite.*)

« Nous avons rencontré des hommes, nos adversaires de la veille, qui nous ont tendu la main, au lendemain de ce que nous regardions tous comme une catastrophe imprévue. Devions-nous repousser cette main ? Non. Ce serait le plus grand reproche

que je me ferais de ma vie, si je l'avais repoussée...
Nous avons accepté l'invitation comme devaient l'accepter des cœurs dévoués à la patrie et à la société.
(*Très bien ! très bien !*)

« Nous n'avons sacrifié ni la vérité ni la justice; nous n'avons sacrifié que l'esprit de contention, l'esprit d'amertume et d'exagération..... Je suis, du reste, convaincu que j'ai agi complètement d'accord avec l'esprit de l'Église..... L'Église, inflexible dans la lutte contre l'orgueil, dépasse toujours ses adversaires, ses rivaux, dans l'esprit de conciliation, quand le moment de la paix est arrivé. Quand on fait un pas vers elle, elle en fait deux vers vous. Voilà le rôle de l'Église, tel que je l'ai étudié et apprécié dans son histoire..... L'Église ne veut jamais humilier personne devant elle ; elle n'humilie que devant Dieu. L'Église ne dit jamais ces deux paroles que vous entendez tous les jours, dans la sphère de la politique : *Tout ou rien* et *Il est trop tard*. Elle ne dit jamais : *Tout ou rien* parce que c'est le mot de l'orgueil, de la passion humaine qui veut jouir et vaincre aujourd'hui parce qu'elle doit mourir demain. (*Très bien !*) Elle ne dit pas non plus : *Il est trop tard !* Ce mot coupable et impitoyable, parce que s'il n'est jamais trop tard pour sauver une âme, il n'est jamais trop tard, non plus, pour sauver une société qui consent à être sauvée ! » (*Très bien ! très bien !*[1])

Parmi les défenseurs de la loi, le premier rang appartint, sans contestation, à M. Thiers. Conformément à l'usage des Assemblées uniques, tout projet de loi

---

1. *Moniteur* du 18 janvier 1850.

devait subir trois délibérations. Pour celui-ci, les trois délibérations furent également ardentes et prolongées. A chacune d'elles, M. Thiers se donna la satisfaction des esprits élevés ; il sut, sans humilier son passé ni celui de ses amis, faire la part de l'expérience et donner de la dignité à de pénibles aveux. Dégageant nettement la vérité et la justice des sophismes d'une discussion qui les avait défigurées, il multiplia ses efforts, repoussa les arguments de nos contradicteurs, présenta les siens, sous une forme toujours lumineuse, et à force de franchise, de bon sens, d'éloquence au service de la liberté de conscience et des grands intérêts sociaux, il conquit enfin une majorité décisive.

Précisant bien, tout d'abord, le caractère de la loi :
« Oui, dit-il, c'est une transaction. Le propre de toute transaction, c'est de blesser les partis extrêmes, c'est d'exciter chez les uns et chez les autres de vives réclamations, et puis, si les transactions sont bien faites, de satisfaire sans bruit, paisiblement, les deux intérêts sérieux qui étaient engagés dans la lutte. La transaction que nous vous proposons a certainement réuni la première condition ; elle a excité de part et d'autre, des plaintes très vives ; très vives de ce côté, dans l'Assemblée (*L'orateur désigne la Gauche*), très vives d'un autre côté, hors de l'Assemblée. Elle a été, vous l'avez vu, vivement attaquée....... On a dit à M. de Montalembert et on me dit à moi, non pas ici : « Vous apostasiez ! » M. de Montalembert s'en est ému. Eh bien ! Messieurs, quant à moi, je n'en suis pas ému du tout ! »

En effet, les dispositions principales de la loi eurent M. Thiers pour infatigable défenseur. En ce qui concernait les corporations religieuses, il repoussa et fit repousser tout amendement restrictif qui voulait les en exclure : On lui cria :

« Passez aux jésuites ! »

M. THIERS. — « Je vais passer aux jésuites. »

A gauche. — « C'est fait, vous y êtes passé, aux jésuites ! » (*Rire général prolongé.*)

M. THIERS (*souriant*). — « Oui, c'est convenu, je suis un jésuite, d'accord ! » (*Nouvelle hilarité prolongée.*)

M. DE MONTALEMBERT. — « Je ne suis donc plus le seul dans l'Assemblée ! »

M. Thiers ne craignit même pas d'avouer que ses préjugés gallicans avaient disparu de son esprit, en même temps que bien des préventions d'autre nature.

« Oui, c'est vrai, continua-t-il, je n'ai pas aujourd'hui, à l'égard du clergé, les jalousies, les ombrages que j'avais il y a deux ans; c'est vrai, et je vais vous en dire les motifs..... Je craignais certaines doctrines..... Ainsi, des prêtres, des docteurs de l'Église croyaient que l'Église française devait dépendre complètement de l'Église romaine. Ces docteurs-là me plaisaient moins que Bossuet, qui voulait que l'Église française fût soumise, mais indépendante. Je l'avoue, il y avait, indépendamment de son génie sublime, il y avait, dans cette fière indépendance de Bossuet, dans cette soumission mêlée de tant de fierté, quelque chose qui me charmait, et les quatre propositions de Bossuet, en me plaçant dans cet ancien monde détruit, me semblaient une partie de la gloire française. J'avais encore d'autres jalousies, je l'avoue ; j'étais très dévoué à la dernière dynastie. J'ai combattu ce que je croyais être ses erreurs ; elle n'a pas voulu me croire, mais je lui étais tout dévoué. Eh bien ! je n'étais pas convaincu que les sentiments que j'avais pour elle fussent généraux dans le clergé ; mais franchement, croyez-vous, après l'abîme dans lequel nous avons été plongés, en présence de ce qui nous menace, que je sois encore sensible à ces quelques différences sur la manière d'entendre les relations de l'Église française et de l'Église romaine ? Quand toutes les dynasties ont été emportées, vous dites, vous (*La Gauche*), pour jamais (*Oui! oui! pour jamais !*) croyez-vous que je sois sensible encore à ces jalousies de dynastie à dynastie ?..... Non ! en présence des dangers qui menacent la société, j'ai tendu la main à ceux qui m'avaient combattu, que j'avais combattus ; ma main est dans la leur, elle y restera, j'espère, pour la défense commune de cette société qui peut bien vous être indifférente, mais qui nous touche profondément. »

Une voix a gauche : « Dites la défense d'une coterie. »

M. Thiers : « Vous dites une coterie ? La société, une coterie ? Cette coterie, c'est la France [1] ! »

Une éclatante justice est due à M. de Parieu. Au début d'un ministère né sous des auspices équivoques, le nouveau ministre avait été hésitant et froid, dans la question du renvoi au Conseil d'État ; mais le moment venu, il s'enhardit, et tout ce qu'il conquit d'autorité, soit dans le gouvernement, soit dans l'As-

---

1. *Moniteur* du 19 janvier 1850.

semblée, il le consacra loyalement au service de la loi qui lui était confiée. Il se rendit bien maître des détails forcément compliqués et complexes comme les problèmes que la loi devait résoudre. L'intervention de M. de Parieu dans le débat fut plus d'une fois éloquente et presque toujours efficace. Le public suivit cette délibération avec une attention passionnée et l'on peut dire, sans exagération, que du 14 janvier au 15 mars, le pays tout entier s'intéressa, comme l'Assemblée elle-même, à cette discussion, l'une des plus solennelles et des plus mémorables de nos annales parlementaires. Le résultat du scrutin, bien que peu douteux, était impatiemment attendu, et fut presque universellement applaudi dans le parti conservateur. Par 399 voix contre 237, la France fut dotée d'une liberté d'enseignement aussi étendue que le comportait alors l'état des mœurs et des esprits.

Les fureurs de la Gauche, après le vote de la loi, ne parvinrent pas à éclairer ou à désarmer les catholiques intransigeants. L'*Univers* continua, à l'adresse de l'Épiscopat, la campagne qu'il venait de perdre devant l'Assemblée. Si son opposition n'eût été inspirée que par des appréhensions bien ou mal fondées, par un jugement plus ou moins juste, par le désir de faire prévaloir son idéal, le désordre momentané qu'il avait jeté dans nos rangs eût bientôt disparu. Chacun de nous eût renoué volontiers des relations brisées à regret. Il n'en fut pas ainsi, loin de là. Pressentant, vers les derniers jours de la délibération, qu'il ne l'empêcherait pas d'aboutir, l'*Univers* essaya du moins de porter un préjudice moral à la loi en obtenant de l'évêque de Langres qu'il s'abstînt de la voter quoiqu'il y eût adhéré, au sein de la Commission, sous certaines réserves que personne n'avait contestées. A plusieurs reprises, il avait reçu et agréé les hommages de M. Thiers, aussi bien que ceux de M. de Montalembert et il inaugurait ainsi un système qui n'a que trop été suivi depuis lors, celui d'accepter les services et de garder les avantages, en substituant à la reconnaissance l'injure et la calomnie.

Ayant fait cette première conquête et ce premier essai, l'*Univers* poussa ses vues plus haut ; il se flatta d'obtenir à Rome une désapprobation explicite de notre loi, et l'interdiction aux évêques de France d'entrer dans les conseils départementaux. Le Nonce, Mgr Fornari, qui m'avait toujours fortifié de son adhésion, refusa d'entrer dans ce complot dont s'alarma, autant qu'elle s'en indigna, la grande majorité de l'Épiscopat français.

Dès l'origine de ces attaques, et lorsque j'étais encore au ministère, beaucoup d'évêques m'avaient écrit pour s'en séparer hautement. J'en citerai seulement quelques-uns.

Le cardinal de Bonald, dans une lettre en date de Milhau, le 21 août 1849, m'indiquait quelques améliorations de détail et il ajoutait :

« Ne croyez pas, monsieur le Ministre, que j'aie approuvé entièrement cette polémique si âcre que des journalistes ont entamée contre la loi sur l'enseignement. On pouvait défendre ce qu'on croyait la vérité, sans oublier les lois de la charité. La religion ne retire aucun avantage de cette manière de combattre pour elle. »

L'archevêque de Bordeaux, depuis cardinal Donnet, m'écrivait le 10 août :

« Permettez que je vous dise ma peine bien vive de la manière dont on croit pouvoir en agir quelquefois avec Votre Excellence. Fénelon disait : « Tels critiquent les rois qui, s'ils étaient à leur place, feraient les mêmes fautes ou des fautes plus grandes encore. » C'est ce que ne veulent pas comprendre les hommes qui n'ont étudié ni les choses ni les temps. La perfection n'est pas de ce monde. Faisons autant de bien, empêchons autant de mal que possible, et Dieu, qui est moins exigeant que MM. de Chartres et de Luçon, vous absoudra. »

M. Fabre des Essarts, évêque de Blois, après être entré dans les considérations les plus hautes sur l'état actuel de notre société, terminait ainsi sa lettre en date du 16 juillet 1849 : « En somme, monsieur le Ministre, je tiens à vous le dire en mon propre nom, et au nom des esprits sages et modérés qui ont mûrement et consciencieusement étudié le nouveau projet, quel qu'en soit le résultat, il vous donnera de nouveaux droits à l'estime publique, et vous assurera la juste reconnaissance du pays. Que les suffrages en sa faveur ne soient pas unanimes, même parmi les amis du bien, cela ne doit étonner personne au temps où nous vivons; mais un esprit ferme et droit, comme le vôtre, ne se laisse pas ébranler par une opposition passagère, quand il est assuré de prendre en main les vrais intérêts de la religion et de la société. »

Le 1ᵉʳ juillet 1849, M. Thibault, évêque de Montpellier, m'écrivait : « Allez devant vous, monsieur le vicomte, et l'Église vous devra des moyens de faire le bien qu'elle a inutilement demandés depuis dix ans. Vous avez dit leur fait, dans un langage qui ne périra pas, à ceux de la veille et de l'avant-veille. Au besoin, dites leur fait aux hommes de nos rangs qui, à notre point de vue, ne sont guère plus habiles. Vous aurez pour vous l'assentiment de tous ceux qui se souviennent qu'un homme d'État n'est pas tenu plus que tout autre à tout le bien *désirable*, mais seulement au bien *possible*. »

Le vénérable M. d'Astros, archevêque de Toulouse, se plaçant à un point de vue très juste, m'écrivait le 29 juillet :

« J'ai été surpris de la violence avec laquelle certains journaux, amis de la religion, ont attaqué le projet de loi sur l'instruction publique. Si je dis ici toute ma façon de penser, il est utile, à mon avis, qu'on ait donné lieu à ces attaques. Certains esprits auraient cru la loi trop bonne, si elle n'avait essuyé aucune critique de la part des hommes religieux. »

Cette remarque de M. d'Astros fut sanctionnée par l'événement. L'hostilité de l'*Univers* fit perdre cinq ou six voix à droite ; elle en fit gagner au moins cinquante à gauche.

On se demandait s'il en serait de même à Rome. Le Nonce affirmait qu'on ne devait concevoir aucune inquiétude à cet égard. Néanmoins, la plupart des évêques français voulurent se renseigner directement. En leur nom, le cardinal Dupont, archevêque de

Bourges, se rendit de sa personne auprès de Pie IX afin de lui faire envisager, sous leur vrai jour, les combinaisons de la loi. Il obtint un succès complet. Les évêques français furent invités à entrer dans les nouveaux conseils de l'instruction publique et ils y entrèrent, en effet, presque tous, avec une gratitude empressée. Les corporations religieuses, la Compagnie de Jésus notamment, apportèrent aussi leur concours et ouvrirent des maisons qui se placèrent rapidement au premier rang, à côté des établissements de l'État. Cette liberté fut la première, depuis bien des années, qui s'implanta en France, sans y produire autre chose que des bienfaits.

Le climat de Nice et un repos absolu achevèrent de me délivrer de la fièvre, mais ne me firent point retrouver des forces qu'aucun ciel et aucun régime ne pouvaient plus me rendre. Cet état me trouva très vite résigné et le pressentiment que j'en eus, dès le premier jour, ne m'a pas trompé. Je disais à mes amis : « J'ai un mal qui ne fait pas mourir, mais qui empêche de vivre. » C'est le propre des maladies nerveuses, et je n'avais plus qu'à m'y accoutumer. Ne pouvoir supporter aucun bruit, pas même celui de deux conversations qui se croisent, pas même la musique, une de mes plus vives jouissances, ne pouvoir affronter ni l'éclat du soleil ni même celui d'une lampe ou d'une bougie sans abat-jour, passer une partie des nuits dans l'insomnie, se lever plus fatigué qu'on ne s'est couché, n'est-ce pas un ensemble de conditions qui semble fait tout exprès pour interdire la vie publique ? C'est le régime auquel j'ai été soumis, sans interruption, à partir de ma trente-huitième année. J'espère ne m'en être jamais plaint avec amertume devant personne, et je ne m'en plaignais pas davantage au fond de mon cœur. Je pourrais dire très sincèrement que j'ai plus parlé de ma santé que je n'y ai pensé, parce que j'étais souvent obligé de l'invoquer comme excuse pour des obligations que je remplissais mal ou que je ne remplissais pas du tout. Je n'avais jamais compté beaucoup sur mes forces, et je ne fus pas surpris en les voyant défaillir prématurément. A l'œuvre, j'avais reconnu tout ce qui manqua au sérieux de ma jeunesse et de mes études ; je m'étais cru complaisamment appelé à quelque chose, tant que je ne m'étais pas comparé. Quand je vis de plus grands et de plus méritants que moi, je sentis que le succès m'avait surfait et je tins pour une faveur bien gratuite celle d'avoir pu, pendant quelque temps, occuper, sans trop mauvaise grâce, une place plus haute que moi.

Mon séjour à Nice fut troublé par un amer chagrin. Je ne pus assister aux derniers moments de mon père, depuis longtemps martyrisé par la goutte et qu'un dernier accès enleva soudainement. Un profond deuil se joignit donc aux exigences de mon régime pour me tenir à l'écart de tout mouvement mondain, et je ne vis des habitants de Nice que ceux qui voulurent bien se faire tout à fait mes amis. Ce furent M. Sauzet, l'ancien président de la Chambre des députés, apportant dans de simples conversations un cœur d'une véritable élévation et l'abondance d'une éloquence désormais sans emploi ; Paul Delaroche, qui venait de perdre sa femme, — la fille d'Horace Vernet, — et qui cherchait dans l'inspiration religieuse de ses derniers tableaux et dans l'éducation chrétienne de ses deux jeunes fils, une consolation à sa douleur; le marquis de Châteauneuf, président de la Conférence de Saint-Vincent de Paul, arrière-petit neveu de madame de Sévigné, et la marquise de Châteauneuf, entourés d'une nombreuse famille où chacun rivalisait d'aimables qualités et de vertus.

Lorsque j'eus à peu près recouvré le modeste équilibre de vie qui devait me rester, mes amis se plaignirent de la prolongation de mon absence et me réclamèrent très vivement à l'Assemblée.

Je résistai quelque temps aux plus affectueuses sommations, mais lorsqu'elles coïncidèrent avec les bienfaits du printemps, je cédai. Toutefois, je ne me mis en route qu'en prenant un détour qui me permettait de voir un ancien ami et de rentrer un peu plus tard dans le tourbillon parlementaire.

Ma fille aussi avait grand besoin du climat de Nice. Je l'y laissai avec sa mère, avec M. et madame de Caradeuc, et je gagnai seul Turin par la route escarpée du col de Tende.

L'ami que j'allais chercher et que je retrouvai avec un vrai bonheur était le ministre d'Autriche près du roi Victor-Emmanuel, le comte Apponyi. Il avait épousé à Pétersbourg la belle et bonne Annette Benkendorf, et tous deux avaient à la cour piémontaise, comme ils eurent plus tard à Londres et à Paris, une situation exceptionnellement sympathique. Le Piémont commençait alors l'évolution qu'il a depuis poussée si loin, mais il n'avait encore rompu avec aucune de ses anciennes traditions, et le représentant de l'Autriche y jouissait d'une prépondérance marquée.

Rodolphe Apponyi savait bien que ce n'était pas le diplomate que j'allais visiter, mais l'ami de jeunesse avec qui je voulais passer quelques jours en pleine jouissance de sa douce vie de famille. Nous avions compté, l'un et l'autre, sans le ministre de France, M. de Reiset. On savait que j'avais quitté le ministère volontairement, et en bons termes personnels avec le Président. Je n'avais donné, depuis mon départ, aucun signe de vie politique. Aussi, les gens qui ne me connaissaient pas pouvaient se demander, si, de retour à l'Assemblée, j'irais reprendre ma place derrière M. Berryer ou une place dans des rangs plus rapprochés du banc des ministres. M. de Reiset pencha peut-être vers cette seconde hypothèse. Il me pressa d'accepter un brillant dîner avec les principaux membres du cabinet piémontais et m'annonça de plus que Victor-Emmanuel, informé par lui de la brièveté de mon séjour à Turin, m'attendait en audience particulière le lendemain à midi. Je ne déguisai point ma surprise, très voisine du mécontentement, mais il n'y avait pas à refuser l'honneur inattendu qui m'avait été préparé.

La lutte déjà entamée avec Rome était opiniâtrement soutenue par un légiste alors célèbre, M. Siccardi. De l'ancien joséphisme autrichien et de notre ancien gallicanisme français, le garde des sceaux piémontais avait composé un certain ensemble de législation qu'on appelait alors les lois Siccardi. MM. d'Azeglio, de Cavour, de Balbo étaient les principaux personnages politiques du moment ; mais le comte de Balbo était de beaucoup le plus modéré des trois. Il recevait à la fois, comme tous les hommes d'un tel caractère, les coups de la Droite, — dirigée par le comte Della Margarita, ancien ministre de Charles-Albert dans sa phase autrichienne, — qui l'accusait de verser à gauche, et les coups de la Gauche, qui le trouvait encore trop fidèle à la Droite. Dans ce conflit, le jeune roi Victor-Emmanuel paraissait avoir également à cœur de ne point se séparer de la France et de ne pas entrer en guerre ouverte avec Rome. Ce fut le terrain sur lequel il se plaça tout d'abord, au début de notre entretien. Cependant je ne voulus point que l'honneur imprévu qui m'était accordé demeurât tout à fait stérile, et je me permis de dire au roi :

« — Votre Majesté scandalise quelquefois la République française.

— Soyez tranquille, soyez tranquille, monsieur de Falloux, me répondit-il d'un ton convaincu. Tous les révolutionnaires sont de la canaille. Je les connais bien et je ne marcherai jamais avec eux. »

Plus tard, les révolutionnaires se déguisèrent en patriotes italiens. Le roi les admit sous cet aspect, et l'on sait quel chemin ils ont fait ensemble. En outre, Victor-Emmanuel avait déjà, à cette date, une vie privée peu conforme à son éducation et aux exemples qu'il avait eus sous les yeux. Intrépide soldat sur le champ de bataille de Novare, il ne porta pas un seul jour le deuil de son père ni de sa défaite, et revint immédiatement à Turin se livrer à des consolations qui n'étaient ni d'un roi, ni d'un fils, ni même d'un Italien profondément uni aux douleurs de l'Italie. Ses traits et ses gestes étaient vulgaires, bien que la pose de sa tête et l'accent de sa voix gardassent quelque chose de la fierté de sa race. Son œil brillant était plus fin que son langage, et sans prévoir, dès lors, les événements qui devaient marquer son règne, il était facile de pressentir que ce prince, dépourvu du génie qui crée les circonstances, ne manquait pas, du moins, de l'instinct qui sait les mettre à profit. Il se lassa promptement des procédures de M. Siccardi et il leur préféra bientôt la marche, infiniment plus hardie et plus ambitieuse, de M. de Cavour.

Plusieurs dîners officiels chez les ministres de France et d'Autriche et toutes mes conversations avec les hommes influents que j'eus l'occasion de rencontrer me confirmèrent dans l'impression que m'avait donnée le roi, que le sort de l'Italie était loin d'être fixé. De Turin même, j'écrivis à mon frère alors à Rome : « Il ne m'appartient pas de juger si vous pouvez, à Rome, vous accommoder ou non avec ce pays-ci ; mais, si vous le pouvez, hâtez-vous et ne vous faites pas d'illusion sur l'efficacité des moyens dilatoires. »

Mon conseil pouvait-il être suivi ? Je sais seulement qu'il ne fut pas du goût du cardinal Antonelli. Le cardinal se crut habile, en rendant chicane pour chicane, en prolongeant le débat, au lieu de le clore, en l'envenimant, au lieu de l'adoucir, en donnant des prétextes à ceux qui ne désiraient pas autre chose, et en se fiant aux souvenirs du passé, au lieu de jeter un regard prévoyant sur les menaces de l'avenir. Je quittai Turin, non, à coup sûr, avec les alarmes d'un prophète, mais avec les inquiétudes d'un homme qui avait fait récemment l'expérience des chimères qu'on caressait autour du Souverain Pontife et des projets qu'on nourrissait partout ailleurs.

Durant mes six mois d'absence, j'avais eu le temps de réfléchir sur la situation de notre malheureux pays, et le résultat de ces réflexions avait pour moi le caractère de l'évidence. La France, qui n'a jamais été républicaine de nature, était dégoûtée de l'essai auquel elle avait momentanément consenti, et les républicains seuls avaient la responsabilité de cet état des esprits. Les hommes monarchiques étaient entrés loyalement dans l'essai de la République, d'abord, parce qu'au lendemain du Vingt-Quatre Février, rien d'autre n'était possible, et ensuite, parce que si les hommes monarchiques avaient eu une conduite différente, ils auraient, de leurs propres mains, diminué la valeur de l'expérience. On s'en serait pris à eux des troubles et des ruines, tandis qu'en laissant le champ libre aux républicains, et même, en leur prêtant un concours sincère, on avait l'inévitable bénéfice de cette alternative : ou bien les républicains donneront sécurité et prospérité au pays, alors tant mieux pour le pays et pour eux; ou bien les républicains échoueront, par le vice même de la République, par leurs violences et par leur aveuglement; alors nous demeurions irréprochables et nous pouvions dire à tous les partis : « Que voulez-vous de plus?

Qu'attendez-vous encore, pour reprendre le cours naturel de notre inclination nationale et des destinées de la France? »

Telle était bien réellement notre situation en 1850, tel était le langage que nous avions le droit de tenir. Seuls, les républicains avaient attaqué la République et l'avaient rendue odieuse ; seuls, nous l'avions défendue et fait vivre, en dépit d'eux. Nous trompions-nous à cet égard ? Prêtions-nous au pays des sentiments qu'il n'avait pas ? Le pays lui-même avait répondu. Au 10 décembre 1848, la France avait donné une immense majorité au candidat le plus antirépublicain qu'elle eût alors à sa disposition : le prince Louis Bonaparte. Au mois de mai 1849, elle avait élu des hommes monarchiques de toute nuance, et mis les républicains en si flagrante minorité que ceux-ci, avec leur inconséquence et leur emportement accoutumés, en avaient appelé du suffrage universel à l'échauffourée du 13 juin. Enfin, en 1850, le prince Louis Bonaparte semblait se fatiguer du rôle de président de république, et laissait clairement entrevoir des desseins nouveaux. A partir de ce jour, la question n'était plus posée entre la République et la Monarchie. Elle se posait inévitablement entre la monarchie vraie et la monarchie fausse.

Dans ces conditions, mon choix ne pouvait être douteux, et mon patriotisme ne s'appliqua plus qu'à rendre l'avenir à la Monarchie par la réconciliation de la maison de Bourbon. Je considérai que le suprême péril, c'était non plus la République, moralement discréditée et numériquement vaincue, mais le césarisme, aux mains d'un prince d'autant plus dangereux qu'il ne connaissait le danger de rien et qu'il gardait, au sein même du pouvoir, les audaces inconscientes d'un esprit incurablement aventurier.

Ne voulant laisser à personne l'ombre d'un doute sur la ligne politique que j'entendais suivre, je me fis inscrire, dès le lendemain de mon arrivée, au cercle de la rue de Rivoli, où se réunissaient les membres de la Droite légitimiste, et dans l'Assemblée, je repris ma place non loin de M. Berryer, à côté de M. de Rességuier. En outre, je ne me présentai point à l'Élysée. Cela fait, je me disposai à poursuivre ma route jusqu'en Anjou où la mort de mon père et l'absence de mon frère, définitivement fixé à Rome et m'abandonnant l'administration de notre commun héritage, me rappelaient pour des intérêts urgents. J'allais y retrouver aussi ma mère déjà en proie au mal cruel qui devait me l'enlever quelques mois après. Toutefois, ces dispositions ne cadraient pas avec le plan du Président, qui ne voulait pas encore rompre ouvertement avec la majorité de l'Assemblée; et quelques jours à peine après mon retour à Paris, je reçus à mon réveil le billet suivant :

« Cher ami,

« Le prince me charge de vous demander votre opinion sur l'archevêque de Cambrai à nommer. On lui propose deux candidats : MM. Régnier, évêque d'Angoulême, et de Marguerie, évêque de Saint-Four.

« Tâchez d'envoyer votre réponse avant onze heures. »

« Votre tout dévoué,

« F. de Persigny.

« Paris, le 2 mai, jeudi. »

Quelques instants après, je vis arriver un officier d'ordonnance du Président, qui m'apportait le même message complétant par d'autres noms les candidatures à l'épiscopat : « M. le Président, me dit-il, se loue tellement des évêques que vous lui avez fait nommer, qu'il désire vous consulter sur un choix très important. Voici les noms qu'on lui propose pour l'archevêché de Cambrai. Il vous prie d'y réfléchir et de venir aussitôt que possible lui donner votre avis. »

Je remerciai, et sur le papier qui m'avait été remis, je lus ces noms : « M. Carr, évêque de Nîmes; M. Régnier, évêque d'Angoulême; M. l'abbé Lyonnet, chanoine. »

S'il n'eût été réellement question que du choix très grave, en effet, de l'archevêque de Cambrai, je me serais rendu sans difficulté à l'Élysée ; mais j'étais sûr que ma visite serait publiée, commentée par les journaux et que le motif religieux, si dominant qu'il fût chez moi, aurait peu de crédit devant le public. Je me résolus donc à n'y point aller et j'écrivis au bas de chaque nom la note que voici :

« M. l'évêque de Nîmes, accoutumé aux caractères méridionaux, serait dépaysé dans le Nord. Il a complètement réussi dans un diocèse très difficile, il faut l'y laisser. — L'évêque d'Angoulême m'est personnellement connu, et je puis garantir qu'à tous égards il mérite la préférence. — L'abbé Lyonnet, ni là, ni ailleurs. Jamais. »

L'évêque de Nîmes est mort dans son diocèse, après un long et bienfaisant épiscopat. L'évêque d'Angoulême, qu'en sa qualité d'angevin, j'étais fier de voir transférer sur le siège de Fénelon, l'a occupé, durant plus de trente ans, et est mort cardinal. Quant à l'abbé Lyonnet, mon imprudente exclusion lui a porté bonheur. Il fut, sous l'Empire, nommé évêque de Valence, puis archevêque d'Albi. C'était un prêtre régulier, mais assez peu judicieux pour s'être fait d'enthousiasme l'historien trop complaisant du cardinal Fesch.

Après m'être assuré que M. de Rességuier partageait mon avis et approuvait ma réserve, je le priai de vouloir bien porter, en mon nom, mes trois annotations à l'Élysée, en m'excusant sur mon prochain départ pour l'Anjou. Le Président comprit aisément, sans nul doute, la valeur d'une telle excuse; mais il n'en reçut pas moins très bien M. de Rességuier et se plut à lui découvrir, sans lui demander le secret, le fond de sa pensée :

« Vos amis, lui dit-il, s'éloignent de moi, monsieur de Rességuier ; croyez bien qu'ils se trompent. Seul, je dispose des vraies forces du pays, et seul, je pourrais donner à la Droite la popularité qui lui manque. Tenez, ajouta-t-il avec une apparente ingénuité, je vais vous en donner la preuve par ce qui vient de se passer tout à l'heure. J'arrive d'une promenade au bois de Boulogne; presque aucun des hommes que j'ai rencontrés, soit à cheval, soit dans de brillants équipages, n'a pris la peine de me saluer. Au contraire, lorsque je suis descendu de cheval, à la porte de l'avenue de Marigny, de nombreux ouvriers, occupés à une construction voisine, ont quitté leur ouvrage, dès qu'ils m'ont reconnu, m'ont entouré et ont crié : « Vive le prince Napoléon, vive l'Empereur ! » Voilà la France, monsieur de Rességuier. Les classes élevées ne comprennent pas le peuple. Aussi ne sont-elles pas comprises par lui, et de là tous nos malheurs. »

M. de Rességuier, parfaitement autorisé à répondre au nom des classes élevées, ne manqua pas de faire sentir à son interlocuteur qu'avant de leur adresser des reproches immérités, il faudrait se mettre en mesure de leur offrir des exemples. L'entretien, toutefois, se termina courtoisement. On s'était suffisamment expliqué de part et d'autre, sans avoir besoin d'insister. Ce dialogue me confirma dans la conviction que nous marchions vers une sorte de Bas-Empire, moitié prétorien, moitié populaire, et que si l'heure de la tentative restait douteuse, l'idée fixe ne l'était pas.

Du reste, le prétexte dont il avait plu au Président de se servir pour me rappeler auprès de lui m'honora, et je ne pus m'empêcher de lui en savoir gré. J'avais toujours mis un grand soin à le pénétrer du respect que j'éprouvais moi-même pour le clergé français, et pour y mieux réussir, je ne lui avais jamais demandé une faveur de vanité. Je ne crois pas que, durant mes neuf mois de ministère, une croix de la Légion d'honneur ait été donnée à un prêtre. Je ne voulais point indiquer par là que je considérasse cette institution comme à dédaigner. Loin de là, je rends pleine justice au sentiment qui a inspiré la pensée et qui fait le succès des décorations, et je reconnais que c'est témoigner à un homme la plus haute estime que de lui dire : « Tu risqueras ou tu épuiseras ta vie, soit sur les champs de bataille, soit dans un labeur opiniâtre, en ambitionnant pour suprême récompense, non la fortune, ou même le bien-être, mais un simple signe, un simple ruban, marque muette et souvent gratuite de ton dévouement. Cette décoration signifiera : — Voilà un bon soldat ou un bon citoyen ! — Elle deviendra l'ambition de toute une vie, l'honneur de toute une famille, l'appât de tout un peuple ! » S'il y a quelque chose de spiritualiste au monde, assurément, c'est cela. Mais, pour que la décoration ait son véritable prix, garde son véritable prestige, il faut qu'elle soit donnée avec mesure et austérité.

Quant au prêtre, sa vue doit se porter encore plus haut. Le citoyen monte, quand il reçoit l'accolade de chevalier, le prêtre risque de descendre. Il en est de même aussi, dans l'Église, des distinctions qui n'impliquent ni sérieuse fonction ni charge d'âmes. La prodigalité du titre de *Monsignore*, par exemple, m'a toujours semblé une des erreurs de notre époque : c'est de la fausse monnaie dans des régions où l'or de bon aloi doit être seul en usage. Au temps des saint Vincent de Paul et des Olier, quel éclat de rire eût accueilli la qualification de : « Monseigneur Vincent, Monseigneur

Olier ! » J'ai entendu un archevêque de Paris me dire : « Je n'ai pas le droit de repousser les titres de camériers ou de prélats romains dans mon diocèse, mais je dis à tous ceux qui vont à Rome, pour s'en faire revêtir : — Vous deviendrez un embarras dans mon clergé, car je ne veux pas vous donner le pas sur de vieux et vénérables ouvriers dans le sacerdoce. Vous ne porterez donc pas vos titres, ou vous n'aurez, à bien peu d'exceptions près, aucun poste rétribué. — Presque tous alors préfèrent garder leurs titres dans leur poche. »

Quant au choix des évêques, je m'efforçai d'y apporter le même scrupule. Ceux que j'eus l'honneur de présenter au Président ont tous conquis dans leur diocèse une autorité qui n'était pas seulement celle de leur charge. Ce furent, en outre de l'abbé Pie et de l'abbé Dupanloup, l'abbé de Salinis, évêque d'Amiens, puis archevêque d'Auch ; l'abbé Miolan, coadjuteur, puis archevêque de Toulouse ; l'abbé Foulquier, évêque de Mende, véritable apôtre des montagnes de la Lozère ; l'abbé Caverot, évêque de Saint-Dié, puis archevêque de Lyon et cardinal, enfin l'abbé de Brézé, évêque de Moulins. Ce choix fut le dernier que j'eus à proposer, et le seul sur lequel le Président m'ait montré quelque hésitation.

« M. de Brézé, me dit-il, est un nom bien légitimiste pour le Bourbonnais où les ouvriers sont très près du socialisme.

— Je le sais, monsieur le Président, et c'est précisément à cause de cela que je vous présente M. de Brézé. Il est très au courant des questions ouvrières, il s'en occupe à Paris, avec un zèle de charité dont j'ai été bien des fois témoin. Si vous envoyez à Moulins un évêque issu du peuple, les ouvriers diront : — C'est tout simple ! il est des nôtres ! Si vous envoyez un évêque sorti de l'aristocratie et pénétré, comme est l'abbé de Brézé, de l'amour des humbles et des pauvres, les ouvriers lui tiendront compte de sa vertu. Vous détruirez, ou du moins vous ébranlerez leurs préjugés, et vous aurez, par votre choix, fait un acte de très utile réconciliation. »

Le Président finit par entrer dans cette vue, et il reconnut bientôt que je ne l'avais pas trompé, car renseignés sur l'abbé de Brézé par leurs camarades de Paris, les ouvriers du Bourbonnais se pressèrent en foule, autour de lui, au jour de son entrée solennelle, et lui remirent une croix pectorale votée par souscription sur leurs modestes salaires. Plus tard, quelques difficultés ont surgi entre l'évêque de Moulins et son clergé, mais elles naquirent de questions purement ecclésiastiques et le sentiment populaire y demeura complètement étranger.

Quelques jours après la visite de M. de Rességuier à l'Élysée, je partis pour l'Anjou et ce n'est pas dans ce pays-là que je pouvais me désintéresser de la question monarchique. Mais les problèmes à résoudre préalablement étaient compliqués.

Au lendemain de la révolution de Février, le parti qui venait d'être vaincu se divisa en deux fractions bien distinctes, comme la maison d'Orléans elle-même. Le roi Louis-Philippe, à qui on ne pouvait refuser un esprit politique incontestable quoique limité, vivait à Claremont, près de Londres, sous le nom de comte de Neuilly, entouré de sa famille, visité par quelques amis, parlant à tous avec calme et sans répugnance des événements qui l'avaient renversé. Volontiers, il répétait combien il avait eu de peine à laisser placer la couronne sur sa tête, qu'il n'y avait consenti que parce qu'une régence, toujours difficile en France, lui avait paru impossible alors, et parce que la royauté s'était présentée à lui comme le seul moyen de conserver le gouvernement monarchique. En même temps qu'il définissait ainsi la nature de ses actes en 1830, le roi Louis-Philippe se plaisait à conclure que, désormais, rien de pareil n'existait plus ; que la couronne de France n'avait jamais cessé d'appartenir *en droit* au chef de la maison de Bourbon ; qu'*en fait*, le comte de Chambord était seul aujourd'hui en situation de la revendiquer et de la porter ; que l'intérêt du pays et le droit lui semblaient, depuis le 24 février 1848, aussi étroitement confondus qu'ils lui avaient paru séparés, le 7 août 1830.

Madame la duchesse d'Orléans pensait autrement. Selon elle, l'opinion de son beau-père s'expliquait par son âge et surtout par son découragement personnel. Quant à elle, elle estimait que son titre de mère et de régente la liait à d'autres devoirs et qu'elle ne pouvait disposer de l'avenir de ses enfants avant qu'ils eussent l'âge de se prononcer eux-mêmes sur le sacrifice qu'on leur demandait. Un jour, à Londres, M. de Montalembert lui dit :

« Quels peuvent être, aux yeux de Votre Altesse

Royale, les droits de M. le comte de Paris au trône, en dehors des conditions traditionnelles du principe héréditaire? Pourquoi pas alors tout autre prince de la maison d'Orléans, d'âge et de caractère à prendre immédiatement la direction de son parti? »

La princesse répliqua vivement :

« Mon fils n'a pas de droits, mais il a des titres, cela suffit! »

La reine Marie-Amélie, M. le duc de Nemours et madame la princesse Clémentine partageaient ouvertement, disait-on, l'avis du roi. M. le prince de Joinville et M. le duc d'Aumale paraissaient plus rapprochés des idées de leur belle-sœur, et se préoccupaient surtout de ne porter eux-mêmes, aucun préjudice à l'avenir de leur neveu : désintéressement personnel qui les justifiaient à leurs propres yeux.

Les mêmes nuances se faisaient remarquer parmi les hommes considérables du dernier règne. M. Molé, M. Guizot et tous les membres de son dernier ministère, se rangeaient derrière le vieux roi; M. Thiers et ses amis, les généraux Changarnier, de La Moricière et Bedeau, compagnons d'armes en Afrique du prince de Joinville et du duc d'Aumale, se rangeaient volontiers derrière eux.

M. Thiers ne tarissait point d'épigrammes contre M. Guizot et la princesse de Lieven, qu'il appelait le père et la mère de la fusion. On se l'expliquait aisément pour M. Guizot par le souvenir de Gand et pour M. Thiers par celui de Blaye. Cependant M. Thiers se montrait soucieux de ne pas rompre le faisceau conservateur, et, quand on le pressait vivement à ce sujet, il répondait volontiers : « Il ne m'appartient pas de faire la fusion. Cela ne convient ni à mes antécédents ni à mon goût, mais quand elle sera faite, croyez bien qu'elle ne m'aura pas pour ennemi. Ce jour-là, je dirai : Vive le roi quand même! Car la République est impossible en France, et ni répugnances ni satisfactions personnelles ne parviendront à faire de moi un républicain ou un bonapartiste. »

Autour des divers chefs de file se groupaient les idées et les plans subalternes. Tous criaient : « Il faut relever un pouvoir fort! La France ne peut se passer d'un pouvoir! Et on entassait là-dessus chimère sur chimère. Les uns affirmaient que la République changerait de nature si la Présidence était confiée à un prince du sang royal; les autres jugeaient trop périlleux le renversement du régime existant et se flattaient d'éluder l'Empire, en prolongeant de quelques années le pouvoir du Président.

Les loisirs de la campagne me permettaient de passer en revue et de peser ces diverses théories, et, de jour en jour, je me sentais plus convaincu de leur inconséquence et de leur péril. Je le répétais sans cesse à mes amis de la Droite, mais toute correspondance me fatiguant, je voulus faire une économie de mes forces et j'écrivis, une fois pour toutes, mon sentiment sur ce sujet. J'adressai ce court travail à l'*Union de l'Ouest* que j'avais sous la main; beaucoup de journaux monarchiques le lui empruntèrent alors et je cède à la tentation d'en citer ici quelques passages.

« Un jeune homme se rendit un jour chez un peintre célèbre, et lui dit avec embarras : — « Monsieur, je viens vous prier de faire mon portrait. Je le destine à une personne que j'aime. Auriez-vous la bonté de me faire le moins ressemblant possible, afin de ne point la compromettre? »

« Cette naïveté se présente à notre esprit chaque fois que nous entendons des hommes politiques, trop graves, hélas! et trop nombreux encore, répéter sur tous les tons : « Il faut restaurer le pouvoir; il faut ramener la France à la notion du pouvoir, la réconcilier avec le pouvoir! » puis, lorsqu'il s'agit de définir ce pouvoir lui-même, cette notion indispensable aux intelligences, aux mœurs, s'arrêter court, balbutier et s'efforcer alors d'en tracer l'image *la moins ressemblante possible,* afin de ne compromettre ni ceux auxquels ils s'adressent, ni eux-mêmes!

« Le pouvoir, selon eux, c'est le pouvoir, voilà tout. En dehors de cette brève définition, au-dessus, au-dessous, rien! et quiconque en demande un peu plus est un homme passionné par l'esprit de parti.

« Eh bien! nous qui sommes essentiellement des hommes de pouvoir, des amis de l'autorité, nous devons cependant protester contre ces théories du matérialisme le plus dangereux et le plus irréfléchi. Pour nous, le pouvoir n'est pas seulement dans le fait du commandement; il est aussi, il est surtout dans le droit à l'obéissance. . . . .

« Ah! vous croyez qu'il faut être passionné ou bien philosophe pour demander au pouvoir, compte de son origine, de ses conditions, de son avenir!

Hélas! hélas! regardez autour de vous, interrogez les symptômes les plus vulgaires, comme les théories les plus élevées. Tout vous répondra : — Tel pouvoir, tel peuple ; — tel pouvoir, telle grandeur au dehors, telle prospérité au dedans ; — pouvoir solide, peuple durable ; — pouvoir en détresse, peuple en décadence !

« Interrogez l'histoire, sceptiques dédaigneux, et dites encore : « Les conditions du pouvoir, que nous importe ! »

« Non ! le premier pouvoir venu ne donne pas au dehors, le développement ; au dedans, la sécurité dont une grande nation a besoin.

« Tout pouvoir qui n'est pas une institution véritable est pour nous le premier pouvoir venu, il en a tous les vices, toutes les impuissances, tous les périls.

« A quoi s'arrêtent, en effet, les esprits que nous avons appelés matérialistes ou peu réfléchis ? Quelle combinaison circule parmi les amis tranchants et absolus du pouvoir, mais du pouvoir sans origine ou sans avenir mûrement apprécié ? La Présidence, transformée, au hasard, comme on voudra, à dix ans, à quinze ans, à vie, c'est une enchère, mais de peu de prix pour ces profonds politiques. On y ajoute les années, comme on ajoute les centimes chez un notaire de village pour quelques pans de murs ou pour un arpent de terre.

« En cela, du moins, nous serons aussi sceptique que nos adversaires. Oui, la présidence décennale, oui, la présidence à vie, peu nous importe et pour-

quoi ? Parce que, en réalité, cela revient au même.
Vous n'êtes pas sûrs que la présidence à vie durera
dix ans ; vous ignorez si la présidence de dix ans ne
durera pas toute la vie ; vous vous jetez en aveugles
dans les bras du fait. Le fait vous conduira, comme
il se conduit lui-même, comme il pourra et là où il
pourra. Ni l'une ni l'autre de ces combinaisons n'est
une institution ; ni l'une ni l'autre ne peut sauver
le pays, et, en attendant, ne peut pas même avoir le
mérite de l'étourdir ou de le tromper.

« Supposons un décret du *Moniteur* ratifié par une
Assemblée unanime et apprenant à la France, parfaitement blasée sur de telles aventures, qu'elle sera
désormais gouvernée par un président à vie. Nous
disons à vie tout de suite. Puisqu'il s'agit d'une supposition gratuite, autant abonder dans le sens de nos
adversaires, et pousser, dès lors, la démonstration
contraire jusqu'à l'évidence. Voici donc qui est entendu : le décret paraît dans le *Moniteur* demain
mardi. A partir de ce jour, vous avez toutes les garanties de solidité et de durée que vous demandez au
pouvoir. Mais, si mercredi, le Président s'élance sur
un cheval qui trébuche, comme celui de Robert Peel ;
s'il monte dans une calèche dont les chevaux s'em-
portent, comme celle de l'infortuné duc d'Orléans ;
s'il est atteint, à la fleur de l'âge, d'une maladie aiguë,
comme le beau-frère de M. le comte de Chambord,
mort à Prague récemment, avant même d'avoir pu recevoir les embrassements de sa famille, combien de
temps aura duré votre pouvoir, votre sécurité, celle
du commerce, celle de la diplomatie? Vous aviez dé-

crété le pouvoir pour trente ans. Dieu l'a brisé au bout de trente jours ; quel recours votre savoir ou votre orgueil ont-ils découvert contre Dieu? Qui vous a autorisés à croire, à promettre que les accidents qui frappent, partout et à l'improviste, les hommes politiques les plus éminents, les têtes royales sur lesquelles repose le plus d'ambition ou d'amour, que ces lois mystérieuses et terribles qui épouvantent, instruisent et gouvernent le monde depuis la création, épargneraient respectueusement, infailliblement votre œuvre?

« Et vous croyez que nos commerçants qui risquent leurs navires et leur fortune aux deux extrémités de l'Océan auront la vue si courte parce qu'il vous plaît d'affecter la myopie? Et vous croyez que les peuples voisins suspendront leurs transactions internationales ou les plieront à vos convenances, parce que vous ne voulez avoir ni le courage ni la logique d'un véritable patriotisme? Ah! détrompez-vous, si tant il y a que vous soyez parvenus à vous tromper vous-mêmes sur des illusions si éphémères, si peu dignes d'une grande nation et de véritables hommes d'État?...

« Oui, la République ou la Monarchie, chacune de ces deux formes de société étant responsable de ses propres œuvres et jugée par ses propres fruits ; oui, la République, si vous n'avez pas le courage de la Monarchie ; oui, la Monarchie, si vous n'avez pas le courage de la République : mais, pour l'amour de notre pays et pour l'amour de vous-mêmes, pas de tentatives bâtardes, pas d'enfantement honteux. Interrogez vos cœurs, sondez vos consciences avec fermeté ; si une nation telle que la France peut vivre en

République, soyez bons et sincères républicains. Si la République est une condition de mort pour une nation telle que la France, laissez là les palliatifs et sachez faire pour votre pays ce que vous feriez pour votre mère ou pour votre ami en danger. Ne vous ingéniez pas à créer un état intermédiaire entre la maladie et la santé. Ne mêlez pas la plante vénéneuse à la plante salutaire dans la coupe où vous prétendez faire puiser la guérison, ou bien subissez d'avance, et les malédictions du malade et tous les délires de la maladie. Vous ne serez jamais aussi punis que vous aurez été coupables [1]. »

De retour à Paris, sous l'empire de ces idées, je recherchai une conversation avec M. Thiers qui affectait, en tout ceci, une sorte de neutralité.

« Ne vous flattez pas, lui dis-je, de nous faire accepter votre rôle passif; ne vous flattez même pas de nous y faire croire. Madame la duchesse d'Orléans est une personne trop distinguée pour ne pas sentir le prix de vos conseils et pour ne pas les provoquer. Vous êtes vous-même trop bon patriote pour les lui refuser et pour vous tenir les bras croisés, quand notre malheureux pays est en détresse.

— On voit bien que vous ne connaissez pas la duchesse d'Orléans, me répondit M. Thiers du ton le plus ferme. Cette princesse est si résolue et si invincible dans son ambition maternelle qu'elle consulte uniquement les gens qu'elle sait d'avance être de son avis. Elle m'écoute peu, parce qu'en de cer-

---

1. *Union de l'Ouest*, 15 juillet 1850.

tains cas j'ose la contredire. En ce moment — ajouta-t-il avec un imperceptible mouvement d'épaules — elle n'écoute que Lasteyrie et Mornay, parce qu'ils ne la contrarient jamais. Si vous parveniez à convertir ces deux-là et moi aussi, elle ferait plutôt monter son portier pour lui demander son avis que d'écouter aucun de nous.

— S'il en est ainsi, répliquai-je, vous voilà plus libre que je ne le pensais d'envisager l'intérêt de la France avec toute l'indépendance naturelle à votre esprit. Décidez-vous donc, je vous en supplie, et sans plus de délai. Est-ce que vous avez des préjugés personnels contre M. le comte de Chambord? Cela serait indigne de votre sagacité et l'avenir ne peut faire pour vous l'objet d'un doute. Si M. le comte de Paris revient seul, toutes les prévenances seront pour moi; si c'est M. le comte de Chambord, elles seront toutes pour vous.

— Ah! mon ami, s'écria M. Thiers avec un accent ému, qu'il avait rarement, mais qui n'en était que plus pénétrant, soyez tranquille, je n'ai pas d'inquiétude pour mon compte. Je sais trop bien qu'en France, plus on mettra le pouvoir à droite, plus il faudra mettre les institutions à gauche. Si vous ne m'en croyez pas, causez avec Changarnier, vous verrez s'il vous parlera de mes sentiments et de mon influence autrement que je ne vous en parle moi-même. »

Le général Changarnier, en qualité de commandant de l'armée de Paris, habitait l'aile du palais des Tuileries qui donne sur la rue de Rivoli. Il ne se gênait nullement, je crois même que, dans sa situation, il ne se gênait pas assez pour s'exprimer très cavalièrement sur toute chose, notamment sur ce qui se passait à l'Élysée. Il se plaisait à déclarer à tout venant qu'il ne relevait que de son devoir militaire et de son honneur. Cela était vrai à beaucoup d'égards; toutefois, c'était du Président qu'il tenait son commandement, et le Président pouvait le lui enlever d'un trait de plume. Je fus donc aussi surpris qu'effrayé, lorsque, déjeunant aux Tuileries peu après mon entretien avec M. Thiers, j'entendis le général Changarnier, ayant à sa table un nombreux état-major, servi par des domestiques qui étaient attachés au palais et non à sa personne, s'exprimer avec autant de vivacité de langage que s'il eût été dans le plus étroit tête-à-tête. Il était plein de verve et maniait la conversation, comme un fleuret à peine moucheté. Le Président, ses galanteries, ses dettes étaient pour lui un thème intarissable.

Après le déjeuner, je laissai sortir les convives, et j'entamai avec le général la conversation dont j'étais avide. Les préliminaires furent courts de part et d'autre, et nous arrivâmes promptement au plus vif de la question.

« La situation actuelle ne peut durer longtemps, lui dis-je, l'Assemblée sera bientôt menacée. Vous serez destitué, et nous serons alors lancés dans des aventures, qui nous trouveront parfaitement impuissants, si nous ne pouvons montrer d'avance au pays la Monarchie toute faite et toute prête à le sauver.

— Je pense exactement comme vous, mon cher ami, me répondit le général, sauf un point : la France a besoin d'une transition dont un gouvernement militaire peut seul se charger. Il faut à notre malheureux pays trois mois de dictature, qui, si modérée qu'elle soit, devra braver une impopularité qu'on ne doit pas faire peser sur le retour de la Monarchie. Cette omnipotence intérimaire est, croyez-le bien, la part de mon dévouement plutôt que celle de mon ambition. Je ne veux que la Monarchie, je vous en donne ma parole. Je ne veux que la Monarchie légitime et vraie. Madame la duchesse d'Orléans le sait bien. Du reste, partez pour Londres, tenez-y le langage que vous venez de me faire entendre, répétez également tout ce que je viens de vous dire, et ajoutez : « Votre Altesse Royale est femme, elle ne peut rien sur l'armée sans Changarnier, elle n'aura ni Changarnier ni l'armée pour tout autre dessein que celui d'une franche restauration. Elle n'aura pas davantage la majorité dans l'Assemblée. » Parlez avec votre accent convaincu. Ses beaux-frères vous seconderont plus que vous ne le supposez, et vous verrez si, en mettant sa main dans la vôtre, comme il le fait en ce moment, Changarnier a été sincère. »

Le lendemain, durant la séance de l'Assemblée, il prit M. Berryer à part et lui dit : « Croyez-moi, faites partir Falloux pour Londres ! » Je ne songeai pas un instant à suivre ce conseil. Il m'eût fallu, pour cela, une infatuation que, grâce à Dieu, je n'avais pas ; mais je crus alors, je crois encore aujourd'hui, que ce conseil était sincère dans la bouche de celui qui le donnait. Le général Changarnier ne s'est point perdu et ne nous a pas perdus, par une duplicité indigne de son grand cœur. Il était souverainement loyal, mais il était souverainement présomptueux, et c'est par cette faiblesse, accompagnant les plus hautes qualités, qu'il a fait échouer sa propre fortune et celle de la France. Il avait les idées les plus saines sur la Monarchie; il ne voulait poser la couronne que sur la tête qui devait la porter; mais il voulait la poser lui-même; il voulait que la France le vît et que le Prince le sût. Il voulait qu'une seule page, mais une page de l'histoire de France fût signée de son nom. Ce n'était, peut-être, pas trop d'ambition, mais c'était trop de délai dans la situation si critique où nous étions suspendus. Sa faute fut un excès de confiance en lui-même, qu'il a longtemps et cruellement expié. Sa faute fut une erreur et ne fut jamais une trahison.

Quoi qu'il en soit, l'heure des grands événements n'était pas encore venue et l'un de mes souvenirs de Nice me revenait tristement en mémoire. Un négociant étranger voulant, avant la saison, acheter d'un paysan des environs sa prochaine récolte d'olives : « Patience! répondit le paysan, l'huile n'est pas encore dans l'olive; elle n'est que dans l'olivier! » En France, toutes les récoltes politiques en étaient là à l'automne de 1850, et même nous n'étions pas bien sûrs que l'huile fût dans l'olivier!

TABLE DES MATIÈRES

DU TOME PREMIER.

	Pages.
Avertissement	V
Chapitre I. — Province. — Famille. — Éducation (1811-1828)	1
II. — Dernières années de la Restauration. — Premières années de la Révolution de Juillet (1828-1834)	25
III. — Voyage en Autriche et en Italie (1834-1835)	69
IV. — Voyage en Angleterre et en Russie (1835-1836)	109
V. — Études littéraires. — Œuvres de charité. — Louis XVI (1837-1839)	157
VI. — Second voyage en Italie. — Séjour de M. le comte de Chambord à Rome. — Saint Pie V (1839-1840)	191
VII. — Procès du prince Louis Bonaparte. — Le Parti légitimiste. — Chambre des députés (1840-1848)	215
VIII. — Révolution de Février (1848)	253
IX. — Assemblée Constituante. — Le 15 mai. — Journées de Juin (1848)	305
X. — Le gouvernement du général Cavaignac. — Abd-el-Kader. — La Constitution (1848)	347
XI. — Présidence du prince Louis Bonaparte. — Liberté de l'Enseignement (1848-1849)	389

		Pages.
Chap. XII.	— Expédition romaine. — Le choléra. — Le général Changarnier. — Fin de l'Assemblée Constituante (1849)..............	435
XIII.	— L'Assemblée Législative. — Crise ministérielle. — Les catholiques intransigeants. — Le roi Jérôme. — Le prince Napoléon. — Nominations épiscopales. — Voyage dans l'Ouest (1849)..................	467
XIV.	— Assistance publique. — Question romaine. — Lettre au colonel Edgar Ney. — *Motu-proprio*. — Maladie. — Démission (1849)........................	507
XV.	— Changement de ministère. — Loi de l'Enseignement. — Séjour à Nice. — Voyage à Turin. — Nominations épiscopales. — Questions monarchiques (1849-1850)...	551

FIN DU TOME PREMIER.

5177-35. — Corbeil. Imprimerie Crété.

ERRATA DU TOME PREMIER

Page 31, ligne 19, *duc de Rohan*, lisez : *comte de Jarnac.*
— 31, — 20, *une autre Chabot*, ajoutez : *sœur du duc de Rohan.*
— 63, — 20, *à Waterloo*, supprimez ces mots.
— 131, — 29, *morire*, lisez : *e morire.*
— 165, — 14, *Chénier*, lisez : *le poète Le Brun.*
— 173, — 10 et 20, *Brantano*, lisez : *Brentano.*
— 209, — 19 et 20, *de Saint-Michel*, lisez : *du Sacré-Cœur.*
— 305, — 13, *d'arrondissement*, lisez : *de canton.*
— 306, — 21, *Benoist d'Azy*, supprimez : *Benoist d'Azy.*
— 400, — 5 ; p. 442, l. 1 ; p. 459, l. 2, *Rulhières*, lisez : *Rullière.*
— 445, — 27, *facilement*, lisez : *difficilement.*

PUBLICATIONS DE LA LIBRAIRIE ACADÉMIQUE

VIENNENT DE PARAITRE

LE COMTE DE PARIS

PAR

LE MARQUIS DE FLERS

Deuxième édition

Un beau volume in-8° enrichi de six planches en taille-douce (portraits de la Famille Royale) et du fac-similé de la protestation autographe de Monseigneur le Comte de Paris (24 juin 1886).
Prix, broché.. 8 fr.
Cartonné, fers spéciaux, tranches dorées.................. 10 fr.
Reliure d'amateur... 12 fr.

IL A ÉTÉ IMPRIMÉ :

50 exemplaires numérotés sur papier de Hollande Van Gelder, avec double état des planches........................ 20 fr.
15 exemplaires numérotés sur papier Whatman, avec double état des planches.. 40 fr.

MÉMOIRES ET CORRESPONDANCE

DU

COMTE DE VILLÈLE

TOME PREMIER

Un beau vol. in-8°, enrichi d'un portrait en taille-douce. Prix. 7 fr. 50

*L'ouvrage formera quatre volumes qui paraitront
à des intervalles réguliers.*

IL A ÉTÉ IMPRIMÉ :

10 exemplaires numérotés sur papier de Hollande Van Gelder. Prix.. 20 fr.
5 exemplaires numérotés sur papier Whatman. Prix...... 40 fr.

SOUS PRESSE
pour paraître prochainement.

LADY
GEORGIANA FULLERTON

SA VIE ET SES ŒUVRES

PAR

Mme AUGUSTUS CRAVEN

Un beau volume in-8°, enrichi d'un portrait. Prix...... 7 fr. 50

IL SERA IMPRIMÉ :

10 exemplaires numérotés sur papier de Hollande Van Gelder. Prix.. 15 fr.

Corbeil. — Imprimerie Crété.

www.ingramcontent.com/pod-product-compliance
Lightning Source LLC
Chambersburg PA
CBHW060407230426
43663CB00008B/1411